초암차와 한국차의 원류를 밝힌

차茶의 인문학1

—매월당 초암차의 일본 초암·와비차에 끼친 영향—

박정진 지음

茶의
세계

나는 이 책을 다산(茶山) 정약용(丁若鏞)과 매월당(梅月堂) 김시습(金時習)에게 바친다.
그리고 우리 차의 부흥을 위해 수고하신 근대의 선배 차인(茶人)들과 다성(茶聖)·다현(茶賢)·
다철(茶哲)·다선(茶仙)에게 바친다.

'차의 세계' 편집실에서 망중한을 보내고 있는 필자

맨 뒷줄 왼쪽부터 중국 차학(茶學)의 권위자인 커우단(寇丹), 일본 저명 차학 및 철학자인 쿠라사와 유키히로(倉澤洋行. 고베대 명예교수·심차회회장) 교수, 중국 차학자 여열(余悅), 최석환('차의세계' 발행인), 필자 박정진('차의세계' 편집주간, 문화인류학박사), 화면 제일 왼쪽 박민정 박사(노무라미술관 특별연구원) 등이 제7회 세계선차문화교류대회를 마치고 전남 보성 차밭을 구경했다.

발간

추천사

최석환(월간 '차의 세계' 발행인)

차나무가 세상에 모습을 드러낸 이래 5천여 년의 세월이 흘렀다. 저자가 인류학적 관점에서 차(茶)와 차 문화를 바라볼 수 있게 된 것은 실로 독특한 심미안과 폭넓은 인류학적 안목이 있었기에 가능했다고 여겨진다. 차라는 글자의 형상도 사람(人) 나무(木) 풀(草)로 이루어 졌듯이 차와 사람은 뗄 수 없는 관계에 있다.

문화인류학박사이며 차 연구가로 자리매김하고 있는 박정진 선생은 지난 15년간 저와 동행하면서 중국, 일본, 그리고 전국의 차산지와 차인들을 찾아다니는 수고를 아끼지 않았다. 또 차와 차 문화에 대한 인류학적 연구를 개척하였다. 그 결실로 이번에 ≪초암차와 한국차의 원류를 밝힌 차(茶)의 인문학1≫을 세상에 내놓게 되었다. 앞으로 계속해서 시리즈를 내놓을 계획으로 있다.

제가 박정진 선생을 만나게 된 것은 선차의 비조로 알려진 정중(淨衆) 무상선사(無相禪師)와의 인연에서 비롯되었다. 저자는 1990년 초 서여(西餘) 민영규(閔榮奎) 선생이 '촉도장정(蜀道長征)'이란 이름으로 사천성 학술탐사에 나섰을 때 세계일보 문화부 학술담당 차장으로서 당시 탐사가 잘 이루어지도록 음으로 양으로 뒷받침한 것이 계기가 됐다.

제 자신도 서여 선생의 탐사를 계기로 무상선사에 대한 관심과 함께 별도의 현장답사를 통해 무상 스님의 잃어버린 족적과 업적을 찾을 수 있었고, 그 결과를 한 권의 단행본으로 묶은 ≪淨衆無相禪師≫라는 책을 국내외에서 처음으로 내놓은 영광을 얻을 수 있었다. 박 선생은 특히 '정중무상선사'에 기고한 발문을 통해 무상 스님의 업적은 동아시아 선차 문화의 비조라는 사실을 학문적으로 입증하기도 했다.

박 선생은 제가 2001년 10월 중국 오백나한 중 455번째 조사로 무상선사가 오른 역사적 사실을 발견했을 때도 함께 기뻐했다. 그 후 사천성 대자사에서 한국과 중국이 손을 맞잡고 '무상선사와 사천'이란 주제로 첫 국제학술대회를 열었을 때 한국발표자로 참가했다. 그는 당시 대자사 법당에서 마이크를 잡고 다음과 같은 감격어린 서두를 꺼냈다

"신라왕자 출신의 정중무상(淨衆無相) 김화상(金和尙)이 당에 유학하여 어느 누구도 흉내 낼 수 없는 탁월한 두타행으로 새롭게 형성한 정중종은 사천지방의 선종이다. 아시다시피 무상은 신라 성덕왕(聖德王)의 셋째 아들이다. 당나라로 건너가서 장안에 도착한 뒤 선정사(禪定寺)에 머물다가 다시 촉(蜀) 땅 사천성(四川省)의 덕순사(德純寺)로 간다. 거기서 스승 처적(處寂)으로부터 무상(無相)이라는 법명을 받고 법통을 계승하게 된다. 그 후 지선(智詵)–처적(處寂)–무상(無相)으로 이어지는 사천지방의 선종은 당시에 중국의 정통으로 자리를 잡게 되었다."

박선생은 당시 한국과 중국의 참가자들로부터 열렬한 박수를 받았다. 그는 늘 인류학자답게 열린 자세로 새로운 세계에 관심을 보여 왔다. '차의 세계'와의 인연도 학문의 무한한 날개를 펼칠 수 있었던 한 계기가 되었다. 특히 2000년대 중반 '차의 세계' 편집주간을 맞으면서 필자와 함께 중국의 여러 성을 다녔고, 차 행사와 학술대회에 거의 빠짐없이 참가하여 중국 선차계의 실상과 변화를 봄으로써 차 학자로서의 실력과 명성을 강화하였다. 그는 한국의 차 문화를 중국이나 일본과 대

등한 위치에 자리매김하겠다는 포부를 가지고 있다.

중국 차학(茶學)의 권위자인 커우단(寇丹) 선생과 일본의 대표적인 차 학자인 쿠라사와 유키히로(倉澤洋行) 교수는 세계선차문화교류대회에서 박 선생과 여러 번 만난 인연으로 이젠 친밀한 관계가 되었다. 이 밖에도 중국의 저명 차 학자와 교수 및 잡지사 주간 등 중국과 일본의 권위자들과도 폭넓은 교류를 하고 있다.

특히 저자는 세계일보에 '박정진의 차맥'을 장장 2년간 66회에 걸쳐 연재했으며, 당시 내용을 수정·보완하고 새로운 해석을 첨가하면서 이번에 완성도 높은 한 권의 책을 빚게 되었다. 저자는 이 책에서 국내 차계에서 다성(茶聖)으로 통하는 초의(草衣) 의순(意恂) 스님을 뛰어넘어 초암차를 일본에 전해준 매월당 김시습(金時習)을 또 다른 근세 다성으로 추앙해야 한다는 주장을 펼치고 있다. 말하자면 그는 매월당(梅月堂) 김시습(金時習)-점필재(佔畢齋) 김종직(金宗直)-한재(寒齋) 이목(李穆)을 조선중기 차 문화 중흥기의 3인방으로 지목하고 있다. 이들은 다산 정약용-초의 의순-추사 김정희로 이어지는 조선후기 차 문화 중흥기의 3인방보다 3백50여 년 앞선다. 그는 매월당의 초암차 정신이 일본에 전해져 일본식으로 다듬어져서 오늘날 일본 초암차가 되었다고 생각한다.

15년 가까이 저자를 근접에서 지켜본 입장에서 볼 때 차에 대한 열정은 황하(黃河)만큼이나 넘쳐흘렀고, 뜻은 태산(泰山)만큼이나 높았다. 그러한 열정과 뜻이 하나로 모여 한권의 책이 되었다고 생각된다. 한국의 차인들에게 차의 신세계를 연 박정진 선생의 '초암차와 한국차의 원류를 밝힌 차(茶)의 인문학1'이 국내외 많은 차인들에게 읽혀질 것을 축원하면서, 언젠가는 차학을 계승하는 동학들에게 좋은 길잡이가 될 것을 의심치 않는다.

2021년 1월 15일
'차의 세계' 발행인 최석환

서문

한국 차 문화의 광복을 꿈꾸며

필자가 차 문화에 관심은 가진 지도 언 15년이 넘었다. 평소 한국문화 전반에 대해 인문학적 관심과 평론적인 글을 계속 써오던 터에, 한국 차 문화의 대표적 공론지로 평가받는 《茶의 세계》 편집주간을 맡으면서 차 문화에 대한 관심이 증폭되었다. 차 문화의 동아시아, 나아가 세계적 현황을 가장 단기간에 정통으로 파악하는 기회를 잡은 셈이었다.

문화인류학자인 필자로서는 당연한 일이지만 동아시아는 물론 세계의 차 문화에 대한 비교문화적(cross cultural) 관심을 가지게 됨은 물론이고, 아울러 한국차 문화의 위상을 새롭게 정립하는 일에 자연스럽게 사명감을 느끼게 했다. 이것이 이 책을 내게 된 동기이다.

필자는 그러한 내공을 바탕으로 《세계일보》에 '박정진의 茶脈'을 연재하는 기회를 얻었다. '차는 미래의 음료, 미래의 문화다'(2012년 11월 16일자)를 필두로 하여 '매월당 김시습을 茶聖으로'(2013년 8월 26일)를 끝으로 2년에 걸쳐 장장 66회의 연재를 마칠 수 있었다.

이 책은 세계일보에 연재한 내용 중, 일반이 우선 알아야 할 내용을 중심으로 가

필과 보완을 거쳐 빛을 보게 됐다. 책의 제목이 ≪초암차와 한국차의 원류를 밝힌 차(茶)의 인문학1≫인 것은 앞으로 2권, 3권 등 계속해서 시리즈를 낼 계획을 뜻한다. 필자가 '세계일보'와 '차의 세계'에 쓴 글만도 적지 않는 양이다.

이번 책에서 특히 매월당 김시습과 관련한 내용이 많은 것은, 근세 차 문화의 비조로 매월당을 재조명하는 것이 한국차문화의 발전과 재정립에 크게 기여할 것이라는 필자 나름의 기대에서 비롯됐다. 매월당은 한국 차 문화의 진정한 다성(茶聖) 혹은 다선(茶仙) 혹은 다선(茶禪)으로 모셔도 손색이 전혀 없는 불가사의한 인물이다.

그는 생활의 여가에서 차를 마시고 음풍영월한 유가(儒家) 혹은 선객(仙客) 혹은 선승(禪僧)이 아니다. 누구보다 시대적 아픔을 몸소 겪으면서 방외거사의 삶을 보냈고, 특히 고려 말 두문동(杜門洞) 차인들의 선차정신을 이은 인물이다. 그의 초암차(草庵茶) 정신은 일본으로 건너가서 일본 초암차의 모범이 되었으며, 오늘날 일본다도의 원류적 성격을 갖게 한다. 센리큐를 정점으로 하는 일본 이에모토(家元, 다도종가)의 다도는 지극이 일본적인 것이면서도 동시에 한국의 초암차가 그 모본이 되었음을 주지시키고 있다.

한편 동아시아 선차(禪茶) 문화의 비조라고 일컬어도 전혀 손색이 없는 신라의 견당승려 무상선사(無相禪師)의 '선차지법(禪茶之法)'은 중국 당나라 조주(趙州)선사의 '스챠스(喫茶去)'보다 오래 된 차어(茶語), 선구(禪句)로서 동아시아 차 문화의 발전에 신기원을 이루었다. 그 후 중국대륙에서 지장보살로 일컬어지는 김지장(金地藏, 金喬覺) 스님, 화엄종과 선종의 교체기에 화엄선(華嚴禪)의 사표가 된 원표(元表) 스님은 한국 차 문화 전통을 동아시아 차의 역사에서 우뚝 서게 했다.

한국의 차도는 옛 전통과 영광의 재현을 통해 동아시아 차 문화의 부흥에서 중추적인 역할을 하지 않으면 안 된다. 현재 세계는 커피 열풍에 빠져있다. 특히 한국은 그 정도가 지나쳐, 세계 커피시장의 최대시장으로 떠오르고 있다. 차 문화의 발전을 통해 차와 함께 하는 미래 '웰빙(Wellbeing)시대'를 개척하고 대비할 것을 차인들에게 기대해본다.

차 문화의 독립도 문화의 다른 부문과 마찬가지로 주체성이나 주인정신이 없이는 달성될 수 없다. 한민족은 불행하게도 언제부턴가 사대주의에 빠져서 남의 것을 자신의 것으로 받아들이는 버릇이 생겼다. 이것은 노예근성이다. 엘리트의 대부분이 선진외국의 문물을 먼저 받아들여서는 자신의 명예와 이익과 사회적 지위를 얻는 데에 쓰는 것이 습관화된 민족이다. 엘리트일수록 자신의 고유의 것은 무시하고 천대하고 자기모멸에 빠져있다고 해도 과언이 아니다. 아마도 조선조 사대주의와 일제식민지를 거치면서 이러한 병폐는 심화되었을 것이다.

선진외국의 문물을 배우는 것은 바람직한 일이다. 그러나 그런 배움을 통해 문화적 자강을 하지 않고 자신의 전통문화를 잃어버린다면 그 배움은 도리어 자신의 얼과 혼을 빼버리는 자기망각이라고 하지 않을 수 없다. 스스로 생각하지 않고 스스로 쓰지 않는 민족은 언젠가 남의 식민지가 될 것임에 틀림없다. 차 문화를 바라볼 때에도 한국문화 전반을 바라보면서 자신의 정체성을 찾아야 할 것이다. 요즘 한국 사람들은 웬만하면 해외여행에서 외국공산품을 사지 않는다. '메이드 인 코리아'가 더 품질이 우수하기 때문이다. 물질문화에서가 아니라 정신문화에서도 그러한 날이 오기를 기대하게 된다.

차 문화야말로 동양의 정신문화의 정수라고 하지 않을 수 없다. 일본의 다도를 배우는 데에 만족할 것이 아니라 일본의 주인정신을 배워야 할 것이다. 아직도 외래철학과 외래문물에 종속되는 것을 당연시하는 풍조를 보면서 세계화되는 지구촌의 환경일수록 자신의 고유문화의 가치를 되새겨보고 그것을 오늘에 맞게 온고지신하는 태도가 필요함을 절실하게 느낀다.

2021년 1월 15일 파주 법흥리에서

心中 박 정진

목 차

1. 차는 문화이다

1. 차는 미래음료, '느림의 문화' 상징

차(茶)는 한마디로 미래의 음료이고 미래의 문화이다. 지금 차를 마시고 있는 차인들은 참으로 다행인 사람들이다. 차가 중요한 것은 과거가 아니고, 현재이다. 과거 우리민족은 언제부터 차를 마셨고, 왜 차를 마셨고, 차가 자생했는지, 외국에서 들어왔는지 등의 연구 활동도 필요하지만 그보다는 지금 차를 마시고 있느냐 자체가 더 중요하다.

차는 철학이고, 종교이며 예술이다. 인간이 발견한 것 중에서 가장 신령(神靈)에 다가가고, 그것에 다가가기 위해서 의식(儀式)이 필요하고, 스스로 철학을 터득하고, 저절로 종교에 다가가는 것으로는 차만한 것이 없다. 그래서 선차일미(禪茶一味), 다선일미(茶禪一味)라고 하지 않던가.

오늘날 차의 환경, 예컨대 차를 마셔야 하는 음료로서의 필요와 문화적 욕구는 예전과 판이하게 달라졌다. 우리나라도 산업화로 인해 산천의 물을 그냥 먹어도 되는 좋은 시절도 지났다. 으레 집을 나서면 생수를 들고 다녀야 하고, 음식점에서도 아예 생수를 내놓는다. 환경오염이 심한 탓이다.

차는 오염된 식수를 해결하면서 여유도 즐기는 일석이조의 음료이다. 차에 대한 문화적 욕구는 그동안 산업화의 보폭에 맞추어 '빨리 빨리'가 한국인의 대명사가 되었지만, 이제 문화를 즐길 줄 아는 '느림의 문화' '기다림의 문화'에도 길들여져야 할 때라는 점과 맞닿아 있다.

어느 곳에 잠시 머문다고 정지하는 것이 아니다. 정지라는 것은 도리어 잘 움직이기 위해 필요한 것이다. 바쁘게 살아가는 현대인은 어디서든가 자신이 정지할 곳을 찾아야 한다. 이 정중동(靜中動)의 멋을 모르면 세련된 문화인 · 현대인이라고 말할 수 없다.

차야말로 '느림의 문화' '여유의 문화' '공유의 문화'의 대명사이다. 우리나라에도 머지않아 차를 마시기 위해 음식점을 찾는 날이 도래할 것을 짐작해본다. 차의 효능은 우리를 차로 유혹하지만 그뿐

차는 한국인의 '다반사(茶飯事)'였다.

이 아니라, 요즘 음식문화와 음료문화의 퓨전현상이 심하니까 새로운 복합적 문화 공간으로서 차 문화공간이 점차 늘어날 것이다.

커피도 인스턴트커피가 아니라 원두커피를 직접 핸드드립으로 내려 마시는 인구가 늘어나고 있다. 이 경우 시간이 걸린다고 하지만 차를 우려 나누어 마시는 고즈넉한 절도와 운치에 비하면 비교가 되지 않는다. 특히 커피는 한 번 내리면 여러 잔이 나오고, 한 사람이 또 여러 잔을 마시는 경우는 드물다. 커피라는 음료는 또 그렇게 먹을 수도 없다. 차는 팽주(烹主)를 한 사람으로 고정시키기도 하고, 다른 사람으로 바꾸어가기도 하면서 여러 번 우려먹는다. 차는 여러 잔을 마실 수 있는 음료이다.

차와 커피는 근본적으로 다른 음료이다. 커피는 차에 비하면 '느림의 문화'가 아니라 '빠름의 문화'의 상징이라고 하는 편이 옳다. 커피도 고즈넉하게 음미하면서, 생각하면서, 여유를 가지면서 마실 수 있는 음료이지만 제조에서 마시기까지 음료의 성격상 현대 도시산업사회의 '복잡하고 빠른 문화'의 상징이다. 이렇게 보면 차는 '느림의 문화', 커피는 '빠름의 문화'의 상징이라고 해도 크게 틀리지 않을 것이다.

차도(茶道)에 근본적으로 내재하고 있는 느림의 미학은 흔히 말하는 동양화의 여백(餘白)의 미학, 불교의 공(空)의 미학과 통한다. 차를 통해서 우리 동양의 오랜 미학을 실천하고, 바쁜 가운데 인생을 돌아보면서 다시 배우는 시간을 갖는 것은 웰빙(wellbeing)문화의 핵심사항이라고 할 수 있다. 차는 동양문화의 상징의 자리에 있다.

차는 물을 끓이고, 그릇을 데우고, 차를 넣고, 우려내고, 나누고, 마시기까지, 그리고 다시 우려내고 여러 번 마시기까지 여러 절차와 기다림의 소산이다. 기다리지 않으면 차를 마실 수 없다. 물론 티백 차나 삼각티백 차, 그리고 홍차는 커피처럼 빨리 마실 수 있는 차도 있지만 그것은 차의 본령이 아니다.

동양 문화권은 무엇보다도 기운생동(氣運生動)을 중시한다. 바로 기운생동을 실현하는 데에 차 음료만한 것이 없다. 기운생동을 하기 위해서는 차를 재배해서 마시기까지 온갖 주의와 정성이 필요하다. 바로 차는 이 점에서 커피와 다르다.

차는 인생과 같다. 차를 재배하고, 차를 따고, 차를 만드는 과정을 제외하고 '차 달이기'부터 참으로 심신(心身)이 함께 하지 않으면 안 되는 수도의 과정이다. 그렇다고 차를 마시기도 전에 짐짓 겁부터 낼 필요는 없다. 모든 것은 마음이다. 일체유심조(一切唯心造)가 아니던가!

차가 왜 '느림의 미학'인지 조금 살펴보자.

한국인은 일찍이 미각이 발달하였다. "중국은 향기로 차를 마시고, 일본은 색으로, 한국은 맛으로 차를 마신다."는 말이 있다. 차는 열린 마음으로 마셔야 한다. 여기서 열린 마음을 가져야 함은 정(情)이 통하거나 소통이 되어야 함을 말한다.

차는 그릇에 따라 차 맛이 달라진다. 차 그릇이 숨을 쉬기 때문이다.

여기 텅 빈 다호(茶壺)가 다탁 위에 놓여 있다고 하자. 그 위로 팽주가 뜨거운 찻물을 붓자 금세 찻물을 먹어버린다. 이런 경우 호는 살아있다고 한다. 자사호나 가마에서 구운 그릇으로 차를 마시면 차 맛은 금상첨화이다.

뭐니 뭐니 해도 차 맛은 함께 차를 마시는 사람들의 교양과 수준에 의해 좌우된다. 그래서 차를 마시는 것을 차를 나눈다고 한다. 여기서 '나눈다'고 하는 것은 공감과 소통을 절대로 필요로 한다는 말이다. 커피 마시는 것을 나눈다고 하지 않는가? 차는 매번 나누어 마신다. 이보다 더한 멋이 어디에 있는가. 그래서 차를 도(道)라고 말한다.

"정좌처(靜坐處) 다반향초(茶半香初) 묘용시(妙用時) 수류화개(水流花開)"라는 말이 있다. 추사(秋史)의 고택에 걸린 대련(對聯)이다.

"고요히 앉은 곳, 차 마시다 향 사르고, 묘한 작용이 일 때, 물 흐르고 꽃이 피네"(고전문학자 정민 해석)

선비들의 차 마시는 광경이 한 눈에 떠오른다. 결국 차를 마시고 향을 피우면서

한국의 선비들은 으레 풍류의 하나로 차를 즐겼다.

찻자리를 하다보면 때가 무르익어 찻물이 몸속을 돌아 꽃(기운생동)을 피우는 것이다. 이러한 경지에 이르러야 차를 마신다고 하지 않겠는가.

그렇다고 찻자리가 매번 절간처럼 엄숙해야 한다는 뜻은 아니다. 때로 여럿이 함께 하는 화기애애한 찻자리도 있겠고, 혼자 고독을 벗 삼아 독락(獨樂)하는 때도 있을 것이다. 또 일상의 찻자리, 물 먹듯 밥 먹듯 가볍게 하는 '다반사(茶飯事)'의 찻자리도 있을 것이다.

한국 차의 중흥조인 초의(草衣) 스님은 ≪동다송(東茶頌)≫에서 이를 잘 말해놓았다.

차 달이기의 요체는 불 조절이다. 불길이 약해도 안 되고, 강해도 안 된다. 이것을 화후(火候), 또는 문무지후(文武之候)라고 한다. 문(文)이 지나치면 물의 성미가 유약해지고, 유약해지면 물이 차를 굴복시키고, 무(武)가 지나치면 불길이 세어지고 차가 물을 제압한다. 그래서 중화(中和)를 이루어야 한다고 초의 스님은 강조하고 있다.

문무지후는 마치 단전호흡을 할 때의 수승화강(水昇火降)을 차로써 실현하는 것과 같다. 말하자면 차를 잘 마시면 단전호흡이나 명상을 하는 것과 같은 효과를 거둘 수 있다. 우리 몸도 물과 불의 조절 여하에 따라 생기를 얻고 기운생동을 일으킨다.

차는 불과 물의 조절과 조화이다. 차는 물 끓는 모양과 소리로부터 시작한다. 물 끓는 모양을 두고 옛 사람들은 게눈, 새우눈, 물고기눈, 이은 구슬이라고 하고, 여기까지를 맹탕(萌湯)이라고 하였다. 곧 용솟음치듯 끓어 물결이 치고 넘실거려 물기운이 완전히 사라져야 순숙(純熟)이라고 하였다.

물 끓는 소리를 두고 첫 소리, 구르는 소리, 떠는 소리, 빨리 달리는 소리라고 하고, 여기까지를 맹탕이라고 하고, 곧 소리가 없어져야 순숙이라고 하였다. 차를 달이는 것을 천지인 사상으로 설명할 수도 있다.

天		茶(泡法 : 우리는 법, 投茶: 차 넣기)		
人	茶湯	水(湯辨 : 끓는 물 분별하기)	文武之候	水昇火降
地		火(火候 : 불길 맞추기)		

김이 서리는 경우도 한 가닥, 두 가닥, 서너 가닥이 되고, 가닥이 어지러워 구분이 되지 않게 기운이 성하게 어지러이 얽히는 것은 모두 맹탕이라고 하고, 곧 김이 곧게 치솟아 꿰뚫어야 순숙이 된다.[1]

여기에 차 우리기, 차 넣기, 차 마시기 등을 감안하면 차 마시는 절차는 간단하지가 않다. 마지막으로 차는 색(色), 향(香), 미(味:맛)를 중요하게 여긴다. 맛에도 쓴맛, 떫은 맛, 신맛, 짠맛, 단맛 등 오미가 있다. 이 오미를 두고 인생의 맛에 견주기도 한다. 물론 마지막에는 단맛, 감로(甘露)을 내지 못하면 결코 성공한 음차가 아니다.

---

1) 정영선 편역, ≪초의 의순 동다송: 부록-장원의 다록≫, 1999, 94~95쪽, 너럭바위.

결국 차는 인생과 견줄 수 있을 만큼 복잡 미묘한 음료이다. 그래서 다(茶)라는 글자 속에는 사람 인(人)자가 들어가 있다. 차를 달이는 모습은 마치 천지인(天地人)이 조응하는 것 같다.

차를 우리고 마시기까지의 절차가 다소 까다롭기 때문에 바쁜 현대인이나 젊은 이들에게 커피보다 손쉽게 접하지 못하게 되는 원인이 되기도 하지만, 생각에 따라서는 여가가 나면 차 생활보다 더 멋진 웰빙은 없을 것이다. 마음을 가라앉히면서 명상상태에서 차를 마심으로써 온몸을 소통시키는 효과를 거두게 된다.

오늘날 차에 대한 관심이 점차 증대되고 있다. 이는 소득의 향상에 따라 문화생활에 대한 욕구가 커지고, 잃어버린 전통에 대한 향수와 회복에 대한 무의식적 욕구도 커지기 때문이다. 흔히 우리는 차라는 개념에 커피는 물론이고, 생강차, 대추차, 율무차, 매실차 등 여러 대용차와 탕차를 포함하여 '차'라고 부르고 있다.

차나무의 차를 마시는 '음차(飮茶)문화'의 단절도 한 원인이겠지만, 그보다는 예부터 물이 좋은 우리나라는 물에 무엇이든 섞으면 음료가 되는 환경 탓이다. 그러나 물이 좋은 것이 차의 쇠퇴를 말하는 데에 결정적인 원인이 된다거나 그것을 증명하는 근거가 되는 것은 어불성설이다. 차는 물이 좋을수록 더 좋은 차 맛을 낼 수 있기 때문이다.

앞으로 차나무의 차는 그냥 '차'라고 부르고 나머지 차는 고유명사를 붙여서 부르는 편이 옳을 것 같다. 산천의 물을 그냥 먹어도 되는, 좋은 물에 다른 성분을 첨가하여 기호음료로 차를 마시는 우리나라와 물이 나빠서 식수 대신에 '차'를 먹어야 했던 중국과는 이렇게 판이하게 '차'에 대한 입장이 다를 수밖에 없다.

좋은 차와 좋을 술은 식수가 좋지 않는 나라에서 음료를 확보하려고 노력하다보니 개발된 사례가 많다. 중국의 차, 프랑스의 포도주, 독일의 맥주 등은 그 좋은 예이다. 러시아의 보드카도 러시아어인 'voda'(물)에서 나온 말이다. 자신이 처한 환경을 극복함으로써 도리어 세계적인 것을 개발하게 되는 것은 인류문명사의 특징 가운데 하나이다.

본래 차는 차나무에서 이파리를 따서 가공하여 만든 차를 말한다. 차나무는 아열대 식물로 기본적으로 아열대의 기름기 많은 토양에서 기름기를 극기한, 생태계의 자기충족적인 자생식물이다. 차는 인간에게 정제된 물을 제공하고, 각종 질병의 약초가 될 운명을 타고난 식물이다. 아열대 사람들은 일찍부터 차나무의 차 잎을 약으로 사용했을 뿐만 아니라, 차 잎을 넣어 탁한 물을 정화시켜 음료로 사용했다. 중국의 좋은 차는 한국의 인삼에 비할 정도로 귀한 것이다.

인체의 4분의 3이 물로 구성된 인간은 물을 먹지 않고는 살 수 없는 동물이다. 그런데 물은 또, 다른 성분을 가진 물질과 섞어 먹으면 먹기도 쉬울뿐더러 다른 물질과의 화학적 변화를 통해 인간에게 새로운 영양을 제공하기도 하기 때문에 광의의 의미에서 차가 없는 나라는 지구상에 없다.

차는 술과 더불어 인간에게 물을 대신하는 음료이다. 그러한 점에서 커피를 비롯하여 수많은 대용차 혹은 탕은 차나무의 차보다는 보다 세계적으로 일반적이다.

인간의 모든 음료는 물과의 칵테일이라고 할 수 있을 것이다. 이러한 칵테일 중에서 가장 대표적인 것이 술이고, 차이다. 대체로 추운지방에서는 체온을 유지하기 위해 술을 발달시켰으며, 러시아의 보드카를 비롯하여 스카치 등 높은 도수의 증류주들은 여기에 속한다. 항온동물인 인간에게 체온을 유지하는 일은 가장 긴급한 것이다. 북방기마민족의 피를 이어받은 한국인이 술을 좋아하고, 아침에 뜨거운 국이나 탕을 먹어야 몸이 풀리는 것도 기마민족의 DNA가 작용하고 있는 탓일 것이다.

최근세사에 들어 개발된 '고추가 들어간 김치'(김장김치)가 한국을 대표하는 음식이 된 것도 취하는 것이든, 뜨거운 것이든, 매운 것이든 몸을 뜨겁게(hot) 달구는 점이 공통적이다. 한국인은 대체로 뜨겁고, 자극성 있는 음식을 즐겨하는 것 같다.

2. 차(茶)나무의 상징과 분류학

1) 차(茶)의 상징성

신이 인간에 내린 신비의 약초(藥草), 해마다 9월, 10월이면 하얀 차 꽃이 피기 시작한다. 언뜻 보면 야생 백장미 같은 차 꽃은 맑고 밝아 눈에 두드러지지 않는 수줍은 소녀 같다. 초의선사(草衣禪師. 1786~1866)는 ≪동다송(東茶頌)≫에서 이렇게 칭송했다.

"고야산 신선의 흰 살결처럼 고우며
염부강 황금모래 같은 황금꽃술 맺혔네."[1]

차나무에 꽃이 피기 시작하면 이내 가을, 겨울로 접어든다. 봄에 꽃이 피는 여느 식물과는 다르게 겨울에 추위와 삭막함을 잠재우고, 푸른 생명을 자랑이라도 하기

---

1) 정영선 편역, ≪초의 의순 동다송: 부록―장원의 다록≫, 1999, 17쪽, "姑射仙子粉肌潔/閻浮檀金芳心結": 고야는 막고야산을 뜻한다. 이 산에 사는 신선은 살결이 눈과 같고 이슬을 마시며 구름을 타고 다닌다고 한다. ≪莊子≫에 나와 있다. 차나무의 꽃잎을 신선의 살결에 비유했다.

위해 피어나는 듯하다. 식물학적으로 동백나무과속(科屬)인 차나무는 열매를 주는 것이 아니라 잎과 줄기를 준다. 이점도 여느 나무와 다르다. 차 꽃은 은은한 향기를 품으면서 열매를 맺어 그 다음해 초가을에 결실하여 저절로 땅에 떨어진다.

다성(茶聖)으로 일컬어지는 육우(陸羽, 733~804)는 ≪다경(茶經)≫에서 "차는 남방의 아름다운 나무(茶者南方之嘉木也)"[2]라고 하였다. 흔히 아름다울 가(嘉)자는 아름다울 가, 기릴 가, 경사스러울 가, 맛좋을 가, 뛰어날 가, 기쁠 가, 훌륭할 가 등으로 사용된다. 그런데 여기서는 '상서롭다'고 해석하는 것이 좋을 듯하다. 상서롭다고 하는 것은 다소 신성함이나 숭배의 대상이 된다는 뜻이다.

일본 한문학의 최고권위자인 시라카와 시즈카(白川 靜)는 "설문에서는 아름답다고 했으나 본래는 농경의례를 뜻하는 글자"라고 했다. 그는 ≪설문신의(說文新義)≫를 지어 ≪설문해자(說文解字)≫[3]와는 달리 글자만 보는 것이 아니라 형체소(形體素)라고 하여 문화총체와 연결하여 문화적으로 해석함으로써 새로운 경지를 개척한 학자이다.

시라카와는 특히 입 구(口)자 들어가는 글자를 제사의 축문과 관련되는 글자로 해석하여 새로운 경지를 개척하였다.[4]가(嘉)자에도 입 구(口)자가 들어가 있기 때

---

2) 金明培 편역, ≪韓國의 茶書≫, 1983, 213쪽, 탐구당.

3) ≪설문해자(說文解字)≫는 가장 오래된 중국 자전(字典)으로, 후한(後漢)의 경학자(經學者) 허신(許愼, 30 ~ 124)이 저술한 책으로 알려져 있다. 무려 1만여 자에 달하는 한자(漢字)에 대해, 본래의 글자 모양과 뜻, 발음을 종합적으로 해설한 책이다.

4) 시라카와 시즈카의 중요한 업적 가운데 하나는 구(口, 口)자에 대한 종래의 견해를 수정한 것이다. 구(口, 口)자에는 세 계열이 있다. 입을 말하는 구(口), 일정한 구역을 나타내는 '위'(口, 圍, 떄, 國), 그리고 축문 그릇을 상징하는 'ㅂ'이다. 이 중 마지막의 'ㅂ'가 그것이다. 축문 그릇을 뜻하는 'ㅂ'의 해석으로 인해 'ㅂ'의 계열에 속하는 수많은 글자의 해석에 신기원을 이루었다. 한 예로 시라카와 시즈카는 좌(左)와 우(右)를 해석하면서 좌(左)는 주술도구인 공(工)을 들고 있는 손이며, 우(右)는 축문인 'ㅂ(口)'를 들고 있는 것이라고 했다. 좌우를 합치면 찾을 '심(尋)'이 된다. 위와 아래의 손 수(手) 사이에 '공'(工)과 축문(祝文) 'ㅂ'이 있는 형상이다. 숨어 있는 신을 찾는 모습이다. 언(言)도 실은 '신의 말'이라고 했다. 축문 'ㅂ(口)'이 들어가는 여러 글자 중에서도 '약'(若)과 '여'(如)자도 춤추며 기도하는 무녀의 모습이라고 해석했다. '여(如)'자와 약(若)자도 신의 말을 들으려는 모습임을 기억해두자(시라카와 시즈카 지음, 심경호 옮김, ≪漢字, 백 가지 이야기≫, 2011, 54~57쪽, 황소자리. 시라카와 시즈카, 장원철 번역≪사람의 마음을 움직여 세상을 바꾸리라≫, 1991, 99~102쪽, 한길사)

문에 제사나 축제와 관련이 있을 것이라고 생각해 볼 수 있다.

차(茶)는 약으로도 쓰이고 제사에 올릴 정도로 신령스러운 나무였다. 사람의 몸에 활기(活氣)를 불어넣어 물활(物活)을 이루는 것 중에서 차만한 것은 없다. 한국문화의 정수를 밝히는 데 평생을 바친 민속학자 이능화(李能和)는 "차는 풀의 성현(聖賢)"이라고 했다. 참으로 지당한 말씀이다.

차를 이보다 간략하고 극명하

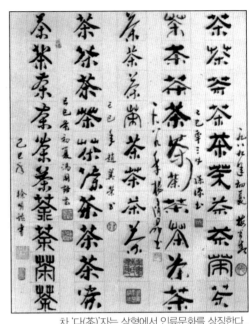

차 '다(茶)'자는 상형에서 인류문화를 상징한다.

게 설명한 문구는 없다. 후기자본주의의 풍요한 물질문화를 구가하고 있는 현대의 우리는 이제 물질이 아니면 정신을 느낄 수 없을 정도로 물질만능이 되어 있고, 그 속에서 그래도 한 줄기 빛처럼 찾아야 하는 물질이 있다면 정신적 음료인 차이다.

초목으로서 사람대접을 받은 것은 인삼(人蔘)과 차(茶)이다. 자연은 한국에 인삼을 주고, 중국에 차를 준 모양이다. 인삼은 아예 사람(人)에 참여(參與)하는 풀(艸)이 되었으니 차보다는 대접을 더 받은 것 같다. 그래서 예부터 중국에서는 한국의 인삼(고려 인삼)을 수입품목의 제일 위에 두었다고 한다. 한국은 중국에서 차를 수입하였다.

다시 말하면 한국에 인삼이 있다면 중국에는 차가 있다. 차 다(茶)자는 상형적(象形的)으로도 사람 인(人)자를 가운데에 두고 있다. 다(茶)자를 보고 있노라면 마치 천지인 사이에 인(人)자가 있는 것과 같다. 차나무의 이파리를 나타내는 풀 초

(艸)자는 하늘의 신령스러운 풀인 영초(靈草)를 뜻하고 인(人)자가 가운데에 좌정해 있고, 그 아래에 나무 목(木)자가 버티고 있다. 차나무의 상형 자체가 천지를 순환하는 것을 상징하고 있다.

天 人 地	艸 人 木	茶	艸 人 余(餘)	荼	艸 幺+白+幺 木	藥	↔	樂

다성(茶聖) 육우(陸羽)는 ≪다경(茶經)≫ 육지음(六之飮)에서 "차를 마시는 것은 신농에서 발원하였다(茶之爲飮 發呼神農氏)."라고 쓰고 있다. 또 칠지사(七之事) 서두에 '삼황(三皇) 염제신농씨(炎帝神農氏)'에서 차를 맨 먼저 즐긴 인물로 올려놓았다.

≪신농식경(神農食經)≫에는 신농의 입을 빌려서 "차를 오래 마시면 힘이 솟고 기분이 상쾌해진다."[5]고 되어있다.

신농은 동아시아 문화의 시조처럼 고문헌에 등장하고 있으며, 차의 원조임은 물론이고, 농사, 의약, 정치 등 관계되지 않는 곳이 없는 신화적 인물이다. 도리어 후대에 다른 인물, 예컨대 복희(伏羲, 伏犧)나 황제(黃帝)의 등장으로 점차 그 위치가 왜소해짐을 볼 수 있다. 그렇기 때문에 다른 인물들은 신농보다 후대에 첨가된 인물일 가능성이 높다. 차나무는 처음에 약용(藥用)으로 쓰였던 것 같다. 신농(神農)씨는 수많은 초목의 잎을 먹어보고 직접 독초를 가려낸 것으로 유명하다. ≪회남자(淮南子)≫에는 처음 신농이 70여독(毒)에 중독되었으나 차를 마시고 해독했다는 전설이 전한다. 신농은 백여 가지의 풀을 맛보았다고 한다.

"상초(嘗草: 풀을 맛보다)가 의약으로서의 적부를 점검하는 것으로 인식되고 이

---

5) 육우, 짱유화 역, ≪茶經≫, 2000, 192~193쪽, 납탑산방, 상주.

로써 신농은 본초 · 의약의 신으로 불리게 된다."[6]

차(茶)나무의 한자를 보면 풀(艸)과 나무(木) 사이에 인간(人)이 있는 상형을 하고 있다. 차(茶)자와 약(藥)자의 차이는 약(藥)자의 초두 밑에 '백가지의 풀, 혹은 열매'를 상징하는 상형인 '작을' 요, '어릴' 요(幺)자가 흰 백(白)자의 양쪽에 붙어있는 형상이다. 백(白)자는 흔히 '일백' 백(百)자와 같은 뜻으로 쓰인다. 말하자면 수많은 풀을 상징하는 모양이다. '幺+白+幺'을 빼고 인(人)자를 대신 넣으면 다(茶)가 된다. 아마도 이 수많은 풀 중에 가장 사람을 위하는 풀이라는 뜻으로 다(茶)자가 만들어졌을 것 같다.

아마도 차나무의 차 잎이 가장 인간에게 종합적으로 약이 되고 건강에도 도움이 되는, 약초 중의 약초였던 것으로 보인다. 그런데 약(藥)자에서 풀 초(艸)자를 빼면 '락' '악'(樂)이 된다. 그런데 재미있는 것은 '쓸' 고(苦: 쓰다. 쓴 맛, 씀바퀴, 쓴 나물, 괴로워하다)자이다. 병이 들면 괴로운 '고'(苦)인데 병을 낫게 하는 것이 약(藥)이다.

옛 사람들은 식물을 뜻하는 풀 초(艸, 十十, ++)자를 통해 병과 약 [苦藥]을 표시했다. 고(苦)자와 약(藥)자의 의미반전을 보면 차는 본래 쓴맛이니까, 결국 차를 마시면서 '락'에 이르러 '차락'(茶樂)의 경지에 이르면 차인으로서 이보다 더한 즐거움이 없을 것이라는 생각이 든다.

차의 맛은 처음엔 쓰다. 그래서 '고차'(苦茶)라고 하기도 한다. 그런데 그것이 나중에 결과적으로는 입속에 은은히 감도는 단맛을 내어야 한다. 그것을 감(甘)이라고 한다. 그래서 차인들은 이것을 두고 감로(甘露), 혹은 청감(淸甘)이라고 하기도 한다. 결국 고진감래(苦盡甘來)가 되는 셈이다.

차는 여러 이름으로 불렸던 것으로 보인다. 첫째는 다(茶)요, 둘째는 가(檟)요,

---

6) 이현숙, 〈神農 神話의 形成過程을 통해 본 茶의 起源에 대한 小考〉《문화산업연구》(창간호, 2005년 12월), 147~148쪽, 성신여자대학교 문화산업연구소.

셋째는 설(蔎)이요, 넷째는 명(茗)이요, 다섯째는 천(荈)이다. 아마도 지방에 따라, 혹은 차의 종류에 따라, 차의 생산시기에 따라, 그리고 맛에 따라 다른 이름이 붙여졌던 것으로 보인다. 주공(周公)이 말하기를 '가'는 쓴 차를 말했고, 양집극이 말하기를 촉나라 사람들은 차를 '설'이라고 했다고 하며, 곽홍농이 말하기를 일찍 딴 것을 '다'라 하고 늦게 딴것을 '명' 혹은 '천'이라고 하였다고 한다.

그 가운데 가장 주목되는 것이 '도'(荼)이다. '도'는 '차'(茶)자와 거의 모양이 같을 뿐만 아니라 학자에 따라서는 차자의 고자(古字)라고 하기도 한다. '도(荼)'자는 ≪시경(詩經)≫에도 여러 차례 나오는데 흔히 '씀바퀴'로 풀이한다. 앞에서 말한 고(苦)와 같은 뜻이다. '도(荼)=고(苦)=씀바퀴=쓴 맛 나는 풀'자는 무언가 의미심장함이 있다. 씀바퀴는 쓴 맛이 나는 풀로서 차도 역시 처음엔 맛이 쓰기 때문에 나중에 차가 일반화·대중화되면서 차(茶)자로 전용된 것이 아닐까?

시경은 오경(五經) 중에서도 가장 오래된 경전이다. 시경은 춘추전국시대에 공자가 정리한 것이다. 차가 중국대륙에서 확산된 것이 대체로 한(漢)대이고, 당(唐)대에 와서 명차가 개발된 것으로 보면, 도(荼)자는 차라기보다는 씀바퀴였다고 보는 것이 옳을 것 같다. 도(荼)자는 따라서 중국 사람들에게는 아주 오랜 옛날부터 생활 속에서 사용되었던 것으로 보인다.

일본의 다학의 권위자인 마츠시다(松下智)는 한족이 사는 지역에는 차나무가 없었다고 한다. 한족은 남방에 사는 소수민족보다 훨씬 북쪽에 살았으며, 남하하면서 소수민족과 접촉하고 차나무와 차를 발견하고 차를 이용하게 되었다고 말한다. 당대에는 자생이 아닌 인공재배로 차나무가 특성화하였다고 말한다.[7]

학자에 따라서는 도(荼)자를 다(茶)로 강하게 연결시키기도 한다. '도'자는 초두 밑에 여(余)자가 있는 글자인데 이는 '여'(餘: 茶禮를 나타냄) 혹은 '여'(艅: 배나 잔을 뜻함)와도 통해 이 글자 자체가 이미 오래 전부터 차례(茶禮)를 지냈다는 것을

---

7) 이원홍, 〈차나무의 기원과 생장의 비밀 2〉 ≪차의 세계≫(2004년 3월호), 39쪽.

주장하는 학자도 있다.

시라카와 시즈카에 따르면 고(苦)자의 '고'(古)자는 "주술 능력을 영구히 보존시킨다."[8]는 뜻이 있다. 이상에서 볼 때 다(茶)는 일상의 중요한 음료이면서 동시에 조상에게 바치는 음료의 의미가 동시에 들어있다.

2) 차(茶)의 식물학

차나무는 학명이 'Thea sinensis'로 차나무과, 차나무속에 속한다. 사철 푸르고, 다년생 종자식물이다. 'Thea'는 차(茶)의 중국 발음을 딴 것이다. 'sinensis'는 중국이라는 뜻이다. 차나무의 생장적지는 아열대 지역으로 현재 조금씩 그 범위를 넓히고 있다. 남위 25도~북위 40도 사이, 연평균 강우량 1200~1300밀리미터, 연평균 기온 12~13도, 17~18도이다.

차나무의 차는 아열대에 사는 사람들과 이들 지역과 교류하거나 이주 · 정복을 통해 차를 접한 사람들에 의해 즐겨졌다. 차의 발원지는 중국의 서남쪽 파촉(巴蜀)지역이라는 것이 세계학계의 정설이다. 지금의 운남, 사천지역이다. 이들 지역에는 천년을 넘은 고차수가 즐비하다.

2004년 중국 절강성 여요현(餘姚縣) 전라산(田螺山) 하모도(河姆渡) 선석기 유적지에서 출토된 차나무 뿌리는 6~7천년에 육박하고 있다. 차에 대한 기록보다는 자연과학적 방법으로 인해 차의 상한연대는 앞으로도 점차 올라갈 가능성이 있다.

필자는 2008년 11월 저장성(浙江省) 닝보(寧波)에서 자동차로 1시간가량 떨어진 '전라산(田螺山) 유지(遺址) 박물관' 현장을 찾아 그 뿌리를 확인하고 감격했던 기억을 잊을 수 없다. 그 차나무는 '산차'(山茶)였으며, 집단거주지 안에서 확인된

8) 시라카와 시즈카, 심경호 옮김, ≪漢字, 백 가지 이야기≫, 2011, 58쪽, 황소자리.

6천5백여 전 차나무 뿌리를 보기 위해 중국 저장성 닝보(寧波) 전라산(田螺山) 박물관을 찾은 한국의 차학자들. 고영섭(동국대 교수), 오미화(吳美華.중국 닝보 차인), 필자, 최석환('차의세계' 발행인). (오른쪽에서부터)

것 등으로 보아 재배된 것으로 학계는 인정하고 있다.

따라서 인류는 6천5백여 년 전부터 차나무를 재배하여 먹었다는 것을 알 수 있다. 그러나 신화적 연대는 이보다 올라간다. 차의 비조는 신농(神農)씨이다. 동아시아 문명의 원조 중의 한 인물로 통하는 신농(神農)씨는 차나무뿐만 아니라 농사의 신, 의약의 신, 문명의 신으로 알려져 있다.

신농씨는 성이 강(姜)씨로 양을 토템으로 하는 모계집안(羊+女)의 조상으로 해석된다. 처음엔 지금의 중국 서쪽지방 출신이었으나 동쪽인 산동의 곡부로 장가와서 한민족(동이족)의 조상인물 중의 한 사람이 된 인물이라고 한다. 산동성은 예로부터 동이족이 살던 지역이다. 신농씨는 산동에 장가를 왔지만(당시는 모계사회로 추측됨) 그 후 인류사회가 부계사회로 바뀌는 바람에 중국의 삼황 중의 하나가 되었다. 그는 한족과 동이족의 경계선 상의 인물이다.

중국에서도 차나무는 대체로 양자강 유역과 그 아래에서 자란다. 그러니까 중국을 화북, 화중, 화남이라고 볼 때 화남지방이다. 운남, 사천을 핵심으로 사방으로 퍼져간 것으로 보이며, 특히 중국내에서는 양자강을 타고 가장 활발하게 전파된 것으로 보인다. 양자강 하류인 상하이(上海)와 닝보(寧波) 등은 우리나라의 제주도보다 훨씬 남쪽에 있다. 차나무가 자라는 지역은 아열대 기후대이다.

우리나라는 온대에 속한다. 차 재배 지역의 북방한계선에 속한다. 그래서 하동이나 보성, 사천, 김해 등 남부지방에서 예부터 차를 재배하였다. 앞으로 경제성을 따지고 수확의 시기경쟁을 한다면 제주도가 차를 재배하기에 가장 적합한 곳으로 떠오를 가능성이 크며, 이 지역이라야 적어도 경제성을 얻을 수 있다는 계산도 나온다.

제주도는 현재 우리나라에서 가장 대표적인 차 생산지로 꼽히고 있는 하동이나 보성보다 유리한 입장에 있다. 하동과 보성은 겨울에 영하 10도 이하로 내려갈 때도 있지만 제주도는 최저기온이 영하 5도 정도이며, 화산지대로 인해 토질에 유기성분이 많으며, 물이 잘 빠지는 현무암 토양, 해무(海霧)로 인해 차양효과도 크기 때문이다. 적어도 봄에 햇차 출하 시기도 육지보다는 15일 정도 앞당길 수 있다. 중국에 비해 한 달 정도 햇차 출하시기가 늦은 한국으로서는 제주도가 시차를 좁히는 적지로 떠오른다.

한국의 대표적인 차 제조회사인 아모레퍼시픽의 오설록 차밭이 제주도에 있는 것은 이 때문이다. 차 재배의 북방한계선에 속하는 한국은 중국남부와 동남아에 비해 생산량(대량생산)과 법제시기(햇차의 출하)를 경쟁할 수 없고, 맛의 다양성에서도 비교우위를 점하기 어렵다. 중국이나 동남아는 사철 차나무를 재배할 수 있고, 차를 출하할 수 있다. 그런 점에서 우리나라는 맛에서 특화전략이나 특수 가공처리로 차의 외연을 넓힐 수밖에 없다. 중국과 근본적으로 다른 자연과 풍습, 생산조건을 생각하지 않고, 차 재배와 차 생활, 차 문화를 중국과 단순히 비교하는 것은 문화의 주체성 측면에서 바람직하지 않다.

산천이 수려하며, 물이 맑고 깨끗하기로 유명한 금수강산의 한국에서 차는 생활 필수품으로 먹지는 않았던 것 같다. 산의 계곡이나 강에서 흐르는 물, 자연수를 그냥 먹어도 아무런 배탈이나 병이 나지 않고 물맛이 좋은 한국에서 차는 처음부터 기호품으로, 아니면 궁중이나 특권층에서 의례용으로 썼던 듯하다. 산업국가 가운데 한국처럼 수돗물을 식수로 먹거나, 산천에서 흐르는 물을 그냥 식수로 사용하는 나라는 드문 것 같다.

이에 비해 국토의 전체가 황하의 황토와 황사로 뒤덮인 중국에서 차는 필수품이다. 또 돼지고기 요리를 좋아하는 나라인 중국은 차를 마시지 않고는 하루도 살 수 없다. 차는 물을 정화하고 소독하면서 기름기를 분해하는 일석이조의 음료이다. 중국인에게는 차는 우리의 물과 같이 일상에서 항용(恒用)하여야 하는 음료이다.

우리나라에서 식당에 가면 으레 물을 내놓듯이 중국에서는 차를 내놓는다. 중국인에게는 그야말로 '차는 물'이다. 어떤 차를 마시느냐는 계층에 따라 다르지만 차를 마시지 않는 중국인은 없다. 중국에서는 차를 마시는 곳에서 으레 음식을 함께 먹을 수 있다. 말하자면 차는 음식과 함께 있다. 중국에서 차는 특별한 것이 아니고, 일상음료이다.

우리나라에서 찻집에 가서 음식을 달라고 하면 이상하게 생각할 것이다. 결국 우리나라의 차는 음식을 먹고 난 뒤에 마시거나, 아니면 특별히 차만을 마시는 셈이다. 그래서 찻집이 따로 있다. 그러니까 차는 커피와 같은 기호식품인 것이다.

3. 차와 커피:
검은 욕망(慾望)과 푸른 청허(淸虛)

요즘 세계적인 물 부족현상으로 인해 미래에 물 전쟁이 예고되기도 하지만, 물 전쟁, 기호음료 전쟁은 이미 있어왔다. 지구 온난화로 인해 아프리카 킬리만자로의 눈이 녹아서 아프리카가 심각한 물 부족에 직면하는가 하면 중국은 미리 거대한 삼협(三峽) 댐을 만들어 이로 인해 기후변화를 초래하고 있다. 히말라야의 눈도 녹아서 메콩강에 속하는 베트남 등 인도지나반도에 긴장을 초래하고 있다.

제 2의 물인 세계음료 시장을 두고 벌이는 경쟁도 치열하다. 이 가운데 차(茶)를 두고 벌이는 전쟁은 널리 알려져 있다. 잘 알려진 아편전쟁(제 1차, 1840~1842, 제 2차, 1856~1860)도 실은 차에서부터 시작했다. 영국인이 차를 사들이기 위한 자금을 마련하기 위해 중국 사람들에게 아편을 팔았고, 청조(淸朝)에서 아편중독을 이유로 아편을 팔지 못하게 하자, 영국은 아편전쟁을 일으켰던 것이다. 아편전쟁은 근대 서양과학문명이 성리학중심의 동양(동아시아)문명을 완전히 정복하고 지배하는 결정적인 전환점이 된 전쟁이었다.

미국의 독립선언(1776년)과 독립전쟁은 차에 차등관세를 붙인데서 발발한 「보스턴차」 사건에서 연원했다.

아편전쟁(1840~1842년)은 영국인이 중국의 차(茶) 수입 대금을 마련하기 위해 아편을 판 데서 비롯됐다.

물 전쟁, 음료전쟁은 국제사회의 냉엄한 질서에 속한다. 음료를 지배한다는 것은 실은 문명을 지배하는 단초가 된다. 2008년 베이징 올림픽을 치를 때 막후에서 차(茶)와 코카콜라의 메인광고 확보를 위한 스폰서 전쟁이 치열하였다. 중국의 수도에서 치르는 올림픽이었건만 당시 중국 차 업계는 인해전술로도 코카콜라를 이길 수 없었다. 코카콜라의 브랜드가치는 전자인터넷시대를 맞아서도 애플(Apple), 구글(Google), 아이비엠(IBM), 마이크로소프트(MS) 등과 경쟁하고 있을 정도이다. 브랜드컨설팅업체 인터브랜드가 해마다 발표하는 〈베스트 브랜드 글로벌 브랜드 보고서〉에 따르면 코카콜라는 세계에서 가장 가치 있는 브랜드 'TOP 5'에 꾸준히 오르고 있다고 한다. 그만큼 음료시장은 세계지배의 상징이다.

19세기에 들어 영국과 중국의 무역은 소위 '광동(廣東)무역체제'에 의해 움직였는데 이는 대외무역이 광주(廣州) 한 항구에서 국한되고, 청나라의 허가를 얻은 '공행'(公行)이라는 독점적 상인 길드를 통해서만 무역이 가능한 결과를 초래했다. 이는 영국 무역신장의 장애가 되었다. 당시 영국에 대한 중국의 최대수출품은 차(茶)였고, 중국의 차맛과 도자기에 빠진 영국은 이를 수입하지 않고도 못 배겼다.

영국과 중국, 양국의 무역역조는 영국의 수입초과에 기인하였다. 이에 영국으로서는 차 수입을 결제할 은(銀)이 부족했고, 은의 지불 없이 차를 수입할 방안을 모색하는 가운데 대체 수출품으로 당시 영국의 식민지였던 인도에서 재배하는 아편을 중국에 밀수출하는 것을 떠올렸다. 말하자면 아편을 밀수출한 대가로 벌어들인 은으로 차(茶)대금을 결제할 요량이었다. 1820년대 아편수입으로 인해 중국은 은의 유입국에서 유출국으로 바뀌었다.

이에 청조는 아편 흡식을 금지하자는 엄금론을 폈던 임칙서를 '흠차대신'으로 광주에 파견하였다. 1839년 3월 광주에 도착한 후 임칙서는 단호한 조치를 취했다. 중국인 아편 관련자의 처벌은 물론이고 외국인 아편 소지자에게도 아편과 서약서의 제출을 요구했다. 외국상인들의 미온적인 반응에 대해 외국 상관(商館)을 무력으로 봉쇄하여 아편을 몰수·파기했다. 영국 상인들은 서약서의 제출을 거부한 채 마카오로 철수했고, 영국 정부는 10월 원정군 파견을 결정했다.

미국독립전쟁(1776년)도 실은 '보스턴 차 사건'에서 비롯됐다. 보스턴 차 사건 (Boston Tea Party)은 영국의 지나친 세금 징수에 반발한 미국의 식민지 주민들이 인디언으로 위장해 1773년 12월 16일 보스턴 항에 정박한 배에 실려 있던 차(茶) 상자를 바다에 버린 사건이다. 이 사건은 미국 독립 전쟁의 불씨가 되었다.

당시 '해가 지지 않는 나라'이던 영국은 1765년의 인지조례와 1767년의 타운센드조례를 통해 의회 대표가 없는 식민지에도 과세하기로 결정한다. 영국 정부에 저항하던 존 핸콕은 영국 동인도 회사의 중국산 '차'(茶)에 대한 불매 운동을 전개했고, 판매량은 급감하였다. 1773년 경 동인도 회사는 적자에 몰렸고, 창고에는 팔리지 않은 찻잎들이 쌓여갔다. 이는 존 핸콕 등 밀수업자들이 관세를 물지 않고 차를 수입해 판매했기 때문이었다.

영국 정부는 차조례를 통과시켜 동인도 회사가 식민지에 직접 차를 판매할 수 있도록 하였는데, 이로 인해 동인도 회사가 영국 업자들과 밀수업자들보다 싼 가격에 차를 판매할 수 있게 되었다. 이에 영국 상인들과 밀수업자들은 파산을 면치 못할 정도로 큰 피해를 보게 되자, 미국 대부분의 항구에서는 동인도 회사의 차를 실은 배의 하역을 거부하기에 이른다.

영국 군함들의 호위 아래 차들을 하역하기 위한 계획이 세워졌다. 이에 대한 정보를 미리 알고 인디언으로 변장한 보스턴 주민들은 전날 밤, 세 척의 배를 습격하여 총 342개의 상자(당시 £10,000의 가치)의 차를 바다로 던졌다. 주민들은 신발을 벗고, 갑판을 청소하였고, 각 배의 일등 항해사들에게 '자유의 아들들은 차 상자만을 부수었을 뿐'이라고 이야기하도록 만들었다. 주민들은 거의 아무런 저항을 받지 않았다. 이를 계기로 독립전쟁이 일어났다.

이에 앞서 보스턴 학살(Boston Massacre)이 있었다. 보스턴 학살사건은

1770년 3월 5일 보스턴 시의 부두에서 술을 마시던 노동자들과 주둔군 사이에 시비가 붙은 일이 유혈 사태로 확대된 사건이다. 이 사건도 인쇄물에 고액세금을 매긴 인지법, 설탕·커피·포도주를 포함한 대부분의 수입품에 관세를 부과하기로 결정한 설탕법 등으로 식민지 사람들과 영국 간에 발생한 사건이다. 결국 새뮤얼 애덤스를 비롯한 독립혁명론자들의 주장으로 인해 보스턴에 주둔하던 영국군인들은 철수해야했다.

결국 두 전쟁이 중국 '차'로 인해서 발생한 전쟁이다. 차의 소비는 어제 오늘의 이야기가 아니다. 앞으로도 계속 이런 일들은 계속 될 것이다. 우리나라의 경우도 산업화로 인한 공해와 물의 오염으로 인해서 자연수를 먹을 수 없는 환경이 점차 일반화되고 있으며, 생수를 먹는 것이 점차 상식화되고 있다. 이에 따라 생수와 함께 차의 시장이 점차 확대될 전망이다. 앞으로 중국과 한국의 FTA가 맺어지면 중국의 차가 한국 시장을 압도할 것은 불을 보듯이 뻔하다.

80~90년대는 한국에서 차가 없어서 못 팔 지경이었다. 전체수요량은 적었지만 차 잎 생산량 대 소비량의 차가 커서 일부 산업용으로 쓰고 나면 음료용으로는 모자라 적당히 이름을 달아 내놓으면 명차의 반열에 올랐다. 정말 우물 안의 개구리 시절이다. 녹차라고 하면 별로 신경을 쓰지 않고 시중에 내놓아도 잘 팔렸기 때문이다. 그 때 농담조로 한 말이지만 "중국에서 소여물로 쓰이는 것도 차로 판다."는 자조와 비아냥거림도 있었다.

현미녹차를 비롯한 티백 차는 한국 차 산업과 차 문화사로 볼 때 공과가 매우 상반된다. 차를 소개한 공적도 있지만, 실제 차가 어떤 것인지를 모르게 한 죄과도 적지 않기 때문이다. 당시 차 생산농가와 차 업계는 안이하게 대처하였다. 차에서 벌어들인 돈으로 부동산과 다른 산업에 투자하는 등 파행을 보였다. 보다 좋은 차를 생산하고, 차 산업 육성을 위한 재투자를 외면하였다. 그러다가 몇 해 전(2007년 가을) 농약파동 사건이 일어났다. 이파리를 직접 먹는 차의 입장에서는 된서리를 맞는 게 당연하였다. 그래서 유기농 차밭 붐이 일었다.

유기농은 차 산업의 미래 목표이지만 인건비가 많이 들어가는 한국의 입장에서는 중국과의 경쟁력이 떨어지는 약점이 있다. 그런데 지금도 차집에 가보면 커피와 경쟁한다는 명목으로 삼각티백 차는 원가에 비해 터무니없는 가격으로 팔리고 있다. 앞으로 커피와 차는 지구촌에서 심각하게 차 전쟁을 벌일 것으로 보인다. 커피와 차는 각자가 나름대로 특성과 장점을 가지고 있고, 또한 문화를 형성할 만한 음료이기 때문이다.

대체로 커피문화는 서양문화를 대표하고, 차 문화는 동양문화를 대표한다. 동아시아 한중일(韓中日)의 세계경제에서의 역할이 점점 커지고, 중심이동이 이루어짐에 따라 '느림의 문화'를 대표하는 차 문화도 점차 문화적 위세를 얻고 있다. 지금은 커피가 압승하고 있지만 미래 음료전쟁에서는 차도 호락호락하지 않을 것이다.

한국은 지금 커피문화에 푹 빠져 있다. 요즘 서울 거리를 나서면, 비단 시내 중심가가 아니더라도 스타박스 커피(Star Bucks Coffee)를 비롯하여 온갖 이름의 커피 전문점이 줄을 잇고 있다. 파스쿠치 커피(PASCUCCI COFFEE), 카페베네(CafeBene), 커피 빈(Coffee Bean), 루이스 카페(Lewis Cafe), 톰 앤 톰스 커피(Tom N Tom Coffee), 로티보이 커피(Rotiboy Coffee) 등 수십 종의 전문점이 들어와 경쟁을 벌이고 있다. 서울의 강남역, 삼성역 일대, 강북의 종로, 청계천, 인사동 등 중심가는 이제 한 집 건너 커피점이 장사진을 치고 있다.

커피 붐에 따라 맥도날드나 던킨도너츠, 파리바케트, 뚜레주르 등 패스트푸드점과 베어커리 등 후발업체들도 뛰어들어 한편에선 커피의 값 내리기 경쟁으로 주도권을 잡기에 안간 힘을 쓰고 있다. 어느 곳에나 들어가면 아메리카노, 카페라떼, 카푸치노, 엑스프레소, 비엔나 커피 등 여러 종류의 커피를 마음대로 고를 수 있는 형편이다. 여기에 두서너 평의 작은 테이크아웃 커피프랜차이즈들도 가세하고 있다.

커피시장의 맹렬한 팽창의 틈바구니에서 녹차나 발효차를 생각하면 들어설 틈도 없는 것 같다. 아모레퍼시픽그룹의 '오설록'이 명동과 인사동에 녹차를 전문적으로 취급하는 '티하우스'를 내고 있지만, 강남점은 수지타산이 맞지 않아 철수했다. 몇몇 보이차 전문점이 있지만 그것도 불신으로 커피의 대공세에 맥을 추지 못하고 있다. 한국의 차 산업과 차 문화는 분명 자생적으로 성공할 기회를 여러 번 놓쳤다. 앞으로 다시 기회를 놓쳐서는 안 될 것이다.

한국 사람들이 왜 이렇게 커피에 미칠까? 물질적 성장과 여유를 담을 문화와 정체성이 부족하기 때문이다. 자본주의와 커피는 함께 들어왔다. 커피는 자본주의의 성장에 가장 쉽게 편승할 수 있는 음료이다. 커피가 '욕망의 음료'라면 차는 '신선의 음료'이다. 커피가 '검은 욕망'을 상징한다면 차는 '푸른 청정(淸靜)' '푸른 청허(淸虛)'를 상징한다. 미래 사람들은 선택할 것이다. 때로는 커피를, 때로는 차를—.

현재 커피가 차 종류에서 당연 톱을 유지하고 있는 것은 무엇보다도 먹고 싶을 때, 빨리, 입에 맞는 것을, 비교적 저렴한 가격으로 구할 수 있다는 데에 있다. 소득이 올라가고 여유가 생긴 지금, 사람들은 음식을 먹는 것 이상으로 친지들과 대화를 나누고 싶어 하고, 차를 즐기려 한다. 커피전문점에서 홍차나 녹차류를 팔기도 한다. 찻집에서 커피를 파는 역전이 일어나지 말라는 법은 없다.

지난해(2017년) 국내 커피시장 규모는 약 11조7천397억5천만 원으로, 10년 전보다 3배 이상 커졌다. 국민 전체가 1년 동안 마신 커피를 잔 수로 계산하면 약 265억 잔에 달한다. 인구 5천177만 명으로 나누면 1인당 연간 512잔(성인 하루 2~3잔)꼴이다. 종류별로는 커피믹스가 130억5천만 잔, 원두커피 48억 잔, 캔커피 등 각종 커피음료 40억5천만 잔, 인스턴트커피 31억 잔, 인스턴트 원두커피 16억 잔 순이었다.

과거 국내 커피시장은 커피믹스 등 인스턴트커피 위주였으나 2000년대 들어 스타박스와 커피빈 등 다양한 커피전문점이 늘어나면서 원두커피 시장이 급성장했다. 1999년 이화여대 앞에 1호점을 오픈하면서 국내시장을 선도한 스타박스는

2016년 매출 1조원을 돌파했고 영업이익이 1천억 원을 넘어섰다. 커피업계 관계자는 "국내시장 규모가 커졌지만, 아직 1인당 커피소비량이 룩셈부르크나 핀란드, 노르웨이, 독일, 미국 등에 못 미치기 때문에 성장잠재력이 크다."고 말한다.

이에 비하면 차 소비량은 지난 10년 동안 크게 늘어나지 않고 줄었다고 할 수 있다. 세계 다류(茶類)시장 규모는 2017년 891억 달러로, 2013년에 915억 달러에 비해 2.6% 감소하였다. 이는 커피산업의 급진적인 성장세과 소비증가를 보면 도리어 뒷걸음질치고 있다고 할 수 있다.

한국은 차 생산량(세계 생산량의 0.5% 미만)이나 소비량(10일에 1잔)으로 볼 때 아시아에서 가장 뒤떨어진 형편이다. 아시아 각국의 차 재배면적과 생산량의 순위를 보면 중국과 인도가 막상막하이다. 중국은 면적은 인도에 비해 두 배인데 생산량은 인도에 뒤진다. 그 다음 스리랑카, 인도네시아, 베트남, 일본, 대만, 한국의 순위이다.

일본의 녹차 생산량은 한국보다 50배, 소비량은 약 25배에 달하는 형편이다. 국민의 차 소비가 없는데 차도나 차례를 운운하는 것은 자칫 차인들만의 잔치거나 차 문화를 겉치레에 빠지게 할 위험이 있다. 양이 질을 높인다는 것은 철칙이다. 농약파동이나 불량 보이차 사건 등으로 차 제품의 신뢰에 결정적 찬물을 끼얹은 것도 차의 수요를 늘이는 데에 걸림돌이 되었다. 문화란 한두 사람이 즐긴다고 금방 발전하는 것이 아니다. 국민 전체가 꾸준히 차생활의 활성화를 위한 노력을 게을리 해서는 안 된다.

커피를 먹지 말자는 것은 아니다. 커피와 함께 차도 곁들이자는 것이다. 커피를 먹고 싶은 때는 커피를 먹고, 차를 마시고 싶을 때는 차를 마실 줄 아는 선택의 지혜를 갖자는 뜻이다. 우리가 커피와 함께 차를 즐겨야 하는 까닭은 차는 미래에 인간성의 변화와 평화의 시대에 걸 맞는 건강음료라는 점 때문이다. 차는 먹기까지 품질에 대한 신뢰를 비롯하여 여러 가지 번거로움과 제한이 있긴 하지만 음료로서, 약으로서, 특히 스트레스와 고영양화로 인해 생기는 각종 성인병을 예방할 수 있는 건강음료로서 커피가 가지고 있지 않은 여러 장점을 가지고 있다.

머지않아 차는 커피보다 훨씬 더 고급의 미래음료가 될 것이라는 전망도 있다. 동양이 세계를 주도하게 될 날이 머지않았다. 그러면 문화도 동양적인 것이 부가 가치가 높아질 것이고, 동양적인 음료가 서양인들에게 인기를 얻게 될 것이다. 이는 지금까지 서양적인 것이 좋은 것처럼 우리가 따라간 것과 다를 바가 없다. 아마도 서양인들은 머지않아 동양의 차를 마시면서 차선(茶禪)과 명상을 논하고 동양의 정신문명에 매료되는 것을 삶의 희망으로 삼게 될 것이다. 그러한 점에서 일찍이 '차 문화권'에 들어있는 우리는 유리하다.

차는 동아시아 삼국이 고대에서부터 접해온 식음이면서 기호품이다. 그러나 차는 물처럼 흔한 것은 아니라 도리어 귀한 것이었다. 차가 중국에서도 제 2의 물이 된 것은 한참 후대의 일이다. 요즘 중국은 차가 없이는 못 사는 나라이고, 일본은 중국보다는 덜하지만 여전히 차가 없이는 문화의 흐름이 끊어질 정도이다. 한국은 아직 단절된 차 문화가 복원되지 못하고 있다.

현재(2012년 전후) 한국의 차 애호인구는 줄잡아 5백여만 명에 이른다. 60~70연대의 5만 명에 비하면 크게 늘었다. 차 소비량도 약 2000톤에 이른다. 60~70연대의 20만 톤에 비하면 엄청난 증가이다. 대체로 차 인구와 소비가 60~70연대에 비해 1백배 증가한 셈이다. 지금 사람들에게 신뢰를 얻고, 차에 길들여지는 시간을 갖게 하고, 피치를 올려야 한다.

앞으로 세계사적으로 '느림의 미학' 시대에 들어가면 차는 점차 애호인구가 늘어날 것이다. 차 산업의 발달과 부가제품의 개발, 차에 대한 인식이 높아지면 차는 앞으로 새로운 문화와 문명을 선도해갈 것이다. 한국도 중국, 일본과 함께 동아시아 차 문화의 중심에 진입해야 한다.

4. 차인가, 탕인가, 술인가

한국의 차는 '좋은 물'이 확보된 상태에서 기호(嗜好)로, 혹은 건강을 위한 용도로 시작됐다고 하는 것이 '산 좋고 물 좋은' 한국의 에콜로지와 결부된 관점이다. 같은 환경이라고 해서 문화가 반드시 같은 것은 아니다. 문화란 서로 다른 지역으로 흐르는 것이 특징이다. 특히 정복이나 이주를 통해 자연스럽게 이동하게 된다. 더구나 서로 다른 나라나 사회일지라도 같은 계급이나 계층에 속하는 사람들끼리 교류와 친목을 위한 사회적 기호(記號)로 사용되기도 한다.

문화는 문화복합(culture complex) 혹은 문화체계(culture system)라고 불리는 것에서도 알 수 있지만, 단순하게 규정할 수 없는 것이다. 한국에서 차를 말할 때 으레 차나무의 차보다는 대용차 중심으로 차를 말한다. 차나무의 차는 여러 차들 가운데 하나일 뿐이다. 그래서 차인들은 차별성을 획득하기 위해 자부심을 여러 형태로 표출하기도 하고, 때로는 사치스러운 퍼포먼스(performance)를 통해 스스로를 과시하기도 한다.

한국의 차가 탕이 된 데는 여러 문화적, 역사적 이유가 있다. 우선 한국이 차의 나라인가, 술의 나라인가를 생각하면 해답이 선명해진다. 한국의 조상들은 대체로 북방유목민족에서 동남쪽으로 이동하면서 지금의 한반도에 자리 잡았다. 따라서 지금은 비교적 남쪽지방, 한반도에 살고 있지만 그 체질 속에 북방계의 DNA가 많이 숨어있다. 추운지방 사람들은 체온을 유지하기 위해 술을 좋아하는 습벽이 있다. 한국인의 주류소비량을 보면 현재 세계적으로도 으뜸이다.

흔히 북방은 유목민족, 남방은 농업민족이라고 한다. 한민족은 혈통적으로는 북방계이지만 문화적으로는 서서히 농업생활에 정착하면서 남방계의 요소를 많이 받아들였다. 그래서 항상 우리문화를 말할 때, 북방적 요소와 남방적 요소를 동시에 따지지 않을 수 없다. 북방기마민족신화, 남방난생신화라는 말을 많이 들었을 것이다. 차 문화를 말할 때도 이러한 생문화적(生文化的) 바탕을 떠날 수 없게 된다.

북방은 유목민족의 삶은 어떠했을까. 날씨는 춥고 건조하다. 음식물의 가지 수도 남방보다 식물의 종류가 적은 관계로 많지 않다. 남방 농업민족에 비해 삶의 환경은 결코 좋다고 할 수 없다. 그래서 인류의 전쟁사의 출발이 북방기마민족이 남방농업민족을 침략하는 것으로 장식된다. 인간은 체온동물로써 누구나 36.5도 라는 것은 유지해야 살 수 있다. 이는 생명유지의 필요조건이다. 그래서 등장한 것이 북방지역의 증류주이다.

술은 가장 빨리 인간이 체온을 덥히는 방법이면서 동시에 에너지를 공급하는 방식이다. 다시 말하면 북방족은 술이 없으면 결국 살 수 없게 된다. 물론 술이란 것이 북방족의 전유물은 아니고 그 아래 온대·아열대·열대에도 널리 퍼져있는, 인류문화의 일반적 현상이지만, 북방족의 경우 심하게 나타난다. 오늘날도 이것은 여전하다. 러시아나 몽고 등지의 보드카는 유명하다. 북방지역 사람들은 40~50도 이상의 보드카, 혹은 위스키를 항용 마시면서 살고 있다. 그 아래 지역 사람들의 과일주나 포도주, 포도주를 증류한 코냑, 그리고 증류하지 않은 한국의 막걸리 등 곡주는 도수 면에서 여기에 대항할 수 없다.

한반도의 한민족은 비록 남쪽에 살고 있지만 조상 때부터 추운지방에서 살았던

체질 속에 술을 좋아하는 DNA가 숨어있어서 음주가무를 좋아하고, 과음한 후 몸을 푸는 방식으로 탕을 요구해왔다. 뜨거운 탕국물이 목을 타고 숨어가야 코가 풀리면서 몸이 살아나는 것이다. 뜨거운 탕이라는 것은 술을 먹는 사람들의 전유물이다. 술을 별로 좋아하지 않는 여인들도 역시 탕을 즐겨 먹는다. 탕은 술과 함께 북방 추운 지방에 사는 사람들이 잠자는 동안에 얼어붙은 몸을 녹이고 아침에 거동을 위한 워밍업을 위해 필요한 뜨거운 국물음식이다. 그래서 술과 탕은 늘 함께 따라다니는 음식이다.

차는 남쪽 아열대지방의 식물이고, 그것을 약용으로, 식용으로 개발한 것은 남쪽지방 사람들이다. 그래서 차의 나라인 중국에서도 북쪽에 속하는 북경이나 산동, 그리고 동북 3성의 민족은 차를 남방에 비해 덜 먹는다. 그리고 차 값도 남방의 생산지에 비해서는 비쌀 수밖에 없다. 아마도 술과 차를 마시는 비율은 북방으로 갈수록 술이 높아질 것임에 틀림없을 것이다. 한국의 차가 탕이 되는 이유를 짐작할 수 있을 것이다. 근본적으로 한국의 차는 좋은 물에 첨가되는 음료이고, 더구나 먹는 과정에서 뜨겁게 우려먹는 경향은 탕의 습관 때문이다. 대용차가 유행하고, 차라고 하면 뜨거운 차를 떠올리는 것에 대한 해답이 되었을 것이다.

차는 종류에 따라 마시는 적당한 온도가 있지만, 어느 정도 식혀서 먹어야 하는 것이 일반적이다. 그럼에도 한국인은 뜨겁게 먹어야 먹은 것 같다고 하는 사람들이 많다. 우리가 커피를 차라고 하는 것도 이러한 전통 때문이다. 한국인은 커피를 마실 때도 비교적 뜨겁게 마시는 것을 즐긴다. 여기에도 탕문화의 흔적이 남아있는 것이다. 이제 시대는 국제화시대이다. 커피는 커피고, 차는 차이다. 이제 차와 탕을 구분하는 것이 필요하다. 국제적으로 차라고 하면 차나무의 차를 말하기 때문이다.

한국인이 술을 너무 좋아하기 때문에 일제 때 일본 사람들은 "술 마시면 망하고, 차 마시면 흥한다(飮酒亡國 飮茶興國)"라는 말을 공공연하게 퍼뜨리고, 이 말을 통

세계음료가 된 차의 품평회는 해가 거듭할수록 치열해지고 있다.

해 한민족을 비하하기도 했다. 또 일제는 이 말을 다산 정약용이 말한 것처럼 퍼뜨리면서 은근히 독려하기도 했다. 나중에 알고 보니 이 말은 일본인 학자 모로오까 박사가 한 말이었다.

인류사에서 술을 마시지 않는 민족은 없었고, 도리어 흥하는 나라는 술 문화도 흥했던 것이 사실이다. 술이 든 차든 그것이 흥망을 결정하는 것이 아니라 그것을 어떻게 이용하는지 여부가 흥망을 결정하는 것이다. 송나라 휘종은 지나치게 화려하고 사치스러운 서원차(書院茶) 차회로 송나라의 멸망을 재촉했다. 고려 말 귀족들의 사치스러운 차 문화(중국 고급차와 명품다기 경쟁)도 고려가 망하는 데에 일조했다.

우리는 지금에 와서 그 말을 누가 했건, 무슨 의도로

했건, 따질 필요가 없다. 그러나 술 소비량과 술 수입량이 세계에서 최고인 것을 감안하면 음주습관을 바꿀 필요는 있다. 소득이 올라가고부터 두드러진 것이 바로 외국의 값비싼 유명 브랜드의 주류수입이다. 술은 적당히 먹어야 생활을 윤택하게 하고, 건강에도 좋은 것임은 알려진 사실이다. 술은 먹으면 으레 3차, 4차를 가야 직성이 풀리고, 밤을 새워 술을 마셔야 마신 것 같은 풍토는 개선의 여지가 많다. 적당하게 음주를 즐기는 전통이 새로 수립되어야 할 것 같다. 과음이란 문화적으로 혹은 건강관리상 결코 좋은 것이 아니기 때문이다.

탕문화의 전통은 차뿐만 아니라 음식문화 전반에도 영향을 미쳐 흔히 한국문화를 '탕 문화' '도가니 문화'(melting pot)라고 하기도 한다. 실지로 명나라와 조선이 등장하기 전에는 요즘과 같이 잎차를 우려먹는 전통이 없었다. 송나라나 고려조에는 끓는 탕관에 떡차를 넣어서 먹는 탕관문화가 지배적이었던 시절도 있었다. 잎차를 호에 넣고, 끓는 물을 부어서 우려먹는 전차(煎茶)의 방식이 일반화된 것은 실은 그리 오래된 전통이 아니다. 차를 오래 보관하고 이동하기 위해서는 떡차의 방법을 택하지 않을 수 없었기 때문이다.

떡차의 제조방식은 저절로 발효의 과정이 개입되는 것이 일반적이다. 소위 발효음식이라는 것은 냉장고가 없던 시절에 음식을 오래 보관하는 방식이면서 더불어 겨울에 얻기 어려운 식물성 영양소를 미리 준비하는 방식이기도 하다. 흔히 김치를 담그고, 메주를 뜨고, 된장·고추장을 만드는 것도 실은 이와 관련이 있는 것이다. 떡차나 발효차는 차를 마시지 않으면 안 되는 중국이 개발한, 우리나라의 김치나 된장과 같은 것이라고 보면 크게 틀리지 않는다.

녹차의 경우도 제다한 후 금방 먹지 않고 시간이 흐르면 자연발효가 된다. 소위 중간 발효된 차들은 대부분 이에 속하는데 바로 중간발효를 목표로 만들어진 차를 황차(黃茶)라고 한다. 최대로 발효한 차를 우리는 보이차(普洱茶) 혹은 흑차(黑茶)라고 한다. 홍차는 인위적으로 공장에서 발효과정을 거친 블랙 티(black tea)를 말한다. 자연은 흔히 발효를 통해 스스로 동식물의 식음기간을 연장하는 지혜를 선물하였던 셈이다.

잎차, 산차(散茶)는 명나라의 태조 주원장이 어릴 때 차농장에서 일을 한 경험이 있었는데 이때 겪은 고된 노동이 뼈에 사무쳐 그 후 일반서민들에게 노동을 줄이기 위해서 등극하면서 모두 잎차로 먹도록 함에 따라 일반화된 것이다. '떡차-탕관' 문화는 '잎차-호' 문화로 일대 변혁을 일으키게 된다. 명나라를 섬겼던 조선은 명나라를 따랐으며, 말차(抹茶) 먹던 습관을 버리고 잎차로 전환하였으며, 그나마도 차는 고려의 습관이라고 하면서 차 대신 술 문화를 육성하였던 것이다. 차 문화는 고려에 융성하였으나 조선에 들어오면서 왕실이나 귀족, 선비의 집에서는 일부 남아 있었지만 대중문화로는 퇴조하였다.

차 문화가 퇴조한 데는 조선조정의 정책 탓도 있지만 기본적으로 한국의 자연환경과 생활문화 풍토에서는 차에 대한 효용이 크지 않았기 때문이라고 보는 편이 옳을 것 같다. 일반 백성이 기호로 차를 마시기에는 생활형편이 따라주지 못했다. 차 생산지와 인근에서는 감기에 걸렸을 때 주전자의 펄펄 끓는 물에 차를 한 움큼 집어넣고 서너 잔 마시고 한숨 자고나면 감기가 떨어졌다고 한다.

조선조의 차 문화는 억불숭유 정책으로 권력에서 밀려난 절간의 스님들에 의해 겨우 명맥을 유지하였다. 또 당쟁에서 밀려난 선비들의 기호로 자리 잡았다. 스님들에게 차는 효용이 크다. 기름기를 제거할 뿐만 아니라 욕망을 감퇴시켜 안정적으로 선정에 들게 하며, 선방에서 잠을 쫓는 각성제의 역할도 톡톡히 하였기 때문이다.

스님과 함께 산림에 은거한 선비들, 특히 남인들에 의해 차의 전통은 면면히 흐른다. 차의 애호가로 알려진 다산 정약용도 결국 남인세력의 중추적 인물이다. 물론 다산의 외가인 해남 윤씨들도 남인이다. 해남윤씨들의 중심인물인 윤선도는 기묘사화 때 해남에 정착하게 되는데 이를 전후로 사림파들이 영남과 호남에 대거 형성되었다. 권력을 잡은 기호학파 세력들은 주지육림에 가까이 있었지만 낙향한 남인들에게 차는 큰 위로였고, 벗이었다.

한국의 차 문화는 술 문화와는 다른 길을 걸으면서 발달하게 된다. 차는 검약과 청빈의 상징이고, 술은 권력과 부패의 상징이다. 차는 조선조를 거치면서 절간의 승려와 초야의 선비들에 의해서 계승되었다. 그래서 한국의 차 정신을 표상하는 말로 '선차(仙茶)', '선차(禪茶)', '청담차(淸談茶)', '선비차' 등이 있다.

5. 다례(茶禮) · 다예(茶藝) · 다도(茶道) · 다법(茶法)

설과 추석 명절에 지내는 제사를 우리는 '차례'(茶禮)라고 한다. 오늘날 반드시 차를 올리는 제사도 아닌데 차례라고 하는 까닭은 아마도 차를 올렸던 시절이 있었기 때문일 것이다. 아니면 차를 올려야 하는 제사인데 언제부턴가 차를 구하기 어려웠거나 차를 대신해서 술을 사용하면서 차례의 전통이 끊어지고, 그 말만 남아서 옛 풍습의 편린을 전하는 것일 게다.

명절 때 올리는 제사를 호남지방에서는 차사(茶祀)라고도 한다. 이는 제사(祭祀)라는 것을 보다 확실히 한 용어이다. 차례를 한자말인 '다례'(茶禮)라고 하면

차를 가지고 예를 표하는 여러 의례를 포함하는 말이다. 예컨대 생활다례, 접빈다례, 헌공다례, 궁중다례 등을 들 수 있다.

설과 추석의 차례는 중간규모의 중례(中禮)에 속하지만 밥과 술과 여러 제물이 올라가는 상을 차린다. 앞으로 핵가족이 가속화하고, 여성도 직장에 나가는 경우가 많고, 일손도 부족하고, 주거공간도 좁으면 더욱 간소한 차례 상 차림이 인기를 얻을 가능성이 높다. 이때는 글자 그대로 차와 간단한 다과를 올리는 차례제사가 성행할 수도 있다.

예전에 이 같은 차사(茶祀)를 소사(小祀)라고 했다. 소사에는 술이 완전히 없는 무주차사(無酒茶祀)와 술이 같이 있는 유주차사(有酒茶祀)가 있었다.

예절이라는 것은 본래 억지로 되는 것이 아니어서 환경이 달라지고, 시대와 시절에 따라 변하는 것이 상례여서 결국 겉으로 드러나는 형식으로 가부나 진위를 가리지 못하고 결국 정성을 기준으로 삼는다. 결국 제물과 제사를 간소화하더라도 정성을 잊어서는 안 되겠다.

제사에 차를 올렸다는 기록이 1980년 즈음에 한국정신문화연구원(현 한국학중앙연구원) 원장을 지냈던 유승국 박사에 의해 세상에 알려진 ≪다부(茶賦)≫에 소상히 적혀 있어서 학계의 큰 수확이었다. 특히 다부는 한재(寒齋) 이목(李穆. 1471~1498)이 쓴, 조선 선비 차의 정수를 알려주는 심오한 다서(茶書)로 관심을 모았다. 이목의 ≪다부≫ 다송(茶頌)에 이런 말이 나온다.

"내 마음 속에 이미 차가 있거늘 어찌 다른 곳에서 또 이를 구하려 하겠는가
(是亦吾心之茶又何必求乎彼耶)"

유승국 박사는 당시 이 구절을 들어서 "실재(實在)의 차를 가지고 오심(吾心)의 차로 승화한 한국인의 사고양식의 표상이다."라고 말했다.

한재(寒齋) 이목(李穆)의 『다부(茶賦)』 서문

≪다부≫에 철갱봉다(徹羹奉茶)라는 말이 나온다. 이 말은 "갱국을 철수하고 차를 올린다."라는 말이다. 기제(忌祭)에 대한 홀기(笏記)에 철갱봉다라는 말이 나오는데 초헌례, 아헌례, 종헌례에 이어 유식례(侑食禮)에서 차를 올렸다고 한다.

"집사가 밥에 숟가락을 꽂고 젓가락을 가지런히 놓고 나면 초헌관은 첨잔 술을 올리고 재배한다. 이어 헌관 이하 모두 문을 닫고 밖으로 나온다. 3~4분 후 축관이 세 번 기침을 하며 들어가고 헌관 이하 전 제관도 따라 들어간다. 집사는 갱국을 내리고 차를 올린다. 1~2분 후에 수저를 내리고 밥뚜껑을 덮는다."

명절 제사를 차례라고 하기에 명절제사에만 혹시 차를 올렸던 것인가 생각했는데 기제사에도 차를 올렸다. 우리가 생각하는 이상으로 차를 소중히

했던 것이다.

조선조를 흔히 '술의 문화'라고 해서 차를 푸대접한 것처럼 단정하고 마는데 문화라는 것이 일시에 사라질 수 있는 것이 아니다. 문화에도 흥망이 있고 성쇠가 있긴 하지만 한 번 들어와 익숙해졌던 문화는 어딘가에 남아서 부활을 꿈꾸기 마련이다. 아니면 적어도 조금 변형되어 어딘가에 있기 마련이다. 우리 선조가 차를 소홀히 한 것 같지는 않다. 술과 차를 그렇게 대립적으로 볼 일이 아니다. 술과 차는 상호보완이나 대체제가 될 수도 있다는 생각이 든다.

초의(草衣) 의순(意恂) 스님이 노래한 『東茶頌』

조선의 왕실 제사는 ≪주자가례(朱子家禮)≫를 참고하되, 고려 왕가의 의례를 계승함으로서 주체성을 보였다. 사대부의 기제사는 가례를 본받았지만, 우리의 독창성이 가장 많이 발휘된 부분이다. 특히 다례는 중국에서도 드물었다. 다례는 한국의 특수성이라고 해도 과언이 아니었다.

그런데 조선 중기를 전후하여 차의 생산량이 급감함에 따라 퇴계, 율곡 선생이 "차 대신에 숭늉이나 물로 해도 된다."고 말함으로써 차례가 퇴조했다. 물과 술과 차는 근본에서는 같은 것이다. 필요에 따라 대체제가 되는 것이고, 상호보완의 것이다.

≪동다송≫에도 "물은 차의 신(神)"이라고까지 말한다. 이는 동양문화, 나아가 인류문화의 오랜 전통, 무의식에 깔려 있는 전통을 따른 것이다. 예절도 실은 살기 위해서 있는 것이지, 예절을 위하여 삶이 있지 않다. 인류문화의 무의식에는 불에

대한 신앙보다 물에 대한 신앙이 먼저 있었으며, 이것은 또한 인체의 4분의 3이 물로 구성된 생물의 생존과도 직결된 당연한 것이었다. 막말로 불은 없어도 살지만, 물은 없으면 죽는다. 지금 우리 주변에는 불의 가공과정을 거친 물건과 상품이 즐비하지만 이런 것들은 모두 물 다음에 있는 것이다.

인류사에서 태양 신앙에 앞서 북두칠성에 대한 신앙이 먼저 있었으며, 이것은 바로 물신앙에 속한다. 북두칠성은 흔히 우물 정(井)자로 표시한다. 인류신앙의 발전을 몇 자로 줄여서 말한다면 "우물 정(井)자가 십자가(十)나 만다라(卍)로 바뀐 것에 불과하다." 이것이 원시종교에서 고등종교로 진행한 사실을 말한 것이다.[1]

한국 사람이면 누구나 장독대에서 정한수 떠놓고, 북두칠성에게 빌던 할머니나 어머니를 떠올릴 수 있을 것이다. 인간의 삶은 이렇게 소박한 데서 출발하였다. 주검 시(尸)자도 북두칠성은 나타내고, 숟가락 시(匙)자도 북두칠성(匕)을 나타낸다. 북두칠성이 삶과 죽음을 관장하던 시절도 있었다.

제사란 바로 산 자와 죽은 자가 함께 있는 것이다. 삶과 죽음은 반대인 것 같지만 실은 동거하고 있는 셈이다. 제사에 물과 술과 차는 중요할 수밖에 없다. 퇴계와 율곡도 개인적으로 차 생활을 즐겼으며, 접빈할 때 차를 내놓았고 차시(茶詩)를 여러 편 썼다.

"퇴계의 《언행록》에서 〈봉선(奉先)〉조를 보면, '어느 날 손님이 왔는데 술을 내놓으려고 하다가 그 사람이 그 날 제사가 있는 것을 알고서 그만 두게 하고 오직 차만 내놓았다(惟設茶)'라고 했으므로 퇴계는 평소에 차를 준비해두었고, 제사의 재계 시에는 술 대신 차를 마시는 것이 옳다고 여겼음을 알 수 있다."[2]

조선의 선비들이 제사에 차를 썼음을 말하는 제문이나 편지글 등이 많이 남아있다. 변계량과 정구의 제문, 남효온의 기제사에 관한 글, 장현광의 편지글에서 차

---

1) 박정진, 《종교인류학》(불교춘추사, 2007) 참조.
2) 정영선, 《다도철학》, 412쪽, 2010(1996), 너럭바위.

탕을 헌다를 했다는 기록, 안정복의 사당 설찬도, 이상적의 친구 생일제사, 이종홍의 사당제의에서 술 대신 차를 쓴 사실을 볼 수 있다.[3]

한중일 삼국 가운데 '다례'라는 말을 가장 많이 쓴 민족이 한국이다. 이것은 오늘도 영향을 미쳐서 차 문화 전체를 표상하는 용어로 한국에서는 '다례'를 쓰고 있다.

중국은 다법(茶法), 다예(茶藝), 다학(茶學) 등을 즐겨 쓰고 있고, 일본은 다도(茶道)로 통일되어있다. 중국에서 다례라는 말은 1338년에 완성된 '칙수백장청규'(勅修百丈淸規)에서도 고작 3회 정도 쓰이고, 이것도 제사가 아닌 사찰의 접빈다례에서였다. 중국에서는 제사를 뜻하는 다례나 주다례, 별다례라는 단어가 예전에 없었으며, 일본도 현대 이전에 다례라는 말을 쓰지 않았다. 다례는 우리의 독자문화라고 할 수 있다.

최근 우리나라에서 '다례(茶禮)'가 차의 퍼포먼스를 의미하는 용어로 사용되기도 한다. 물론 다례라는 말속에는 행다(行茶)의 의미가 내포되어 있지 않는 것은 아니지만, 일상의 행다를 의미하는 용어로는 부적당한 것 같다. 우리나라 사람들은 한중일 삼국 가운데서 '예(藝)'자를 즐겨 쓰는 까닭에 한국문화의 정체성으로 '예'자가 정립되어가는 분위기이다.

'예'자는 더욱이 과학기술문명의 범람 속에서 인간존재를 회복하는 존재론적 의미로 사용하는 경향이 늘어가고 있다. 물신숭배의 풍조 속에서 인간성의 회복과 구원으로서 예술의 위상이 새롭게 정립되어가고 있다. '예'자를 선점하는 것이 미래에 중요하다.

眞	善	美
도구적 인간(과학기술적 인간)	도덕적 인간(윤리적 인간)	존재적 인간(예술적 인간)
茶法	茶道	茶藝

[예술의 존재론적인 의미]

---

3) 정영선, 같은 책, 413쪽.

한중일 삼국은 서양인의 눈으로 보면 한자문화권의 비슷한 문화이다. 또 차에 관해서는 중국이 오리지널의 나라이지만, 삼국 내에서 보면 서로 다르다. 그런데 서로 다른 것을 잘 파악하지 않으면 지구촌이 된 오늘의 국제사회에서 자칫 잘못하면 정체성을 상실할 수 있다. 어떻게 보면 요즘은 문화적으로 카피(copy)를 하면 예전보다 더 불리하다. 오로지 차이(差異)를 발견하여야 제 몫을 할 수 있다.

서예의 경우를 보면 중국은 서법(書法), 일본은 서도(書道), 한국은 서예(書藝)이다. 이를 그대로 차에 적용할 경우 중국은 다법(茶法), 일본은 다도(茶道), 한국은 다예(茶藝)가 적당하다. 현재 중국에서 다법(茶法), 차학(茶學)과 함께 다예(茶藝)라는 말을 쓰고 있긴 하지만, '다예'는 아직 중국의 브랜드는 아니다.

무예의 경우도 중국은 무법(武法) 혹은 무술(武術), 일본에서는 무도(武道), 한국은 무예(武藝)라고 하고 있다. 한국은 예로부터 예(藝), 예술을 좋아하는 나라이다. 문화를 예술로 풀어가는 나라이다. 한중일 삼국의 문화적 정체성을 위해서도 나라별로 서로 다른 장르의 용어를 통일하는 것이 필요할 것이다.

중국(法)	한국(藝)	일본(道)
茶法(茶藝)	茶藝, 茶禮	茶道
茶學	차례, 차례(순우리말)	抹茶道
武術, 武法	武藝	武道
書法	書藝	書道

[한중일 문화유형, 법(法)-예(藝)-도(道)]

'다예'가 유리한 점은 또 '다례'와도 상충되지 않는다는 점에 있다. 동양의 예학(禮學)정신으로 보면 다예는 다례에 포함되기 때문이다. 그래서 다례(혹은 차례)는 제사적 성격의 행사에서 사용하는 것이 적당하겠고, 일상적인 차 모임이나 차 행사, 행다에서는 '다예' 혹은 '다예 표연'이라는 말을 사용하면 한중일 삼국 간의 비교문화적 측면이나 브랜드의 확립이라는 측면에서 바람직할 것으로 보인다. '제사에서는 다례, 일상에서는 다예'이다.

　동양 사회에서 선비의 육예(六藝)는 예(禮), 악(樂), 사(射), 어(御), 서(書), 수(數)이다. 쉽게 말하면 예학(예의범절), 악학(음악), 궁시(활쏘기), 마술(말 타기 또는 마차몰기), 서예(붓글씨), 산학(수학)이다.

　우리는 한자문명권에 속해 있기 때문에 한글발음을 하면서도 한자를 동시에 떠올리는 경향이 있다. 이는 한자문화권의 일원으로서 당연한 것이다. 특히 개념어가 많은 철학과 사상은 한자를 쓰지 않고는 표현이 어렵다. 이때 중국과의 차별성, 일본과의 차별성을 어떻게 기하느냐가 문제이다. 그렇다고 같은 말과 단어를 쓰면서 그 속에 우리의 정신이 있다고 말한다면 서양에서는 물론이지만, 중국과 일본을 대할 때도 차이를 표현할 수 없다.

　"그게 중국 것 아니냐."

　"그게 일본 것 아니냐."

　"중국과 일본의 것과 다른 점은 무엇이냐."란 질문을 받기 십상이다.

　일본 기자들과 일본 사람들을 만나면 흔히 "한국에 다도(茶道)가 있느냐."라고 묻는다. 이 질문에는 '다도는 일본 것인데'라는 저의가 숨어 있기도 하고, 더러는 한국의 차 생활을 몰라서 묻는 것이기도 하다. 어떻게 보면 일본 사람으로서는 당연하다. 여기에 신경질적으로 대하면 우리가 손해다.

　80년대부터 한국의 근대 차 문화가 본격적인 부흥의 기지개를 켠 것은 주지의 사실이다. 30년 안팎의 역사를 가지고 있는 셈이다. 이것은 역사의 비하도 아니고 현실이다. 그동안 너무 오랜 단절을 경험했다. "넘어진 자리에서 일어설 수 있다."는 보조지눌선사의 말이 있다. 우리는 지금 그 흔적이나 편린을 가지고 차 문화를 다시 복원하려는 입장에 있다. 그나마도 산사(山寺)에서 면면히 이어온 차 문화가 아니었다면 영원히 실종되었을 지도 모른다.

　경허(鏡虛), 만공(滿空), 용성(龍城), 한암(漢巖), 학명(鶴鳴), 만암(曼庵)을 거

처 조사선과 백장청규의 정신을 이어온 서옹(西翁) 큰 스님은 생전에 일본 NHK 기자가 묻는 질문에 선문답 식으로 응대한 적이 있다.

"한국에 다도는 없다."

이 말 속에는 "한국에는 일본식의 다도는 없다"는 뜻이 숨어 있다.

명원(茗圓) 김미희(金美熙) 여사도 생전에 일본사람의 똑같은 질문을 받고 이렇게 응수했다.

"우리에게는 우리식 다례법이 있다."

여기서 '다례법'이라고 말했지만 다례법의 '법'은 일반적인 '법식'의 의미를 지칭하는 것으로 사용했다고 볼 때 '다례'를 주장한 것이라고 볼 수 있다. 실지로 명원의 경우 궁중다례, 사원다례, 생활다례, 접빈다례라는 말을 쓰고, 이밖에도 선비다례, 헌공다례, 선다례 등의 말을 쓰고 있다.

일본 사람들이 볼 때는 우리의 '다도'가 자신들과 차별성을 느끼지 못하거나 '다도'라는 말 자체가 자신들의 소유라는 선입견이 강하다. 우리는 국제사회에서 이것을 인정하지 않으면 안 된다. 다시 말하지만 '다도'(茶道)는 일본이 근대에 완성한 일본 법식이다. 우리의 법식을 '다도'라고 표현할 수는 없다. '다도'라는 말속에 아무리 우리의 차의 법식과 차 정신과 혼을 불어넣어보았자 그것은 우리의 것이 되지 못한다.

'다예' '다례' 이외에도 '선차' '풍류차' '청담차'라는 말은 학문적으로 차의 정신을 말할 때 경우에 따라 사용할 수 있을 것이다. 차 단체나 학자들 간에 용어의 선택에서 견해차이가 있을 수 있지만 국제사회에서 대외적으로 사용할 때는 통일하는 것이 바람직하다고 하지 않을 수 없다.

'선차'는 역시 불교적인 의미가 숨어 있을 수밖에 없고, '풍류차'는 유불선 전통을 잇는 종합적인 말이고, '청담차'는 사림(士林)의 차를 뜻한다.

6. 다산은 음다흥국을 말하지 않았다

차인들이라면 으레 알고 있는 잠언과 같은 글귀가 있다. '음주망국(飮酒亡國) 음다흥국(飮茶興國)'이라는 말이다. '술을 먹으면 나라가 망하고, 차를 마시면 나라가 흥한다'는 뜻이다. 아마도 차 단체의 대표나 차계의 원로들 중 이 구절을 한 번쯤 내뱉지 않은 사람이 없을 것이다. 그뿐인가. 최근까지도 출간된 다서에는 이 구절이 어느 한 곳엔

다산(茶山) 정약용(丁若鏞) 초상

가 들어가 있다. 일견 생각하면 참으로 그럴듯한 말이다. 음주가무의 나라인 한국 문화에서 술의 폐해가 적지 않기 때문일 것이다.

그런데 이 말이 다산(茶山) 정약용(丁若鏞, 1762~1836) 선생이 말하였다고 하

는 게 사실이 아님에도 고쳐지지 않는 게 문제이다. 다산이 남긴 시문을 집대성한 '여유당전서'(與猶堂全書) 전권을 보아도 위의 구절은 나오지 않는다. 여유당은 다산의 당호이다.

다산학을 주자학이나 양명학의 반열에 올려야 함을 역설하고 있는 다산학의 권위자인 박석무(朴錫武, 다산연구소이사장)는 이에 대해 "음주망국, 음다흥국이란 말은 다산이 남긴 '여유당전서'에는 없습니다. 중국 우(禹) 임금이 '음주망국'이라는 말을 했다고는 전해 옵니다. 술로써 나라를 망하게 할 사람이 있을 것이라고 했다고 합니다. 차로 흥한다는 '음다흥국'이란 말이 다산의 말이라는 소리는 들어보지 못했습니다."[1]라고 증언한다.

박석무 이사장은 중국 '십팔사략'에 나오는 구절, "우 임금이 술을 달게 마시고는 '후세에 반드시 술로써 나라를 망하게 하는 자가 있을 것이다'(禹飮而甘之日 後世必有以酒亡國者)"라고 한 말을 인용한 듯하다고 말한다.

한양대 정민교수(고전문학)도 "다산이 살았던 시대적 여건이나 입장이 음주망국, 음다흥국을 주장할 처지가 아니었다."고 간접적으로 다산의 말이 아니었을 것이라고 내비친다.

다산이 그 말을 했다고 믿기 어렵다. 그런데 왜 그런 말이 계속 재생산되는 것일까. '음주망국, 음다흥국'은 시(詩)로 말하면 대구(對句)가 된다. 술과 차, 흥과 망이 대조를 이루고 있다. 술을 지나치게 많이 먹고 좋아하는 우리민족에게 경종을 주기 위해서 지어낸 말일 수도 있다. 시를 사랑하는 우리민족은 극단적으로 대조를 이루거나 양극화될 때 묘미를 느끼는 모양이다.

언론인 공종원은 지금까지 "술을 마시면 나라가 망하고, 차를 마시면 나라가 흥한다."는 말을 다산 정약용이 한 것으로 잘못 전해지고 있으나, 실은 이 말은 일본인 모로오까 박사가 한 말로 바로 잡아야 한다고 주장한다. 공종원은 ≪조선의 차

---

1) 최석환, 〈차인과의 대화: 박석무 다산연구소 이사장〉 ≪차의 세계≫(2007년 12월호), 26~27쪽.

전남 강진 다산초당茶山艸堂의 전경

와 선≫〈후서〉에서 유성암(有聲庵) 구리다(栗田天靑)는 "선배 모로오까 박사는 우리 ≪일본의 다도≫창간 이래 해박한 식견으로 〈영국의 끽다거〉를 30회 걸쳐 연재하고 '국민이 음주하면 그 나라가 망하고 녹차를 마시면 그 나라가 흥한다'고 결론 지었고"라고 쓰고 있다고 밝혔다.[2]

술 먹는 민족이나 나라가 다 망하면 도대체 세계에서 망하지 않은 민족이나 나라가 없었을 것이고, 또 차 마시는 나라가 다 흥하면 왜 차 마시는 나라 중에 가난한 빈곤국이 있을까? 음주망국, 음다흥국은 애당초 한시적인 캠페인적 성격의 말이었다고 여겨진다.

과음의 폐해를 지적한 옛말은 적지 않다. 주지육림, 주색잡기 등 이루 헬 수 없을 것이다. 오죽하면 세종대왕은 백성들의 과음(過飮)이 심해지자(1433년) "신라가 망한 것이 포석정(鮑石亭)의 술 때문이었고, 백제가 낙화암에서 멸망한 것이 모두 술 때문이었으니, 백성들은 과음을 삼가라."고 하였을까(세종실록, 15년 10월 28일 정축 조).

신라와 백제가 망한 것이 술 때문이라고 한 것은 실은 사실이 아니다. 후대에 역사가들이 망한 나라에 대해 백성들에게 쉽게 이해시키기 위해서 그렇게 기술한 것일 가능성이 높다. 신라의 포석정 사건은 경애왕이 주연을 베푼 것이라기보다는 제(祭)를 올렸을 것이고, 그 사건은 경순왕의 궁중반란의 성격이 강하다는 연구도 나오고 있다.[3] 또 어떻게 백제의 멸망이 술 때문이겠는가. 낙화암과 삼천궁녀의 이야기도 지어낸 것일 가능성이 높다. 아마도 한 나라의 흥망은 종합적인 부정부패와 내부 권력투쟁으로 인한 대외방어능력 부족에서 기인할 가능성이 높다.

어쨌든 차는 술과 다르다. 술은 취하게 하고, 잘못 먹으면 폐가망신 하는 것이다. 70년대 말 한국 차 문화부흥운동이 본격적인 국면에 들어갈 즈음에 차를 마시

---

2) 공종원, ≪禪茶, 차를 마시며 나를 찾는다≫(차의 세계, 2018), 104쪽.
3) 박판현 著 박재원 監修, ≪千年秘史≫, 2011, 홍문관.

면 좋다는 것을 극적으로 강조하다보니 상대적으로 술을 비하하고, 차를 과대평가하는 임기응변이나 얄팍함에 빠진 것이 아닌가 생각된다.

이 대구(對句)가 차 문화운동 초기에 어느 차 운동가의 입에서 나온 것으로 회자되기도 한다. 이 구절을 거론하면 그런 대로 유식하게 보이기도 하고, 운동의 극적인 효과도 있어서 너도나도 이 말을 즐겨 사용한 것 같다. 그러나 조금한 신중하게 생각하면 이 말이 과장된 것이라는 것을 알 수 있다.

'음주망국, 음다흥국'의 말 속에는 자기비하와 함께 숭일(崇日)정신이 들어있을 수도 있다. 친일세력이나 혹은 일본인에 의해 은밀하게 주장되어 퍼졌을 수도 있을 것이다. 왜냐하면 흥과 망, 차와 술이 한꺼번에 거론된 시대적 조건을 갖추고 있는 시기가 일제 때이기 때문이다. 혹시 은연중에 그런 말이 떠돌았을 수도 있다. 망한 나라에 대고 음주망국을 외치는 것은 당위성이 있을 뿐만 아니라 상대방을 기죽이기에는 안성맞춤의 말이다. 종합적으로는 한국인의 콤플렉스의 발로일 수도 있다.

일본은 침략 당시 범국민적으로 일상적인 차 생활을 했을 뿐만 아니라 수백 년 동안 단절되지 않은 차 문화의 전통을 가지고 있었다. 때마침 승승장구하는 흥국의 길에 있었던 참이 아닌가. 음주망국은 한국이고, 음다흥국은 일본이라는 등식이 성립한다. 이 말은 일제가 한국을 다스리기에는 적절한 말이었을 것이다.

'음주망국, 음다흥국'은 다산이 한 말이 아니라는 것이 공공연하게 알려졌는데도 여전히 차계의 원로들이 차 행사장이나 대담 등에서 계속하는 것을 보면 어지간히 구미에 맞는 모양이다. 꼭 이 말을 하고 싶다면 적어도 다산의 말이라는 것만은 빼주기 바란다.

다산 선생은 '음주망국, 음다흥국'이라는 얄팍한 말을 할 정도의 위인이 아니다. 적어도 5천년 한민족의 역사에서 나름대로 학문적 오리지낼리티(originality)를 가진 대학자의 반열에 오른 선비이다. 다산을 보호하는 점에서도 이 말을 쓰지 않는 것이 좋을 듯하다. 이것은 유식도 아니고, 심하게는 안이함과 상투적인 것이다.

조선을 지배하려고 들어온 일본 사람들의 눈에는 우리문화에서 가장 두드러진 부분이 과음하는(고주망태가 되도록 마시는) 음주문화였을 것이다. 그러나 음주의 나라인 우리나라가 술의 예법을 가지지 않았을리가 없다. 주도(酒道)나 주법(酒法)이라는 것이 있어서 풍류를 즐겼다. 향음주례(鄕飮酒禮)는 그 대표적인 것이다.

향음주례는 조선시대에 향촌의 유생들이 학교나 서원 등에서 동네 어른들을 모시고 술을 마시던 소연이다. ≪주례(周禮)≫의 사도교관직조(司徒敎官職條)에 보면 지방이 향(鄕)·주(州)·당(黨)·족(族)·여(閭)·비(比) 등으로 나뉘었는데, 그 중 당에서 행하는 의례가 향음주례라고 되어 있다.

문화가 단절되거나 망하면 항상 지엽말단적인 것만 남고 본래 예의 정신은 사라지고 마는 것이 인류사의 관례다. 작금에 문화를 부흥시키는데도 역시 본래 예의 큰 정신은 없고, 지엽적이고 형식적인 것에만 골몰하고 허둥대는 모습이 눈에 선하다. 무식한데 유식한 체하기는 하여야 하고, 빈약한 가문과 가풍을 일시에 올리자니 억지춘향을 하지 않을 수 없어서인가. 이것이 철학이 없고, 전통이 단절된 민족의 슬픈 모습이다. 이러한 사회현상의 일단을 두고 자조적으로 졸부근성이라고 한다.

그러나 졸부근성이라도 지나야 제대로 양반문화가 뿌리내릴 날도 있게 된다. 문화에도 월반은 없다. 수학에 왕도가 없는 것과 같다. 경제성장과 소득증대는 압축으로 달성하였지만 역시 정신문화는 그렇게 달성할 수 없다. 그래서 사회지도층과 지식인의 책무가 큰 것이다.

우리가 사는 오늘은 역사상 그 어느 때보다 우리민족의 영혼과 문화능력이 폭발하는 시기이다. 문화의 여러 방면에서 폭발이 일어나고 있다. 아마도 차 문화가 부흥의 몸짓과 활개를 치는 것도 그러한 맥락의 소산일 것이다. 우리나라에서 탄생한 철학이 세계적인 철학이 되고, 우리의 미학이(특히 차의 미학이) 세계인으로 하여금 감탄을 자아내게 하여야 할 것이다. 차 문화와 차학에서도 한국 고유의 전통성이 있는 것을 정립하여야 이 대열에 동참하는 셈이 된다.

차를 마시도록 권장하기 위해서 술을 먹으면 망한다고 하는 것은, 우선 술을 모독하는 일일 뿐만 아니라 장기적으로 차를 위해서도 도움이 되지 않는다. 차를 마신다고 반드시 흥할 까닭도 없을 것이기 때문이다. 고려 말에는 도리어 귀족들 간에 차 문화가 사치스러워서 고려가 망하는 데에 일조하였을 것이라는 주장도 설득력을 얻고 있다. 술이든 차든, 사치와 허영, 그리고 과잉으로 잘못 마시는 습관에 빠지는 것이 문제이지, 술과 차가 무슨 죄가 있겠는가.

일제는 우리의 차 문화의 전통을 한편에서는 끊는 장본이었고, 다른 한편 저들의 차 문화 전통의 유입으로 역으로 자각케 하는 면도 있었을 것이다. 이것이 한국 차 문화의 이중성이다. 바로 그 이중성을 가장 잘 나타내는 말이 음주망국, 음다흥국이다.

'음주망국, 음다흥국'이라는 말 다음에 가장 친숙한 용어는 '다반사'(茶飯事)라는 용어이다. '다반사'라는 말은 앞의 '음주망국, 음다흥국'이라는 구절과 다르게 차가 얼마나 일상적이고 대중적이었으면 그런 말이 생겼을까 궁금증을 불러일으키는 말이다.

다반사의 사전적 정의는 "항상 먹는 차(茶)와 밥(飯)처럼 '늘 있어 이상할 것이 없는 예사로운 일'을 비유하는 말"이다.[4] 항다반사(恒茶飯事)의 준말이다.

우리민족이 얼마나 차를 마셨기에 이런 말이 형성되었을까. 차 문화의 단절 기간에 성장한 필자로서는 도대체 이해가 되지 않는다. 이런 말은 중국에나 있을 법한 말이다. 중국에서는 진정 다반사이다. 중국에서는 차가 일상이고, 차는 우리의 물과 같은 음료이다. 아마도 한국의 다반사의 차는 차나무의 차뿐만 아니라 여러 대

---

4) 전광진 편저, 《우리말 한자어 속뜻 사전》, 2009(2007), 272쪽, LBH교육출판사.

용차를 포함한 차였을 가능성이 높다.

필자의 과문한 경험으로는 밥을 먹고 숭늉을 먹었던 것이 보통의 우리네 살림살이였고, 조금 상류층으로 올라가면 여러 대용차나 차나무의 차를 마셨던 것 같다. 또 절간이나 특수집단에서는 차를 마셨을 것이다. 상류층이나 특수집단이 먹는 것으로는 다반사라는 말이 생기기 어렵다. 아마도 차의 전통이 심하게 단절된 까닭에 융성했던 차 문화를 잃어버렸다고 보는 편이 옳은 것 같다.

그렇다면 다반사의 차 문화를 찾아야만 한다. 차 문화는 비단 차라는 음료를 마신다는 것이 아니라 그것을 먹는 과정을 통해서 이야기가 오고가고, 문화가 오고가고, 소통의 장이 마련되는 것이기 때문이다. 우리사회가 지금 겪고 있는 극심한 소통부재, 불통을 음차문화가 해결해 줄 것이다.

오늘날 전 세계인들은 하루 30억 잔 이상의 차를 마시고 있다고 한다. 아직도 우리나라 국민의 1인당 연간 차 소비량은 50g에도 못 미친다고 한다. 최근 몇 년 사이 커피 붐이 일어나는 것도 '빨리빨리' 문화에 적합하도록 커피업계 종사자들이 발빠르게 적응한 때문이다. 서양에서 커피는 생활 깊숙이 침투하여 사색과 철학과 문화를 만들어내는 음료로서의 역할을 해왔다. 차라고 그러지 말라는 법은 없다. 서양에서는 커피와 차를 확실히 구분한다. 우리도 커피를 차라고 부르지 말아야 한다.

몇 해 전 필자는 프랑스 파리를 방문한 적이 있었다. 그때 바쁜 일정 중에 짬을 내서 실존주의의 대명사 샤르트르와 그의 계약결혼의 당사자인 보부아르가 단골로 드나든 카페 '마고'에 들린 적이 있다. 그곳은 헤밍웨이가 '해는 다시 뜬다'를 집필한 곳으로도 유명하다. 실내장식도 별반 두드러진 것이 없고(도리어 촌스럽게 옛날 모습을 유지하고 있었다), 딱딱한 의자가 창가로 둘러진 허름하고 평범한 커피숍이 그렇게 유명한 명소였다.

우리의 인사동 찻집 '오 설록'이나 어느 전통찻집에 단골손님 가운데 세계적 작가가 탄생하지 말라는 법도 없다. 차만 가지고 차 문화가 되는 것은 아니다. 차와 다른 문화예술이 어우러질 때 선진국이 된다.

우리도 명동과 충무로, 그리고 부산, 대구, 광주의 유명한 커피숍과 음악 감상실이 한때 청년문화의 산실이었고, 부산 피난시절의 '밀다원'시대가 있어서 더러 문학·예술인에 의해 추억담에 오르내리기도 하지만 아무래도 '마고' 같은 명소는 없었던 것 같다.

도시화가 급속도로 진행된 마당에 이제 카페나 찻집이 고급문화예술과 철학의 산실이 되는 게 하나도 이상할 게 없다. 이 말은 거꾸로 훌륭한 차 문화의 전통이 성립되지 않으면 우리의 문화가 세계적인 것이 될 수 없다는 역설도 가능하다.

한국문화는 현재 풍요 속에서 힘 있고, 아름답고, 향기로운 주류(主流)문화를 형성하지 못하고 방황하고 있다. 이는 민중문화가 문화를 대표하는 것처럼 착각한 데서 비롯되는 것이다. 조선조의 선비문화와 같은 고급문화가 만들어지지 않으면 세계문화와 어깨를 나란히 할 수 없다. 어느 나라든 오늘날 문화의 목표는 '자유와 평화와 행복'이다. 그런데 이것을 자신의 방식으로 실현하지 않으면 안 된다. 이것은 결과적으로 실현하여야 하는 것이지 구호로 달성되는 것은 아니다. 그것을 달성하는 방법은 각국이 다르다.

1차적으로 의식주를 해결하기 위해서 동분서주할 때는 목표가 오히려 뚜렷했지만, 이제 선진국으로의 도약하려는 우리에게 우리의 나아갈 길이 확실하게 잡히지 않는다. 구체적으로 문화적 이상이나 모델을 만들어야 적어도 사람들은 자부심을 갖고 스스로 자신의 삶을 아름답게 꾸밀 능력을 갖추게 될 것이다. 다시 '다반사의 날'을 기대해 본다.

차 문화는 분명히 이제 우리의 병폐가 되고만 '빨리 빨리' 문화를 고치거나 개선하는 데 일조를 할 것으로 보인다. 세계 1위의 교통사고 사망률과 자살률, 부실공사로 인한 신뢰하락 등 여러 문제가 조급성에서 비롯되고 있다. 일본을 천하 통일한 도요토미 히데요시(豊臣秀吉)는 조선의 막사발 이도다완(井戶茶碗)의 가치를 안 것으로 유명하지만, 오랜 전쟁으로 메말라진 국민들의 심성을 순화시키기 위해 다도를 체계화시키게 했다. 오늘날 일본다도가 나름대로 완성된 것은 그러한 전통이 있기 때문이다.

돈황(敦煌)문서에 '다주론(茶酒論)'이 들어있다. 차와 술의 논쟁은 물론이고 그 사이에서 화해를 촉구하는 물의 주장을 들어보면 적어도 음료문화의 3총사인 이들의 각자의 위상을 엿볼 수 있어 좋다.

차: 나는 귀족과 제왕의 문을 출입하면서 평생 귀한 대접을 받는 신분이다.

술: 군신이 화합하는 것은 나의 공로다.

차: 나는 부처님에게 공물로 쓰이지만, 너는 가정을 파괴하고 음욕을 돋우게 하는 악물이다.

술: 차는 아무리 마셔도 노래가 나오지 않고 춤도 나오지 않는다. 또한 차는 위(胃)병의 원인이 된다.

차와 술의 논쟁을 지켜보던 물(水)이 마침내 개입한다.

물: 다군(茶君), 내가 없으면 너의 모습도 없다.

주군(酒君), 내가 없으면 너의 모습도 없다.

쌀과 누룩만을 먹으면 바로 배가 아파지고, 찻잎을 그대로 먹으면 목을 헤친다.

둘은 사이좋게 지내라. 물이 없으면 술도 없고 차도 없다.

충남 부여 무량사(無量寺)에 모셔져 있는 매월당(梅月堂) 김시습(金時習)의 초상

2. 한국의 다성(茶聖)
매월당

−한국 차 문화 매월당 중심으로 이동해야

1. 매월당은 한국 차 부활의 블랙박스

  일본의 대표적인 도자연구가인 아사가와 노리타카((淺川佰敎)는 이미 1930년대에 『부산요와 대주요』에서 초암의 원형이 한국의 초옥(草屋)이었다고 밝히고 있다. "그 시대 삼포와 가장 관계가 있는 곳은 사카이(堺) 항구였다. 사카이(堺) 근처에 은둔생활을 하고 있던 조선승려나, 삼포에 은둔하고 있던 조선 승려들의 생활을 조그만 초옥(草屋)을 암시하고 있다. 조선남방의 초옥(草屋)은 일본의 다실(茶室)과 흡사하다. 이 무렵 사카이(堺)는 일본경제의 무대이고, 차(茶)의 본고장이었다."[1]

  다실이 조선의 초옥에서 영향을 받은 것인 동시에 당시 도자문화도 조선에서 앞섰던 사실을 감안하면, 일본초암의 원류는 조선이었음을 가정하기에 부족하지 않다.[2] 일본에 개방되었던 조선의 삼포와 사카이는 가장 활발한 항구로서 양국문화 교류의 중심이었다. 당시 조선과 일본의 차 문화 교류의 중심에 섰던 인물이 바로 매월당(梅月堂) 김시습(金時習, 1435~1493)이었다.

---

1) 淺川伯敎(아사가와 노리타카), 최차호 옮김, 『부산요와 대주요([釜山窯と對州窯]』(어드북스, 2012), 68~69쪽.
2) 일본에서는 임진왜란(壬辰倭亂)을 조선의 선진도자기술을 빼앗아간 '도자기전쟁'이라고 부르기도 한다. 일본은 조선에서 물러가면서 조선의 수많은 도공을 인질로 잡아가기도 했다.

아사가와는 일본초암의 원류가 조선이었음을 가장 적극적으로 암시한 학자라고 할 수 있다. 이는 일본학자로서는 매우 드문 예이다. 미국의 동양미술사학자인 존 카터 코벨(Jon Carter Covell, 1910~1996)도 일본다도의 원형이 조선의 차라는 주장을 1980년대에 펼쳤다. 그는 특히 차의 그릇인 도자기와 차를 마시는 공간인 차실건축, 그리고 일본 선화(禪畵)의 선미(禪味)에 대한 감식을 통해 일본다도에의 조선의 영향을 직감적으로 파악했다.

재일사학자 이진희(李進熙), 차 연구가인 현암 최정간[3](하동 현암도예연구소 소장), 최석환(차의 세계, 발행인)도 일본 초암차 형성에 매월당이 영향을 끼쳤다고 주장해왔다.

필자가 이번에 매월당의 초암차에 대해 한국내의 선(仙)문화, 풍류(風流)문화와의 관련성을 부각시키고 매월당 이전의 고려말 두문동(杜門洞) 세력과 조선 초·중기 선비들과의 철학적 커넥션을 논리적으로 설명한 것은 매월당의 초암차야말로 한중일 차 문화 교류사에서 부각시키지 않으면 안 되는 보석과 같은 존재이기 때문이다.

매월당은 일본의 센리큐(千利休, 1522~1591)에 앞서 다선(茶禪), 다선(茶仙)의 새로운 경지를 개척한 인물이다. 불우한 천재인 매월당은 누구보다 앞서 초월과 초탈의 경지에 도달한 선비가 가까이할 것으로 초암(草庵)과 초암차임을 깨달았다고 할 수 있다.

매월당에게 '차(茶)와 시(詩)와 선(禪)'은 하나였으며 그의 몸의 일부였다. 그의 몸은 거꾸로 차와 시와 선으로 만들어졌다고 해도 과언이 아니다.

일본의 다도는 조선에서 전래되었다는 확신을 가졌던 존 카터 코벨은 차의 붐이 새롭게 일기 시작한 1984년경 서울 힐튼호텔에서 열린 한국다도협회 행사에 참가

---

3) 최정간은 세계적인 동양미술학자인 존 카터 코벨 박사를 모시고 1983년 7월 중순 경남 하동 새미골 도요지를 찾았다. 존 코벨은 코리아헤럴드에 당시 방문기를 실었다. 방문기 제목은 「'Deep South' remembers」(1983년 7월 30일 문화면)와 「Rebirth of a Tradition」(1985년 3월 13일 문화면)이다.

한 뒤 이렇게 말한다.

　"나는 1934년 처음으로 다도라는 걸 경험했다. 지금 한국의 다도 보급은 고무적이긴

　하지만 거기엔 매우 신중하게 철학이 뒷받침되어야만 한다."[4]

　코벨은 당시에 이미 '한국의 다도'엔 한국의 철학이 없다는 것을 감지하고 차의

철학이 정립되어야 할 것을 처음으로 역설한 셈이다. 한국의 근대 다사(茶史)를

보면 대체로 해방 후 60년대는 개인적인 기호의 시대였고, 70년대는 집단적 자

각을 하면서 차 문화운동을 펼친 시대였다면, 80년대는 본격적인 문화운동과 조

직의 시대였다고 말할 수 있을 것 같다. 그것이 결실을 맺기 시작한 것은 90년대

---

4) 존 카터 코벨, 김유경 편역, ≪일본에 남은 한국미술≫, 2008, 319쪽, '글을읽다'.

의 일이다.

그러나 한국의 다(茶)의 법식은 아직도 일본 '다도'의 굴레에서 벗어나지 못하고 있다. 심지어 대부분의 차인들이 '일본다도'가 바로 '우리(한국)의 다도'인 것처럼 받아들이는 태도이다.

차 문화의 식민지적 환경을 탈피하고 한국의 다의 법식의 재정립, 다시 말하면 한국인의 전통과 입장에서 다시 차 문화를 구축하는 철학적 작업이 요구된다. 독자적인 차 철학이 없는 차 문화 행사와 퍼포먼스는 그야말로 허깨비 춤에 지나지 않는다.

차 문화의 부흥과 영속을 위해서 매월당의 초암차와 그 정신이 새롭게 발굴되고 조명된 것을 정리하면서 고대 풍류도(風流道), 화랑도(花郞道)의 전통이 오늘에 되살아나는 '한배달 풍류도'의 '풍류차' 전통을 새롭게 세우고자 한다.

일제의 학교교육에 의해서든, 일본다도를 체득한 소수의 차인들에 의해서건, 한국의 차 문화는 이들에 의해 명맥을 유지하면서 부분적으로 주체적인 한국차사를 구성해보려는 뜻있는 세력이 합류하면서 오늘에 이르고 있다.

지금에 와서 한국의 근대 차사를 다시 재론하는 것은 이제 한국의 차 문화의 새로운 바탕의 정립과 보다 설득력 있는 차 문화사의 물줄기를 바로 잡기 위함이다.

특히 동아시아에서 한중일 삼국 간의 차 문화의 비교와 각자의 자리매김은 항상 초미의 관심이 되어왔다. 여기에 가깝게는 매월당의 '초암차(草菴茶)의 복원'과 멀게는 '무상의 선차지법(禪茶之法)'의 부활이 요구된다. 물론 이를 위해서는 자료의 발굴과 확충, 꾸준한 연구 활동이 전제되어야 한다. 한국은 항상 중국과 일본의 사이에서, 중간문화적인 특색을 보여 왔다.

근대에 들어 일본은 제국의 이름 아래 한국과 중국 문화를 앞도하면서 선진문화를 구가해왔고, 대체로 한국과 중국은 일본을 따라가는 형국이었다.

일본이 이 과정에서 제국주의적인 점령이외에 문화적으로 세계에 내놓은 것이

'다도'(茶道)와 '젠'(Zen, 禪)이다. 다도와 젠은 다른 나라의 거부감을 일으키지 않으면서 그 속에 일본문화와 일본의 혼을 담고 있어서 일본문화의 해외교류 및 침투에 도구로서 역할을 해왔다. 다도는 일본의 '문화종교'라고 명명하여도 좋을 것이다.

차 문화를 주도한 대부분의 초기 차인들이 일본다도를 통해서 다도를 접했고, 이를 암암리에 숨기면서 마치 자신들이 한국의 전통 차의 법식을 부활한 계승자인 것처럼 행세한 경우도 없지 않았다. 그러나 문화라는 것은 그 문화의 담당세력이 누구로부터, 어디서부터 온 것을 배웠는가를 외형적으로 단박에 드러낸다. 그것이 문화의 형식이라는 것이다.

70~80년대 민족적 자각과 함께 우리 차인들은 찾아 나선 것이 바로 다산, 초의, 추사로 이어지는 차 문화 중흥조들이다. 이들 세 차인들은 참으로 귀중한 존재들이다. 만약 이들이 없었다면 한국의 근대 차사는 거의 재구성할 수 없을 정도가 되었을지도 모를 일이다. 그러나 한 가지 흠은 한국의 차 문화의 중심이 너무 역사적으로 하대(下代)에 잡혀서 상대적으로 차의 중심축이 고대 · 중세에 있는 일본과 중국에 비해 열등감에 처하게 된다는 데에 있다.

그래서 다산을 중심으로 하는 이들 세 차인의 위에 조선조 남인들의 차 생활이 있고, 다산조차도 남인의 후예로서 존재하며, 남인의 위에 조선조 초 · 중기에 풍성한 차 문화를 일군 매월당 김시습을 거론하였다. 매월당은 현재 문헌적으로는 주로 시(詩)를 통해서 차생활과 차 문화의 깊이를 드러냈다는 점에서 근대가 요구하는 산문성과 과학성의 요구에 미흡한 감은 있지만 그의 시를 읽으면 읽을수록 진정한 다성(茶聖), 다선(茶仙)의 면모를 읽을 수 있다.

그러한 점에서 차 문화의 중심이 매월당으로 이동하여야 한국의 차 문화가 한중일 삼국에서 제대로 자리매김을 할 수 있을 것으로 기대된다. 그동안 매월당에 대한 연구는 적지 않게 이루어져왔다. 그런데 주로 문학에 대한 연구가 주류를 이루고 있고, 차와 관련해서는 부족한 편이다. 그나마 매월당 연구에 매진하고 있는 십여 명의 학자 군에 의해 앞으로 장래를 기대하게 하고 있는 셈이다.

매월당으로의 중심이동은 특히 한국 차 문화의 일본다도로부터의 탈피와 주체성 확립과 관련된다는 점에서 주목된다. 매월당의 초암차는 일본의 초암차, 와비차의 원조격으로 점차 자리매김 되고 있다. 일본의 초암차는 조선과의 문화교류를 담당한 승려들에 의해서 전파되어 일본화된 것으로 짐작된다. 다시 말하면 매월당의 차 정신이 일본으로 건너가 일본의 15~17세기에 형성된 차 문화의 번성을 이루는데 기여했다고 볼 수 있다. 한국은 단순히 일본다도를 수입한 나라가 아니다.

한국이 일본에 문화를 전해주고 다시 그것을 수입한 경향은 차 문화뿐만 아니라 무예(武藝), 도자(陶瓷), 유학(儒學) 등 여러 분야에서 밝혀지고 있다. 이는 문화의 피드백(feedback) 현상 중의 하나이다. 문화도 자연과 같이 영고성쇠의 과정을 겪는다. 문화는 제 2의 자연이기 때문이다.

한나라의 문화가 쇠퇴하면 할 수 없이 이웃의 선진문화를 수입할 수밖에 없고, 문예부흥을 이루어 선진문화가 되면 다시 이웃나라에 문화를 수출하는 것이 특히 이웃나라 간 문화교류 패턴이다. 고대·중세까지만 해도 한국이 일본에게 선진문화를 주는 문화 증여자였다. 그것이 수혜자로 전도된 것이 바로 임진왜란 후이다. 차 문화도 이러한 전도의 시기에 해당한다. 그래서 초암차가 한국의 것이니, 일본의 것이니 하는 설왕설래가 있게 되는 것이다.

매월당은 한국 차 문화 부활의 블랙박스

한국 차의 법도를 복원하는 것이 그리 쉬운 일은 아니다. 이미 일본에 의해, 일본의 방식으로 많이 변질되었거나 '왜곡'(倭曲)되었기 때문이다. 그 중에서 한국의 것을 추출하여 다시 그 뼈대에다 한국문화의 혼을 불어넣고 살점을 보태지 않으면

안 된다. 한국 차의 신화를 다시 쓰는 데에 없어서는 안 될 인물이 매월당 김시습(金時習, 1435~1493)이다.

결론부터 말하자면 초암차는 한국인이 오늘날도 여전히 자연친화적으로 즐기고 있는 초탈(超脫)의 차 문화의 원조격이다. 초암차의 주인은 초암차와 이도다완(井戶茶碗)을 한국에서 수입해간 일본이 아니라, 초암차와 이도다완을 삶과 함께 한, 한국인인 것이다. 초암차를 본래 향유하고 있는 나라가 초암차의 주인인가, 아니면 수입해 간 나라가 주인인가는 물어볼 필요도 없다.

앞으로 초암차라고 하면 으레 한국의 것이고, 일본의 초암차는 '일본 초암차'라고 해야 할 것이다. 일본의 초암차는 한국 초암차의 2차적 변형이다. 이는 다도를 말하면 으레 일본의 다도로 통용되는 것과 같은 이치이다. 한국의 다도라고 말하지 않으면 다도는 으레 세계적으로 일본다도를 의미하는 것으로 되어버린다.

여기서 제기되는 것이 초암차와 와비차의 구분이다. 흔히 초암차는 와비차와 같은 의미로 사용된다. 이는 잘못된 것이다. 무라다슈코(村田珠光, 1422~1502)에 의해 도입된 초암차는 센리큐(千利休, 1522~1591)에 의해 1백년 뒤에 와비차가 된다. 무라다슈코 당시에는 한국 초암차의 모습이 많이 보존되었을 것이고, 이것이 점차 일본적인 것으로 더욱 강화되고 변형되어서 와비차가 된 것으로 보는 편이 옳다.

박민정(차 연구가)은 일본 와비차의 계보를 세운 야마노우에노 소지(山上宗二)가 '산상종이기'(山上宗二記)에서 다인관을 넷으로 분류했다고 주장한다.

"첫째 명품족 차인, 즉 명물다도구만을 소장하고 즐기는 것을 다도라고 생각하는 차인, 둘째 다도전문가, 즉 기물에 대한 안목을 가지고 일생을 다도스승으로 살아가는 차인, 셋째 와비차인, 즉 명물다도구는 하나 없으나 창의력을 가지고 다도를 통하여 정신적 수행을 하는 차인, 넷째는 명인차인으로 앞의 세 가지 요건, 즉 명물다도구와 감정능력을 가지고 일생 정신적 수행을 하는 차인이다. 이러한 명인의 경지에 있는 차인으로서 무라다슈코, 다케노조오, 스승 센리큐를 꼽았다."[5]

첫째는 명품다구를 과시하는 다이묘 다인을 말하고, 둘째 기물에 대한 안목을 가지고 살아가는 다도 스승의 차인, 차노유 다인을 말한다. 셋째가 명물도구는 없으나 창의력으로 정신적 수행을 하는 차인, 와비 다인이다. 넷째는 앞의 세 가지 요건을 다 갖춘, 즉 명물다도구와 감정능력, 정신적 수행을 하는 차의 명인(名人)을 말한다. 여기서도 정신적인 것을 추구하는 양 말하고 있지만, 실은 다인이 되기 위해서는 맨 먼저 기물을 꼽는 것을 알 수 있다.

물론 와비차의 정신을 말할 때 소박하고 차분한 멋, 쓸쓸하고 불완전한 멋, 그리고 호화로운 명물다도구만을 사용하지 않는 정신적 수행을 하는 것을 표방하기는 한다. 그러나 일본 다인들의 기물에 대한 집착은 다도의 출발점과 같다. 이는 이도다완으로 거슬러 올라간다.

---

5) 박민정, 〈이사람: 박민정 대 오사다 사치코, 한국 여성의 '와비차'와 일본 여성의 '백운옥판차'〉 《차의 세계》 (2007년 5월호), 98~99쪽.

결국 잡기(雜器)에 해당하는 이도다완을 잡기가 아닌 명기(名器) 혹은 신기(神器)로 만들어놓고 신주처럼 모시고 있었던 도요토미 히데요시의 정신이 일본다도의 정신이다. 한국은 비록 이도다완을 만들었지만 그것을 신주처럼 모시지 않는다. 막사발처럼 일용하였던 것이다. 일본인은 막사발을 대상화하고 신격화했다는 것을 알 수 있다.

일본인이 이도다완을 좋아하는 데는 말차(抹茶)와의 관련성도 부인할 수 없다. 말차를 차로 인정하는 일본인으로 하여금 강한 녹차의 성분을 이도다완이 숨을 죽이면서 마실 수 있게 한 데도 그 이유가 있다. 또 이도다완의 투박한 갈색류의 분청사기의 색과 말차의 녹색이 크게 대조를 이루어서 미학적으로도 완성도가 높았기 때문이다. 마지막으로 이도다완은 그릇의 크기로서도 말차 용으로 적합했던 것이다.

자연친화는 자연을 대상으로 모시는 것이 아니라 자연과 더불어 살아가는 것이다. 한국인은 자연친화적으로 살아왔다. 그러한 정신이 막사발에 배어있는 것이다. 일본인은 이도다완을 통해 한반도에 살았던 그들 조상의 숨결과 혼을 느끼고 있는지도 모른다. 그들이 결코 도달할 수 없는 자연 그대로의 삶 말이다.

한국 미의식의 자연주의에 대해 동양미술사를 전공한 존 카터 코벨 박사의 이야기를 들어보자.

"아직도 한국역사에 대한 나의 지식은 불완전하지만, 단군이야기는 내게 자연의 원초적인 힘을 숭배하는, 자연 그 자체의 뜻으로 받아들여진다. ...중략... 자연과 매우 깊이 벗하며 날 때부터 속박에 얽매이지 않는 미국인인 나로서 일본의 '폐쇄적 사회'는 참으로 견디기 어려웠다. 나는 한국인이 중국인이나 일본인에 비해 보다 자연스럽고, 자유로운 심성을 지녔으며, 자연에 가까운 사람들임을 안다. 한국인들은 고래로 물려받은 기질인 바위를 사랑하는 사람들이고, 이 땅에 흐르는 강과 산천경계와 일심동체

일본 교토 다이도쿠지(大德寺) 경내에 있는 금모각(金毛閣) 입구

가 되어 살아온 사람들이다. 무엇보다 중국예술은 너무 위압적이고 자연을 압도하는 인위성과 극단적으로 위계적이란 사실이 자유와 자연을 애호하는 미국 태생의 본인에게 거부감을 갖게 한다. 한국인들은 자연을 거슬러 이를 제압하려 드는 방식은 결코 받아들여지지 않았으며 언제나 자연으로부터 도움을 받는다고 여겨왔다. 곰과 호랑이가 등장하는 단군전설을 보더라도 한국인의 선조는 절반이 자연인 것이다. 그러한 한국적 특성 하나가 전통건축에서 들보나 서까래 재목을 생긴 그대로의 통나무로 쓴다는 사실이다."[6]

---

6) 존 카터 코벨, 김유경 엮어옮김, ≪한국문화의 뿌리를 찾아서-무속에서 통일신라 불교가 꽃피기까지≫, 1999, 9~10쪽, 학고재.

이와 관련하여 일본의 미학을 비교하는 대목이 이어 나온다.

"16세기 후반 일본의 다도가들도 한국인의 이러한 점을 차용해 다실 건축에 껍질도 안 벗긴 통나무를 가져다 썼다. 자연 상태의 나무에 일체의 인위적 손질을 하지 않음으로써 나무에 대한 일종의 숭상심을 보이는 것이다. 그러나 일본의 가장 유명한 다실을 보면 재목에 도끼날 자국이 우연스러운 것처럼 나 있긴 하지만 실제로는 의도적으로 그렇게 한 것이다. 일본인은 이러 유의 자연성을 삶의 굉장한 위력으로 숭배한다. 교토의 료안지(龍安寺) 선(禪) 정원은 이런 성향을 극대화시킨 것이다."[7]

코벨 박사의 한중일 미술사와 미학의 비교는 다음에서 극명하게 잘 드러난다.

"한국예술에서 자연과 인간은 서로 협력하는 것으로 다뤄질 뿐 중국예술처럼 서로 싸우거나 경쟁하려 들지 않으며, 일본예술이나 일본정원처럼 극도의 추상성으로 자연과의 친화성을 나타내지도 않는다. 그러면서 한국미술은 바람직한 중도의 입장에서 균형을 취하고 한국적 미학을 만들어내는 것이다."[8]

일본은 자연친화적으로 살지 못하면서 단지 그것을 대상화하고 흠모하는 것이다. 일본의 미학은 인공성이 두드러진다는 점에서 한국과 다르다. 일본의 미학은 한국의 것을 2차적으로 가공한 것이다. 초암차는 한국적인 것이고, 와비차는 일본적인 것이다. 와비차인들이 멀쩡한 찻그릇을 깨뜨려서 와비미학을 완성하는 것은 예의 통나무에 도끼자국과 같은 것이다. 여기에 일본미학과 한국미학이 첨예하게 대립하는 것이다.

---

7) 존 카터 코벨, 김유경 엮어옮김, 같은 책, 10쪽.
8) 존 카터 코벨, 김유경 엮어옮김, 같은 책, 10~11쪽.

초암차는 한국의 전통적 브랜드이고, 와비차는 일본의 브랜드이다. 와비의 개념에는 매우 일본적인 것이 숨어 있다. 초암차가 '자연주의의 다법'이라면 와비차는 '인공적으로 자연주의를 흉내 내는 다법'이라고 말할 수 있다. 일본인이 초암차와 와비차라는 용어를 동시에 쓰는 까닭은 이중성이나 애매모호함으로 인하여 초암차를 처음부터 일본적인 것으로 정착시키려는 속셈이다.

이는 초암차가 한국에서 전래된 한국적인 것이고, 와비차는 그것과는 다른 더욱 일본적인 것이라는 의미가 내포되어 있음을 알기 때문이다. 더욱이 와비차의 개념을 만든 장본인인 센리큐는 한국계라는 주장이 나왔다. 이는 일본다도의 성립과 한국의 관련성을 더욱 강화해주는 셈이 된다. 이러한 주장은 가장 먼저 존 카터 코벨에 의해서 제기됐다. 천(千)씨는 센리큐 이전에 일본에 없는 성씨였다.

"다도에서 가장 유명한 센리큐(千利休)의 천(千)은 한국식 성이며 그의 조부는 조선 세조 치하에 해당하던 시기 일본 요시마사 쇼군 막부에서 교역을 하던 한국인이었던 것으로 보인다. 첫 번째 라쿠자기(회전판을 사용하지 않고 주걱으로 형태를 만들고 특수 가마에서 한 개씩 구워내는 라쿠 가문의 연질토기)는 센리큐의 안목 아래 계획되어 '조지로'라는 한국인 도공의 아들이 제작한 것이었다. 일본의 다도가들은 1500년경에는 조선에서 들여온 분청사기를 쓰기 시작해 현재까지 애용하면서 이 분청사기에 가치를 부여했다."9)

"사카이의 상인이며 탐미주의자이던 센리큐(千利休)의 조상들은 절대로 그들의 한국식 이름을 일본식으로 바꾸지 않고 살았다(나중에 일본인들은 그들의 이름을 변조해 쓰는 방법을 알아냈다). 센리큐는 다이토쿠지 본전 맞은편에 있는 쥬코인(聚光院)의 묘지터를 샀다. 지금 이곳은 일본 내 20만 다도가들이 열광하여 찾는 성지가 되었다. 천

9) 존 카터 코벨, 김유경 편역, ≪일본에 남은 한국미술≫, 2008, 347쪽, '글을읽다'.

교토 다이도쿠지 산문을 상징하는 금모각(金毛閣)

씨 가문의 중요 인물들은 모두 이곳에 묻혔으며, 삼문에는 센리큐가 1591년 히데요시의 명령으로 할복자살하기 직전 마지막 다도를 베풀었다는 방이 있다."[10]

일설에 따르면 센리큐의 직접적인 할복의 원인이 되었다고 하는 '금모각(金毛閣)에 안치된 센리큐의 목조각상'[11]이 다이토구지 삼문에 있다. 조선의 자손인 센리큐는 비록 상인으로 사카이에 있었지만, 일본이 조선을 침략하는 것을 못마땅하게 생각하였을 수도 있다. 전쟁은 무역에 지장을 초래하기도 하지만, 그것보다는 조상의 나라를 침략하는 일본의 행위에 대해 거역하는 마음이 생겼을 수도 있을 것이다. 그 마음을 간파한 히데요시는 다른 빌미를 잡아 그에게 할복을 명령했을 수도 있을 것이다.

일본다도연구에 박차를 가하고 있는 전문화공보부 장관 이원홍은 이렇게 말한다.

"센리큐의 천재는 자기 안에 내재하는 역사의 뿌리에서 뻗어난 것이다. 그에게는 이국적인 정취에 민감한 선천적인 소양이 있었다고 생각된다. 그의 선조가 한반도에서 건너간 도래인(渡來人)이었을 것이라고 생각하게 한다. 명확한 증거는 없지만 여러 가지 정황이 그렇다. 그의 가계보와 라쿠야키(樂燒)에 얽힌 수수께끼 같은 인간관계, 그리고 와비의 문화적 토양을 생각하면 여지가 없다. 특히 다옥과 차실의 설계와 미장에서 드러난 한국적 풍정은 그러한 생각을 더욱 강렬하게 만든다."[12]

필자가 지난 2005년 일본 후쿠이(福井)현 사카이(坂井)군 미쿠니(三國)마을에 들렀을 때, 오미나토(大湊) 신사의 35대 마쓰무라(松村忠司) 신관은 한일

---

10) 존 카터 코벨, 김유경 편역, 같은 책, 304쪽.

11) 成川武夫, ≪千利休 茶の美學≫, 1988, 122쪽, 玉川大學出版部.

12) 이원홍, 〈차실(茶室) 천장은 한국기법〉≪차의 세계≫(2009년 3월호), 114쪽.

관계사를 말하면서 "일본다도의 창시자인 센리큐도 한국계였을 것이다."고 여러 차례 말했다.

마쓰무라는 자신도 가라쿠니(한반도를 지칭하는 말)에서 온 조상의 35대 손이라 말하고, "한국을 통하지 않고서는 오늘의 일본문화를 이해할 수 없다."고 말한다. 아마도 도래인들은 일본문화의 지층에 숨어 있는 한국문화의 냄새에 대해 남다른 감각을 가지고 있는 것 같았다.

초암이라는 개념은 한국에서 익숙한 것이다. 그러나 와비라는 개념은 한국에 없다. 일본이 개발한 용어이다. 일본 차인들은 더 이상 초암차와 와비차를 이중적으로 사용하지 말고 보다 자기 문화에 적합하도록 다듬어진 와비의 개념을 사용해야 할 것이다.

일본이 '다도'라는 말의 사용에 현실적 기득권을 얻은 것은 참으로 동아시아 다도사로 볼 때 고지를 선점한 것이나 다름없다. '도'(道)라는 단어는 어떠한 단어보다 동아시아 문명사를 일이관지하는 말이고, 서양에서 볼 때도 대표적 상징성을 갖는 말이기 때문이다. '도(道)'는 서양의 '이성'(理性)에 대항하는 동양철학의 대표적인 용어이다.

일본에서는 '차노유'(茶の湯)라는 말을 주로 사용하였는데 17세기 초에 '다도'(茶道)라는 말이 유행했다. '도'라는 말은 으레 서양문화권에서 보면 동양의 대표적인 철학이나 사상쯤으로 생각한다. 따라서 다(茶)와 도(道)를 합친 '다도'를 일본이 선점한 것은 바로 동양의 차 생활이나 차 문화의 대표성과 상징성을 일본이 갖는다는 것과 통했다. 일본은 말차도(抹茶道)를 다도라고 생각한다. 잎차를 우려서 먹는 것은 다도에 포함하는 것을 꺼린다.

일본의 잎차도, 혹은 전다도(煎茶道)는 에도시대(江戸時代)에 은원선사(隱元禪師, 1592~1673)에 의해 전해진 것으로 알려졌다. 은원선사는 중국의 백장회해-황벽희운-임제의현으로 이어지는 '황벽의 다도'의 계승자이다.

"은원은 명말청초의 승려이다. ...중략... 1620년 28세 때 덕청으로 돌아와 황벽산 만복사 감원이 되어 정식으로 머리를 깎고 출가하였다. 그는 명말 선승 밀운원오(密雲圓悟), 비은도용(費隱道容) 등의 선승을 모시고 수행하다가 1636년 황벽산 만복사 주지에 임명되었다. 푸젠 푸저우 덕청현의 만복사 주지로 있던 은원은 일본에서 수차례 초청을 받고 1654년 63세로 제자 20명을 거느리고 일본에 건너갔다. 은원융기(隱元隆琦)가 이끈 혜림성기(慧林性機), 남원성파(南源性波), 동란종택(東瀾宗澤) 등 동도승인(東度僧人) 20여 명이 도일했다. 처음 나가사키(長岐)에 도착하여 후몬지(普門寺)에 갔다. 은원은 고미즈노오(後水尾, 재위 1611~1629) 천황 그리고 도쿠가와 막부의 적극적 지원을 받아 우지에 9만 평의 절터를 하사받아 1661년 중국의 절 이름을 본떠 오바쿠산 만푸쿠지라고 지었다. 천황으로부터 땅을 하사받은 은원선사는 일본 곳곳을 주유(周遊) 중에 타와다(太和田, 현재 황벽산이 있는 장소)가 고황벽(古黃檗)과 공통점이 있는 것을 알게 되었다. ...중략... 은원은 하사받은 땅 위에 황벽산 만푸쿠지란 이름을 걸고 덕청 만복사와 똑같은 건축양식으로 만푸쿠지를 세웠다."[13]

은원융기(隱元隆琦)선사 초상

---

13) 최석환, 〈黃檗茶脈의 원류 1-전다도의 산실 만푸쿠지: 일본 만푸쿠지(萬福寺)에 살아있는 은원다법(隱元茶法)과 전다도(煎茶道)의 세계〉≪차의 세계≫(2012년 7월호), 35~36쪽.

일본의 전다도가 매월당의 초암차에서 시작되었는지, 은원 스님에 의해 시작되었는지 알 수가 없다. 일본의 학자들은 고대에서 근세에 이르기까지 한국문화에 대한 콤플렉스를 가지고 있어서 일본에서 시작한 것이 아니면 으레 중국에서 들어온 것처럼 생각하거나 거짓말을 한다. 그 좋은 예는 자신들이 소장한 고려불화들을 거의 중국의 불화라고 주장한 경우이다.

매월당과 은원선사의 생몰연대로 볼 때 1백50여 년의 차이가 난다. 그리고 은원선사는 1654년에 나가사키에 도착한다. 매월당이 일본 국왕의 사절로 조선왕국을 방문한 정사(正使) 준초서당(俊超西堂), 혹은 월종준초(越宗俊超)라고 불리는 승려를 만난 것은 1463년(세조 9년)이다. 두 시기의 차이는 1백 91년이다.

일본의 전다도(煎茶道)가 은원선사에서 출발하였다고 일본학자들은 주장하지만, 당시에 이미 조선에서 형성된 차도(茶道)가 일본에 전파되거나 소개되었을 것이라는 점을 짐작하기 어렵지 않다. 초암차에서도 그랬지만, 전다도에서도 조선의 영향을 배제하기는 어렵다.

김시습(金時習, 1435~1493)
은원선사(隱元禪師, 1592~1673)

'초암차'의 정신은 김시습의 노불(老佛)사상과 권력의 주변부로 밀려난 뒤 자의반 타의반으로 강호에 머물렀던 외로운 천재의 처지가 만들어낸 매우 한국적이고 독창적인 다법이다.

돌이켜 생각해 보면 김시습만큼 차를 목숨처럼 좋아했던 인물은 없었던 것 같다. 그의 수많은 다시(茶詩)와 방랑자 및 수도자로 보낸 그의 일생을 회고해보면 초암차야말로 우리의 문화와 정신이 만들어낸 걸작인 것 같다.

매월당은 한국의 다성(茶聖), 다신(茶神)

한국의 초암차의 전통이 전적으로 매월당 김시습에 의해서 시작되고 이룩된 것은 아니다. 초암차는 한국 선비들의 미의식을 비롯하여 한국인의 심층에 도사린 자연주의 미학과 일탈의 미학을 바탕으로 탄생한 것이다. 단순소박, 자연친화, 자유일탈로 요약되는 한국의 미학은 '청허(淸虛)의 차'를 초암차의 미학으로 변용된 셈이다. 매월당은 특유의 선가나 도가, 불가의 사상과 사생관을 바탕으로 선비차의 전통에 철학적 깊이와 구체적인 법식을 더했다.

매월당은 세조 즉위 후 단종복위 운동으로 숨진 사육신의 묘를 수습하고, 전국을 주유천하하게 된다. 그는 골육상쟁의 왕조와 세상에 대해 실망한 나머지 울분(鬱憤)의 나날을 보내게 된다. 그가 느낀 울분과 회한과 속세에 대한 실망은 한국 차사를 관통하는 차의 정신이라고 말할 수 있다. 고려 중엽의 백운거사(白雲居士) 이규보(李奎報, 1168~1241)가 그렇고, 여말선초의 이암(李嵒), 이색(李穡) 등 두 문동 차인들이 그렇고, 매월당이 그렇고, 그 뒤에 이어지는 남인들이 그렇다. 차는 차가운 성분의 음료로서 울분과 회한을 달래는 영약(靈藥)이었던 셈이다. 그러다가 그는 소설의 상상의 세계로 은둔하고 만다.

경주 남산 용장사터에 '매월당'이라는 초막을 짓고, 차나무와 대나무를 가꾸면서 최초의 한문소설인 '금오신화'(金鰲新話)를 집필하였다. 매월당은 남산에서 생활하면서 차를 직접 농사짓고, 법제하면서 차생활을 하였던 것 같다. 그는 특히 차의 성분인 테아닌의 파괴를 막기 위한 '차광(遮光)재배'의 선구자였다. 차광재배는 엽록소의 함량을 높여주는 방법으로 말차를 좋아하는 일본에서 오늘날 일반적으로 사용하는 방법이다.

그는 차를 순수 재배하고 법제하면서 조선 초기에 차 문화를 물심일체(物心一體)의 경지로 끌어올린 인물이다. 오늘날 사용하는 '작설'(雀舌)이나 '훈차'(君茶: 차를 끓이다)의 개념을 전한 인물이다.

　매월당은 수많은 차시를 우리에게 남겼다. 차시의 내용을 보면 차과 혼연일체가 된 생활의 모습을 보이며, 차를 통해 우주에 이른 경지를 보여주고 있다. 차에 관한 산문기록을 중시하는 경향이 있는데, 이는 매우 기술적인 것으로 차의 정신이나 차의 스승을 세우는데 큰 고려사항이나 덕목이 되지는 못한다. 이 점을 우리는 간과하고 있는 것이다. 매월당이야말로 차의 정신세계를 이룩한 인물이다.

　매월당이 차를 사랑한 경지가 어떠하였는지는 다음의 시에서 잘 드러난다.

경주 남산 용장사지에 세워진 삼층석탑. 매월당이 수도한 곳이다

해마다 차나무에 새 가지가 자라네

그늘에 키우노라 울 엮어 삼가 보호하네

육우의 다경에선 빛과 맛을 논했는데

관가에서는 창기(槍旗)만을 취한다네

봄바람이 불기 전에 싹이 먼저 터나오고

곡우가 드디어 돌아오면 잎이 반쯤 피어나네

한가하고 따뜻한 작은 동산을 좋아해

비에 옥 같은 꽃 드리워도 무방하리다.

　　　　　　　　　　　　　　　—양다(養茶)

　매월당의 초암차는 우리민족의 소박함을 담고 있다. 그럼에도 일본으로 건너가서 나름대로(일본식으로) 완성된 일본의 초암차−와비차의 전통은 도리어 겉으로는 소박함을 표명하지만 뒤에서는 지극히 형식적이고 사치스럽고 귀족스럽기 그지없다.

　소박함은 형식이 아니라 내용이며, 인위적으로 소박함을 표현하는 형식주의는 이미 소박함이 아니다. 일본 차의 계보들은 명기(名器)에 속하는 차 그릇을 가지지 않으면 아예 축에 끼지도 못하였다. 이게 무슨 소박함인가.

　오늘날 일본다도를 보면 '박제된 김시습의 초암차'를 보는 느낌이다. 물론 법식은 법식을 만든다는 말이 있다. 그래서 예(禮)의 정신이 성(誠)이라는 것을 환기시키는 일이 종종 일어나야 하는 것인지도 모른다. 일본 초암차−와비차는 소박함을 표방하고 있지만, 결국 일본의 기물(器物)주의로 왜곡되어 있다. 문화라는 나무는 외래에서 옮겨 심더라도 결국 심겨진 땅의 영향을 받지 않을 수 없다는 대원칙을 발견할 따름이다.

매월당의 초암차가 일본 초암차의 형성에 큰 영향을 미쳤음은 여러 차인들에 의해 연구되어 왔다. 특히 코벨 박사는 교토 다이도쿠지(大德寺)에 체류하면서 일본미술사를 연구하였고, 그 결과 일본불화에 대한 고려불화의 영향과 일본 초암차의 조선전래설을 주장하였다. 최정간은 존 카터 코벨 박사로부터 큰 영향을 받았다.

코벨은 동양미술사를 전공한 학자이기 때문에 주로 미술사의 흐름에서 연구를 집중할 수밖에 없는 처지였던 데에 반해 최정간은 차 문화에 주목하였다. 그가 차 연구에 매진한 까닭은 도공(陶工)이었기에 필연적이었을 것이다.

그는 ≪조선왕조실록≫을 면밀히 검토한 끝에 매월당과 만난 준장로의 신원에 대해 확신을 갖게 된다. 그는 ≪세조실록≫ 세조 9년(1463년) 7월 신축조(辛丑條)에서 일본 국왕의 사절로 조선왕국을 방문한 정사(正使) 준초서당(俊超西堂)과 부사(副使) 범고수좌(梵高首座) 중에서 정사로 온 준초서당이 준장로임을 확신하기에 이른다.[14) 준초가 1463년과 1464년 두 해 동안 계속해서 왕조실록에 등장하는 것을 지적한 그는 당시 한일교류사에서 중요한 역할을 한 승려라고 단언한다.

매월당이 남긴 시 중에서 〈일동 승 준장로와 이야기하며(與日東僧俊長老話)〉는 당시 국문학계에서 시문으로 알고 있을 뿐, 이를 토대로 일본다도의 성립과 관련성에 대해서는 주목하지는 못했다.

문헌연구로 준초에 대한 상세한 연구가 불가능함을 깨달은 최정간은 이어 일본과 대마도를 현지답사하게 된다. 그 결과 준장로가 일본 교토의 오산(五山), 즉 난젠지(南禪寺), 텐류지(靑龍寺), 쇼코구지(相國寺), 켄닌지(建仁寺), 도후쿠지(東福寺) 문학승의 정맥을 잇는 월종준초(越宗俊超)라는 것도 밝혔다. 오산은 14~15세기 일본의 교토와 가마쿠라 주변에 위치한 불교 선종(임제종) 계통의 5개 사찰이

---

14) 최정간, ≪韓茶문명의 東傳≫(차의 세계, 2012), 232~233쪽.

다. 남송(南宋) 말 5산 관사제도를 본받아 무로마치막부가 도입한, 승려들을 통제하기 위한 제도였다.

"월종준초의 신원은 무로마치막부 시대의 국내외 대소사를 음양헌(蔭凉軒) 주인이 1435년부터 1493년까지 기록한 '음양헌일록'(蔭凉軒日錄)을 열독하던 중 밝혀지게 되었다. '음양헌일록' 장록 4년(1460년) 1월 18일 기록에서 '텐류지(天龍寺) 월종준초가 신뇨지 주지 임명장을 가지고 막부의 규슈사절로 가게 되었다'는 내용을 확인하게 되었다. 신뇨지는 교토 오산의 10찰에 해당하는 비중 있는 사찰이다. 연이어 ≪음양헌일록≫ 관정 2년(1462년) 11월 26일부터 3년(1463년) 3월 29일까지 기록에서 '텐류지 월종준초가 막부의 사절로서 국서를 지참하여 조선에 갔다'는 내용을 확인하였다. 필자는 비로소 한·일 간의 양측사료를 통해 월종춘조가 실존했음을 확인하게 된 것이다."[15]

또 최정간은 대마도의 가장 오래된 지리서인 ≪진도기사(津島記事)≫에서 양지범고에 대한 기록도 찾아낸다.

"'호국산 경덕암(景德庵)은 텐류지 묘지원(妙智院)을 개산한 축운의 제자 앙지범고(仰之梵高)가 관정 3년(1463년) 아시카가 요시마사(足利義正)의 명을 받고 조선에서 대장경을 구경하고 돌아오는 길에 대마도주의 청을 받아들여 대마도에 체류하게 되었다. 대마도에서 조선과의 외교문서작성을 주관하기 위해 경덕암을 개산하였다'고 되어 있다."[16]

그의 종합적인 결론은 이렇다. "준장로는 일본 무로마치막부시대 교토오산(京都五山) 사찰 중 한 곳인 텐류지(天龍寺) 몽창화상파(夢窓和尚派) 계열의 화장문파(華藏門派) 소속 외교선승인 월종준초(越宗俊超)라는 인물이었다. 함께 온 부사 범고수좌도 같은 소속의 앙지범고(仰之梵高)였다. 앙지범고는 월종준초와 함

---

15) 최정간, 〈매월당이 만난 준장로는 누구인가〉 ≪차의 세계≫(2008년 12월호), 65쪽.
16) 최정간, 같은 책, 65쪽.

매월당 김시습 자필 자화상

께 조선에서 임무를 수행하고 일본 교토로 돌아가던 중 대마도주의 간청에 의해 혼자 대마도에 남게 되었다. 그 후 경덕암(景德庵)을 창설하여 대마도에서 조선으로 보내는 외교문서를 작성하고 당시 위사(僞使) 파견에도 관여한 인물이었다."[17]

현지답사 결과 최정간은 준초가 일본 승려(일동승) 준장로(俊長老)임이 확실하다고 결론짓는다. 두 승려가 활동한 시기와 매월당이 준장로를 만난 시기가 거의 일치한다. 준초는 1463년 조선에 왔다가 태풍을 만나 일본에 돌아가지 못하고 조선에 머무는데 준장로가 조선에 머물렀던 1460~1470년 시기와 일치한다.

당시 일본 승려들은 일본의 최고지식인이었으며, 한문에도 능해서 이들을 통하지 않고는 외교나 무역도 할 수 없었다. 준장로 일행도 그러한 신분이었던 것으로 보인다.

매월당은 일본 승려 '준장로'를 만나 철탕관에 차를 끓여 접대한 차시를 남겼다. ≪매월당집≫의 12권 ≪유금오록(遊金鰲錄)≫에 〈일본 스님인 준장로와 이야기하며(與日東僧俊長老話)〉가 전한다.

---

17) 최정간, ≪韓茶문명의 東傳≫(차의 세계, 2012), 245쪽.

〈일본 스님인 준장로와 이야기하며〉

고향을 멀리 떠나니 자질구레한 생각 쓸쓸하고

옛 부처와 산꽃 속에 고요하고 쓸쓸하게 보내네.

철관에 달인 차, 손님 음료로 바치고

질화로에 불 더하여 외씨향을 사르네.

봄 깊으니 바다 위에 뜬 달이 쑥대 문에 비치고

비 멎으니 산 사슴 새끼 약초 모종을 짓밟네.

선의 경지와 나그네 심정이 모두 아담하니

맑게 갠 밤을 새워 도란도란 이야기하여도 무방하리.

(金明培 역)

(遠離鄕曲意蕭條/古佛山花遣寂寥/鐵罐煮茶供客飮/瓦爐添火辦香燒/春深海月
侵蓬戶/雨歇山麋踐藥苗/禪境旅情俱雅淡/不妨軟語徹淸宵)

이 시를 보면 쇠 다관에 차를 달였다는 구절이 나온다. 펄펄 끓는 물에 차를 넣어
달여서 마시는 자다(煮茶)의 방식이었음을 알 수 있다. 당시에는 이른바 우려서 마
시는 전다(煎茶)의 방식이 아니었음을 알 수 있다. 조선왕조의 음다풍이 달이거나
우려서 마시는 것으로 바뀐 것은 말차(抹茶) 중심이던 고려에서 잎차(葉茶) 중심으
로 바뀐 때문이다. 이는 중국의 다풍(茶風)을 따른 것으로서 명나라가 개국하면서
잎차를 우려서 마시는 것이 일반화되었다.

준장로가 남긴 두루마리 문서는 지금 일본 교토 오산(五山)의 금고 속 어디엔가
감추어져 있을지 모른다. 이 문서가 공개되면 한일 양국 차인들의 초미의 관심사
가 되고 있는 초암차의 실체와 한일 간의 전파과정, 매월당이 끼친 영향 등에 대해
소상히 알 수 있는 길이 열릴 것이다.

2. 매월당, 일본과의 문물교류 길목에 거주

매월당은 조선과 일본이 문화교류를 하는 길목에 있었다. 먼저 경주가 그곳이고, 그 다음 경주에서 가까운 울산 염포가 그곳이다. 신라가 망한 후 고려가 수도를 개성으로, 조선이 한양으로, 즉 한반도의 서쪽으로 옮겼지만 한국과 일본의 문물과 인적자원의 교류는 역시 동해 쪽을 중심으로 진행될 수밖에 없었다. 여전히 경주는 중요한 옛 수도였으며, 요즘으로 말하면 서울의 인천쯤으로 비유할 수 있는 울산도 항구도시로서 위세를 떨치고 있었다.

조선은 일본과의 활발한 문물교류와 무역을 위해서 삼포(三浦)를 열어주었다. 삼포는 염포(鹽浦), 부산(釜山: 東萊), 내이포(內而浦: 熊川, 지금의 鎭海)이다. 염포는 소금이 많이 나는 관계로 붙여진 이름이다. 삼포개항은 1420년(세종 8년) 대마도주 소 다사모리(宗貞盛)의 간곡한 요청에 따라 개방했다. 1418년 세종 초년 제3차 대마도 정벌 이후 대마도주 사다모리가 단절된 조선과의 정상적 교역을 요청하자 유화책으로 허락하였다.

이때만 해도 대마도는 조선과의 무역을 하지 않으면 살아가기 어려울 정도였다. 대마도는 지리적으로도 일본보다는 조선에 더 가까웠음은 물론이지만 조선의 도움

염포(鹽浦) 영성(營城)의 왜관(倭館) 근처에 있던 불일암. 왜관이 철수하고 성안 마을을 지킨 마지막 당사(사당)였다.

이 없이는 생존을 물론이고 문화생활을 할 수가 없었다. 말하자면 조선의 문화권 영역에 있었다. 대마도는 이 같은 지리적 위치 때문에 조선의 문화가 일본으로 건너가는 교량역할을 하였다. 대마도는 문화적으로는 일본보다 조선과 더 가깝다.

삼포에는 각각 왜관을 두어 왜인 60명씩 거주할 수 있게 하였다. 삼포에는 처자를 거느리고 사는 왜인이 증가했다. 염포에는 1백 31명의 왜인이 살았다고 실록은 전한다.

매월당은 염포에서 가까운 경주 남산에 오래 머물렀던 관계로 자주 염포에 들렀다. 매월당이 남산에서 우리나라 최초의 한문소설인 금오신화(金鰲新話)를 썼음은 알려진 사실이다. 매월당은 염포에서 일본 승려와 자주 접촉을 한 것으로 보인다. 그가 쓴 '도이거(島夷居)'란 시는 이를 잘 말해준다. '매월당집' 권 12 '유금오록(遊金鰲錄)에 실려 있는 '도이거'란 '섬나라 오랑캐가 사는 곳'이란 뜻이다.

바닷가에 생업을 도모하는

띠 집 십여 가구가 되네.

성미 급한 고깃배는 작고

풍속이 달라 말씨가 거만하구나.

고향은 멀어 푸른 하늘가에 있고

몸은 푸른 물가에서 살아간다네.

우리 임금님의 교화 속에 들어왔으니

주상께서 바로 긍휼히, 가상하게 여기네.

매월당이 초암다도를 완성시킨 장소로 알려진 '불일암(佛日庵)'의 위치가 차 연구가 최석환에 의해 차계에 새롭게 알려졌다.[1] 이로 인해 매월당 차세계의 복원은 새로운 전기를 맞고 있다.

불일암은 현재 울산 현대자동차 공장 하치장에 있는 것으로 밝혀졌다. 다행히 현대는 그곳을 유지로 남겨두었다. 불일암은 풍수지리학으로 볼 때도 "산과 물이 서로 얼싸안고 돌아가는 산태극, 수태극 즉 태극무늬의 형상을 띠고 있는 명당 중의 명당이었다."[2]

당시 염포는 조그마한 항구였다. 지금은 암자는 없어지고 남아있는 고목만 세월의 무상함을 느끼게 한다. 차인들은 이 차유적지에 대해서 차 문화 유적지로서의 복원운동을 벌려야 할 것이다.

염포는 삼한시대에는 염해국(鹽海國)이라는 부족국가가 번성하였고, 심청(深青) 골의 맑은 물과 염전이 있어 소금이 풍부한 해상활동의 중심지였다. 예나 지금이나 요충지는 언제나 번창하기 마련이다.

그의 울산 '태화루(太和樓)'라는 시에는 "고루(高樓)에서 섬 오랑캐 사는 물가를 바라보니 창해는 가이 없이 밤낮으로 떠 있구나."라는 구절이 나온다.

이곳 촌로의 증언에 따르면 "저기 보이는 두 소나무는 1950년까지만 해도 성안

---

1) 최석환, 〈매월당의 초암차 정신이 되살아난다〉 《차의 세계》(2007년 3월호), 23~28쪽.

2) 최석환, 같은 책, 27~28쪽.

마을을 지키는 사당이었지요. 당시 이 마을의 노인들이 그 정자나무 밑에서 바둑을 두며 소일을 했었습니다."³⁾라고 말한다.

불일암의 중요성은 한국 차 문화가 체계화되면 될수록 더욱 심각하게 받아들여질 것이다. 적어도 차인들이 일 년에 한 번씩 정기적으로 혹은 간소하게 차를 헌다 할 수 있는 다정이나 사당 등의 복원이 요청된다. 다행이 현대자동차의 배려로 그나마 유지가 보존된 것은 하늘이 도운 일로 생각된다. 다정이나 사당이 복원되면 시 한 수를 붙이고 싶었다.

필자는 시 한수를 읊었다.

한 차(茶)는 안으로 우주를 품고

또 한 차(車)는 밖으로 지구를 윤회하네.

한 자리에 구심력과 원심력이 만났으니

청한자(淸寒子), 영원한 다신(茶神)이시여!

문득 달무리로 둔갑한 차호(茶壺) 안에

큰 고차수(古茶樹) 하나가

계수나무 되어 달 속에 숨는다.

그대의 외로움은 어찌나 컸던지

지금도 달빛으로

어둠을 하나도 빠뜨리지 않고

섬섬옥수로 은은히 쓰다듬는구나.

어찌 외로운 나그네가 따르려하면

멀리 달아나는가. 다신이시여!

달빛만 교교히 찻잔에 넘치네.

---

3) 최석환, 〈초암다법의 원류, 한국인가 일본인가〉 ≪차의 세계≫(2007년 4월호), 25쪽.

≪매월당집≫의 발간은 천만다행한 일

매월당의 시문을 오늘날 우리가 비교적 소상히 볼 수 있는 것은 그의 학덕이 광명과 같아서 그가 죽은 지 90년 뒤에 선조의 명으로 흩어진 시문을 수집하여 문집으로 집대성하였기 때문이다. 임금의 명으로 문집을 만드는 경우는 흔한 일이 아니다. 율곡을 비롯한 당대의 큰 선비들이 동원되어 문집을 완성하였다.

매월당의 시문은 1583년 선조의 명으로 ≪매월당집≫으로 편찬되어 나왔다. 서문은 이산해(李山海, 1539~1609)가 썼고, 전기는 율곡 이이(李珥, 1536~1584)가 썼다. 이산해는 서(序)에서 "김시습은 문장과 언어를 통해 우주에 크게 명성을 떨친 사람이다."라고 말했다.

"하늘과 땅 사이에 청명(淸明)하고 정수(精秀)한 기운이 있어 사람에게 뭉쳐서 영특하고 뛰어난 인격이 되고, 그것으로 문장(文章)을 하고 언어를 하면 호한(浩汗)하기 강하(江河) 같고, 금석(金石) 소리 같이 쟁쟁하게 크게 우주에 울리는데, 예를 들면 우리나라 사람 김시습(金時習)이 그러한 분이다. 아아! 하늘이 그런 재목을 내놓은 것은 우연한 일이 아닐 것 같은데, 그 출생이 늦어서 성문제자(聖門弟子)의 반열에 참여하지 못하였고, 좋은 시대를 만났어도 찬성하고 반대하는 사이에 절하고 사양하는 것을 얻지 못하였다. 산림(山林) 속에 몸을 감추고 곤궁하게 굶주리다가 죽었으니, 하늘이 과연 무슨 마음에서이었던가?"[4]

율곡은 '김시습(金時習) 전(傳)'에서 "경태 연간(景泰 年間, 1453~1455)에 영릉(英陵: 세종대왕)과 현릉(顯陵: 문종대왕)이 서로 잇달아 훙(薨)하시고, 노산(魯山: 단종)이 3년 만에 왕위를 양위하시니, 그때에 김시습은 나이 21세로 바야흐로 삼각산(三角山) 중에서 글을 읽고 있었다. 이때에 서울에서 오는 자가 있어서 김시습이 즉시 문을 닫고 나오지 아니하기 사흘이나 하더니, 이에 크게 울고 그 서적을

---

4) 세종대왕기념사업회, ≪매월당집≫(제1권), 1977, 27쪽, 광명인쇄공사.

다 불사르며 발광하여 뒷간에 빠졌다가 도망가서 치문(緇門: 검은 빛의 옷을 입는 종문, 불가를 말한다)에 종적을 의탁하였는데 그 승명(僧名)은 설잠(雪岑)이나, 그 호는 여러 번 변경하여 청한자(淸寒子)·동봉(東峯)·벽산청은(碧山淸隱)·취세옹(贅世翁)·매월당(梅月堂)이라 하였다."고 전하고, "그 문사(文辭)가 물이 용솟음 치듯 바람이 일 듯하고, 산이 감추어지듯 바다가 잠기는 듯하며, 신(神)이 부르고, 귀(鬼)가 화답하는 듯, 간간히 보이고 층층이 나와 사람으로 하여금 시작과 끝을 알지 못하게 하였다."[5]고 평하였다.

율곡은 "스스로 생각하기를 '명성은 일찍부터 컸지만 하루 아침에 세상을 도피하였고, 마음은 유교이면서 행적은 불교이라서 시대에 괴상하게 보일 것이'하여 이에 고의로 미친 짓을 함으로써 사실을 엄폐하려 하였다."[6]면서 심유적불(心儒跡佛)한 인물임을 말하고 있다.

매월당의 저작은 시와 산문을 이루 헬 수 없을 정도이다. 김안로(金安老, 1481~1537)가 쓴 야담집 ≪용천담적기(龍泉談寂記)≫에 보면 "매월당은 금오산에 들어가 책을 써서 석실에 넣어두고 이르기를 '후세에 반드시 나를 알아 줄 사람이 있을 것이라'고 하였다."라는 기록도 있다.[7] 남효온(南孝溫, 1454~1492)이 당대 50여명의 명사들을 기록한 ≪사우명행록(師友名行錄)≫에는 "매월당이 쓴 시편은 수만 편에 이르지마는 널리 퍼져 나가는 동안에 거의가 흩어져 사라져버렸고, 조신과 유사들이 몰래 자기의 작품으로 만들어버렸다."고 기록하고 있다.[8]

또 미수(眉叟) 허목(許穆, 1595~1682)이 편찬한 ≪미수기언(眉叟記言)≫에는 "매월당의 저서는 ≪사방지(四方志)≫ 1600편과 ≪기산(紀山)≫ ≪기지(紀志)≫

---

5) 세종대왕기념사업회, 같은 책, 34~36쪽.

6) 세종대왕기념사업회, 같은 책, 36쪽.

7) 세종대왕기념사업회, 같은 책, 15쪽.

8) 세종대왕기념사업회, 같은 책, 15쪽.

200편이 있으며, 따로 시권(詩卷)이 있다.".고 하였다.[9] 뿐만 아니라 ≪동경지(東京志)≫에는 "≪사유록(四遊錄)≫, ≪태극도설(太極圖說)≫ 두 책의 판목이 경주 정혜사에 있다."고 하였으며,[10] "매월당은 성리(性理), 음양(陰陽), 의복(衣服) 등 백가(百家)에 통하지 않은 것이 없으며, 그 문장이 호한(浩汗)하고 자사(自肆)하여 그의 저서 중 ≪매월당전집≫ ≪역대연기(歷代年紀)≫ ≪금오신화≫ 등이 세상에 널리 간행되고 있다."고 기록되어 있다.[11]

매월당의 문집을 간행할 것을 처음 주장한 사람은 이세인(李世仁, 1452~ 1516)이었다. 매월당이 세상을 뜬 지 18년 후인 중종 6년 3월에 올린 이세인의 주청(奏請)에 따라 중종이 매월당 문집의 간행을 명한 바 있으나 그 결과는 알 수 없고, 10년 후인 중종 16년에 쓴 이자(李耔, 1480~1533)의 ≪매월당집≫ 서문 에는 그가 10년을 걸려서 3권의 문집을 얻었다고 하였다. 다시 선조 15년에 선조 가 율곡 선생에게 매월당 전기를 쓰게 하여 운각(芸閣)에서 매월당의 유고를 인출 하게 하였다. 그리하여 이듬해인 선조 16년에 이산해가 서문을 쓴 문집이 오늘날 전하는 갑인자본(甲寅字本) ≪매월당집≫은 23권 11책이다.[12]

이것의 완질은 일본의 봉좌문고(蓬左文庫)에 수록되어 있을 뿐이다. 갑인자 본 에 보유편을 붙여서 후손인 김봉기가 편찬한 신활자본(1927년)이 널리 보급되어 있다. 매월당의 시문이 모두 남아있었으면 이보다 방대하였으리라고 짐작할 수 있 다. 아마도 우리나라 선비 중에서 가장 기린아였음에 틀림없다.

매월당은 생존 시에 이름 난 선비들과의 만남에서 항상 상석에 앉았던 것으로 전 한다. 그의 높은 학문을 숭상한 탓이다. 그가 남긴 수많은 시(詩) 중에서 오늘날 우 리가 접할 수 있는 60여 편의 다시에는 유불도(儒佛道)를 넘나드는 내용이 많다.

---

9) 세종대왕기념사업회, 같은 책, 15쪽.

10) 세종대왕기념사업회, 같은 책, 15쪽.

11) 세종대왕기념사업회, 같은 책, 15쪽.

12) 세종대왕기념사업회, 같은 책, 16쪽.

'종능산에 거처하는 시에 화답함'(和鍾陵山居詩)

작설의 향기로운 순을 손수 마음껏 달이니
그 사이 재미가 자못 깊이 들었구나.
누가 온 세상과 더불어 산다고 하는가.
나는 평생토록 호탕하게 살았다네.
도학은 마음 따라 상인(上人)이 얻을 수 있으니
천지의 기미(機微)가 어찌 말로 전해지겠는가.
안회의 표주박과 증점의 거문고에 회동할 자 없지만
절로 풍류가 눈앞에 충만하네.

이 시에서는 차인으로서, 도인으로서, 유가로서의 매월당의 진면목이 한꺼번에 드러난다. 매월당은 최치원 이후 천재일우의 기회로 솟아난, 유불선(儒佛仙)을 포함하고, 원융회통한 기인(奇人)이며, 신인(神人)이다.

흔히 우리 역사에서 3대 천재라고 하면 원효와 최치원과 김시습이다. 여기에 원효를 빼면 시서화의 3절로 불린 조선 후기의 신광수(申光洙, 1712~1775: '石北集' 16권과 8책, 石北科詩集 1책을 남겼다. 소설가 李光洙는 申光洙의 이름을 따서 필명을 이광수라고 하였다)를 넣는다. 매월당에 대한 연구는 하면 할 수록 우리 문화의 핵심과 관련되는 내용을 건질 수 있을 것이다. 매월당의 천재성은 어느 누구도 부정하지 않는다.

위의 시에 나오는 다풍(茶風)은 일본에서 발달한 초암차의 광경과 유사하며 초암차는 사치스런 귀족풍의 차와 달리 질박함을 추구하는 다도이다.

일본 대덕사 서봉암 경내

매월당, 일본 승려와 자주 접촉

　매월당은 이밖에도 여러 일본 승려들을 만났는데 그 이름이 준상인(俊上人), 근사(根師), 민상인(敏上人) 등으로 표현된다. 일본 승려와 당시 조선의 선비들은 종종 교분을 이루었다. 목은(牧隱) 이색(李穡, 1328~1396)도 일본 승 윤중암(尹中菴)과 홍혜(弘慧)를 만났으며, 일본 승려와 차를 나눈 기록이 있다.

　매월당이 차시를 남긴 절만 해도 장안사, 가성사, 내소사, 견함사, 용천사, 낙산사, 보현사 등이 있으며 선승과 찻 자리를 같이한 시가 많이 전한다.

　매월당은 이밖에도, 특히 신라 내물왕(17대)~눌지왕(19대) 때 충신 박제상(朴堤上, 363~419)이 쓴 부도지를 부활시킨 장본인이다. 그는 ≪징심록≫(澄心錄) 15지(誌)와 박제상의 아들인 백결 선생이 보탠 ≪금척지≫(金尺誌)와 자신이 보탠

≪징심록추기≫ 등 총 17지(책)를 전하지 않았다면 우리는 부도지의 존재도 모를 뻔했다. 부도지는 바로 징심록의 제 1지이다.

매월당은 기거한 경주 남산 기슭의 용장사는 남산의 자연풍광과 어우러져 그의 선가적이고 초탈한 다풍을 이룩한 적지이다. 이곳을 방문한 일본 승려에게 큰 감동을 주었을 것으로 생각된다. 그는 이곳에서 가까운 염포에 더러 들린 것 같다.

매월당이 쓴 소설 '금오신화' 목판본은 1653년 일본에서 처음 간행되었는데, 그의 소설 원본이 일본 승려들에 의하여 일본으로 흘러나간 것으로 비정된다. 16세기에 일어난 이러한 일들은 매월당과 일본과의 관계, 초암차의 한국 원조설을 더욱 강화한다.

우라센케 15대 종장이었던 센겐시츠(千玄室)은 "일본의 다도는 한국을 거쳐 온 것이다."라고 실토하고 있다.

"백제가 660 경에 멸망하자 백제 도래인들이 일본으로 건너와서 살게 되었습니다. 그러나 백제인들의 망명은 백제문화가 일본의 토착문화와 결합하여 새로운 문화로 탄생하는 계기가 되었습니다. 그 시기 쇼우무천황(聖武天皇, 701~756) 시대에 차가 싹트기 시작했고 '동대사요록'에 백제의 도래인 교우끼(行基)가 차나무를 심었다는 이야기가 전해지고 있습니다."[13]

그는 또 "가마쿠라막부 시대부터 무로마치막부 시대에 걸쳐서 일어난 일입니다만 이때는 특히 한국, 중국 등에서 많은 문화가 일본에 전해졌습니다. 이때는 이러한 문화들이 수입되면 바로 일본의 문화로 재창조되는 시기이기도 했습니다."[14]라고 말한다.

존 코벨 박사는 이도 다완을 비롯한 도자기는 물론이고, 일본 다실 건축양식마저도 조선에서 가져간 것으로 보고 있다. 그는 '양산보의 소쇄원과 센리큐의 초암다

---

13) 최석환, ≪世界의 茶人≫(차의 세계, 2008), 148쪽.
14) 최석환, 같은 책, 154쪽.

전남 해남 대흥사(大興寺) 일지암(一枝庵)

실'이라는 제목의 글에서 이같이 단정하고 있다.

"'일본 서기(書記)'에 한국인이 처음으로 연못 가운데 섬을 만드는 정원 개념의 조경을 해주었음이 명시돼 있는 데도 한국학자들이 이를 나 몰라라 하는 태도는 기이한 것이다."고 일침을 놓은 코벨박사는 "일본에 있는 어떤 다실도 이 소쇄원보다 연대가 앞선 것은 없다."고 말한다.[15]

"나는 한국 전라남도 담양의 소쇄원과 16세기 후반 일본의 다실건축 사이에는 긴밀한 관계가 있음을 직감한다. 히데요시 집권 당시 일본이 조선에서 수입해오던 다완 중 유명해진 다완의 3분의 1 이상이 조선에서 제작된 것이었음에 비추어 볼 때 소쇄원 정원이 일본에 그대로 옮겨졌으리란 것은 전혀 이상한 일이 아니다."[16]

우리 역사에서 초암차가 만들어지기까지 오랜 기간을 거쳤다. 이는 비단 차뿐만 아니라 차를 마시는 공간인 차실에서도 병행적으로 발전한다.

멀리는 신라의 원효방(元曉房)에서 가까이는 추사(秋史) 김정희(金正喜)의 죽로

---

15) 존 카터 코벨, 김유경 편역, ≪일본에 남은 한국미술≫, 2008, 180~185쪽, '글을읽다'.
16) 존 카터 코벨, 김유경 편역, 같은 책, 184쪽.

지실(竹爐之室), 다산(茶山)의 다산초당(茶山草堂), 초의 스님의 일지암(一枝庵), 다산의 제자 황상(黃裳)의 일속산방(一粟山房)에 이른다. '초(草)'라는 개념은 자연으로 돌아가는 정신과 세속에서 일탈하는 정신이 복합적으로 숨어 있다.

경남 하동 지리산 쌍계사(雙磎寺) 위에 있는 불일(佛日)폭포

"역사를 거슬러 올라가면 조선초 성석인의 '위생당'을 간과할 수 없고 더욱 거슬러 올라가서는 신라 시대의 원효의 수행처인 '원효방(元曉房) 역시 우리 차실의 한 시원이라고 할 수 있다. 이규보는 ≪동국이상국집≫〈남행월일기(南行月日記)〉에 의하면 1200년 이규보가 부안의 원효방을 찾았을 때에도 원효방과 그 옆에서 원효 스님에게 차를 공양하던 사포성인(蛇包聖人)이 머물렀던 암자가 있었다고 한다. 원효방은 겨우 8척(2.4m)쯤 되는 동굴로 당시에도 한 늙은 스님이 누더기 옷을 입고 불상과 원효의 초상을 모시고 수행하고 있었다고 전한다."[17]

작고 초라한 초옥과 암자의 전통은 예부터 있었다. "우리 차 유적 가운데 가장 오래된 것으로 알려져 있는 강릉 한송정(寒松亭) 역시 그런 상황을 보여준다. 고려

17) 공종원, 〈초암차실을 말한다 2: 자연과 소통하고 융화하는 우리 차실의 뿌리〉 ≪차의 세계≫(2006년 4월호) 49쪽.

조에도 귀족층에 차가 유행하면서 정원이나 다실이 차생활의 품격을 높여주었다. 대표적인 것은 이자현(李資玄, 1061~1125)의 청평식암(淸平息庵)일 것이다. 그는 그곳에서 선수행을 하면서 수많은 전각과 정사를 새로 지었으며 정원과 영지를 조성했다. 이 가운데서도 가장 대표적인 것은 그가 오봉산 정상 아래에 조성한 인공석실과 자신이 새겨 놓은 청평식암(淸平息庵) 각자(刻字)이다."[18]

이자현은 1087년부터 37년간 춘천의 청평사에 머물면서 문수원(文殊院) 고려 정원을 만든 인물이다.

"강원도 춘성군 북상면(北上面) 경운산록(慶雲山麓)에 꾸며진 문수원은 고려 초(1090~1110)에 조성된 선원(禪苑)이다. 문수원의 전후 사력을 살펴보면, 고려 광종(光宗) 24년(973년) 당나라에서 온 영현선사(永玄禪師)가 경운산에 백암선원(白巖禪院)을 창건하였고, 그 후 문종(文宗) 22년(1068년)에 강원도 감찰사 이의(李顗)가 중건하여 보현원(普賢院)이라 개칭하였다. 그리고 그의 아들 이자현이 29세 때 상을 당하자 인생의 허무함을 느끼고 경운산에 들어가 산 이름을 청평산(淸平山)이라 개칭하고, 보현원도 문수원(文殊院)이라 고쳤으며, 10여개의 암(庵), 당(堂), 헌(軒), 정(亭)을 지어 자연풍의 넓은 선장을 꾸몄다."[19]

이자현은 당시의 정치사회가 어지럽고, 불교계의 심각한 종파싸움에 마음이 편하지 못하여 경승지를 찾아다니다가 경운산에 이르러 선경임을 확인하고 선원을 꾸민다. 예종(睿宗, 1105~1022 재위)은 두 차례에 걸쳐 차와 금으로 수놓은 비단을 내리고 대궐에 들어오기를 권유하였다. 이자현은 삼각산(북한산) 청량사에도 잠시 머물렀는데 임금에게 ≪심요(心要)≫ 한 권을 저술하여 올리고 문수원으로 돌

---

18) 공종원, 〈초암차실을 말한다 2: 자연과 소통하고 융화하는 우리 차실의 뿌리〉 ≪차의 세계≫ (2006년 4월호) 49~50쪽.
19) 閔庚玹, ≪숲과 돌과 물의 문화≫, 1998, 166쪽, 도서출판 예경 : 金富轍, ≪淸平山 文殊院記≫, 재인용. 金富轍(~1136)은 고려 인종(仁宗) 때의 명신으로, 삼국사기를 쓴 김부식(金富軾)의 막내 동생이며, 시문에 능하여 그 이름이 숲나라에까지 알려진 인물이다.

아와 인종 3년 1125년에 세상을 떠났다.[20]

그는 거사불교를 일으킨 대표적 인물이다. 일본다도는 흔히 '와비의 종교'[21]라고 말한다. '와비의 종교'는 실은 '재가선종'을 말하는 것이다. 재가선종이라고 하는 일본다도의 전범이 여기에 있는 셈이다. 일본다도의 종장인 잇큐소준(一休宗純, 1394~1481)을 기점으로 보더라도 약 300여 년이 앞선다.

"이자현은 거사불교를 일으킨 대표적인 인물로서 정토(淨土)나 관음(觀音)신앙 대신 지혜를 상징하는 문수보살(文殊菩薩)에 대한 신앙이 두터워 도가적(道家的) 입장에서 불교를 받아들였기 때문에 산수가 뛰어난 경운산에 선원(禪苑)을 꾸미게 된 것으로 해석된다."[22]

고려시대 정원과 정자로는 김치양(金致陽), 이공승(李公升), 최충헌(崔忠獻), 최우(崔瑀) 등의 것을 빼놓을 없다. 특히 최충헌의 모정(茅亭)은 바로 초옥(草屋)이다. 청평식암 이외에 적지 않은 다실, 초옥(草屋), 다정(茶亭)들이 고려의 다풍을 전하고 있다. 포은에게 있어서는 그의 서재가 바로 차실이었다. 이규보의 다시(茶詩)에는 초당이 나온다. 사육신 유성원의 시조에도 초당이 나온다.[23] 이들 고려의 정원과 정자는 일본의 다(茶) 정원을 만드는 데에 직접간접으로 영향을 미쳤을 것이다.

동아시아 사상사에서는 항상 선가적(仙家的)·도가적(道家的) 전통과 불가적(佛家的)·유가적(儒家的)인 전통이 중첩되어 있다. 이들은 정치권력에 밀착되어 있을 때와 그렇지 못할 때에 추구하는 바가 다르다. 정치권력에서 소외되어 있거나 스스로 낙향하였거나 유배되었을 때는 선가·도가적 입장에서 자신을 다스렸다.

---

20) 閔庚玹, 같은 책, 167쪽.

21) 히사마츠 신이치·후지요시 지카이 엮음, 김수인 옮김, 《다도(茶道)의 철학(哲學)》, 2011, 27쪽, 동국대학교 출판부.

22) 閔庚玹, 같은 책, 167쪽.

23) 공종원, 〈초암차실을 말한다 2: 자연과 소통하고 융화하는 우리 차실의 뿌리〉 《차의 세계》(2006년 4월호) 50쪽.

불가와 유가는 권력에 있을 때와 그렇지 못할 때가 다른 양상을 보인다.

초암이라는 것은 선가·도가적 입장이 강하다. 절에서도 암자는 대웅전이 있는 본사(本寺)와 달리 산중으로 들어가 있으며 건물들도 얼기설기 지은 소박한 건물이다. 소쇄원만 하더라도 그렇다. 조광조(趙光祖, 1482~1519)가 억울하게 처형되자, 그의 제자인 양산보(梁山甫, 1503~1557)는 고향으로 내려와 소쇄원을 조성하고 안빈낙도하다가 세상을 마친다.

다산의 다산초당도 그의 15년 귀양살이의 산물이었고, 일지암도 초의선사가 주지에서 물러나 만년에 40년 간 있었던 곳이다. 청평사도 고려 후기 이자현(李資玄)이 권력에서 물러나 37년 간 있었던 곳이다. 조선에 들어서도 권력에서 물러난 선비들이 청평사를 자주 드나들었다. 초당은 그야말로 인간으로 하여금 자연으로 돌아가게 하는, 자연 본래의 인간을 깨우치는 곳이다.

조선시대에는 선비 다풍이 성행하면서 손수 불을 피워 차를 끓여 마시며, 다시(茶詩)를 통해 다도의 오묘함과 즐거움을 함께 나누었다. 오늘날 차의 성품을 통해 이를 생활 속에서 실천하고자 하는 이들이 증가하고 있는데 다인의 모범이 되는 인물의 중심에 매월당 김시습이 있다. 매월당이야말로 다성(茶聖), 다선(茶仙)이라고 해도 하나도 과찬이 아니다.

남인(南人)의 끄트머리에 다산(茶山) 용출(龍出)

매월당의 초암차 정신이 한국 차사(茶史)에서 중요하게 떠오르는 이유는 계유정난(癸酉靖難)과 단종 복위운동 등으로 정치권력에 회의를 느낀 그가 전국을 주유천하하면서 운명적으로 차를 가까이한 때문이다. 그는 고려 차의 전통을 조선에 잇게 하고, 다시 남인(南人) 사림들에게 계승되도록 가교역할을 했다. 그는 한국 차사의 긴 공백을 메워주는 차성(茶聖)이다.

특히 그의 차풍(茶風)이 초야에 묻힌 남인들에게는 매우 호소력 있게 전해지고, 그로부터 직접 차를 배운 준장로 이외에도 일본과 교섭이 많았던 영남 남인들의 다풍도 일본에 영향을 미쳤을 것으로 짐작된다. 조선조 후기의 차 중흥조로 불리는 다산, 초의, 추사의 다풍도 실은 폭넓게는 남인 차전통의 계승이라고 볼 수 있다. 다산은 호남의 대표적인 남인 가문인 해남윤씨(윤선도)가 외가였고, 강진에 유배 당시 외가의 도움을 많이 받았다.

매월당의 차가 선(仙)에 가까운 선차(仙茶)였다면 무상선사(無相禪師, 684~762)의 차는 불교로 더 이동한 선차(禪茶)였다. 신라 왕자 출신으로 중국 쓰촨지방에 정중종(淨衆宗)을 세운 무상선사의 선차지법(禪茶之法)에 대한 연구가 더 활성화되어야 할 것이다. 한국에는 결국 선차(仙茶)와 선차(禪茶)가 공존하는 셈이다. 이는 항상 유불선이 함께 하는 한국문화의 특성이기도 하다.

한국문화의 바탕은 유불선(儒佛仙) 삼교가 하나이면서도 그 중에서 선(仙)이 더 근본이다. 선종(禪宗)은 인도 불교가 완전히 중국불교로 토착화된 경우인데 바로 그러한 과정에서 신라를 비롯한 삼국의 고승대덕들의 역할이 지대하였다. 그 때문에 중국에서 선종이 주류가 되자 신라에서도 선종이 득세를 하였다. 그래서 선차(仙茶)는 선차(禪茶)가 된다.

중국에서 선종(禪宗)의 성립과정은 복잡다단하지만, 이를 위진남북조시대(魏晉南北朝時代)의 현학(玄學)을 중심으로 보면 위진 현학을 창시한 하안(何晏, 190~249)과 왕필(王弼, 226~249)의 역할을 들지 않을 수 없다. 하안과 왕필은 '귀무론'(貴無論)을 주장하였으며, 왕필은 주역과 노자의 주석서를 냈다. 왕필의 사상은 '언부진론'(言不盡論)으로 요약된다.

이어 죽림칠현(竹林七賢)[24]이 등장하고, 그들을 이어 배위(裵頠, 267~300)의

---

24) 중국 진(晉)나라 초기 노장(老莊)의 무위 사상(無爲思想)으로 죽림에 모여 청담(淸談)을 추구한 일곱 명의 선비를 말한다. 산도(山濤), 왕융(王戎), 유영(劉伶), 완적(阮籍), 완함(阮咸), 혜강(嵇康), 상수(尙秀) 등이다.

숭유론(崇有論), 곽상(郭象 252~312)의 독화론(獨化論)이 등장한다.

위진 현학의 총결산은 승조(僧肇, 384~414)와 승랑(僧朗, 450~530), 그리고 길장(吉藏, 549~623)에 의해서 이루어진다. 승조는 불후의 명작 ≪조론(肇論)≫을 썼으며, 유마경의 서문도 썼다. 승조의 사상은 비유비무(非有非無), 불이론(不二論)으로 요약된다. 말하자면 '언부진론'과 '비유비무' '불이론'의 영향으로 선종의 '불립문자'(不立文字)의 사상이 출현한다고 보아도 무방할 것이다.

승랑은 삼론종(三論宗)을, 길장은 삼종론(三宗論)을 주장함으로써 선종(禪宗)의 형성에 지대한 공을 한다. 특히 승랑은 고구려 요동성(遼東城) 출신으로 구마라습 이후 명맥만 유지하던 고삼론(古三論)을 신삼론인 삼론종으로 재정비하여 중국 남조(南朝) 불교계에 영향을 미쳤다.

삼론종은 지의(智顗, 538~597)의 천태학과 혜능(慧能, 638~713)의 남종선(南宗禪)에도 크게 영향을 미쳤다. 승랑은 화엄경을 처음 강의한 인물이기도 하다. 길장은 삼론종을 삼종론으로 발전시켰다. 이렇게 선종(禪宗)의 성립은 위진 시대의 현학, 즉 무위자연(無爲自然)·선(仙) 사상과 불교의 융합이라고 말할 수 있다.

매월당은 선가(仙家)를 중심으로 하면서도 불교에 심취하여 출가까지 함으로써 사찰에 은밀히 전해진 차의 전통을 몸소 체험하고, 그것을 나름대로 개량하여 선비차로 환골탈태 시킨 것으로 판단된다. 고려의 말차에서 조선의 잎차로 넘어오는 여말선초의 과도기에 한국 차의 전통은 크게 재정립될 것을 요구받게 되는데 이에 가장 성공적으로 적응한 인물로 매월당만한 인물이 없다.

원로 차 연구가 김명배 선생은 '매월당 김시습의 다도연구'라는 논문을 일찍이 썼다. 이 논문에서 김 선생은 "매월당은 중국의 다성인 육우처럼 다도 수련의 9단계에 이른 인물'이라고 조명했다. 그는 매월당 차시를 조목조목 분석하면서 매월당이 실천한 차 생활을 12가지로 정리했다.

차 심기, 차 기르기, 차 따기, 차 만들기, 포장, 가루내기, 찻물, 차도구, 마신 차의 종류, 차 달이기, 차 마시기, 찻자리 꽃 등이다. 그가 전인적(全人的) 차인임을 누구나 알 수 있다.

일본다도에 끼친 매월당의 영향에 대해서 일본인 학자들의 연구도 계속적으로 쌓이고 있다. 그 중 대표적인 것을 들면 다음과 같다.

일본인 아사카와 노리타카는 이미 1930년대에 '부산요와 대주요'라는 책에서 '초암차의 원형은 매월당에게 가르침을 받은 것'이라고 주장을 해 양국 차인들을 놀라게 하는 한편 한일 양국의 차 교류사 연구에 획기적인 족적을 남겼다.

일본의 차 연구가 가네코(金子重量)도 "조선시대 초정(草亭)이 일본의 초암(草庵)이 되었다."고 주장하였다.

16세기 후반 무로마치(室町) 시대 일본의 와비차가 전성기를 구가할 때 시중(市中)에 들어선 차실은 '시중은(市中隱)' '시중(市中)의 산거(山居)'으로 불렸는데 이는 초암의 도시적 변용이다.

강원대학교 인문과학연구소(당시 소장 김지견 박사)는 1988년에 '매월당 국제학술회의'를 열고, 그 성과를 묶은 '매월당 학술논총'을 냈다. 이밖에도 김미숙(원광대 동양학대학원 석사)의 '매월당 김시습의 다도관 연구' 이주연(성균관대 생활과학대학원 석사)의 '매월당 김시습의 다도연구' 임준성(한양대 대학원 국문과 석사)의 '다선일여의 시경-매월당의 다시를 중심으로' 등 후학들이 속속 연구논문을 내고 있다.

매월당, 단학사(丹學史)에도 중요인물

매월당은 조선 단학(丹學)사에서도 가장 중요한 인물 중의 한 사람이다. 최치원 이후 최고로 유불선 삼교에 능했던 그는 외단(外丹)에서 내단(內丹)으로 중심 이동하는 과정에 일찍 독자적인 내단학에 이르렀다. 그는 위백양을 숭상했다. 내단은 중국 후한 시대 '위백양(魏伯陽)'의 참동계(參同契)'에 의해 비롯되는데 이후 금대(金代)의 전진교(全眞敎)의 교조 왕중양(王重陽)에 의해 체계화되고, 북송(北宋) 중엽 장자양(張紫陽)을 중심한 전진교, 남종(南宗)의 금단도(金丹道)에서 본격화 된다.

매월당에 이르러 최치원의 삼묘지교(三妙之敎), 풍류도가 다시 부활한 셈이다. 일찍이 유학을 섭렵한 그는 선도(仙道)에 뜻을 두어 내단과 차를 겸비하였으니, 그는 산천을 주유하면서 살기에 적합한 도구를 다 가진 셈이었다. 한 때 불가에 귀의하여 설잠(雪岑)이라 불리기도 한 그는 47세에 환속하였다.

본래 차는 불교나 유교에서 시작한 것이 아니고 도교에서 시작하였다. 도교에서 양생의 수단으로 차를 이용하기 시작했던 것이다. 도가(道家)는 대승적이기보다는 소승적이다. 그러한 점에서 도가의 특징은 철저히 이기적이면서도 과학적이라고 말할 수 있다. 도가가 흔히 이상세계, 선신의 세계를 추구하는 것 같지만 실은 현실의 양생에 관심이 우선이다. 현실에서 이룩한 것이 다른 세계로 연장되는 것이다. 도가나 선가(仙家)의 우화등선(羽化登仙)이라는 것은 사후에 천당이나 극락에 간다는 것과는 다르다.

불교나 유교의 원시경전에는 '차'라는 말이 나오지 않는다. 아마도 당시에는 차가 일반의 공용음료가 아니었을 것으로 추측된다. 불교나 유교의 경전에도 후기경전이나 후대의 각주에 차라는 말이 나오지만 초기 경전의 본문에는 없다. 우리가 불교의 '깨달음의 과정'을 표현하는 상징아이콘으로 인식하는 '심우도'(尋牛圖)도 실은 선(禪)의 수행방법이 중국에 전파되는 과정에서 도교(혹은 선교)의 마음수행 방법을 받아들여 굴절변형 시킨 것이다.

선승들의 차 마시기 방법도 실은 도교의 도사(道士)들의 그것을 차용하여 발전시킨 것이다. 인도 불교가 중국에 들어와서 대승불교가 되고, 대승불교 가운데서 달마(達摩)를 초조로 하는 선불교가 등장하고부터 불교에 본격적으로 차가 도입된다. 중국 사천성의 도교의 중심지로 알려진 청성산(靑城山)은 그래서 차의 발원지 가운데 하나이다.

유불선에 관통했던 매월당이 새로운 차법을 마련하기에는 유리한 바탕을 가지고 있음을 알 수 있다. 차는 그 자체가 이미 유불선 회통의 영물이다. 매월당의 차시를 보면 그는 항상 다신(茶神)과 접신할 자세가 되어있었던 것으로 생각된다. 다신과 접신하는 차법, 그것이 바로 초암차이다. 초암차는 그러한 점에서 차례이면서 '차례'(채우고 비움의 뜻)의 전통을 잇는 차법이라고 하지 않을 수 없다.

'다례'가 되든, '차례(차례)'가 되든, '풍류차'가 되든 한국의 다법은 일본의 다도와는 근본적으로 다른 정신이 있다. 일본 미의 특징이 '인위' '인공미' '폐쇄적 미학'인 점을 감안하면 초암차의 정신과는 매우 이질적인 것이다.

초암차는 한국의 차법이다. 초암차의 정신은 실은 한국인의 생활과 미의식을 그대로 옮겨놓은 것에 불과하다. 한국인은 세계의 어떤 나라보다 자연친화적인 것을 좋아하고, 자연을 자연스럽게 문화 속으로 연결시키는 '열려진 미학'을 갖고 있다. 초암차의 정신은 바로 그것이다. 우리가 일본다도를 벗어나는 길은 바로 초암차가 우리의 전통 다법이고, 차 정신이라는 것을 밝혀내는 것과 관련이 있을 것이다.

문화에는 주인이 없고, 쓰는 자가 주인이다. 바로 지구촌, 지구인이 된 사실 때문에 새로운 강자로 등장한 것이 바로 '브랜드'(brand)라는 것이다. 과거에 인류 문화의 논쟁은 '오리지널'(original)에 머물렀다. "누가 기원이고, 누가 원조이고, 누가 창조했느냐" 하는 것이 관심이었다. 오리지널은 실은 정확하게 알 수 없다. 신화만이 그것을 합리화할 뿐이다.

오리지널은 중요하지 않다. 한 문화요소가 누구의 '씨'냐고 하는 것은 구태의연한 질문이다. 이제 "누가 그것을 새롭게 만들어 '등록'했느냐."의 문제로 돌변하였다. 문화는 기술과 상품과 상표처럼 특허등록의 방식을 동원하지 않더라도 은연중에 국가이미지로, 기업이미지로, 문화브랜드로 변형되면서 '어느 나라' '어느 기업' '누구의 것'이라는 공감대를 형성한다.

그러한 점에서 매월당의 초암차가 본래 우리 것이라고 해도 우리가 많이 쓰고, 선전하고, 연구하고, 우리 것으로 만들 때 우리 것이 되고, 우리의 정체성으로 부활할 날이 올 것이다.

불교의 윤회론을 빌리면 신라의 최치원이 조선의 매월당이 되고, 매월당이 율곡이 된 것 같은 생각이 든다. 매월당은 최치원을 유달리 좋아했고, 율곡은 자신이 매월당의 후신이라는 것을 피력한 적도 있다. 그 만큼 율곡과 매월당은 코드가 맞았다는 말이다.

율곡은 공식문서나 공식석상에선 철저한 주자학 신봉자였지만 그의 시를 보면 자신도 모르게 불교적 세계관을 노출하고 있다. 오늘의 입장에서 보면 율곡의 친(親) 불교적인 성향이 도리어 그를 위대한 사상가로 만들고 있다고 해도 과언이 아니다. 율곡은 앞서간 매월당을 내심 존경하고 있었을 것이다.

매월당의 시 가운데 우리가 접할 수 있는 60여 편의 차시(茶詩)를 읽으면 읽을수록 그의 또 다른 호인 청한자(淸寒子)를 느낄 수 있다. 맑을 '청'(淸)이 차요, 찰 '한'(寒)이 또한 차를 상징한다. 공교롭게도 그의 정신을 잇는 한재(寒齋) 이목(李穆)도 찰 '한'(寒)자를 쓰고 있다.

매월당은 초가를 봉호(蓬戶: 쑥대로 엮은 집)라고 표현하고 있다. 매월당은 차시(茶詩)에서 음다 공간을 표현할 때 대체로 '내 오두막'(吾廬) '작은 오두막'(小廬) '내 제실' '나의 집, 한 칸 방(한 칸 차실)' '내 맑은 재실'이란 표현을 쓰고 있다. 매월당은 수락산에 기거할 때 '부서진 집' '궁한 집'이라는 표현도 쓰고 있다. 이것이 바로 '초암'(草庵)의 특성이다.

차 연구가 최정간에 따르면 경주 함월산 기림사(祇林寺)는 우리나라의 최고의 차유적지이다. 이 절은 창건전설부터가 차와 관련이 있고, 사적기에는 오종수(五

種水)를 비롯하여 차 유적들이 도처에 보인다. 매월당이 경주에 있을 때에 자주 머무르던 곳이다. 지금도 매월당의 영정과 영정 채봉문, 현판 등이 보존되어 있다. 아마도 매월당의 초암차의 정립은 기림사를 드나들면서 성숙되었을 수도 있을 것이다.

기림사의 주변에서 샘솟는 물은 다섯 종류인데 찻 물로는 최고이다. 첫 번째 물은 북암의 감로수로 유천(乳泉)처럼 흰 빛이 도는 음수이다. 두 번째 물인 경내에 있는 화정수(和靜水), 세 번째 물이 오백나한전 앞 삼층석탑 밑의 장군수, 네 번째는 입구

매월당 김시습 초상화

담벼락에 있는 안명수(眼明水)이다. 다섯 번째가 지금은 없어진 동암(東菴)의 오탁수(鳥啄水)이다.

물이 좋은 이곳에서 차를 즐겼을 매월당을 생각하면 차사의 단절을 하루빨리 메우고, 한중일 삼국에서 독자적인 차학과 차례의 정립의 필요성이 절실하게 다가온다.

3. 매월대 폭포에서 깨달음, 물과 차에 정통

매월당의 차인으로서의 깊이는 헤아릴 수 없을 정도이다. 조선 후기 차의 중흥조인 '다산-초의-추사' 3인방보다 3백 50여 년이나 앞선다는 점에 주목하여야 한다. 또한 매월당의 차정신은 한 사람에 그치지 않고 적어도 '매월당-김종직-이목'으로 커넥션이 이루어져 조선 선비차의 선구자로 여겨진다.

매월당과 다산은 둘 다 차 마니아(mania)였다는 점에서 오늘의 한국의 차인에게는 참으로 다행이다. 두 인물은 모두 전인적(全人的) 차인이었다. 이는 차가 지니고 있는 정신성, 정신적 물질이라는 점에 기초하고 있다.

매월당의 차 정신은 당시 선비사회의 모델이 되었으며, 계유정난(癸酉靖難)에 의해 실망하여 낙향한 선비, 그리고 그 후 여러 차례 사화와 정쟁으로 인해 정권에서 소외되어 낙향한 사림의 삶의 지표가 되었다.

매월당과 다산의 다른 점은 매월당은 스스로 자초하여 정권으로부터 소외된 반면, 다산은 유배에 의해 정권으로부터 차단되었다는 점이다. 다산의 유배는 결과적으로 한국문화의 풍부성에 기여하였지만, 두 인물의 지향하는 바는 다르다.

한국사상사에서 매월당과 다산과 혜강(惠岡) 최한기(崔漢綺)는 독특한 자기지분을 가지고 있다. 매월당은 역시 유불선(儒佛仙) 삼교, 즉 현묘지도(玄妙之道)의 전통에서 어디까지나 선(仙)을 바탕으로 유불을 포섭하는 입장에 있다. 그러한 점에서 차학(茶學)이나 차(茶) 철학을 전통사상과 결부하여 논할 때 매월당을 제하고는 논의가 될 수 없다고 해도 과언이 아니다.

이에 비해 다산은 어디까지나 유교의 바탕 위에서 주자학의 공리공론(空理空論)을 비판하는 입장에서 소위 실학적(實學的) 자세를 취한 인물이다. 여기서 실학적 자세라고 하는 것은 실학이라는 독립적인 학문체계가 없다는 것을 내포한다. 이에 비해 최한기는 전통적인 기(氣)철학을 새롭게 해석하여 다가오는 서구 주도의 물리학 중심의 과학문명에 적응하기 위한 노력을 경주하였다고 할 수 있다.[1] 세 사람 모두 시대적 소명에 충실하였다고 할 수 있다.

다산과 최한기는 거의 동시대의 인물로 근대 서구중심의 기독교-과학문명에 적응을 하지 않으면 안 되는 역사적 시점에 있었다.

철학자 김용옥은 최한기와 다산의 차이점을 논하는 과정에서 이렇게 말한다.

"다산학(茶山學)의 경우, 그 치학방법(治學方法)이 어디까지 경학문명(經學文明)내에서의 적통의식에서 이루어진 경전(經典)해석학의 산물이었다. '여유당전서(與猶堂全書)'를 일람해보건대 그러한 의식과 방법으로 일관되고 있음을 우리는 쉽게 간파할 수 있다. 다산(茶山)의 책들을 읽어보면 그의 문학(問學)의 소이(所以)의 가장 두드러진 것이 경서에 대한 신주(新注)의 극복이며 더 나아가서는 한당고주(漢唐古注)의 극복이다. 다시 말하면 조선인인 내가 그 경전의 오리지널한 의미를 밝혀 중국 사람들도 못해낸 것을 해낸다는 고매한 자부심으로 일관했던 것이다. …중략… 다산학의 실성은, 흔히 말하듯, 무슨 경세치용(經世致用)이나 이용후생(利用厚生)에 그 일차적 주력처(注力處)가 있는 것이 아니다. 그러한 것은 그의 시대정신 속에 용해되는 것이라 한다면, 다산학(茶山學)의 제일의(第一義) 즉 그 근본 실의(實義)는 바로 고경해석

---

1) 박정진, 《철학의 선물, 선물의 철학》, 2012, 102~140쪽, 소나무.

(古經解釋)에 있어서의 실성적(實性的) 사유의 전환이었던 것이다."[2]

다산은 일생의 많은 부분을 유배생활로 보냈다. 아마도 그의 유배생활이 없었으면 오늘날 다산의 수많은 시문은 생산되지 않았을 것이다. 다산의 생애는 15년 한양 벼슬살이, 15년 강진 유배생활, 해배된 뒤 15년 고향 능내리(남양주 조안)에서 집필생활로 구성된다. 그러나 그의 관심은 항상 한양에 있었다. 다산의 학문은 흔히 실학(實學)이라고 하지만, 공리공론(空理空論)으로 전락한 주자학을 보충하는 데에 주력하였다.

다산은 강진 유배시절 외가인 해남 윤씨 집안의 도움을 많이 받았고, 윤씨 집안의 장서를 통해 공부를 하였고, 장서의 대부분은 경학이 주종을 이루는 것이었다. 다산은 당시 천주교로 대변되는 서학(西學)이나 서양 과학문명, 중국의 고증학, 북학(北學)에도 관심을 가졌지만 주된 관심은 경학에 있었다. 다산이 경학과 천주교에 관심이 많았다면, 매월당은 경학과 불교, 그리고 선학(仙學)에도 밝았다.

매월당의 일생을 보면 출생부터 범상치 않다. "어느 날 성균관 사람들이 반궁리의 김일성(부친)의 집에서 공자가 태어났다는 꿈을 꾸었는데 그 집에 가 보니 과연 아이가 태어났다." 이 시대에 공자에 비견되었다는 것은 놀라운 사건이다. 매월당은 생후 8개 월 만에 글자를 알았고, 3살에 시를 지었으며, 5살에 중용과 대학에 통달하였다고 한다. 또 13세에 이미 경자가집(經史子集)에 걸쳐 읽지 않는 책이 없을 정도였다고 한다. 그러나 13세에 어머니를 잃고, 이어 의지하고 있던 외숙모를 잃고, 아버지는 중병에 처함으로서 그의 불행과 방외지사의 삶이 시작된다.

'다시일여'(茶詩一如)의 차 마니아(mania)

그의 삶은 전반적으로 스스로 정한 호인 청한자(淸寒子)와 어떤 것에 광적(狂的)

---

2) 김용옥, 《讀氣學說》, 1990, 47쪽, 통나무.

인 천재의 성격에서 찾을 수 있다. 청한(淸寒)은 차를 상징하는 용어이고, 광(狂)은 바로 마니아가 될 수 있는 소질을 가지고 있음을 말한다. 한 마디로 그는 차와 시에 미친 사람이다. 말하자면 '다시일여'(茶詩一如)의 인물이다.

매월당의 학문은 그야말로 유불선(儒佛仙) 삼묘(三妙)의 현학(玄學)의 최고봉에 이르렀다고 할 수 있다. 아시다시피 매월당의 차 정신은 바로 주자학의 경학을 바탕으로 하고 여기에 불교의 선(禪)사상이 곁들여진 것으로 알려져 있다. 그러나 좀더 세밀한 분석을 하면 매월당의 차 정신은 선차(仙茶)에 가깝다. '선차'에 가깝다는 것은 한국문화의 심층과 맥이 통한다는 뜻이다. 심층과 통한다는 뜻은 인류 문화변동의 차원에서 볼 때 표면적인 유행과 교류에 그치는 것이 아니라 외래문화를 완전히 소화하고 다시 제 몸으로부터 솟아나는 창조행위를 하는 경지에 이르렀다는 뜻이다.

매월당의 명성은 특히 일본의 선승들이나 지식인들에게까지 광범위하게 퍼졌던 것으로 보인다. 선조의 명에 의해 간행된 갑인자본 '매월당집' 23권 11책의 완질은 우리나라에 없고, 일본의 호사분코(蓬左文庫)에 수록되어 있을 정도이다. 그의 '금오신화' 목판본도 1653년 일본에서 처음 간행되었을 정도이다. 말하자면 일본은 매월당의 일거수일투족에 대해 소상히 알고 있었으며, 그의 저작이 나오면 바로바로 일본 지식인 사회에 회자될 정도로 조선의 주요 지식인의 리스트에 올렸던 것 같다. 중국에 교연과 육우가 있다면, 한국에는 매월당과 초의가 있다.

매월당 김시습(1435~1493)은 우리나라에서 기일원론(氣一元論)의 개척자이다. 한국철학사에서 기일원론의 종조로 알려진 화담 서경덕(1489~1546)보다 50여년 앞선다. 매월당은 철학에 주력하지 않고 시와 문학에 주력한 때문에 그 점이 부각되지 못했을 뿐이다. 매월당은 귀신과 신을 음양으로 해석한 인물이다. 그가 쓴 최초의 한문소설 금오신화는 귀신 이야기이다.

김시습의 이름도 내력이 있다. 율곡은 김시습이라는 이름의 유래를 ≪김시습전

≫에 밝혀놓고 있다. 논어의 첫머리에 나오는 '학이시습지'(學而時習之: 배우고 또 수시로 익히다)에서 따온 이름이다. 그는 또 세 살 때 시를 지었고, 다섯 살 때 '대학'과 '중용'을 다 읽었다고 한다.

그는 ≪귀신≫, ≪신귀론≫, ≪금오신화≫ 등에서 자신의 귀신론을 펼쳤다. 금오신화에 수록된 〈남염부주지〉에서 염왕의 대답을 빌려서 귀신을 다음과 같이 푼다.

"귀신의 귀는 가장 신령스러운 음기를 말하고, 신은 가장 신령스러운 양기를 말합니다. 두 기운이 조화를 이루어 만물을 만듭니다. 그래서 살아 있으면 사람이다 사물이다 말하고, 죽고 나면 귀신이라 합니다. 이치로 따지면 두 가지가 다르지 않습니다."

매월당이 가장 오래 거주한 경주 남산 용장사 다음으로 의미심장한 곳은 강원도 철원의 복계산(福桂山)에 있는 매월대 폭포이다. 매월당이 방랑걸식 하다가 이곳에 은거하자 주민들이 풍광이 가장 빼어난 곳에 그의 호를 붙였다. 복계산 기슭(595m)에 위치한 높이 40m의 깎아 세운 듯한 층층절벽이 바로 매월대다. 이곳에 시원스레 하얀 폭포가 용트림하고 있다. '아홉 선비가 매월대에서 바둑판을 새겨놓고 바둑을 두었다'는 전설도 있다. 이 전설도 매월당과 관련되어 증폭되었을 것이다.

불가에서는 예로부터 폭포가 깨달음의 장소가 되는 경우가 많다. 실지로 물(水)이야말로 생명과 존재의 근원에 가장 가깝다. 폭포의 소리는 존재의 전체성과 관련이 깊다. 소리는 물성의 전체를 담고 있으면서도 사람의 몸 전체를 울리는 감각이다. 말하자면 파동의 우주를 가장 잘 느낄 수 있는 매체가 물이고, 특히 폭포에서 떨어지는 물이다. 매월당에게 물과 차는 깨달음을 나타내는 두 기둥이다.

매월당이 남긴 주옥같은 차시는 매월당이 완벽한 차인이었음을 증명하고도 남음이 있다. 이 말은 매월당이 차의 재배에서 시음까지 자신의 입맛에 맞는 것을 취할 수 있었다는 뜻이다. 대부분의 선비들은 차를 재배하기보다는 음차를 하는 것이 보통인데 그는 차를 직접 재배하고 덖어서 마셨으니 다산(茶山)이나 초의(草衣)의 전범이 되었다. 앞에서 언급하지 않은 차시를 보면서 매월당, 청한자를 떠올려 보자.

집 북쪽에 차 심어 하얀 날(白日)을 보내고
산 남쪽에서 약을 캐며 푸른 봄(靑春)을 지나네.
(堂北種茶消白日/山南探藥過靑春)

('千字儷句')

산에서 은거하는 도인의 전형적인 생활모습을 이렇게 간명하게 표현한 시도 드물 것이다. 산 생활이 몸에 밴 것을 알 수 있다. 백일은 백일몽과도 통하는 메타포이고, 청춘도 영원한 푸름을 연상시키는 메타포이다. 차는 그에게 유일한 위로처럼 보인다.

오늘도 아무 일 없는 것처럼
작은 솥에 차 끓이며 굽은 연못 바라보네.
홀연히 고요 속에 삶의 의미가 동함을 기뻐하네.
산바람이 불어 계화가지를 꺾어놓았네
(如今一事亦無之/小鼎煎茶面曲池/忽喜靜中生意動/山風吹折桂花枝)

세간에선 안락을 청복으로 삼지만
난 차 달이며 평상에 앉았다네.
(世間安樂爲淸福/聯爲煎茶一據床)

('山居集句' 중에서)

바로 무사(無事)의 경지이다. 이 시는 차를 마시느냐, 어떻게 먹느냐의 기술적인 문제가 아니라 차인이 도달하는 경지가 어떤 가를 단적으로 드러낸다. 그는 삶의 의미가 몸속에서 솟아오르는 것을 알고 있고, 차는 그러한 경지에 도달하는 것을 도와주는 영매이다. 그러나 한 편에선 산바람이 불어 계화의 가지를 꺾는 것을 본다. 자연의 생멸을 그대로 받아들이는 태도이다. 사람들은 안락함을 찾지만 그는 차를 달이면서 살고 유유자적하고 있음을 뽐낸다. 자연과 혼연일체가 되어 기뻐하고 있음을 표현한다.

특히 이 구절 '홀연히 고요 속에 삶의 의미가 동함을 기뻐하네'(忽喜靜中生意動)은 차인의 절정의 경지이다. 매월당에게 차는 바로 삶의 전부라고 해도 과언이 아니다. 차를 통해 그는 세파의 골육상쟁의 허무함과 부귀영화의 덧없음을 달랬을 것이다.

하늘과 땅은 한 개의 긴 정자일 뿐인데
어찌 동서가 있다고 내 생각하리.
(乾坤一個長亭耳/那有東西我欲旋)

('赴程還山'중에서)

위의 구절은 매월당의 우주관의 광대무변함을 간명한 이미지즘으로 표현하고 있다. 인간은 한 정자에 머물다가 가는 구름과 같은 것이다. 차인이라면 이 정도의 경지에 도달하여야 '차(茶)의 도(道)'에 도달하였다고 해도 부끄럽지 않을 것이다.

내 보현사로 오고부터
마음도 한가롭고 편해
돌솥에 새 차 달이니

탕관에 푸른 연기 피네.

나 방외인(方外人)으로서

세속 밖의 스님 따라 논다네.

(自我來普賢/心閑境亦便/石鼎沸新茗/金爐生碧煙/以我方外人/從遊方外禪)

('寓普賢寺 書懷贈人' 중에서)

매월당은 출가한 뒤 설잠(雪岑)으로 통했다. 유독 선사들과 친분이 두터웠다. 그는 스님 생활을 하면서도 한시라도 차를 놓지 않았던 것으로 보인다. 그야말로 차를 선보다 앞세운 인물인지 모른다는 생각이 든다. 언제나 차를 몸에 지니고 다니면서 짬이 나면 하시라도 차를 꺼내 달일 준비가 된 사람이다. 차선일미를 실천한 모습이다. 차는 그의 삶의 중앙에 자리하고 있었던 것이다.

차 연기 나부끼는 곳에 학이 날고

약 절구 찧을 때에 구름이 머문다네.

(茶煙颺處鶴飛去/藥杵敲時雲闌珊)

('松亭' 중에서)

그는 진정으로 차선(茶仙)이나 차신(茶神)에 어울리는 인물이다. 학이라는 것은 신선도(神仙道)의 가장 이상적인 모델이다. 학은 하늘과 연결되는 이미지이고, 땅에서는 절구소리가 나니 구름(하늘)이 조응한다. 그로 하여금 신선이 되게 하는 것은 차 끓이는 연기이다. 이 시는 신선인 자신이 땅에 머무른 것을 은유하고 있다.

운산(雲山)과 화월(花月)을 오래 짝하며

시주(詩酒)와 향차(香茶)로 근심 달래네.

촛불 돋우며 밤늦도록 차 마시니 맑은 밤 길어지고
근심 사라지니 밤이 짧도록 밤새도록 즐긴다네.

(雲山花月長爲伴/詩酒香茶自買憂/剪燭夜飮淸夜永/銷沈宵短繼宵遊)

(南山七休)

휴(休)자는 쉰다는 뜻도 있지만 아름답다는 뜻도 있다. 경주 남산에서 은거하면서 구름, 산, 꽃, 달, 시, 술, 차는 일곱 가지 아름다움이다.

생애를 점검해도 구속될 것 하나 없고
한 솥의 햇차와 한 줄기 타고 있는 향뿐이네.

(生涯點檢無拘束/一鼎新茶一炷香)

('雨後' 중에서)

그의 생애가 얼마나 담백하고 소박한가를 증명하고 있는 시이다. 그런데 한 솥의 햇차, 한 줄기의 향이 전부라니 진정 '구속될 수 없는 자유인'인 것이다. 이에 비하면 차옥이나 다관에서 인공의 정원을 지나면서 와비차라는 것을 즐기는 것이 '박제된 초암'이 아니고 무엇이겠는가.

도서는 상 위에 흩어져 있고
권질은 어지럽네.
질화로엔 향내 나는 연기 일고
돌솥엔 차유가 울고 있네.

(圖書抛在床/卷帙亂旁午/瓦爐起香煙/石鼎鳴茶乳)

('耽睡' 중에서)

매월당은 솔방울 화력으로 차를 즐겼다고 한다. 솔방울은 불이 붙을 때까지는 연기가 나지만 한번 붙고 나면 화력이 강하고 쉬 꺼지지도 않아서 차를 달이기에 안성맞춤이다. 불을 무엇으로 쓰느냐에 따라 차 맛도 사뭇 달라진다.

차는 좋은 물로 잘 끓여야 좋은 차 맛을 낼 수 있다. 그래서 옛 차인들은 물이 끓는 정도를 거품이 이는 모양, 김이 나는 품새, 물이 끓는 소리 등으로 가늠했다.

煮茶(자다)

솔바람 솔솔 불어 차 끓이는 연기 몰아
하늘 하늘 흩날리며 시냇가에 떨어지네.
동창에 달 떠도 잠 못 이루고
병들고 돌아가 차디찬 샘물 긷네

세속 싫어하는 천성 스스로도 이상하지만
문에 봉(鳳)자 쓴 일 이미 청춘이 갔네
차 끓이는 누런 잎 그대는 아는가
시 쓰다 숨어 삶이 누설될까 두렵네.
(松風輕拂煮茶煙/裊裊斜橫落澗邊/月上東窓猶未睡/挈瓶歸去汲寒泉/自怪生來厭俗塵/入門題鳳已經春/煮茶黃葉君知否/却恐題詩洩隱淪)

(煮茶二首)

수많은 시와 글을 남겼던 매월당은 항상 책에 파묻혀 살았을 것이다. 자유로이 흩어진 서책들, 그 옆에는 항상 차가 끓고 있다. 불과 물과 소리가 어우러지는 오수(午睡)의 시간, 누가 졸고 있는 광경은 평화 그 자체이다. 다도가 추구하는 평화와 정적과 안락이 한데 어울려져 있는 모습이다.

늙은이들 하릴없이 화롯가에 둘러앉아
도공(陶工)의 차 한 잔을 달여서 마신다네.
(老夫無事圍爐畔/拈却陶公茗一杯)

('看雪'중에서)

늙은이는 노숙(老熟)을 나타내고, 도공(陶工)의 차(茶)는 어딘가 도연(陶然)한 인생의 경지를 은유하고 있는 것 같다. 하나같이 초탈과 완숙의 연속이다.

새벽 해 떠오를 때 금빛 전각 빛나고
차 연기 흩날리는 곳엔 서린 용이 비상하네.
맑고 한가로운 곳에 노닐면서
세상의 영욕 모두 잊었다네.
(曉日升時金殿耀/茶煙颺處蟄龍翔/自從遊歷淸閑境/榮辱到頭渾兩忘)

('長安寺' 중에서)

일출이 만들어내는 자연의 금빛 전각에 어울려 차를 끓이는 연기가 하늘로 오르는 모양이 마치 용이 비룡하는 것 같다. 자연의 모습에서 우화등선(羽化登仙)하는 상상을 하니 바로 신선의 세계이다.

등잔 아래 차 끓는 소리 오열하고
꼿꼿이 앉은 모습 나무 등걸 같구나.
이 몸이 마치 물거품 같은데

이 그림자 끝내 멍청하구나.

(燈下茶聲咽/惺惺坐似株/是身如幻沫/此影竟塗糊)

('燈下' 중에서)

희미한 등잔 아래 차가 끓고 있고, 그 옆에 조용히 좌선하는 선사의 모습이 나무 등걸과 같다. 몸은 이미 환영의 포말처럼 탈혼이 되어 우주를 자유로이 왕래하건만 그림자는 이것을 모르고, 멍청하게 자신을 분칠하고 있다.

4. 매월당, 다시일여(茶詩一如)의 차 마니아

전국 팔도를 떠돌던 매월당 김시습은 성종(成宗)이 즉위하자, 1471년 37세에 서울로 올라와 이듬해에 수락산(水落山) 동봉(東峯)에 '폭천정사'를 짓고 10여년 생활을 하였다. 호곡(壺谷) 남용익(南龍翼)의 ≪간폭정기(看暴亭己)≫라는 고서에 "수락산 옥류동 옥류(금류)폭포 옆에 간폭정을 지었는데, 그 위 5리쯤에 매월당 김시습이 살던 터가 있다."라는 기록이 있다. 폭포 옆에는 금류동천(金流洞天)이라는 각자가 있다. 이곳은 지금의 수락산 내원암(남양주시 별내면 소재) 인근으로 추정된다.

매월당의 문학세계를 집대성한 시문집인 '매월당집'은 원집 23권 중 15권이 시로 이루어져 있으며, 수록된 작품은 2200여수에 달한다. 이는 전체 저작의 3분의 2에 해당한다. 매월당이 얼마나 시를 읊기를 좋아했는지 짐작이 간다. 그에게 시는 생활이었던 것 같다.

매월당은 자신의 심정은 물론이고, 때로는 철학이나 사상마저도 시로 표현하기를 즐겼다. 어쩌면 산문은 싱거웠는지도 모른다. 그래서 그는 차에 관한 이야기도 시로 남겼다. 그가 차에 관한 해박한 지식과 차생활을 산문으로 남겼으면 오늘날 한국의 차사는 달라졌을 것이다. 아마도 한국의 육우(陸羽)가 되었을 것이다.

매월당의 시는 수만 편에 달했다고 한다. 대부분 그 자신에 의해 불태워지거나 오랜 유랑생활로 인해 흩어졌다. 그가 죽은 지 18년이 지나 중종의 명으로 유고수집이 이루어졌으니 그 사이 많이 일실되었을 것은 자명하다. 이 일을 맡은 이자(李耔)는 10년 걸려 겨우 3권을 수집했다고 한다.

매월당의 기행은 주로 서울경기를 중심으로 춘천, 가

무량사에 모셔진 매월당의 부도

평 등 경기 동북부와 멀리는 평안도, 황해도에 이르고 있다. 이 지역은 대관령을 축으로 관서지방이다. 그는 49세 이후 수락산의 동봉서실의 생활도 접고 관동으로 떠난다.

수락산에 있을 때 노래한 빼어난 몇몇 시가 있다.

기행 시편의 처음은 '압봉로화(鴨峯路花)'인데 수락산의 오리봉(鴨峯)에서의 감회를 읊은 것이다. 이 시는 경이적일 정도로 축제적인 기쁨의 분위기로 가득 차 있다. 매월당의 시 가운데서도 가장 긍정적인 시이다. 대자연의 생명력에 대한 찬탄과 희열로 충만하다. '노원초색(蘆原草色)', '수락잔조(水落殘照)' 등이 유명하다.

"한 점 두 점 떨어지는 노을 저 멀리/서너 마리 외로운 따오기 돌아오네/봉우리 높아 산허리의 그림자 덤으로 보네/물 줄어드니 청태 낀 물 드러나고/가는 기러기 낮게 맴돌며 건너지 못하는데/겨울 까마귀 깃들려다 도로 놀라 나네/하늘은 한없이 넓은데 뜻도 끝이 있나/붉은 빛 머금은 그림자 밝은 빛에 흔들린다."

(一點二點落霞外/三个四个孤鶩歸/峰高剩見半山影/水落欲露靑苔磯/去雁低回不能度/寒鴉欲棲還驚飛/天涯極目意何限/斂紅倒景搖晴暉)

('水落殘照')

매월당집에 '기행'이라는 표제 아래에 수록된 시는 모두 42수이다. 이들 기행의 시의 출발점은 서울 근교의 수락산과 강원도 춘천의 청평사이다. 수락산은 물론이지만 청평사도 고려시대부터 서울에서 비교적 가깝기 때문에 이름 높은 선비들이 자주 드나들던 곳이다. 청평사에는 초암이나 정원이나 정자가 있었다. 초암이나 정자에서는 선비와 선승들의 차회가 이루어졌을 것이다.

우리 선조들은 특별히 차를 마시기 위한 차실은 갖추지는 않았다. 정자나 서재가 차실이었고, 그러한 차를 마시는 공간은 자연과 더불어 있거나 자연으로 통해 있었다. 유불선을 관통한 매월당에게는 청평사가 큰 위안이 되었을 것으로 짐작된다. 청평사는 훌륭한 정원도 구비되어 있어서 소위 매월당의 초암차가 발상되기에 가장 적합한 곳이기도 하다. 마치 일본 차실의 본보기 같은 곳이다. 일본의 차실은 인공정원을 거쳐서 들어간다.

이자현(李資玄)이 조성한 청평사(淸平寺)는 경운산(慶雲山)을 원경(原景, Original View)으로 하는 기본적인 한국의 정원구조에다 경내에 폭 15cm, 길이 100m의 인공수로가 설치되어 수로를 통해 계곡의 물이 경내를 돌아나가도록 설계되었을 정도이다. 청평사는 차와 물이 만나는 곳이고, 차선일미가 실천될 수 있는 최적지였을 것이다.

매월당의 차시는 음미하면 할수록 그의 선경에 도취된다. 누가 차시를 써서 그와 품격을 겨룰 것인가. 매월당의 깊은 차 정신은 현묘의 경지에 있기 때문에 후세가 따르기 어렵다.

우리는 오늘날 차와 관련된 옛 산문문서나 기록문서가 나오면 그것의 희소성에 빠져 과대평가를 한다. 차 정신은 실은 산문보다는 운문에서 제 맛을 드러낸다. 산문이라는 것은 주로 기술적인 것이고, 제다법과 차의 효용, 그리고 산업성에 관련된 것이다.

이운해(李運海)의 부풍향차보(扶風鄕茶譜), 이덕리(李德履)의 동다기(東茶記), 초의(草衣)선사의 다신전(茶神傳) 등의 산문기록도 중요하지만 매월당의 차시는 더욱 더 중요한 것이다.

혹자는 매월당의 차시를 음풍영월로 보고 차문서로 읽기를 꺼린다. 그러나 매월당은 산문으로 쓸 것도 시로 읊었다는 것을 상기할 필요가 있다. 매월당에게 차의 품격에는 운문이 적합하다고 생각하였을 지도 모른다. 지금은 시라는 것이 산문에 비해 주변부에 물러나 있지만, 옛 사람들은 도리어 중요한 정보를 시로 남기는 것을 즐겼다.

한국 차의 다경(茶經)이라고 받드는 ≪동다송≫도 시의 품격으로 인해서 훨씬 값어치가 있게 된다. 동다송은 칠언시(七言詩)로 모두 31송(頌)이다. 다행히 송마다 주를 붙여 보충한 덕에 오늘날 경전의 반열에 오른 것이다. 그러나 주석이라는 것은 시를 잘 이해시키기 위한 보조이다. 주석의 여부에 따라 차의 고전(古典) 여부가 결정되는 것은 마땅하지 못하다.

조선 중·후기에는 이미 ≪다경≫을 비롯하여 차와 관련한 정보들이 이미 백과사전적 지식에 속하는 것이었다. 특히 ≪만보전서(萬寶全書)≫는 이를 잘 말해준다. 차와 관련한 문서를 남겼다고 호들갑을 떨 일은 아니다. 이를 한·중·일 삼국의 관점에서 보면 도리어 이들 산문들은 우리의 차의 지식과 기술과 전통이 얼마나 일천한가를 증명할 뿐이다. 차를 만들고 가공하고, 생산하고 마시는 것과 관련한 기술과 정보들은 차생활의 깊이를 말하는 것은 아니다. 그러나 매월당의 차시들은 하나같이 차와 차생활의 깊이를 알리는 노래이다. 이것을 과소평가해서는 안 될 일이다.

매월당은 조선의 교연(皎然)과 같은 인물이다. 교연은 ≪다경(茶經)≫을 저술한 육우(陸羽, 733~804)를 있게 하였고, 실은 육우보다 더 앞선 차인이며, 육우와 벗하며 차를 마셨던 인물이다. 최근 육우야말로 교연(皎然)의 물심양면의 영향으로 다경을 저술할 수 있었다는 사실이 밝혀졌다. 중국에 교연과 육우가 있다면, 한국에는 설잠(雪岑: 매월당의 법호)과 초의(草衣)가 있는 셈이다. 한국의 진정한 '다불'(茶佛), '다현'(茶玄)은 매월당이다.

중국의 교연은 육우보다 연장자로 북종선의 선승이었는데 차에 관한 그의 지식과 경험을 육우에게 전해 다경을 저술하도록 했다는 것이 최근 연구결과 속속 밝혀지고 있다. 차시로 말하면 교연이나 육우보다 한 세대 후의 인물인 칠완다가(七碗茶歌)를 지은 노동(盧仝)이 있지만 교연의 영향이 큰 것을 볼 수 있다.

매월당은 마치 조선의 교연과 같은 인물이다. 우리는 그나마 매월당이 있음으로서 단절된 차의 전통을 회복하고 연결시킬 고리를 찾을 수 있으며, 한중일 삼국 사이에서도 제 지분을 찾고 고개를 쳐들 수 있는 것이다.

임준성(林俊成, 한양대)의 연구에 따르면 우리나라에 차가 전래된 이후 승속을 통틀어 매월당은 가장 많은 차시를 남겼다. 매월당의 차시를 읽노라면 차과 관련한 기술적인 문서를 읽을 때보다 훨씬 더 우리나라 선비 혹은 스님의 차생활의 고양된 품격을 느낄 수 있다.

≪동다송≫ 전편에 흐르는 차의 정신과 매월당의 차시에서 느낄 수 있는 차의 정신은 하나로 관통하는 것 같은 감응을 받는다. 시간을 초월해서 흐르는 다선일미의 정신일 것이다.

마음은 맑아 물과 같고
혼연히 트여 막힘이 없네.
바로 이것이 물아를 잊는 경지
찻잔은 의당 자작하여 마신다네.
(心地淨如水/翛然無礙隔/正是忘物我/茗椀宜自酌)

('古風'중에서)

맑은 정신의 소유자가 홀로 차를 우려 마시는 광경이다. 차의 최고 맛은 홀로 마시는 자작이라고 한다. 마음이 맞는 친지들과 한데 어울려 마시는 차도 맛있지만 그보다는 홀로 차를 즐기는 맛을 알 때 진정한 차인이 되었다고 한다.

어제 저녁 구름 컴컴하더니
오늘 밤 상서로운 눈 날리네.
…중략…
한 사발 녹여 차 달이는데
이 저녁 고즈녁하기도 하네.
(昨暮陰雲黑/今宵瑞雪录/
…중략…/
一椀融和茗/前來境寂寥)

('夜雪'중에서)

동산에 서리 맞은 밤을 추수했으니

화로에 눈 녹여 차를 끓일 때로다.

(園收霜栗後/爐煮雪茶時)

('次四佳韻山上人'중에서)

눈을 녹여 차를 끓일 줄 아는 아취(雅趣)는 그가 얼마나 차를 계절과 더불어 즐길 줄 아는 가를 보여준다. 자연과 하나가 된 경지이다. 적당한 농사와 추수, 그리고 차를 즐기는 품이 농선일여(農禪一如)를 실천하는 청규(淸規)의 선사(禪師)와 같다.

상인은 다병에 순수 차 달여

서방의 아미타불에 예배하네.

(上人携瓶自煎茶/禮拜西方極樂佛)

('五臺山'중에서)

스님(상인)은 차를 손수 달여 서방정통의 극락세계에 있는 아미타불에게 차를 올린다. 서방정토를 염원하는 것이 차인의 마지막 기도인가.

차(茶)와 방외지사(方外之士)의 삶

매월당의 학문적 바탕은 어릴 적부터 교육받은 주자학(朱子學)의 경학이었다. 그러나 그의 삶은 운명적으로 산천의 무위자연을 토대로 하는 노장(老莊)과 그의 외롭고 불우한 삶을 안아준 불교의 선학(禪學)을 모태로 하지 않을 수 없었다. 그래서 사회의 현실을 비판할 때는 경학으로 무기를 삼고, 마음을 다스릴 때는 도불

(道佛)에 의존했다.

그가 차를 가까이하게 된 것은 방외지사의 삶에서 비롯된다고 하는 편이 옳을 것이다. 그는 선승과 매우 가까운 삶을 보냈다. 그가 남긴 시문에서 선승으로는 준상인(峻上人)과 선상인(禪上人), 심은상인(尋隱上人), 민상인(敏上人), 승희도인(昇義道人), 선상인(仙上人) 등이 등장한다. 그가 불도에 심취하게 된 계기도 준상인과의 만남에서 비롯된다고 해도 과언이 아니다. 그는 18세(1452년)에 송광사에서 모친상을 끝내고 그곳에 주석하고 있는 준상인과 사귀게 된다. 그는 '증준상인(贈峻上人)'이라는 20수의 연작시를 남겼다.

그가 나중에 사귄 심은상인을 산으로 보내면서 쓴 시 5수 가운데 초암을 선명하게 떠올리게 하는 시가 있다.

"푸른 산 깊은 곳에 띠풀 암자(茅菴) 지으니/암자 아랜 맑고 깊은 만길 못/가는 곳 되는대로 구름 따라 흐르고/머물 때 한가로이 달과 절집에 동숙하네/차 달이는 작은 방 부엌처럼 연기 나고/약초 캐는 먼 산에는 구름이 청람으로 자욱하네./둘이 아닌 법문을 어찌 알리/앞의 삼은 뒤의 삼과 같은 것일세."
(碧山深處結茅菴/菴下澄澄萬丈潭/行處嬾從雲共去/住時閑與月同龕/煎茶小室烟生廚/采藥遠峯雲滿籃/不二法門怎麽認/前三三與後三三)

위의 시에서 모암(茅菴)은 바로 초암(草庵)이다. 초암은 기본적으로 한국의 초가(草家)에서 비롯된 것이지만, 특히 절집의 암자에서 크게 영향 받은 것일 가능성이 높다. 초암을 둘러싸는 환경이 바로 자연 그 자체이기 때문이다.

절집에서 차는 음료이면서 동시에 깨달음을 도와주는 물질로 사용된다. 차는 반음반양(半陰半陽)의 물질로 마음을 가라앉혀주고, 청정하게 하는 데에 효과적이다. 현대과학은 마음을 평온하게 하는 물질인 테아닌이 차에 들어 있으며 뇌파를

알파파로 바꾸는 것으로 밝혀냈다. 이를 경험적으로 알게 된 선승들은 즐겨 차를 마셨다. 이것이 후에 선차일미, 다선일미로 발전했을 것이다. 매월당은 선승과 가까이 하면서 이를 일찍 터득하였다.

"언뜻 보면 맑은 모습 오래된 친구 같은데/면목을 사모한 지는 오래되었소./절개와 지조는 큰 소나무 곧은 대나무 같고/몸가짐은 밝고 높아 한 마리 난새와 학일세./참선 의자에서 고요히 창해의 달을 바라보고/다천(茶泉)에서 한가로이 푸른 못의 용을 길들이네./대사에게 언젠가 도를 물으면/내 검은 눈동자에 낀 백태를 긁어주시오."

위의 시는 낙산사 선상인을 두고 읊은 시이다. 선과 차가 일치된 경지를 읽을 수 있다. 매월당과 선상인을 잇는 매개로 차가 등장하고 있음에 유념할 필요가 있다.

매월당의 다선일미의 경지를 잘 나타내주는 시가 있다.

"오래 앉아 잠 못 들다가/마지막 남은 촛불 심지 손으로 잘랐네./서릿바람 소리 귀에 쟁쟁하더니/어느 새 싸락눈 베갯머리에 떨어졌네./마음이 물처럼 깨끗하니/자유자재하여 막힘과 거리가 없네./바로 나와 남을 잊는 것이네/혼자서 찻잔에 차를 따라 마시네."

시인은 마음이 물과 같은 경지에 도달하는 것을 표현하더니 마침내 마지막 구절에서 혼자 차를 마시는 행동을 취한다. 혼자 차를 마시는 것이 차의 최고의 경지라고 한다. 깨달음과 차 한잔 마시는 것을 하나로 통하게 하는 표현이다. 이는 선가(禪家)의 평상심시도(平常心是道)와 다선일미의 경지에 다름 아니다. 선가의 일심(一心)은 말을 끊고 생각을 끊은 자리에 있다.

매월당은 칠완다(七椀茶)를 마신다고 했다.

"한가하면 경전 두어 권 읽고/목마르면 일곱 사발의 차를 마시네."

노동(盧仝)의 칠완다는 당시 이미 차인들에게 알려진 듯하다. 노동은 매월당과 여러 면에서 상통함을 앞에서 말했다. 시를 말하고 차시를 말하는 것이 특별한 일이 아니라 일상적 일이었음을 알 수 있다.

매월당의 시기에 이미 차와 차생활은 백과사전적 지식으로 널리 알려졌다. 차에 관한 후대의 문헌이 나온다고 호들갑을 떨 필요가 없다. 단지 차의 전통이 그동안 망실되었던 것을 찾았을 따름이다. 매월당은 차에 가장 정통하면서도 차를 끔찍이 사랑한 지식인이었다. 그리고 차를 직접 재배하였을 뿐만 아니라, 중국의 차의 종류와 차 생활에 대해서도 해박했음을 알 수 있다. 매월당이야말로 차의 근세적(近世的) 원류이다.

이를 두고 조선후기에 일어난, 다산·초의·추사에 의해 이루어진 차의 중흥을 한국 차의 다성(茶聖)이니 다선(茶仙)이니 하는 것은 한국 차의 연대를 하대로 낮추는 일에 불과하다. 아무리 단절된 한국 차사를 정립하는 것이 급한 일이라고 할지라도 졸속과 땜질식으로 하면 누더기가 될 뿐이다. 매월당의 시를 보면 그야말로 전천후 차인, 전인적 차인이었음을 알 수 있다.

남국의 봄바람 부드럽게 일어나니

차 숲의 잎 새에는 뾰족한 싹 머금었네.

가려낸 어린 싹 지극히 신령스러움에 통하고

그 맛과 품수는 육우 다경에 실렸다네.

자순(紫荀)은 창과 기 사이에서 따고

봉병(鳳餅)과 용단(龍團)은 모양만 본떴다네.

벽옥(碧玉)의 다구에 차를 넣어 끓이면

게눈거품 일며 솔바람소리 들리고

산사의 고요한 밤에 손님들이 둘러앉아

운유(雲腴) 한 모금 마시니 두 눈이 맑아지네.

당가(黨家)에서 얕게 짐작하는 저 조악한 사람이

어찌 설다(雪茶)의 그 맑음을 알리요.

(南國春風軟欲起/茶林葉底含尖觜/揀出嫩芽極通靈/味品曾收鴻漸經/紫筍抽出
旗槍間/鳳餅龍團徒範形/碧玉甌中活火烹/蟹眼初生松風鳴/山堂夜靜客圍坐/一
啜雲腴雙眼明/黨家淺斟彼粗人/那識雪茶如許淸)

(雀舌)

　이른 봄에 따는 새 순은 신령과 통하고, 자순은 기창(旗槍) 사이에서 따는 것을
알고 있다. 또 거품 이는 모양의 해안(蟹眼)과 물 끓는 소리의 송풍(松風), 운유차
(雲腴茶)까지 꿰뚫고 있다. 당가(黨家)의 고사까지 알고 있다. 실로 매월당의 다학
에 관한 박식함이나 조예의 깊이가 어디까지인지 헤아리기 어렵다. 그는 비록 차
의 재배와 법제에 대해서 구체적으로 기록하지 않았지만 그것이 없는 편이 도리어
차세계의 정신적 깊이를 추측케 한다. 차는 결국 마음이 아닌가.

"솔바람 불어 차 달이는 연기 몰아/하늘하늘 흩날리며 시냇가에 떨어지네/동창에 달 떠도 잠 못 이루고/차병을 들고 돌아가 차디찬 샘물 긷네/이상하게 태어나면서부터 세속을 싫어했고/인생 초입에 봉(鳳)으로 불렸으나 이미 젊음은 다했다네/차 끓일 때 누런 잎을 그대는 아는가/다만 시를 쓰다가 숨어 삶이 누설될까 두렵다네."

(松風輕拂煮茶煙/裊裊斜橫落潤邊/月上東窓猶未睡/挈甁歸去汲寒泉/自怪生來厭俗塵/入門題鳳已經春/煮茶黃葉君知否/却恐題詩洩隱淪)

(煮茶)

매월당의 '차를 달이며'의 구절이다. 그가 얼마나 차 마니아인가를 드러내고 있다. 어느 덧 차가 그의 운명이 되어버렸다. 어릴 때부터 신동으로 소문나고, 주위로부터 기대를 한 몸에 받았으나 정작 성공적인 인생을 살지는 못했다. 젊음이 오기도 전에 젊음을 다하고 마치 누런 찻잎처럼 되어버렸다. 그나마 숨어서 시를 쓰다가 이마저 탈로날까 두려워하는 모습이 역력하다.

매월당은 그의 시 '천형(天形)'에서 " 이 때문에 하늘을 공경하면 경 또한 성실할 것이고, 하늘을 예로서 받들면 예도 허망하지 않을 것이다."(以此敬天敬亦誠矣, 以此禮天禮非妄矣)라고 하였다.

매월당은 천지간에 통하지 않은 곳이 없고, 인간이 이룩한 유불선에 관통하지 않은 곳이 없었다. 그가 차를 한시도 몸에서 떨어뜨리지 않았으니 '차(茶)의 도(道)'에 관한한 타의 추종을 불허하였을 것이다. 그래서 가장 작고 보잘 것 없는 초암에서 가장 큰 우주를 자유자재하는 경지에 도달하였을 것이다. 초암차의 연원은 이렇게 시작되었을 것이다.

5. 매월당-점필재-한재,
다산-초의-추사보다 350여년 앞서

매월당의 차 정신은 '초암'(草庵)이라고 할 수도 있고, 풍류차도를 잇는다는 점에서 '초암'의 '청빈'(淸貧)과 '풍류'의 '류'(流)를 합쳐 '청류'(淸流)라고 할 수도 있을 것이다. 매월당의 '청류차' 정신은 여말선초(麗末鮮初)의 선가(仙家)들과 피를 통하게 된다. 청류는 결국 자연의 풍광(風光)과 혼연일체가 되는 경지이다.

풍류도(風流道)는 흔히 유불선(儒佛仙) 삼교가 통합된 것이라고 말하지만 정확하게 말하면 통합된 것이라기보다는 유불선의 원류(源流)이다. 풍류도의 현묘지도(玄妙之道)는 포일(包一)하는 일을 말한다. 선도(仙道)가 문화권별로 분화하여 유교가 되고 불교가 되고 도교가 되고, 선교가 그대로 유지되는 곳도 있다.

그런 점에서 선도(仙道)는 한국문화의 존재론적(存在論的) 위치에 있다. 여기서 존재론적(ontological)이라고 함은 바로 한국문화의 바탕과 근본이라는 뜻이다.

천부경(天符經)–	유교(儒敎), 불교(佛敎), 도교(道敎), 선교(仙敎)
풍류도(風流道)	선도(仙道)

한국에서는 유불선이 항상 공존하고 동거하는 형태로 자리 잡아왔다. 그래서 불

교가 들어오면 선불(仙佛)이 되고, 유교가 들어오면 선유(仙儒)가 된다. 한국인은 항상 외래종교를 수용할 어떤 종교의 그릇과 같은 심성을 가졌다고 할 수 있는데 그 요체가 바로 풍류도, 선도(仙道)라고 할 수 있다.

매월당의 차 정신은 재야의 사림(士林)으로 계승되어 나중에 남인(南人)들에 의해 꽃을 피운다. 특히 영남학파의 종조인 점필재(佔畢齋) 김종직(金宗直, 1431~1492)을 중심으로 하는 '청담학파'(淸談學派) 선비들에 의해 계승된다. 청담학파란 여말선초에 형성된 조선의 죽림칠현학파, 혹은 현학파라고 불러도 손색이 없다. 이들은 유학자였지만 면면히 내려오는 우리나라 유불선 풍류도의 전통에 다시 접맥된 사람들이다. 청담파는 선가의 풍(風)을 좋아해서 시정속사(時政俗事)를 떠나 여가가 있으면 동대문 밖 죽림에 모여 고담준론으로 소일하였다고 한다.

청류이든 청담이든, 한국문화의 저층 혹은 기층에는 항상 선가적 전통이 숨어 있다. 그래서 선가적 전통은 항상 민족의 위기 때에 고개를 들고, 자신의 존재를 과시한다. 선가적 전통의 정점에는 단군이 있다. 선가적 전통의 약점은 항상 외래종교나 사상에 밀려 주류세력이 되지 못하는 데에 있으며, 여기에 한국사의 불행이 도사리고 있다. 이는 모두 한국문화의 저층에 깔린 모성주의에 기인한다. 이는 역사에서 긍정적으로 작용하기도 하고, 부정적으로 작용하기도 한다.

외래종교인 불교는 이 땅에 들어와서 중심자리에 설 때, 선가의 상징인 단군을 신선각에 모시면서 비록 뒷방 늙은이 취급을 했지만 전통과 새로움의 조화와 소통을 슬기롭게 실현하였다. 그러나 조선의 주자학은 샤머니즘화된 불교를 척불숭유 정책으로 거의 도륙을 내다시피 하였다. 불교 국가인 고려에서 유교 국가인 조선으로 넘어오는 과도기인 여말선초는 전통에 매정하였다. 그러나 전통을 보존하는 훌륭한 선비는 있기 마련이다.

우리는 흔히 목은(牧隱) 이색(李穡, 1328~1396)이나 포은(圃隱) 정몽주(鄭夢周, 1337~1392)를 정통 성리학자로 단정하고, 특히 정몽주는 영남사림의 도통의 종조로 여기고 그들에게서 다른 측면, 예컨대 선가적 풍모를 애써 보지 않으려고 한다. 그러나 이들이 영남사림의 원류에 서게 된 것은 훨씬 후대의 일이다. 경북 선산에 낙향하여 훌륭한 제자들을 기른 야은(冶隱) 길재(吉再, 1353~1419)의 역할에 크게 힘을 입었다.

야은의 문하에서 영남사림이 형성될 정도로 훌륭한 인물이 많이 배출되었기 때문이다. 영남사림의 도통이 형성된 것도 실은 조선 후기이다. 우리역사상 권력에서 배제되거나 소외되거나 귀양살이를 하게 되면 으레 선가적 삶의 태도를 가지는 게 다반사였다.

이색이나 정몽주에게 선가적 면모가 있었다. 특히 목은 이색은 바로 선가와 유가의 길목에 있었다. 이색에게 선가적 기풍을 전해준 인물은 고려 말 공민왕 때 벼슬을 한 행촌(杏村) 이암(李嵒, 1297~1364)이다. 이암은 초명은 군해(君侅), 자는 익지(翼之)였으나 특히 57세 이후에 경기도 청평산으로 은거한 뒤 이름은 암(嵒), 자를 고운(孤雲)이라고 하였다. 이는 최치원의 선가적 풍모를 흠모하였음을 짐작케 한다.

이색은 공민왕 때 개혁의 중심에 선 인물이며, 성균관 대사성으로 정몽주, 이숭인 등을 길러냈으며, 역성혁명 방식을 반대하여 정도전과 이성계를 중심하는 세력들로부터 탄압을 받았다. 결국 정치권에서 멀어지게 되고, 조선 개국 후 유배되었다가 사망한다.

고려 말의 대표적인 선비였던 익제(益齋) 이제현(李齊賢, 1287~1367)의 제자였던 이색의 성리학 수용은 고려의 전통인 선불(仙佛) 사상에 기반한 측면이 있다. 이색은 이제현의 문인인 동시에 이암의 문인이었던 셈이다.

"이색(李穡)을 한국 선도로 연결시켜 볼 수 있는 고리는 이암(李嵒)이다. 이색은 성리학자 이제현의 문인이었을 뿐만 아니라 선가 이암의 문인이기도 하였는데 '나는 일찍이 행촌 시중공(侍中公)을 스승으로 섬겼으며 그의 아들 및 조카들과 함께 놀았다'라고 하였고, 강화도 선원사를 지날 때 스승 이암의 수행처인 해운당(海雲堂)을 기리는 시를 짓기도 하였다. 또 이암의 막내아들인 이강(李岡)은 이곡(李穀)의 문생이자 이색과 친밀한 벗으로 이색은 '공(公: 李嵒)을 아버지 같이 섬겼다.'고 하였다. 이러하므로 이색은 이암·이강 부자 양인의 묘지명을 찬술하기도 하였다."[1]

이색의 선가적 성리학은 고려의 멸망을 한탄하면서 은둔한 '두문동 72현'[2]에게 그대로 전수된다.

"두문동 학사의 중심인물은 정몽주와 이색이다. 이들은 당대 최고의 학자·정치가로서 수많은 문생을 거느리고 있었는데, 특히 두문동 학사들이 이에 해당하였다."[3]

흔히 정몽주나 이색이라고 하면 유학(주자학)의 정통파라고 선입견을 갖기 쉽다. 그러나 실은 여말선초의 유학은 실은 성리학적이라기보다는 차라리 선가적인 유학의 모습이 강했다고 여겨진다. 이(理)의 심화라기보다는 원시유교적 경향이나 고래(古來)의 유불선의 전통에서 오는 삼묘지도(三妙之道), 즉 현묘(玄妙)의 성격

---

1) 정경희, 〈桓檀古記 등장의 역사적 배경—여말 학계와 선도〉 ≪환단고기 100주년 학술대회—환단고기는 어떤 책인가?≫, 2011, 42쪽, 사단법인 한배달 학술원.

2) 두문동 72현록 (杜門洞 七十二賢錄): (1)정몽주(鄭夢周)/(2)김주(金澍)/(3)이존오(李存吾)/(4)정추(鄭樞)/(5)최양 (崔瀁)/(6)길재(吉再)/(7)남을진(南乙珍)/(8)임선미(林先味)/(9)원천석(元天錫)/(10)조의생(曹義生)/(11)맹유(孟裕)/(12)도응(都膺)/(13)이사지(李思之)/(14)도동명(陶東明)/(15)김자수(金自粹)/(16)장안세(張安世)/(17)정광(程廣)/(18)한철충(韓哲沖)/(19)국유(鞠유)/(20)나천서(羅天瑞)/(21)성부(成溥)/(22)이명성(李明成)/(23)이색(李穡)/(24)정지(鄭地)/(25)하자종(河自宗)/(26)이양중(李養中)/(27)김진양(金震陽)/28)안성(安省)/(29)이사경(李思敬)/(30)조충숙(趙忠肅)/(31)허징(許徵)/(32)최문한(崔文漢)/(33)서견(徐甄)/(34)신덕린(申德隣)/(35)맹희덕(孟希德)/(36)김약항(金若恒)/(37)배상지(裴尙志)/(38)이무방(李茂芳)/(39)이행(李行)/(40)변숙(邊肅)/(41)김광치(金光致)/(42)이종학(李種學)/(43)이양소(李陽昭)/(44)민유(閔愉)/(45)문익점(文益漸)/(46)임귀연(林貴椽)/(47)조희직(曹希直)/(48)김사렴(金士廉)/(49)김승길(金承吉)/(50)조유(趙瑜)/(51)김제(金濟)/(52)조철산(趙鐵山)/(53)범세동(范世東)/(54)구홍(具鴻)/(55)윤충보(尹忠輔)/(56)성사제(成思齊)/(57)김충한(金沖漢)/(58)유구(柳玖)/(59)박문수(朴門壽)/(60)민안부(閔安富)/(61)채왕택(蔡王澤)/62)송교(宋皎)/(63)최칠석(崔七夕)/(64)차원부(車原頫)/(65)김자진(金子進)/(66)조윤(趙胤)/(67)김약시(金若時)/(68)정온(鄭溫)/(69)이연(李涓)/(70)송인(宋寅)/(71)곽추(郭樞)/(72)채귀하(蔡貴河) 등이다.

3) 정경희, 같은 책, 50쪽.

이 강했을 것으로 여겨진다.

두문동 72현과 이들 사이에서 유독 이름이 높았던 육은(六隱), 즉 목은(牧隱) 이색(李穡), 포은(圃隱) 정몽주(鄭夢周), 도은(陶隱) 이숭인(李崇仁), 야은(冶隱) 길재(吉再), 수은(樹隱) 김충한(金冲漢) 등은 은(隱)자를 돌림자로 쓰는 호에서도 느낄 수 있지만 은일(隱逸)한 정신이 강하여 선가적 풍모였을 것으로 짐작된다.

이색(牧隱)—정몽주(圃隱)—길재(冶隱)로 이어지는 소위 삼은(三隱)의 성리학은 점필재로 이어진다. 어떤 점에서는 영남사림의 성리학은 실은 선가적 풍모를 동시에 지녔다고 해도 과언이 아니다. 바로 이들의 권력을 추구하지 않는 정신이 도리어 사림의 뿌리를 더욱더 튼튼하게 만들었다고 해도 과언이 아니다. 이를 두고 청류, 청담이라고 부르는 것이다.

고려의 차와 조선의 차를 연결시킨 선비들은 지금까지 크게 부각되지 않았지만 두문동 선비들이었다고 해도 과언이 아니다. 이것은 조선 초의 이름난 차인을 보면 더더욱 확연하게 알 수 있다. 목은, 포은, 야은을 비롯하여 원천석 등 이름난 차인들의 상당수가 여기에 포함되어 있다.

여말선초에 형성된 '두문동 72현'과 '청담학파'는 역성혁명과 계유정난이라는 혼란과 곤경을 거치면서 더욱더 튼튼하게 뿌리를 내렸던 것이다. 매월당과 점필재가 만나게 되는 것도 같은 뿌리를 가지고 있기 때문이다. 권력에서 밀려나거나 스스로 은퇴한 선비들이 가까이 할 수 있는 것 중에 하나가 차이다. 점필재의 제자들은 줄잡아 20여명이 되는데, 차시를 남긴 차 마니아들도 10여명이 된다. 이중 한재 이목이 으뜸이다.

점필재가 차에 관심을 가지게 된 것은 물론 그의 스승인 길재, 그리고 그 위로 목은 이색이 차를 좋아한 마니아였기 때문이다. 야은은 이색, 정몽주, 권근으로부터 성리학을 익혔는데 이것이 집대성되어 고스란히 점필재에게 전수된다. 도(道)와 차(茶)가 함께 전수되어 차도(茶道)로 종합된다.

조선조의 성리학은 중기에 들어 점필재 김종직 이후 김굉필에서 조광조를 거쳐 퇴계 이황에 이르기까지 오현(五賢 : 김굉필·정여창·조광조·이언적·이황)에 의해 성리학의 깊이를 더하면서 주리적(主理的)으로 심화된다. 여기서 주리적으로 심화되었다는 뜻은 보다 형이상학적으로 변하였다는 것을 의미한다.

특히 영남사림 중 남인(南人)들은 노론(老論)과의 당쟁에서 패퇴하여 벼슬길이 막히면서 서원(사학)에서 제자를 가르치거나 가학(家學)으로서의 학문을 이어가면서 대체로 한빈한 선비생활에 만족하지 않으면 안 되었다. 재야사림들은 자연스럽게 차와 술로 시름을 달래기 일쑤였다. 아마도 남인 집안에서 암암리에 차 생활이 이어졌던 것으로 보인다.

흔히 한국의 차 전통이 단절되었다고 속단하는 것도 실은 조선 중기에서 후기에 이르기까지 남인의 차 생활에 대한 연구의 부족과 자료 발굴 미비로 인한 탓일 가능성이 높다. 아마도 잃어버린 한국의 차사를 잇기 위해서는 이 부분을 메우는 것이 절실하다. 예부터 음식의 전통은 갑자기 사라지는 법이 없다. 이것은 이데올로기가 아니라 의식주 생활이기 때문이고, 몸에 훈습된 것이기 때문이다.

선가(仙家)풍의 풍류차의 전통은 조선의 개국과 성리학의 도입으로 인해 끊어진 것이 아니라 면면히 이어졌다. 차의 종류만 고려의 말차에서 잎차로 바뀌었을 뿐이다.

점필재도 스스로 차를 끓이는 것을 좋아했음을 물론이고, 휴대용 다조(茶竈)를 낚시배에 싣고 풍류를 즐겼을 정도이다. 그는 술보다는 차가 좋다고 하였을 정도이다. 지독히 술을 좋아하는 문화에서 차를 술보다 좋다고 한 것은 여간한 마니아가 아니다. 그는 20수의 차시를 남길 정도였다.

점필재의 제자들이 매월당과 접선한 흔적은 여러 곳에서 발견되지만 특히 홍유손(洪裕孫, 1431~1529)과 남효온(南孝溫, 1454~1492)에 의해서다. 홍유손은 매월당과 찻 자리를 같이 한 기록을 남겼으며, 남효온은 금강산 산사(山寺)를 함께 여행하기도 한 인물이다.

남효온은 김종직(金宗直)·김시습(金時習)의 문인임은 물론이고 조선도학의 도통에 속하는 김굉필(金宏弼)·정여창(鄭汝昌)·조신(曺伸)·이윤종(李允宗)·주계정(朱溪正)·안응세(安應世) 등 쟁쟁한 인물들과 사귀었다. 1478년(성종 9) 관리 등용제도의 개선, 내수사(內需司)의 혁파, 불교의 배척 등 국정 및 궁중의 여러 문제를 지적하게 된다. 심지어 문종의 비(妃)이자 단종의 어머니인 현덕왕후(顯德王后)의 능인 소릉(昭陵)을 복위할 것을 요구하는 장문의 상소를 올렸다.

그의 소릉 복위 주장은 세조 즉위와 정난공신(靖難功臣)의 명분을 간접적으로 비판하는 것이었다. 이에 훈구파(勳舊派)의 심한 반발을 샀고, 드디어 도승지 임사홍(任士洪), 영의정 정창손(鄭昌孫) 등의 눈 밖에 나서 이들로부터 국문(鞫問)을 주장케 하는 빌미를 제공했다. 이때부터 그는 출세에 뜻을 두지 않고 명승지를 유랑하는 것으로 생을 마쳤다.

그의 삶은 김시습과 가장 닮아 있다. 어머니의 당부로 생원시에 합격하기도 했으나, 벼슬에 뜻을 두지 않았다. 신영희(辛永禧)·홍유손(洪裕孫)·이정은(李貞恩)·이총(李摠)·우선언(禹善言)·조자지(趙自知)·한경기(韓景琦) 등 7명과 죽림칠현(竹林七賢)을 자처하면서 세상일을 가볍게 여겼다. 또한 박팽년(朴彭年)·성삼문(成三問)·하위지(河緯地)·이개(李塏)·유성원(柳誠源)·유응부(俞應孚) 등 사육신(死六臣)의 절의를 추모하고, 이들의 충절을 사모하는 '육신전(六臣傳)'을 저술하였다. 그의 삶은 매월당과 청담학파가 뜻이 같음을 읽게 한다.

점필재는 흔히 '동방의 한퇴지'(韓退之)로 통한다. 이는 그를 기점으로 도학(道學)과 문장(文章)이 갈라지게 되었기 때문이다. 그가 영남학파의 종조로 추앙받는 것은 동양의 도학(道學)에 통달하였음을 물론이고 실천에도 앞장서서 노년에 이르기까지 효(孝)를 다하였으며, 청렴과 청빈으로 삶을 마쳤기 때문이다. 점필재는 당시 주류 학문인 주자학에 매달리는 것보다는 어딘가 유불선을 관통하는 도학, 풍류학의 경지에 오른 감을 저버릴 수 없다. 이는 그의 수제자인 한재에게서 확인할 수 있다.

당시 중국에서는 주자학과 함께 양명학도 유행하였는데 주자학의 선지후행(先知後行)의 결점을 보완하는 대안으로 지행합일(知行合一)의 양명학이 등장하였다. 지식보다 실천을 중시하는 양명학의 태도는 특히 주자학의 풍류도적 완성을 추구하는 청담학파에게는 매력적이었던 것 같다.

차는 지행합일을 실천하는 매개체로 손색이 없다. 실천이란 책을 떠나서 사물과 만나면서 도를 이루는 경지를 말하는데, 다도(茶道)는 바로 가장 손쉬운 것이었다. 한재의 《다부(茶賦)》의 특성을 말할 때 가장 먼저 꼽히는 것이 바로 차도에 관한 것이다. 말하자면 차의 차공(茶供)을 도(道)의 경지로 격상시킨 우리나라 최초의 책이 바로 '다부'이다.

매월당과 점필재와 한재는 다산에 앞서간 '선유'(仙儒) 혹은 '다선'(茶仙) 혹은 '다유'(茶儒)의 모델이고, 한재의 '다부'는 초의의 '동다송'의 모델이다. 매월당과 점필재와 한재, 홍유손, 남효온 등을 중심으로 하는 조선 전기의 청담학파의 차 마니아 그룹은 다산과 초의와 추사, 해거도인, 박영보, 신위, 김명희, 신헌, 신헌구, 이상적, 황상, 이유원, 범해 각안, 소치 허련 등을 중심으로 하는 조선 후기의 차 마니아 그룹의 전범이 되고도 남음이 있다. 다부는 그러한 차 문화와 차 정신의 결정체이며 금자탑이다.

대표적인 차 학자인 정영선은 《茶賦》 편역 첫머리에서 "8세기 육우(陸羽)의 《다경(茶經)》이 '세계 최초의 차 경전'이라면, 한재의 《다부(茶賦)》는 '세계 최초의 다도(茶道) 경전'이다."[4]라고 말한다.

육우의 다경(茶經)에 비해 다부가 더 철학적이라는 뜻이다. 이는 주자학이 한국에서 더 철학적(형이상학적)으로 발전된 것에 비할 수 있다. 아무튼 조선의 15세기 전후는 한국에서 철학이 꽃피우던 시기였음이 분명하다. 그 조짐을 점필재나

---

4) 한재(寒齋) 이목(李穆) 저, 정영선 편역, 《다부(茶賦)》, 2011, 9쪽, 너럭바위.

한재에서 보게 된다.

　매월당의 차 정신을 공유하는 점필재에서 출발한 한국의 도학(道學)과 차(茶)의 만남, 이것이야말로 진정한 '다도'(茶道)가 아닌가. 일본문화의 특성이 자신의 문화적 정체성을 표현하는 말로 '도'(道)자를 즐겨 사용하는 데에 있지만, 정작 다도(茶道)는 매월당의 초암차와 한국의 도학에서 그 뿌리를 두고 있음을 발견할 수 있다. 한국의 다도일여(茶道一如), 다심일체(茶心一體) 정신은 이목(李穆)에게서 집대성된다.

　송(宋)대의 성리학자(주자학자)들은 쇠퇴하는 중국의 정통학인 유학을 새롭게 하기 위해서 민중에 깔려있는 도불(道佛)사상을 바탕으로 신유학을 건설하게 되는데, 이때 신유학은 이기론(理氣論)과 함께 이(理)를 강조하게 된다. 특히 한국(조선)에 들어오면서 도(道)라는 개념을 창출한다. 물론 유학의 ≪중용(中庸)≫에서 솔성지도(率性之道: 성을 따르는 것이 도이다)라는 구절이 있지만 도학은 원시유교와는 다른 측면이 많이 가미되었다.

　한재에게 차는 구도를 위한 공부였으며, 그가 혼자 마시는 독철차(獨啜茶)는 일종의 유가의 최고경지인 신독재(愼獨齋)의 음료였다. 그의 차도는 오심지차(吾心之茶)로 다심일체(茶心一體)를 이룬다.

　도학(道學)은 신유학의 이학(理學)인 도덕학(道德學)에서 덕(德)을 매개변수로 숨기면서 발생하게 되는데 이는 나중에 지도(至道) 혹은 지치(至治)의 개념으로 발전한다. 이때 도학은 천지무간(天地無間)의 개념이다. 도덕학으로서의 성리학은 천지유간(天地間)이지만, 도학은 천지무간(天地無間)인 것이다. 여기엔 중요한 차이가 있게 된다.

　천지무간-시공-도학-선불교-존재론-기학-자연-개인적 깨달음-수신은 같은 계열에 속한다. 천지간-시공간-도덕학-유식론-존재자론-이학-자연과학-사회적 법리-제가치국평천하는 같은 계열에 속한다.

천지무간(天地無間)	천지간(天地間)
시공(時空)	시공간(時空間)
도학(道學)	도덕학(道德學)
선(禪)불교	화엄학(華嚴學), 유식론(唯識論)
물심일체(物心一體)	물심양면(物心兩面)
기학(氣學)	이학(理學)
자연(自然)	자연과학(自然科學)
개인적 깨달음(自覺)	사회적 공리(公理)
존재론	존재자론

도학은 주자학에서 개인적 깨달음의 최고의 경지를 말한다. 그래서 지도(至道)라고 하고, 이를 바탕으로 펼치는 정치를 지치(至治)라고 한다. 도학=선불교=물심일체=심학=자연은 결국 차선일여(茶禪一如)의 경지를 말한다.

한재는 특히 중용과 주역을 좋아했는데 이는 그가 주자학은 물론 유학의 핵심에 이른 인물임을 천명하는 것이나 다름없다. 한재는 '천도책(天道策)'에서 "하늘과 사람은 같은 것이다'라는 뜻으로는 천인무간(天人無間)이라고 표현하였다."[5]

"옛 사람의 말에, 하늘에 '實'(誠實)로서 응하면 하늘이 '文'으로 도와주고, 역으로 實로서 응하지 않으면 하늘이 재앙을 주나니, 萬古를 통찰하여 보건대 또한 그렇지 아니한가. …… 청컨대 '天人無間'으로 엮어 삶의 마지막을 바치고자 합니다."[6]

한재는 이어 '중용'(中庸)의 글귀인 '성(誠)'은 하늘이요, 성(誠)을 실천하는 자는 사람이다. 그래서 하늘과 사람의 성(性)은 하나이다(誠者天也, 誠之者人也, 卽 天人之性一也)를 예로 들고 하늘과 사람의 하나 됨을 강조한다. 다시 말하면 '천인무간'에서 '성(誠)'을 통해 '중(中)'을 얻으면 실로 존재의 궁극에 이를 수 있음을 일찍이 터득하였음을 비치고 있다.

이때의 중(中)은 고정된 중간(中間)이 아니라 역동적이고 미묘한 '중'이다. 흔히

---

5) 한재(寒齋)이목(李穆) 저, 정영선 편역, 같은 책, 42쪽.

6) 《寒齋文集》, 117쪽(한재종중관리위원회, 1981년), 〈天道策〉 "古人有言, 應天以實, 則天佑之以文, 而不以實, 則天災之. 洞視萬古 不亦然乎. ……請以天人無間爲編 終處焉."

인심(人心)과 도심(道心) 사이에서 가까스로 잡는 '윤집궐중'(允執厥中)의 것이다.

'천인무간'은 목은 이색도 강조한 내용이다.[7] 앞장에서도 언급하였지만 목은 이색은 유가이지만 동시에 선가의 맥도 잇고 있어서 단순히 유가계통의 '선비차'와는 달리 선가계통의 '풍류차'라고 할 수 있다.

한재는 이에 더하여 노장의 '허'(虛)사상을 ≪다부≫에 첨부한다. 자신의 차 철학의 정수를 후세에 전하기 위해서 용의주도하게 '허실생백부(虛室生白賦)'를 붙인 것이 그것이다. 이는 ≪다부≫의 편집에서 시사하는 바가 매우 크다고 할 수 있다. 한재는 유가이면서도 동시에 선가(仙家) 혹은 도가(道家)를 병행하고 있었음을 뜻하기 때문이다.

'허실생백(虛室生白)'은 ≪장자(莊子)≫〈인간세(人間世)〉에 나오는 구절로서 공자와 수제자 안회 사이의 문답을 통해 유가를 풍자한 대목이다. "저 빈 곳을 보면 마음(虛室)이 저절로 환해지니 길상이 머물고 머문다(瞻彼闋者 虛室生白 吉祥止止)."는 뜻이다.[8]

---

7) 이기동, ≪이색≫(목은문고 권1), 2005, 80쪽, 성균관대학교 출판부.

8) "안회가 말했다. "감히 마음의 재(齋: 비어있음 혹은 굶는다는 뜻)를 묻겠습니다." 공자께서 말씀하셨다. "하나의 의지(一志: 니체의 '권력의 의지'의 이중성에서 '소유의 의지'가 아닌 '자연(존재)의 의지'에 해당하는 것과 유사하다)과 같다. 귀로 듣지 말고 마음으로 들어라. 마음으로 듣지 말고 기(氣)로 들어라. 귀는 듣는 것에 머물고, 마음은 부호에 머문다. 기라는 것은 비어 있으면서도 사물을 기다리는 것이다. 오직 도는 빈 것에 모이고 빈 것은 마음의 재이다." 안회가 말하였다. "제가 아직 부리기 전에는 실재로 제가 있지만 부리게 되면 제가 있지 않습니다. 이것이 비어있다고 말할 수 있습니까?" 공자께서 말씀하셨다. "그렇다. 나는 너에게 말한다! 네가 위나라에 들어가 새장에서 노닐 때 그 이름에 감동되지 마라. 받아주면 울고 받아주지 않으면 그만두어라. 문도 없고 보루도 없거든 하나를 집으로 삼고 부득이한 일에만 붙으라. 그렇다면 괜찮을 것이다. 자취를 끊는 것은 쉽지만 걸으면서 자취가 없는 것은 어렵다. 거짓으로 사람을 위하여 일하는 것은 쉬우나 거짓으로 하늘을 위하여 일하는 것은 어렵다. 날개를 가지고 난다는 말을 들었겠지만 날개가 없이 난다는 말은 듣지 아직 듣지 못했을 것이다. 지식을 가지고 아는 것은 들었겠지만 지식이 없이 아는 것은 듣지 못했을 것이다. 저 바다를 보아라. 빈방이 내는 흰빛. 좋고 상서로운 것은 머무를 것에 머무는 것(저 빈 곳을 보면 마음(虛室)이 저절로 환해지니 길상이 머물고 머문다). 장차 머무르지 못하면 이것을 일러 '앉아서 달린다'고 한다. 귀와 눈을 따라 안으로 통하고 마음과 앎을 밖으로 하라. 귀신도 장차 들어와 머물 것이다. 하물며 사람에 있어서라! 이것이 만물의 변화라는 것이다. 우임금과 순임금도 관련되어 있고 복희와 궤거도 행하면서 마친 것이다. 하물며 그보다 못한 자에 있어서라!"((回曰:「敢問心齋.」仲尼曰:「若一志, 无聽之以耳而聽之以心, 无聽之以心而聽之以氣! 耳止於聽, 心止於符. 氣也者, 虛而待物者也. 唯道集虛. 虛者, 心齋也.」顏回曰:「回之未始得使, 實有回也, 得使之也, 未始有回也, 可謂虛乎?」夫子曰:「盡矣. 吾語若! 若能入遊其樊而无感其名, 入則鳴, 不入則止. 无門无毒, 一宅而寓於不得已, 則幾矣.「絕迹易, 无行地難. 爲人使易以僞, 爲天使難以僞. 聞以有翼飛者矣, 未聞以无翼飛者也. 聞

마음은 욕심과 소유로 채워져 있기도 하고 비어있기도 하다. 이러한 마음의 특성을 두고 공자와 안회의 문답을 통해 장자는 심재(心齋)라고 풍자하고 있다. 장자의 '허실생백'은 흔히 대학의 '명명덕(明明德)'에 해당한다고 보기도 하지만 반드시 그렇지 않다고 하더라도 이 구절은 유가와 도가가 만나는 교집합의 부분이기도 하다. 한재의 차 철학은 주자학과 노장학의 융합이고, 통섭이다.

'허실생백부'는 한재집의 다부(茶賦) 바로 뒤에 나온다. 다시 말하면 다부의 철학은 '중'(中)과 '허'(虛)인 셈이다. 한재는 그의 차 정신의 형이상학적 완성을 위해서 '다부'와 함께 '허실생백부'를 나란히 썼던 셈이다. 이는 유불선 풍류차도의 완성을 위한 찬란한 노래인 것이다. 한재의 인물됨은 아직 국내 유학계에서 본격적으로 조명되지 않았지만, 주자학에 충실하면 도리어 주자학이 이단으로 몰았던 양명학(陽明學)에 도달하는 것이 아닌가 하는 의문을 들게 한다.

한재(1471~1498)와 왕양명(王陽明, 1472~1592)은 그 생몰 시기가 거의 일치한다. 한재는 '양명학'과 같은 새 학문의 이름은 쓰지 않았지만 같은 사상을 왕양명과 거의 동시에 실현하였던 것으로 보인다. 그런 점에서 한재는 '차의 도학(道學)'인 '다도'(茶道)에 도달하였던 것으로 보인다. 물론 젊은 나이에 한재의 이 같은 성취에는 스승인 점필재의 영향이 컸음은 물론이다.

그러나 한재는 주자 성리학(性理學) 계열에 속하는 스승과도 다른 길을 길었다. 한재가 양명학이 전파되기도 전에 양명학적 천지무간(天地無間)의 '오심지차'를 주장한 것은 고려 말에 들어온 육상산(陸象山, 1139~1193)의 상산학(象山學)의 영향이었던 것으로 밝혀졌다. 상산학은 심즉리(心卽理)를 구도의 근간으로 하고 있다. 심즉리는 양명학의 심학(心學)으로 이어진다. 육상산은 또한 정호(程顥, 1033~1108)의 영향을 받았다.

以有知知者矣, 未聞以无知知者也. 瞻彼闋者, 虛室生白, 吉祥止止. 夫且不止, 是之謂坐馳. 夫徇耳目内通而外於心知, 鬼神將來舍, 而況人乎! 是萬物之化也, 禹舜之所紐也, 伏羲几蘧之所行終, 而況散焉者乎!)

"육상산은 정호의 '道卽氣' 理氣一元說의 이론체계에 근거를 두고 心卽理설을 제기하여 형이상자와 형이하자를 일원화 시키는 새로운 이론체계를 수립하였다."[9]

차문화연구가인 김장환(金章煥)은 학위논문 '寒齋 李穆의 茶道精神 硏究'(2012년)에서 고려 말 선비사회에 상산학이 들어와 크게 영향을 미쳤음을 발표했다. 그는 목은 이색과 포은 정몽주, 도은 이숭인 등 선초의 대표적인 학자들이 상산학의 영향권에 있었음을 밝혔다.[10]

김장환은 "송대 도학(주자학)에서는 심성수양론의 영역을 '심학'이라 하였고, 陸王學에서는 마음의 본체를 인식하는 입장을 '심학'이라고 하였다라고 기록하고 있다는 점에서 보면 한재의 심학은 육왕학에 있었던 것이 아니라 성리학적 심에 있었다."고 말한 염숙(廉淑)의 주장을 소개하지만 《천도책》의 구절을 들어 육상산의 심학과 통한다고 주장했다.

"우주 일이 나의 일이요, 나의 일이 곧 우주의 일이다. 우주가 곧 내 마음이요, 내 마음이 곧 우주이다. 어느 곳에서 생한다 해도 그 마음은 같고 그 理는 같으며 시간적으로 천백 년 전이나 천백 년 후에 생한다 하더라도 그 마음은 같은 것이요 理 또한 같다."[11]

김장환은 결국 "한재의 도학사상은 주자성리학에 있었다는 일반론과 달리 정명도의 학문을 이어받은 육상산의 심학경향에 있음을 보여주는 기록이라고 할 수 있을 것이다."[12]라고 종결지었다.

---

9) 金吉洛, 《상산학과 양명학》, 1955, 30~31쪽, 예문서관.

10) 金章煥, 《寒齋 李穆의 茶道精神 硏究》, 79~101쪽(2012학년도 원광대학교 대학원 한국문화학과 박사학위논문).

11) 《圃隱集》, 1677(초간본 1439), 卷 2〈浩然卷子〉 참조.

12) 金章煥, 같은 논문, 121~122쪽.

6. 한국의 '초암차'와
일본의 '초암-와비차'의 특성

　　한재 이목의 차도에는 다분히 노장(老莊)사상이 스며있다. 이는 중국의 노장사상
을 받아들여서가 아니라 고대에서부터 내려오는 우리나라의 고대 신선(神仙)사상
에서 유래한 것이라고 보는 편이 옳다. 흔히 중국의 노장(老莊)사상이 한국의 신선
사상보다 앞선 것처럼 주장하는 학자들이 있지만 신선사상은 청구(靑丘)의 땅인 동
이족(한국)에서 비롯된 것이다.

　　"사마천의 《사기(史記)》에도 황제(黃帝)가 동이(東夷) 땅에서 신선술(神仙術)을
배웠다는 기록이 있고, 갈홍(葛洪)의 《포박자(抱朴子)》도 역시 황제가 청구(靑
丘) 땅에서 자부(紫府) 선생으로부터 삼황내문(三皇內文)을 받았다고 전한다. 중국
도교의 연원으로 보는 《노자(老子) 도덕경(道德經)》에도 신선설(神仙說)이 나오
지 않고 있다. 한참 후대인 《장자(莊子)》에 이르러 신선이 언급되고 있으며 이로
미루어 한국의 선도가 중국에서 종교화 되면서 도교로 되고 이 도교가 다시 한국으
로 역류한 성격이 강하다. 한편 한국의 도교도 동명왕(東明王)이 창설했음을 문헌
이 전한다."[1]

---

1) 박정진, 《잃어버린 仙脈을 찾아서》, 1992, 33쪽, 일빛출판사.

선가(仙家, 仙道)는 후대에 도교(道敎)로 종교화되었지만 '도'(道)는 '교'(敎)보다는 동아시아에서 상위의 개념이다. 도(道)는 모든 종교가 공통적으로 도달하여야 하는 덕목이다. 이는 ≪중용(中庸)≫ 〈제 1장〉에서도 잘 드러나고 있다. "하늘이 명한 것이 성이고, 성을 따르는 것이 도고, 도를 닦는 것이 교이다(天命之謂性, 率性之謂道, 修道之謂敎)."

한국에는 고대에서부터 자연을 숭배하는(인위를 싫어하는) 전통이 면면히 흐르고 있다. 이것이 유불선을 받치는 그릇으로서의 선(仙), 혹은 풍류선(風流仙)이다. 풍류선에서 풍류차가 나온다. 그 풍류차가 바로 고려 말과 조선 초ㆍ중기에 초암차로 드러난 셈이다.

풍류차의 전통은 그의 스승인 김종직은 물론이고, 그 위로 매월당, 그리고 여말선초의 목은 이색, 포은 정몽주 등 기라성 같은 이름난 선비에까지 거슬러 올라간다. 유교든 불교든 우리의 전통은 선교(仙敎)를 바탕으로 현묘지도(玄妙之道)의 특성을 보이고 있다.

매월당의 초암차는 풍류도의 전통을 이어받아서 초가에서 밖을 내다보면서 차를 마시거나 아예 마당이나 정자같은 공간에 나가서 차를 마시는, 그야말로 자연과 더불어 차를 마시는 열린 공간을 지향하고 있다. 옛 화랑도들은 닫힌 공간에서 수련을 하는 것이 아니라 넓은 공간, 즉 산천을 주유하면서 심신을 단련함으로써 문무겸전의 전인적인 인간상을 추구하였다. 한국인에겐 자연을 닮은 것이 인생의 목표였다고 해도 과언이 아니다.

이에 반해 일본의 와비차는 형식적으로는 자연 속에 차공간이 있긴 하지만 그것은 인공적으로 다듬어진 규격화된 자연이다. '니지리구치'(躪口)라는 차실의 쪽문이 상징하는 것처럼 닫힌 공간을 지향하고 있다. 일본의 다도가 마치 한국의 차도인 것처럼 착각하는(잘못 배운) 사람들을 위해서 거듭 말하지만 일본의 차는 '폐쇄된 공간'의 '격식의 차'라면 한국의 차는 '열려진 공간'의 '심정(心情)의 차'이다. 일본의 차는 '기물(器物)의 차'에 매달린다.

"일본의 식자들은 체면을 중시한다. ...중략... 무라다슈코의 경우를 보더라도 그렇다. 초암차가 어떤 차였는지에 대해서는 진지한 설명이 없다. 다만 차를 대하는 정주와 다객의 마음가짐을 최선의 상태로 유도하기 위한 연출을 강조하는 것에 기울어 있다. 좋은 차가 어떤 것이며 어디서 길어온 물로 어떻게 달여야 마시기 좋다는 것을 가르치기보다 차를 접대하는 정주가 지켜야 할 예절과 다객이 차를 마시는 법도를 가르치는 것을 더 중요하게 다루었다. 차를 마시는 공간에 대해서도 모든 것을 규격화하여 그것을 지키느냐 못 지키느냐로 잘 되고, 못된 것을 가린다. 이렇게 차가 추상화되면서 차의 근원적인 의미의 쇠퇴가 불가피하게 된 것 같다. ...중략... 한국의 차 문화는 그렇지 않다. 예법이 중요하지만 차에 종속적인 것이다. 차를 주격으로 하는 속격이다. 차를 마시는 공간도 폐쇄적인 밀실이 아니라 자연과 동화되는 개방된 곳이다. 다다미 4조 반이나 더 소잡한 공간이라고 할지라도 공간을 규격화하지는 않는다. 넓은 곳에서는 넓게, 좁은 곳에서는 좁게, 정황에 맞추었다. 차를 마실 수 있는 곳이라면 어디서든지 차를 대하는 것을 마다하지 않는다. 예절도 있고, 격식도 있었지만 좋은 차를 마신다는 것을 더 소중하게 생각했다."[2]

매월당의 초암차는 일본으로 건너가서 가장 일본적인 것으로 변형되면서 철저히 규격화되어 와비차가 된다. 일본의 초암차실은 차의 공간과 종교의 공간이라는 이중성이 있다.

"4조반의 공간은 차실이라기보다는 불법으로 수행 득도하는 종교적 공간이 되는 셈이다. 그래서 도코노마(床間)에 불화를 걸고 그 앞에 입화(立花)로 꽃을 꽂는 사찰 공간의 양식을 차용한 것이다. 부처님 앞에서 하던 의례를 밀실 공간에서 재현

---

2) 이원홍, 〈초암차의 의문〉 ≪차의 세계≫(2007년 5월호), 112쪽.

한 것이다."[3]

일본의 초암-와비차는 말하자면 재가선종을 강요하는 다도형식이다. 이것은 차를 마시는 다도라기보다는 종교로 격상된 다도종교이다. 차를 빌미로 해서 어떤 종교형식, 제의(祭儀)를 갖는 것이다. 히사마츠는 말한다.

"노지나 초암은 차노유에 인연한 불법의 도량이었다. 특히 야마노우에 소지(山上宗二)도 '차노유의 모습(茶湯風體)은 선(禪)'이라고 말한 것처럼 초암은 선법을 수련시키는 새로운 형태의 도량이었다."[4]

일본의 신흥세력인 무사집단과 상인집단은 왜 '다도'라는 재가선종을 만들어야 했을까? 이는 종래 왕실과 귀족들에 대항하기 위해서일 것이다. 일본의 기존 불교는 아무래도 왕실이나 귀족과 가깝고, 신흥세력과는 여러 모로 통하기 어려웠을 것이다. 그래서 신흥세력의 기둥인 두 집단이 만나서 새로운 귀족문화로서 다도를 형성하고 고급스런 다실을 만들었을 것이다.

도요토미 히데요시가 만든 오사카성의 황금다실[5], 킨카쿠지(金閣寺)[6], 긴카쿠지(銀閣寺)[7]는 그 대표적인 건축물이다. 황금다실, 금각사와 은각사를 와비의 장

---

3) 이원홍, 〈초암차의 의문〉 ≪차의 세계≫(2007년, 5월호), 115쪽.

4) 히사마츠 신이치, 후지요시 지카이 엮음, 김수인 옮김, ≪다도(茶道)의 철학(哲學)≫, 2011, 75쪽, 동국대학교출판부.

5) 일본 오사카성에는 도요토미 히데요시가 만든 황금 다실(茶室)이 있다. 오사카 성에는 저택 내부도 온통 금으로 도배되어 있었다. 히데요시의 아이디어로 지었다는 황금다실은 다다미 석장에 마루가 딸린 크기로 천장, 벽, 기둥, 미닫이문 등 모두가 금으로 되어 있었다. 차도구도 국자와 대나무 젓가락을 빼고는 금제품이다. 이 황금 다실은 조립식이어서 어디든 옮겨 세울 수 있었다. 이 황금다실은 조선침략의 최전선 기지였던 나고야 성으로 옮겨져 명나라 사신과 필담을 나눈 장소로도 쓰였다. 자신의 권위를 황금으로 드러낸 히데요시는 황금을 사랑한 권력자로 이름이 높다.

6) 로쿠온지(鹿苑寺)는 일본 교토 부 교토 시 기타 구에 있는 정자로 비공식적인 명칭이 킨카쿠지(金閣寺)이다. 이 금각의 누각은 원래 1397년 쇼군인 아시카가 요시미쓰가 은퇴 후 별장으로 사용하기 위해 건립되었다. 그의 아들이 선불교 사원으로 변경시켰다. 오닌 전쟁 동안 여러 번 연소되었다. 바닥을 제외하고 전체 정자는 순수한 금박으로 덮여 있다. 지붕에는 금색의 봉황이 붙어 있다. 1950년 7월 2일 이 사원은 정신병을 앓던 수도승의 방화로 대부분이 소실되었다. 이 사건은 미시마 유키오의 1956년 소설 ≪금각사≫의 소재가 되었다. 현재 건축물은 1955년에 세워졌다.

7) 지쇼지(慈照寺)는 일본 교토 부 교토 시 사쿄 구에 위치한 절이다. 비공식적인 명칭이 긴카쿠지(銀閣寺)이다. 아시카가 요시마사는 1460년 무렵 은퇴 후에 살 요량으로 저택과 정원을 만들었다. 요시마사는 사후에 재산을 처분에 선종에 기증했다. 정식 명칭은 히가시야마지쇼지(東山慈照寺)이다. 절은 오늘날 임제종의 분파인 쇼코쿠지와 관계를 맺고 있다.

소라고 하는 것은 어불성설이다.

일본에서 초암-와비차가 등장한 것은 훨씬 후대의 일이다. 도리어 사치스런 사무라이 다도의 차노유에 대항하여 초암-와비차가 등장하였다고 할 수 있다. 매월당의 초암차에서 아이디어를 얻는 일본은 당시 벤치마킹에 성공한다. 월종준초가 그 가교역할을 했던 것이다.

한국의 초암차가 곧바로 그대로 일본에 수용되었다고 생각할 수는 없다. 물론 일본문화의 형태로 토착화되고 변형되었을 것이다. 문화에서 이런 변용과정은 당연하다. 그러나 그 오리지널리티가 어디에 있느냐는 중요한 문제이다.

좀 심하게 말하면 일본다도는 한국에서 가져간 초암의 형식에 다조(茶祖)를 모시고, 묵적(墨跡)을 걸어놓고, 의식을 벌리는 종교인 것이다. 일본의 다실은 밀실이고, 종교적으로 에소테릭(esoteric)한, 비의적(秘儀的) 분위기를 풍긴다.

일본의 다도는 일차적으로 근세에 '다도와 선종'의 통합으로 센리큐에 의해 완성되었고, 다시 근대에 들어 독일의 하이데거의 '존재론'에 영향을 받아 선(禪)불교를 '불교존재론'으로 해석한 니시다키타로(西田幾多郎)가 이끄는 교토학파에 의해 새롭게 탄생한다. 두 번의 경우에 공통적으로 선종(禪宗)의 정신이 관계된다.

다도의 '와비종교화'를 위해서는 '젠(Zen)=다도(茶道)'의 등식이 절대적으로 필요하다. 일본의 차인들과 지성들은 여기에 충실하게 임했던 것이다. 다선일미(茶禪一味)는 그래서 필요했던 셈이다. '다선일미' 묵적의 신화는 그래서 탄생했던 것이다. 일본은 다도라는 재가선종의 완성을 위하여 다선일미, 화경청적 등 묵적의 신화조작, 즉 알리바이를 준비했던 셈이다.

일본은 다선일미를 우선하고, 한국은 선차일미를 주장하는 경향이 있다. 이는 양국의 문화적 특성과도 일치한다. 일본은 물질적인 혹은 즉물적인 혹은 장인적인 것을 우선하고, 한국은 정신적인 것, 관념적인 특징을 내보이고 있다. 초암차의 표현형이 매우 정신적이고 선비적인 것은 한국적 특징을 수용한 것인데 반해 이면

형이 장인적이고, 무사적인 것은 일본적인 모습이다. 일본과 한국의 문화는 서로 이중적이고 교차적이다. 일본과 한국은 가까운 나라로서 민족구성과 문화교류에서 중층적 구조를 보이고 있다.

일본의 초암-와비차는 한국의 초암차를 베껴간 것이라는 점에서 겉으로는 비슷한 양상을 풍기지만 속으로 들어가면 전혀 다른, 정반대의 주객전도의 양상이 벌어진다. 여기에는 일본 초암-와비차와 한국의 매월당 초암차가 다른 점도 있겠지만, 이를 둘러싸고 있는 양국의 서로 다른 문화적 환경, 문화적 분위기가 영향을 미치거나 가세하고 있다. 이를 단적으로 말하면 한국의 문화가 선비문화인 반면 일본의 문화가 무사문화인데서 오는 차이이다.

한국의 심정적으로 '열린 문화적 양상'들은 일본으로 건너가면 반드시 규범적으로 '닫힌 문화적 양상'으로 변형되고 만다. 이는 섬나라 일본의 전반적인 문화적 특성에 기인하는 것이다. 한국의 초암차는 열려 있는 차 문화이다. 이에 비해 일본의 초암-와비차는 닫혀 있는 차 문화이다.

일본의 차인들은 초암차와 와비차를 같은 것으로 본다. 그러나 한국인의 입장에서 보면 둘은 엄연히 다르다. 이는 한국의 판소리와 일본의 가부키가 다른 것과 같다. 판소리는 한국적 자연주의와 선비문화 전통의 소산이라면, 가부키는 일본적 인공주의와 무사문화(사무라이문화) 전통과 맥을 닿고 있다.

일본문화와 한국문화의 차이를 가장 대중적으로 구분하는 방법은 '사무라이 문화'와 '선비문화'이다. 이는 '칼의 문화' '붓의 문화'로 불리기도 한다. 칼과 붓은 똑같은 정신적인 것을 추구한다고 해도 결국 그 방법론에서 다르지 않을 수 없다. 칼은 자르고 붓은 흐른다.

한국의 초암차는 차실과 자연이 하나가 되는, 그래서 자연의 소리를 들으면서 음차(飮茶)를 하게 되어 있다. 자연에는 새소리를 비롯하여 곤충과 벌레의 울음 등 온갖 소리가 한데 어우러져서 합창을 들려준다. 그것은 자연의 부분이 아니고 전체이다. 한국의 선비차인들은 자연과 물아일체(物我一體)의 상태에 빠져 스스로를 망각하는(잃어버리는) 경지를 탐한다.

초암차는 자연의 소리와 빛깔을 함께 마신다. 한국인의 풍류차 속에는 이미 자연의 바람과 소리와 기운을 느끼면서 차를 마시는 전통이 스며있다. 이를 '소리의 차'라고 하면 어떨까. '소리의 차'야말로 '풍류의 차'가 아닌가. 바람이야말로 소리가 아닌가. 그래서 그런지 매월당을 비롯하여 한국의 차시(茶詩)에는 소리를 담은 시가 많다. 물론 그 소리는 차를 끓이는 소리부터 소나무를 스치는 송풍(松風) 등 여러 가지이다.

차도는 물과 불과 자연의 여러 소리의 하모니이다. 불은 본래 자연의 것이지만 인간에 이르러 인위적으로 불을 일으키게 되었고, 이것은 문명을 상징한다. 차를 끓이는 행위는 바로 물과 불이 만나는 소리로부터 시작된다는 점에서 자연과 문명을 압축하는 것이 된다. 차를 마시는 행위는 자연과 문명의 시적(詩的) 은유가 되는 것이다. 이것이 시다일여(詩茶一如)의 경지이다. 차를 끓이면서 우주를 느끼게 되고, 의식은 우주공간으로 비상하게 된다.

매월당은 유난히 차 끓은 소리에 민감하였고, 방안에서 차를 끓이기보다는 바깥(마당, 야외)으로 옮겨와서 일종의 풍로(風爐)에서 차를 끓이고, 그 주위에 찻 자리를 만들어 마시기를 좋아하였다. 차 끓는 소리와 자연의 온갖 소리가 어우러지는 가운데 차를 즐겼던 셈이다. 풍류(風流)의 풍(風)은 자연을 은유하고, 유(流)는 물의 흐름을 은유함으로써 종합적으로 유전(流轉)하는 자연, 그야말로 자연의 존재 자체를 즐겼던 셈이다.

매월당 이전에도 우리조상들은 야외에서 차 마시기를 즐겼는데 이는 돌솥(石鼎), 벽돌화로(塼爐) 등에서 읽을 수 있다. 우리 조상들은 '선차'(禪茶) 이전에 '선차'(仙茶)를 즐겼다. 예컨대 이규보를 비롯 청류(淸流)의 차인들이 남긴 시에는 선차(仙茶)라는 말이 자주 나온다.

벼슬은 높아도 가난하게 살며 분수를 넘지 않네.

일상의 양식도 없는데 황차 선차(仙茶)까지야

('謝逸庵居士鄭君奮寄茶' 중에서)

목은 이색은 차를 마시면서 선기(仙氣)와 선계(仙界)을 떠올렸다.

학의 부리에 맑은 샘 솟아

폐부 차갑게 적시네.

마시면 뱃속에서 선기(仙氣)가 돌아

선계(仙界)를 생각하게 하네.

('靈泉' 중에서)

우리 조상들의 차 생활은 시와 더불어 있었고, 차 생활은 도(道)가 넘쳐서 악(樂)의 경지에 도달하였다. 이것을 차도락(茶道樂)이라고 한다. 그 백미가 이규보의 시에 전한다.

강가를 서성이며 얽매임 잊고

새들과 벗하며 날마다 물가에 노네.

악보(樂譜)만 남기고 모든 책 없어지고

남은 책 보니 오직 다경(茶經) 뿐이네.

흔들리는 나그네 마음 바람에 나부끼는 깃발 같고

유랑하는 외로운 자취 물위의 부평초라네.

('宿濱江村舍' 중에서)

오죽하면 익제 이제현은 "차 끓는 소리에 해가 기운다(煮茶聲裏日西南)"라고 했을까. 이것은 우주 삼라만상의 동시성(同時性)을 터득한 시이다.

청류의 전통이 집약되어 나타난 차인이 바로 매월당이다. 매월당은 누구보다도 소리에 민감한 감성의 소유자였다. 차를 심고, 만들고(법제하고), 마시기(음다하기)까지 자연과 더불어 일어나는 소리를 모두 시로 옮겼다.

차 연기 나부끼는 곳에 학이 날고
약 절구 찧을 때에 구름이 머문다네.

('松亭' 중에서)

질화로엔 향내 나는 연기 일고
돌솥엔 차유가 울고 있네.

('耽睡' 중에서)

솔바람 솔솔 불어 차 끓이는 연기 몰아
하늘 하늘 흩날리며 시냇가에 떨어지네.

(煮茶 중에서)

등잔 아래 차 끓는 소리 오열하고
꼿꼿이 앉은 모습 나무 등걸 같구나.

('燈下' 중에서)

점필재, 한재의 청담학파는 차의 맛을 '청감'(淸甘)이라고 하였다. 차의 맛에 대해서 이보다 더한 용어가 있을까. '청감'은 차의 시작과 끝이다. 차의 종합적 이미

지인 청(淸)과 음차 뒤에 오는 좋은 차의 단맛을 표현하는 감(甘)은 당시의 차생활의 수준이 매우 높았음을 드러낸다.

실로 조선 전기에 이와 같은 차의 철학, 차도가 완성되었다는 것은 놀라운 일이다. 이러한 차의 전성기를 과소평가하고 조선 후기에 차의 중흥조로, 다산-초의-추사를 말하는 것은 역사를 후퇴시키는 것임은 물론이고, 스스로를 낮추는 행위이다.

정영선은 "이목은 진실로 다공(茶供)의 물사(物事)를 깨달아 달도(達道)하여 이를 실천한 지인(至人)이었다."[8]고 평한다.

매월당-점필재-한재 계통에 대해서는 그동안 그 중요성에 비해서는 관심을 보이지 못했다. 이는 우리나라 최초의 차 전문서인 '다부'의 발견이 늦은 탓이다. 한재의 다부가 세상에 알려진 것은 1980년 경이었다.

'다부'를 발견한 사람은 1983년부터 86년까지 정신문화연구원장을 지낸 류승국(柳承國) 박사다. '다부'를 학계에 처음 소개한 그는 "다부에는 육우의 다경 보다도 더 심오한 철학이 담겨 있습니다. 한재 이목 선생은 무오사화 때 28세의 젊은 나이로 참혹한 죽음을 당했지만 그의 사상은 그 다부 속에 담겨져 있습니다. 이목 선생의 ≪다부≫ 다송(茶頌)에 이런 말이 나오지요. '내 마음 속에 이미 차가 있거늘 어찌 다른 곳에서 또 이를 구하려 하겠는가(是亦吾心之茶又何必求乎彼耶)'라 하여 실재(實在)의 차에서 '오심(吾心)'의 차'로 승화한 경지는 한국인의 사고양식인 것이라고 하겠습니다."라고 말한다.

한재(1471~1498)의 ≪다부≫가 쓰여 진 연대는 대체로 그가 장인어른을 따라 연경을 다녀온 뒤인 1495년경으로 추청되고 있다. ≪이평사집(李評事集)≫(권 1)에 수록되어 있다. 초의 의순(意恂, 1786~1866)이 ≪동다송(東茶頌)≫을 쓴 연대는 1837년이다. 그러면 약 3백42년이 차이가 난다. 참으로 한국의 차사를 엮

---

8) 한재(寒齋)이목(李穆) 저, 정영선 편역, ≪다부(茶賦)≫, 2011, 11쪽, 너럭바위.

어나가는 데 있어서 엄청난 차이다. 굳이 한국의 차를 논하면서 조선후기로 내려올 이유가 없다. 한재의 ≪다부≫는 내용의 양과 차 정신에서도 동아시아에서 가장 괄목할 만한 경지로 올라간 것이다.

매월당-점필재-한재에 이르는 선은 조선의 선비풍류차를 부활시킨 것으로 숭상되어야 한다. 한재의 중(中)과 허(虛)는 초의가 표방한 중정(中正)보다 더 풍류도의 전통을 계승한 것으로 평가된다. 청담학파의 차도를 둘러싸고 있는 용어들은 청(淸), 초(草), 한(寒), 도(道)로 연결되어 있다. 목은 이색은 유불도가 현묘(玄妙)한 경지를 '지도'(至道)라고 하였다. 결국 한재의 '오심지차(吾心之茶)'는 '지도'를 계승한 풍류차도인 셈이다.

초의(草衣) 의순(意恂)	1786~ 1866	동다송 (東茶頌)	492자	중정(中正)	선승 (禪僧)
매월당(梅月堂) 김시습(金時習)	1435~ 1493	매월당집 (梅月堂集)	60수의 차시	초암차(草庵茶) 청류(淸流) 다시일여(茶詩一如)	청한자 (淸寒子)
점필재(佔畢齋) 김종직(金宗直)	1431~ 1492	점필재선생 문집	20수의 차시	영남학파종조(宗祖) 청렴(淸廉), 청빈(淸貧)	도학(道學)의 중흥조
한재(寒齋) 이목(李穆)	1471~ 1498	다부 (茶賦)	1332자	오심지차(吾心之茶) 중(中), 허(虛)	청담학파 (淸談學派)

한재는 사후 2백년이 지난 숙종 44년(1718년) 김창집이 추천하여 '정간'(貞簡)이라는 시호를 받았다. 이 호는 "숨거나 굴하지 않는 것이 정(貞)이요, 정직하고 무사함이 간(簡)이다(不隱無屈曰貞, 正直無邪曰簡)."의 뜻을 따온 것이다. 흔히 시(詩)의 정신을 '사무사'(思無邪)라고 하는데 차의 정신도 '무사'(無邪)이다. 결국 시든, 차든 결국 검박(儉朴)과 무사(無邪)가 최고이다.

남인들은 권력경쟁에서 노론들에 밀려난 뒤 자연스럽게 낙향하여 초야에 묻히거나 제자를 기르는 일에 매진하는 경우가 많았고, 자연스럽게 차를 접하게 되는 일이 빈번하였다. 남인의 대표적인 가문이 윤선도의 해남윤씨 가문이다. 다산은 해남윤씨 가문의 외손이다. 다산은 남인의 끄트머리에 있는 큰 선비인 것이다.

매월당 김시습(金時習, 1435~1493)과 다산 정약용(丁若鏞, 1762~1836)의 생존연대는 약 330년 차이가 난다. 그런데 전인적 차 생활을 한 점, 자연친화적 삶을 영위한 점, 그리고 민중의 삶을 걱정하는 모습이 너무나 닮아있다. 방외인의 방랑생활을 한 매월당, 오랜 유배생활을 한 다산은 차를 기르고 차를 즐기면서 어려운 시기를 극복하는 선비정신의 전범을 보여주었다.

조선 전기의 매월당-점필재-한재가 이룩한 차사랑과 차 문화는 조선 후기의 다산-초의-추사가 이룩한 차 문화 중흥의 전범이 되었다. 차를 직접 재배하고, 차를 상용하고, 차의 맛을 품평하고, 차 생활을 형이상학적인 차원까지 끌어 올리고, 차와 시를 하나 되게 하고, 차와 선이 하나 되게 하였다. 그리고 차세의 부담에 힘겨운 차농들을 안타까워했다. 한재의 '다부'는 그러한 것의 결정체이고, '동다송'의 선구이다.

한재 이목을 논할 때 우리가 간과하기 쉬운 것은 그가 28살 때 무오사화에 연루되어 사형을 받아 죽기 3년 전 25살 때 다부를 썼다는 사실이다. 서른도 되기 전에 다부를 썼다는 것은 참으로 놀라운 일이다. 초의가 동다송을 쓴 것이 52살이었음을 감안하면 그 업적에 놀라움과 존경이 앞선다. 그것도 동다송보다 약 350년이 앞섰으니 말이다.

한재는 김포에 살았다. 김포는 강화와 가깝고, 한재 사당은 바로 김포와 강화의 접경지(경기도 김포시 하성면 가금리 산 76-1: 경기도 기념물 제 47호)에 있다. 한재는 앞에서도 언급하였지만 주자학을 넘어서 독자적인 양지(良知)의 경지, 양명학에 도달한 듯하다. 그가 23세 때(1493년) 하정사(賀正使: 새해 축하인사를 위한 사신)의 자격으로 장인인 김수손을 따라 명나라 연경(燕京: 지금의 북경)에 갔을 때 선진문물을 접했지만, 양명학 서적을 본 것 같지는 않다. 다만 주자학을 제대로 실천하다보니 '양지'의 경지에 이른 것 같다.

한재(1471~1498)의 생몰 시기는 왕양명(王陽明, 1472~1592)과 거의 같다. 조선에 양명학이 제대로 소개된 것은 약 150년 뒤 강화도의 정재두(鄭齊斗, 1649~1736)에 의해서 비롯되는 것이니 한재가 양명학을 알았을 것 같지는 않다. 그런데 절묘하게도 조선의 양명학은 강화도에서 시작되는 것이니 그가 태어난 김포와 강화는 양명학적 풍토가 진작부터 조성된 것일까. 조선의 양명학인 강화학파가 형성되는 것도 한재의 지행합일의 전통과 무관하지 않은 것 같다. 한재가 죽은 지 200여 년 뒤, 정재두에 의해 강화학파가 비롯된다.

양명학과 선종은 인간의 자발적인 득도와 깨달음을 인정한다는 점에서 통한다. 그래서 혹자는 양명학을 '유교의 불교'라고도 하거나 '무위(無爲)'의 유교'라고도 한다. 양명학의 핵심은 심즉리(心卽理), 치양지(致良知), 지행합일(知行合一)이다. 이것은 선종의 불립문자(不立文字), 교외별전(敎外別傳), 직지인심(直指人心), 견성성불(見性成佛)과 통하는 점이 많다.

한강변에서는 왜 조선 후기에 양명학과 실학이 배태되었던가. 강화-김포에서 한강을 따라 거슬러 두물머리에 이르면 다산의 고향 마재, 능내리가 나온다. 요즘은 차라리 북한강과 남한강이 하나가 되는 두물머리, 혹은 양수리로 더 알려져 있는 곳이다. 한강의 물줄기를 따라 여말선초(麗末鮮初)의 선비들이 산재했었다. 그래서 이들의 무덤과 사당도 이 일대에 즐비하다. 그래서 능내리라고 한다.

목은 이색, 포은 정몽주, 양촌 권근, 운곡 원천석이 한강변(남한강과 북한강을 포함)에 있었고, 이들의 제자들이 후에 영호남에서 남인 사림을 형성하였다. 한강 일대는 차인들의 보고이다. 이것이 나중에 낙동강, 영산강, 섬진강 일대로 번진다.

차 문화 연구가 류건집은 고려 시대의 차 문화를 개관하면서 "무신의 집권이 안정기에 접어들자 차 문화는 다시 흥해져서 전대의 이자현(李資玄)의 뒤를 이어서 이규보(李奎報)를 위시해서 최자(崔滋), 이제현(李齊賢) 부자, 이인로(李仁老), 김극기(金克己) 등의 선비차인과 진정국사(眞靜國師), 원감국사(圓鑑國師), 보조국사(普照國師), 진각국사(眞覺國師) 등의 대덕 차인들이 나와 차 문화의 꽃을 피웠다."9)라고 말했다.

일본이 무신정권인 막부가 들어서면서 차 문화가 발전하는 것과 고려에 무신정권이 들어서면서 차 문화가 발전하는 것은 비슷한 양상을 보인다. 일본의 가마쿠라막부(1192~1333)가 들어 선 시기와 고려에서 무신정권(1170~1270)이 들어선 시기는 비슷하다. 무사(武士)와 선종(禪宗)의 궁합이 맞는 것은 불립문자(不立文字)와 교외별전(敎外別傳)이라는 것이 무사의 성미에 맞았기 때문이다.

중국에서 선종의 성립은 중국문화의 심층구조인 현실주의와 깊은 연관을 갖는다. 인도 불교가 중국에 들어오면서 선종과 정토종(淨土宗)을 완성시켰는데 이 둘은 모두 중국인의 현실주의를 반영한 것이다.

"중국인은 철저한 현세주의다. 그런 중국에 윤회사상이 들어오자 중국인들은 깜짝 놀랐다. 인과응보의 관념으로 협박당한 셈이다. 현세에서 나쁜 짓을 저지르면 죽어서 지옥에 떨어진다는 것을 아느냐 하고, 한 대 얻어맞은 셈이다. 어떻게 이것을 막아낼 수단은 없을까? 그 막아내는 수단이 선종이며 정토교(淨土敎)다. 정토교는 죽어서 극락왕생한다 하여, 윤회의 사고방식을 단절시켰다. 선종에서는 저승에 갈 것 없이, 이승에서 깨달음을 얻을 수 있다고 설파했다. 그렇기 때문에 인도 불교와 전혀 다르다. 정토교도 중국에서 자랐다. 윤회를 단절한다는 의미에서는 선종이나 정토교나 마찬가지 구실을 해왔다."10)

중국 땅에서 선종이 완전히 뿌리를 내리는 것은 마조(馬祖, 709~788)와 백장

---

9) 류건집, 《韓國茶文化史 上》, 2007, 130~131쪽, 이른아침.

10) 가마다 시게오·기노 가즈요시, 양기봉 옮김, 《현대인과 禪》, 1998(1992), 62~63쪽, 대원정사. 이 책은 가마다 시게오의 〈선이란 무엇인가〉와 기노 가즈요시의 〈선, 현대를 살아가는 법〉을 번역자가 1부, 2부로 묶은 책이다.

172 _ 차茶의 인문학

선사(百丈禪師, 720~814)에 의해서다.

"백장선사에 의하여 비로소 교단으로서의 선종이 확립된 셈이다. 780년 무렵이었다. 달마대사가 활약했던 때가 520년 무렵이니 그로부터 260년을 지나 확립된 것이다. ...중략... 750년에 '안사(安史)의 반란'이 일어났다. ...중략... 당나라의 중앙집권체제가 반란 소용돌이 속에서 흔들리게 되었다. 중앙정부가 흔들리자 지방 주재의 절도사(節度使)가 대신하여 세력을 잡았다. 그들은 외적에 대비하는 사단장급의 무인들이었다. 각 지방의 절도사들은 무엇인가 자기들의 마음의 지주가 될 만한 새로운 불교를 바라고 있었다. 화엄종이나 법상종 같은 철학적인 불교로는 만족되지 않았다. 그런 요구에 응할 수 있는 것이 이들 선승(禪僧)의 사상이었다. 특히 임제선(臨濟禪)이 그러했다. 그리하여 임제선과 절도사가 밀착되어 교세가 뻗어나간다."[11]

한중일 3국에서 공통적으로 무사집단에게는 경전공부를 하지 않아도 되는 선종이 교종보다 어울렸다.

고려에서는 무신정권이 100여 년 계속되는 것으로 그친다. 그 후 조선은 완전히 '문사(文士)의 나라'가 된다. 이에 비해 일본의 무신정권은 후에 계속되어 무로마치막부(1338~1573), 에도막부(1603~1867)를 거쳐서 명치천황의 왕정복고(1852)에 의해 막을 내릴 때까지 일본을 실질적으로 다스림으로써 일본은 '무사(武士)의 나라'가 된다.

차 연구가 류건집은 이어 조선의 차 문화사를 개관하면서 "격동기를 지나 문물이 정비되고 국가가 안정되니 문운(文運)이 일어났다. 고려 유신들 대부분이 조선의 개국에 참여하여 그들의 다풍이 그대로 이어지다가 김종직(金宗直), 김시습(金時習) 등의 차인의 출현으로 면목을 일신하게 된다. 새로운 신진세력들은 권력의 자리매김에만 힘을 기울이느라 차의 산지가 황폐하게 되고 차 마시는 일도 국가적 행

---

11) 가마다 시게오 · 기노 가즈요시, 양기봉 옮김, 같은 책, 156쪽.

사나 종교의식을 제외하고는 미약해졌다. 그런 속에서도 권근(權近), 유방선(柳方善), 서거정(徐居正) 등의 선비들이 차를 즐겼다. 특히 김시습은 차를 직접 길러 만들었으며 차의 정신적 세계를 유불선의 형이상학적 세계로 승화시키기도 했다."[12]라고 말한다.

대부분의 차 연구가들은 두문동 선비들과 행촌(杏村) 이암(李嵓), 목은(牧隱) 이색(李穡)이라는 존재의 비중을 크게 다루지 못하고, 특히 이암에 대해서는 전혀 언급을 하지 못했다. 또 그들의 차 정신이 어떻게 매월당에 연결되고, 매월당의 차 정신이 후에 어떻게 점필재 김종직, 한재 이목으로, 그리고 재야 사림파로 연결되는 지에 대해, 그 맥락과 전통의 획기적 수립에 대해 큰 관심을 기울이지 못하고 있는 것 같다.

영남 사림파의 실질적 종장(宗匠)인 길재는 목은, 포은, 양촌 세 사람의 스승을 두었고, 후에 길재의 사상은 김숙자, 김종직으로 계승되어 성리학과 '선비 차' '유가의 차'의 큰 맥을 형성했다. 언뜻 보면 공백인 것 같은 차사, 그러나 곰곰이 따져 보면 끊어질듯하면서도 면면히 이어진 모습이다. 그러한 가운데 우리가 지금껏 과소평가한 것이 분명한 매월당이라는 거봉이 있는 것이다. 그 거봉은 좌우로 연산(連山)를 이루면서 고려의 차와 조선의 차를 잇고 나름대로 근대 차 전통을 보이지 않는 가운데 세웠던 셈이다.

매월당, 점필재, 한재, 다산은 조선의 선비 가운데서도 가장 대표적인 차인이다. 우리의 풍류차, 청담차, 청류차의 전통은 한강(漢江) 줄기를 타고 고려 말에서 조선 전기에 하나의 전기를 마련했던 셈이다. 이것이 조선 후기에 다산이 강진에 유배됨으로써 강진·해남으로, 영산강, 섬진강 줄기를 타고 중심지를 옮겨갔던 것이다. 신라시대에 지리산 섬진강 일대에서 크게 발흥되었던 차 문화는 한강유역으로 상경하였다가 오늘날 다시 영산강, 섬진강, 보성강으로 내려왔다.

---

12) 류건집, ≪韓國茶文化史 上≫, 2007, 289~290쪽, 이른아침.

한국의 차 문화 전통을 보면 불교의 층, 선비의 층, 그리고 근대의 차 문화중흥의 층을 만나게 된다. 이들 층들은 서로 교차하면서 하모니를 이루고 있다. 어느 하나만을 주장해서는 단절된 차사를 면할 수가 없다. 그런데 근대 차 문화부흥을 흔히 불교에서 찾는 경향이 있는데 이는 아무래도 무리인 것 같다. 조선에서의 주류사회는 선비였음을 감안하면 불교는 주변이 될 수밖에 없다. 조선 후기에 다산-초의-추사가 연합하면서 차 문화를 부흥시키는 것은 바로 이 때문이다.

불교는 우리문화의 가장 저층에서 밑바탕을 이루고 있는 관계로 고대에서부터 차와는 뗄레야 뗄 수 없다. 신라를 거쳐 고려의 차 전통은 절집에서 각 사찰별로 내려왔겠지만, 구한말과 일제 무렵 어느 순간 그것이 끊어지다시피 하게 되었다. 그래서 차산지에 분포한 절을 제외하고는 절집에서 차를 발견하기는 어려웠다.

근대 차의 부활은 그러한 단절을 메우기 위한 몸부림으로 봐야 할 것이다. 그 몸부림 속에서 다산이라는 광맥을 찾게 되었고, 그것은 강진, 해남 대흥사로 이어졌던 것이다. 다산-초의-추사의 라인이 그것이다. 그러나 우리의 차 전통을 여기에 머물게 한다면 한국 차사의 손해가 너무 크다. 차 문화부흥의 시발점이 되는 다산은 한강의 차 전통을 강진에 옮겨놓은 장본인이다. 다산은 남인과 사림의 끄트머리에 있었던 인물이다.

최근 ≪새로 쓰는 조선의 차 문화≫를 펴낸 정민교수(한양대, 고전문학)는 그동안 다산이 초의에게 차를 배웠다는 설을 정면으로 뒤집었다.

"기존의 논의에서 다산이 초의에게 차를 배운 것으로 적은 글들이 뜻밖에 많은데 놀랐다. 그도 아니면 아암 혜장에게서 차를 배웠다고 한다. 그 반대다. 다산은 귀양 오기 전에도 차에 대한 식견이 높았다. 내려와서 병 때문에 차를 찾았는데, 1805년 우연히 만덕산 백련사로 놀러 갔다가 주변에 야생차를 많이 자라는 것을 보고, 아암 혜장 등 백련사 승려들에게 차 만드는 방법을 알려주었다. 아암 혜장과 그 제자 수룡 색성 등이 다산이 일러준 제법에 따라 차를 만들어 다산께 드렸다.

차가 떨어지면 다산은 '걸명소'와 같은 애교 섞인 글을 보내 차를 이어 보내 줄 것을 요청했다. 이후 다산의 제다법은 백련사에서 보림사와 대둔사의 승려들에게까지 퍼져 나갔다. 이는 이규경의 〈도차변증설(荼茶辨證說)〉, 이유원이 쓴 장시 〈죽로차〉와 ≪임하필기≫ 중의 〈호남사종〉 외 여러 기록에서 한결같이 증언하고 있는 바이다."[13]

정민은 "조선 전기 이래로 후기에 이르는 동안, 조선의 차 문화는 거의 와해상태에 놓여 있었다 해도 지나치지 않는다. 간혹 문집을 통해, 수십 수의 차시를 남긴 문인들이 없지는 않다. 하지만 이들이 마신 차는 중국 연행 길에 구해온 중국차가 대부분이었다. 그나마도 대놓고마실 형편이 못 되었다. 이들이 마셨다는 차가 오늘날 우리가 말하는 개념의 차였는지조차 분명치 않다."[14]고 주장한다.

그러나 이 주장은 차의 생산과 제다, 그리고 차 생활에 관한 문헌이 아직 기대만큼 수와 종이 많지 않은 데에 기인하는 실망감의 표출일 가능성이 높다. 고려시대에 차의 황금기를 보낸 문화가 어느 날 갑자기 단박에, 왕조가 바뀐다는 이유로 사라질 수는 없다. 적어도 문화의 논리로는 말이다. 한번 들어온 전대의 문화는 비록 왕성하지는 않지만 항상 저변과 주변에 남아있기 마련이다.

후대에 야생 차밭을 발견하게 되는 것도 차생활과 문화가 절멸되지 않았다는 것을 반증할 뿐만 아니라 도리어 개경과 한양을 중심으로 선비들이 꾸준히 차 생활을 하였다고 보는 편이 옳다. 다산도 서울에서 차 생활을 하였기 때문에 차나무를 알고 차의 효험을 알고 있었던 것이 아닐까.

문헌을 중심으로 보면 차 생활이 보잘 것 없는 수준의 실망을 불러올 때가 많아도 생활사에서 보면 예상외로 꾸준하고 면면함을 보이느 경우도 적지 않다. 조선의 차 생활도 그렇다고 본다. 적어도 서울의 권문세족의 지체 높은 선비들과 차산

---

13) 정민, ≪새로 쓰는 조선의 차 문화≫, 2011, 12쪽, 김영사.
14) 정민, 같은 책, 10쪽.

지(茶産地)의 백성들은 차와 차의 효험을 알기 때문에 차를 마셨을 것으로 보는 편이 옳다. 그 많은 고려 말과 조선 초의 선비들의 차시들은 이를 웅변하고도 남음이 있다.

흔히 차시(茶詩)는 차 문화와 차 생활에서 큰 비중을 차지하지 않는 것처럼 생각하는 경향이 있는데 이는 시를 모르는 소치이다. 시라는 것은 몸에 익어 있지 않으면 안 나오는 법이다. 차시를 쓰는 시인은 이미 차 생활이 몸에 밴 선비들이라는 얘기다. 차를 생산과는 과정과 법제하는 과정이 많이 나오지 않는 이유로 차 문화가 거의 끊기다시피 하였다고 하는 것은 속단인 것 같다.

특히 매월당을 중심으로 이를 이은 점필재, 한재 등을 묶는 청담학파의 선비사회에서는 차를 자주 마시고, 논했던 것 같다.

매월당의 차에 대한 경지는 생산에서부터 법제, 마시는 도에 이르기까지 전인적인 풍모를 보이는, 실로 동아시아에서도 뚜렷하게 부각되어도 손색이 없을 정도이다. 일본의 '다도'에 끼친 그의 영향에 대해서는 조선 차 문화와 차사의 새로운 발굴과 중흥이라고 해도 과언이 아닐 정도이다. 김종직과 한재도 차를 재배하고 법제하고 먹었다. 이밖에도 조선초기의 선비들 중 청담파들은 차를 즐겨 먹었던 것 같다.

"조선 초기 유학계(儒學界)의 청담파(淸談派)는 도가적 풍(風)을 좋아해서 시정속사(時政俗事)를 떠나 흔히 동대문 밖 죽림에 모여 고담준론으로 소일하였다."[15]

"(김종직의 문인 중) 홍유손(洪裕孫, 1431~1529)과 남효온(南孝溫, 1454~1492)은 특히 차를 좋아했다. 99세까지 살았던 점필재의 제자인 홍유손은 김시습과 찻자리를 같이 한 기록이 있고, 차의 맛을 '청감(淸甘)'하다고 했다. 김시습과 친교가 있었던 추강 남효온은 금강산을 유람하며 부처에게 '봉다(奉茶)' 하였고, 선령

---

15) 차주환, ≪한국의 도교사상≫, 1984, 143쪽, 동화출판공사

(先靈)에게도 차탕을 올린 차사(茶祀)기록도 있다."16)

한국의 근세 차도는 조선 전기에 매월당-점필재-한재를 중심으로 15세기에 한 번 '초암(草庵) 차도' '청류(淸流) 차도'로 정립되었다가 이것이 조선 중기에 남인사림으로 전해져서 명맥을 유지하다가 다시 조선 후기 18세기에 다산-초의-추사에 의해 '중정(中正)의 다도'로 중흥을 맞는 것으로 보는 편이 옳을 것 같다.

제대로 된 선차(禪茶)운동, 차 문화부흥운동이 일어난 것은 극히 최근의 일이다. 그것의 본격적인 신호탄은 80, 90년대에 올려져 2000년대 '차의 세계'(2002년 1월)의 출범과 '세계선차문화교류대회'(2005년)를 통해 피크를 맞는다. 그러나 아직도 한국인들은 차를 잘 먹지 않는다. 다반사(茶飯事)는 옛말이다.

물이 있어야 물길이 생기듯이 차를 마셔야 다도가 성립되는 것이다. 차를 마시지도 않으면서 어떻게 차도가 성립된다는 말인가. 차는 제대로 먹지도 않는데 차인들만 많은 게 한국 차 문화의 현주소이다. 얼마나 차를 마시지 않았으면, 차를 마시면 곧바로 차인이 되는가. 동시에 차도를 말한다고 차도가 성립되는 것은 아니다. "말하여진 도는 이미 상도가 아님(道可道非常道)"을 명심할 필요가 있다. 차는 말하는 것이 아니 고, 마시는 것이다. 차의 맛을 알 때 다도가 성립되는 것이다.

오늘은 어떤가. 차는 제대로 먹지도 않고, 좋은 차를 만들 생각은 뒷전이고, 전시하고 보여주기에 급급하며, 차 단체들 사이에 서로 차 권력을 잡기 위한 암투와 헤게모니 싸움에 해외의 차 대회에서마저 심한 분열상을 보인다.

급조된 차사(茶史)와 차 문화의 복원, 그리고 날조된 차인의 계보는 도리어 전통을 훼손하고 심하면 국적 없는 차 문화가 되게 할 위험마저 있다. 일본과 중국 사이에서 우왕좌왕하고, 시장논리에 의해 차 문화를 잘못 이끌어 가다보면 생활 속의 건전한 차 문화 육성에서 빗나갈 수도 있다. 우선 차를 열심히 재배하고 만들고 먹으면 된다. 그러다보면 전통이 성립된다.

---

16) 한재(寒齋)이목(李穆) 저, 정영선 편역, ≪다부(茶賦)≫, 2011, 61쪽, 너럭바위.

2012년 10월, 한국에서 처음 열린 '제7회 세계선차문화교류대회' 폐막식

그 동안 초의가 대흥사의 주지로 있었다는 이유로, 혹은 일지암이 대흥사의 암자라는 이유로 대흥사 주변에서 차의 법통을 만들고, 차의 법제를 만들면서 스스로 정통이라고 선전하는 일은 그만두어야 한다. 이는 모두 차사를 왜곡하며 차 권력을 쥐려는 시정속사의 일이다. 차 정신은 누구보다도 그러한 일에서 멀어지고 초연할 때 새롭게 부활할 것이다.

초의의 법제는 《동다송》에 다 나와 있다. 그 이상도 그 이하도 아니다. 다만 그 해석이 다를 뿐이다.[17] 그럼에도 불구하고 혹자는 자신만이 초의의 다도를 이은 양 행세하고 서로 적통을 시비하기도 한다. 이는 웃지 못 할 촌극이라고 하지 않을 수 없다. 차를 만들기도 전에 차 권력을 다투고, 차 문화가 제대로 뿌리 내리기도 전에 분열하는 형상이다. 초의로부터 손에서 손으로 익혀서, 맛에서 맛으로 내려온 전통은 없다. 이 말은 누구든 정통이라고 자처할 만한 내력과 내림을 가지고 있지 못하다는 말이다.

《동다송》을 나름대로 해석하여 서로 초의의 후계자임을 주장하고, 또 다른 초의의 법통을 논하는 일은 확실한 근거도 없다.[18] 한국의 차사는 초의 이후로 한참 동안 단절되었으며, 근근이 그 일부에서 명맥을 유지하는 둥 마는 둥 하였으며, 한때 절간에서조차 차를 마시지도 않았던 것이다. 그것이 70~80년대의 차 문화에 부흥운동으로 새로운 불을 지폈을 따름이다. 정통을 주장하기보다는 모름지기 새

---

17) 한양대 정민교수(고전문학)는 최근 《동다송》《동다기》등을 종합적으로 재해석한 글을 통해 초의가 잎차를 한 것으로 잘못 전해지기 시작한 발단은 초의의 제자인 범해각안(梵海覺岸)이 쓴 '초의차'라는 차시의 해석이 잘못된 데서 비롯되었다고 주장했다. 위의 '초의차' 5, 6구에서 "백두(栢斗)에 방원(方圓)으로 찍어내어서 대껍질로 마르 재어 포장하누나(栢斗方圓印 竹皮苞裏裁)"는 초의의 차가 떡차임을 밝힌 것인데, 차 학자인 박동춘이 이를 잘못 해석하여 "측백나무 그릇 둥글게 묶어서, 대나무껍질로 잘 포장했네."라고 오역하면서 별다른 증거도 없이 초의의 차를 잎차로 단언한데서 비롯되었다는 것이다. 5구는 떡차를 만드는 법을, 6구는 떡차를 포장하는 법을 설명한 구절인데 이를 두루 뭉수리로 어정쩡하게 번역하였고, 많은 차인들이 박씨의 번역을 그대로 따른 결과, 초의가 만든 차는 잎차이고, 잎차를 만들어온 응송이 초의의 제다법을 이은 것처럼 알리바이가 형성되었다는 것이다.

18) 최근 연해적전 스님에 대한 승적(僧籍)기록과 함께 그의 송광사 시절 차 생활에 대한 대구 관음사 조실인 원명(圓明, 86) 큰 스님의 증언이 나오면서 그가 금명보정(錦溟寶鼎, 1861~1930)선사의 뒤를 잇는 적통임이 밝혀졌다. 말하자면 초의의순→범해각안→금명보정→연해적전으로 이어지는 정맥이 드러난 셈이다.

로운 현대의 차도를 만들어내는 일이 우리의 과제이다.

한국의 근현대 다도를 조금만 파헤쳐 보면 바로 일본다도가 나온다. 이는 분명 일제식민지 시대의 잔재이다. 일제는 한편으로는 한국 전통다도를 단절시켰으면서 아이러니컬하게도 다른 편에서는 다도라는 것이 명맥을 유지하도록 한 셈이다. 일종의 병 주고 약준 셈이다. 어쨌든 한국의 전통다도를 부활시키는 것이 오늘날 차인들의 사명이다.

한국 현대다도의 정립은 위로부터의 법통을 주장하는 데서 비롯되는 것이 아니라 국민 모두가 차를 많이 마시고 생활화하는 가운데 양적 성장에서 질적 승화로 이어질 때에 가능한 것이다. 매월당이나 한재, 다산이나 초의와 같이 명실공히 정신문화를 이끄는 사람들이 차 생활을 성실하게 할 때 건실한 차 문화가 형성된다. 차를 마시는 일은 특별한 일이 아니라 다반사가 되어야 한다. 차를 마시는 일이 범사가 되고 일상사가 될 때, 한국의 차도가 성립될 것이다. '일상의 마음이 도'(平常心是道)가 되는 것처럼, '일상의 차가 다도'(平常茶是茶道)가 된다.

오늘의 한국 차 문화가 제대로 정립될 때 그 누군가에 의해 '오늘의 다부', '오늘의 동다송'이 지어질 것이다. 금문(今文)이 있을 때에 고문(古文)은 더 빛난다. 지금 내로라하는 차인들 중에는 차보다는 차권력, 제사보다는 젯밥에 마음이 더 가 있는 차인이 많다. 그래서 급조된 차맥(茶脈)에 스스로를 의탁하고 정통임을 자처하는 차인들이 적지 않다.

3. 조선의 초암차와
일본다도의 성립

1. 초암차에서 바라본 일본의 다도[1]
─ 와비차는 초암차의 일본식 정립(定立)이다 ─

한국 초암차의 정신은 파고들면 들수록 그 깊이를 잴 수 없다. 조상의 차 정신을 회복하는 데에 등한하면서 잘 짜여 진 일본다도의 틀에 쉽게 편승하는 것은 차인 개개인의 기호와 취미일 수는 있어도 한국의 차 문화를 제대로 계승 · 발전하는 것이 될 수 없다. 차인들 중에는 일본다도가 우리다도의 전통이 되어야 하는 것처럼 생각하는 이가 적지 않다.

차인들 중에는 조선에서 건너간 초암차가 일본에서 지역화되어 초암 · 와비차가 된 사정을 전혀 모르면서 근대 식민지시절에 도입된 일본다도(茶道)를 실천하는 것이 진정한 차인의 길이라고 생각하는 이도 적지 않다. 이런 차계의 사정은 한국의 역사를 비롯한 다른 문화전반이 식민체질에 빠져있는 것과 다르지 않다. 말하자면 차인만의 문제라고는 할 수 없다. 심지어 일본다도는 한때 한국의 여러 차 단체

---

1) 여기서 '일본다도'라고 하는 것은 일본 불교사원의 다도를 말하는 것이 아니라, 일본의 3대 다도종가인 오모테센케(表千家), 우라센케(裏千家), 무샤노코지센케(武者小路千家)의 다도를 말한다. 따라서 일본의 불교사원 다도가 아니다. 물론 불교사찰과 다도종가의 다도는 역사적으로 관련이 있는 게 사실이지만 일본은 중국이나 한국과 달리 '재가선종'(在家禪宗)이라고 할 수 있는 '다도종가'라는 전문 다도가계와 집단이 따로 있다. 이것은 일본만의 차 문화의 특수한 현상이다. 중국과 한국에는 불교사원에서 독립된 다도종가는 없다. 이와 별도로 한국과 중국과 일본에는 사원에서 전해 내려오는 '사원다도'가 있다.

들에 의해 단체로 강습되는 바람에 '우라센케' '오모도센케' 다회가 전국적으로 심심찮게 열렸던 적도 있었다.

김시습(金時習, 1435~1493)의 초암차가 일본으로 건너간 시기는 대체로 임진왜란 전인 15세기 후반으로 보인다. 일본의 차인들은 센리큐(千利休, 1522~1591) 이전에도 초암차의 전통이 있었다고 한다. 무다라슈코(村田珠光, 1433~1502)나 다케노조오(武野紹鷗, 1502~1555) 등 일본 차인을 예로 든다. 그런데 무라다슈코는 김시습과 생몰연대가 거의 같다. 여기서 매우 중요한 사실 하나를 지적하지 않을 수 없다. 재가선종이라고 일컬어지기도 하는 일본다도에 있어 김시습이 좋은 모델이나 사표가 된다는 점이다.

"김시습은 (무라다슈코에 비해) 12년 늦게 출생하여 9년 먼저 사망했지만, 두 사람은 50여년의 생애를 서로 겹치는 시간 속에서 살아온 동시대인이다. 그 시대는 조선에서 삼촌이 조카를 죽이고 왕위를 강탈하는 반인륜적인 권력투쟁이 일어났고, 일본에서는 두 사람의 천황이 서로 법통을 주장하는 싸움판에 민란(民亂)이 잇따르면서 군웅이 할거하는 전국시대가 전개되는 시기였다."2)

그는 본래 어릴 적부터 신동으로 이름나 세종으로부터 총애를 받은 출중한 선비였는데 계유정난(癸酉靖難)과 사육신사건3) 이후 실망한 나머지 세상과 결별하면서 절을 떠돌다가 한 때 승려가 되기도 했지만, 유불선에 두루 통하는 일생을 보냈다. 그러는 과정에서 예부터 전해 오는 선(仙)이나 풍류(風流)를 몸소 실천하는 인물이 되었다.

김시습의 이러한 삶의 모습은 불교의 입장에서 보면 재가승려, 재가불자라고 해도 과언이 아니었다. 그의 삶은 재가선종이라고 할 수 있는 일본다도의 정신적 지

---

2) 이원홍, 〈무라다슈코 초암차와 김시습〉 ≪차의 세계≫(2007년 4월호), 110쪽.

3) 계유정난으로 권력을 잡은 세조를 몰아내고 단종을 다시 등극시키려다 목숨을 잃은 6명의 충신들을 가리킨다. 성삼문, 박팽년, 하위지, 이개, 유성원, 유응부 등이다.

주나 패러다임을 제공하기에 충분하였다. 그런 점에서 매월당의 초암차가 일본다도의 형성에 결정적 역할을 했다는 주장은 설득력을 얻게 된다. 한국의 경우, 고려시대부터 거사선(居士禪)의 전통이 있어왔다.

≪조선의 차와 선≫을 공동집필한 모로오카 다모즈(諸岡 存)·이에이리 가즈오(家入一雄)도 한국의 거사선의 전통을 언급하고 있다.

"고려에 있어서는 송나라와 마찬가지로 민간에 거사선(居士禪)도 상당히 퍼져서 다선일미(茶禪一味)를 일컬었던 이도 적지 않게 되었다. 강원도 춘천군 청평산의 문수원(文殊院)에 벼슬을 버리고 숨어 사는 희이자(希夷子) 곧 이자현은 정화 7년(예종 12년, 1117-역자 주) 남경(곧 한성, 서울-역자 주)에서 왕과 함께 찻물을 올리고, 조용히 이야기한 일도 있고, 또 선화 4년(1122-역자 주) 인종의 즉위 때에는 차, 향, 옷을 하사받고 있다."[4]

김시습에게 이러한 거사선의 전통이 내려왔던 것이고, 특히 청평산의 문수원은 그가 자주 왕래하던 곳이다. 고려의 거사선(居士禪)의 전통은 일본의 재가선종의 원형과 같은 것으로서 후일에 일본에 영향을 미쳐 다도종가의 탄생에 기여하였을 것이다. 한국에서는 거사선의 전통이 새로운 불교종파를 형성하지 못한 반면 일본에서는 다도종가라는 재가선종을 만들어냈다. 이는 조선에서는 불교가 배척된 반면 일본에서는 불교와 신도(神道)가 역할분담을 통해 공존한 것과 관련이 있다.

인도불교가 중앙아시아를 거쳐 중국으로 들어오면서 중국화되는 것은 물론 문화의 자연스런 이치이다. 중국화된 불교는 크게는 '대승불교(大乘佛敎)'라는 이름 아래 화엄종, 법화종, 선종, 정토종으로 갈라졌다. 선종과 정토종은 특히 중국문화의 '현세주의(現世主義)'를 강하게 풍기는 특성을 보였다. 중국과 한국을 거쳐 불교를 받아들인 일본의 불교는 일본문화 특유의 '즉물주의(卽物主義)'를 보였다. 일본문화의 가장 밑바닥에는 신도(神道)가 자리하고 있다.

---

4) 諸岡 存·家入一雄 共著, 金明培 譯, ≪朝鮮의 茶와 禪≫, 1991, 100쪽, 도서출판 보림사.

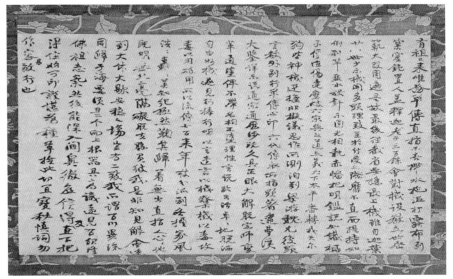

일본 차정신을 상징하는 '다선일미(茶禪一味)'가 적힌 문서로 오인된 '류(類)의 묵적'

이 '신도'는 일본문화의 주체성을 지키는 긍정적인 역할도 하지만 때로는 국수주의·군국주의로 치닫게 하는 부정적인 역할도 하였다. 같은 문화라고 할지라도 그 문화가 열린 태도를 갖는가, 닫힌 태도를 갖는가는 문화의 발전방향이나 확대재생산에 결정적인 영향을 미친다. 일본다도의 발전과 정립이라는 관점에서 보면 일본다도는 항상 신도, 무사도, 선종, 다도가 주체성과 일관성을 가지고 전통을 확립해왔다.

그러한 점에서 일본다도는 중국 선종과 한국의 선차정신의 영향을 받았지만, 동시에 이에 대항하는 일본식 선종(다도선종)의 창조적 변신으로 스스로의 차 정신을 일구어왔다고 볼 수 있다. 그래서 일본다도에서 발견되는 다선일미(茶禪一味)의 신화조작과 논리구성은 스스로의 전통을 확립하고 신화창조를 위해 필요했을 것이라고 추측해 볼 수 있다.

이 점에서 쿠라사와 유키히로(倉澤洋行)의 "일본의 다선일미 묵적은 전설일 수 있지만 그러한 정신이 일본다도의 전통인 것은 확실하다."는 말은 설득력을 갖는다. 일본다도는 재가선종의 종교개혁과 같은 것이다. 그래서 선종과는 다른 '다도의 길'을 개척했다. 일본다도는 종교인가 싶으면 문화이고, 문화인가 싶으면 종교이다. 그래서 일본다도를 문화종교라고 부르는 것이 적당하다.

한국의 자연환경과 전통에서 비롯된 초암차(草庵茶)는 일본으로 건너가서 서서히 토착화되면서 일본풍·일본식으로 바뀌어서 자리 잡게 된다. 이는 문화변동과정에서 당연한 일이다. 그렇지만 '초암'이라는 용어는 그대로 사용된다. 동아시아차의 역사를 잘 모르고, 일본의 다도를 배운 한국의 차인들은 으레 초암차라고 하면 처음부터 일본의 것이었던 것으로 생각한다.

일제 때 ≪조선의 차와 선≫을 쓴 이에이리가즈오는 "차는 불교에 의해서 건너온 것으로서 조선이 본가(本家)이지요. 옛날에 일본의 차는 잎의 모양이 둥글었으나, 지금은 조선의 것과 같이 긴 것을 고르게 되었어요."[5]라고 말하고 있다. 조선의 차가 일본차의 본가라고 본 것은 다분히 불교의 영향 때문이라는 설명이다. 더욱이 도리어 일본의 차가 조선의 차와 같은 품종이 되었다는 것을 증언하고 있다.

일본차는 기본적으로 송 나라에서 전래된 반면, 조선의 차는 당나라에서 전래되었다고 기본적으로 인식하고 있음도 드러냈다.

"≪신라사≫에 이르기를 '흥덕왕 3년 무신년(당나라 문종 태화 2년)에 당나라에 사신으로 갔던 대렴(大廉)이 차씨를 얻어 오니 왕이 심게 하였다.'라고 적혀 있다. 일본의 차는 송나라에서 전래되었다. ≪일본불교사≫를 살펴보면 '고토바천황(後鳥羽天皇)의 문치 3년(송나라 순희 14)에 사문 에이사이(榮西)가 다시 송나라로 들어가서 임제정종(臨濟正宗)을 받고 송나라의 소희 3년에 귀국하여 널리 포교하였다."[6]

차의 시작은 조선이 먼저 한 셈이다. 고대에서 근세에 이르기까지 동아시아 문화의 원류와 전래를 살펴보면 대체로 중국에서 한국과 일본으로, 혹은 한국에서 일본으로 흐르는 방향성을 드러내고 있다. 차라고 해서 예외가 될 수 없다.

---

5) 諸岡 存·家入一雄 共著, 金明培 譯, 같은 책, 201쪽.

6) 諸岡 存·家入一雄 共著, 金明培 譯, 같은 책, 57쪽.

일본에 보다 직접적인 영향을 끼친 문화는 중국이 아니라 한반도의 고대 삼국과 고려, 조선이다. 이는 오늘날 한국이 서구문명을 받아들였지만 대부분이 일본이 해석하거나 재창조한 것을 받아들인 것과 같다. 한국은 중국과 달리 북방문화의 세례를 받은 지역으로, 중국과 다른 샤머니즘의 강한 문화적 색채를 내장하고 있는 데 일본도 그 영향권아래에 있는 것과도 부합한다.

일본문화는 한·중·일 삼국문화를 비교문화론적으로 보면 중국문화보다는 한국문화와 더 가까운 것이 사실이고, 이는 문화지리적으로도 확인할 수 있는 바이다. 어떤 경우에는 일본에 더 한국적인 것들이 보존되고 있는 것이다. 이는 한국문화의 경우 계속되는 외침과 외래문화의 영향으로 문화변동이 상대적으로 많았던 반면 일본은 섬나라로서 외래의 영향으로부터 격리되었기 때문이다.

이는 유전학적으로도 한국인의 DNA의 특징이 일본사람들에게 더 지배적으로 드러나고 있는 것과도 같은 맥락이다. 쉽게 말하면 오늘의 일본인이 더 고유한 한국인의 특징을 지니고 있는 셈이다. 문화도 마찬가지이다. 오늘의 일본문화는 한반도의 문화요소가 이주민에 의해 일본으로 전파된 뒤 문화풍토에 의해 일본화된 것이 사실이긴 하지만 그 원류를 추적해보면 한국적 원형이 숨어있다. 이것이 고대에서 근세에 이르는 한국문화와 일본문화의 상호교류관계의 기본흐름이다.

일본과 한국의 차 문화에 대한 비교문화론적 연구(cross-cultural study)를 보면 겉모양은 비슷한 것 같지만 그 속에 숨어 있는 내용, 즉 차의 정신은 정반대의 측면이 있음을 간과해서는 안 된다. 차 문화도 거시적으로 볼 수도 있고, 미시적으로 볼 수도 있다. 한국의 차 문화는 불교와 유교의 바탕위에 정(情)의 사회답게 '열려진 마음의 장'이라면 일본의 차 문화는 규율이 엄격한 탓으로 자칫하면 무겁고 '닫힌 마음의 장'이 되기 쉽다.

역사적으로 보면 일본의 차는 이상과 현실의 괴리를 볼 수 있다. 그들의 이상은 다선일미(茶禪一味)라는 묵적(墨跡)처럼 선(禪)의 정신을 바탕으로 하지만 그들의 현실적인 차 생활과 사무라이에 의해 수립된 전통은 사치스러우면서도 기물주의(器物主義)에 가깝다. 일본다도의 속물주의에 대한 일본 차 학자들의 자기비판을 보면 그 같은 괴리를 알 수 있다. 일본다도에는 분명 센리큐에 의해 완성된 정신주의의 와비차가 있는 반면, 그 이전에 형성된 차노유(茶の湯) 시절 사무라이에 의해 굳어진 서원차(書院茶)의 사치향락주의가 있다.

일본의 차가 전반적으로 폐쇄적이고 닫힌 이유는 본격적으로 근대다도가 정립되기 시작한 시기의 막부정권이 종래 구세력인 왕실귀족문화에 대항해 신흥귀족으로서의 사회적 지위를 다지기 위해서 다도를 정치적으로 이용한 때문이다. 일본의 다도는 처음엔 특권층을 위한 다도였다. 센리큐에 의해 확립된 와비(侘)차는 그러한 막부정권의 차노유의 허세와 특권의식에 저항하면서 이룩한 것이지만, 여전히 와비차는 이상일 뿐이고, 현실은 항상 차노유가 지배하고 있다.

일본다도의 이러한 이중성은 '와비스키'(侘數奇)라는 말에 함축되어 있다. 와비스키는 '와비'(侘)와 '스키'(數奇)의 합성어이다. 그런데 이 두 말은 서로 반대의 말이다. 스키는 본래 '부유하여 차 도구를 많이 수집해 있는 사람'의 뜻이다. 차노유의 도를 스키한다는 것은 스(數)에 키(奇)하는 것으로 차노유의 여러 물건을 수집하는 것을 의미한다. 스키차진(數奇茶人)은 '부유한 다인'을 말한다.

그런데 '와비'(侘)라는 말은 '스키'라는 말과 정반대로 명품이나 당물(唐物) 따위의 명기를 가지는 뜻이 아니었다. 와비차인이라는 말은 솥 하나밖에 없는 가난한 다인이며, 궁핍한 다인으로 통했다. 와비스키라는 말은 이미 센리큐 시대부터 사용된 말이다. 당시 와비스키는 도구도 제대로 갖추지 않는 차인을 의미했다. 도구를 갖추지 않은 차인과 도구를 많이 가진 차인이 함께 있는 이율배반의 말이 와비스키이고, 와비이다. '스키'는 나중에 도구가 있고 없음을 떠나서 '차노유'를 하는 것을 의미하게 된다. 와비스키가 와비와 동의어가 된다. 심지어 스키는 와비와 동의어가 된다. 이로 인해 스키의 물질주의는 완전히 상쇄된다. 이는 화려한 서원차의 차노유가 일반적인 다회로 의미변전된 것과 같다.

일본다도에도 분명 일본문화 전반의 즉물주의(卽物主義)가 숨어 있다. 일본문화의 즉물주의는 일본의 샤머니즘인 신도(神道)의 물활(物活, 物神)에 대한 이해가 문화화한 것으로 일종의 사물에 대한 집단미의식 같은 것이 숨어 있다. 이것은 엄밀한 의미에서는 개인적인 미의식과는 다른, 집단적 미의식·디자인의식이라고 말할 수 있다. 그래서 일본을 '디자인의 나라'라고 말하는 것이다. 일본이 위대한 예술가는 낳지 못해도 디자인에서 세계를 제패하고 있는 것도 이러한 즉물주의와 내밀하게 맥을 닿고 있다.

교토학파를 이끈 니시다키타로(西田幾多郞)는 독일 존재론을 일본의 '불교존재론'으로 융합하는 데에 성공한 인물이다. 니시다키타로의 제자로 일본다도학 정립에 쌍벽을 이룬 히사마츠는 ≪다도의 철학≫에서 일본다도의 현실을 비판한다. 그는 비판을 통해 실질적인 일본다도의 현실을 폭로한다.

"오늘날 다회에 가보면, 벚꽃놀이나 미야코오도리(舞妓의 무용공연)를 보러 간 것과 같은 광경을 보게 된다. 그러한 아름다움은, '와비의 아름다움'과는 까마득히 다르다. 와비의 아름다움은 영화(榮華)나 화려한 아름다움에 대한 비판과 부정으로부터 성립된 것이기 때문이다. …중략… 오늘날은 다회라고 하면 화려한 미복을 경쟁하듯이 차려입는 나쁜 풍습이 있는 듯하다."[7]

그렇지만 그는 일본다도의 이상을 설득한다. 히사마츠신이치는 "전국 시대의 무로마치(室町)말기부터 도쿠가와(德川) 초기에 걸쳐 왕후와 무사 그리고 서민에 이르기까지 상하구별 없이 이 다도에 의해 얼마나 많은 사람들이 수준 높은 문화에 참여하여 마음의 위안을 받았는지 모른다."고 말하고 "오래 동안 다도의 정통이었던 '와비차'는 빈부귀천의 차별 없이 누구에게나 해방된 높은 문화적 영역이었

---

7) 히사마츠 신이치·후지요시 지카이 엮음, 김수인 옮김, ≪다도(茶道)의 철학(哲學)≫, 2011, 26쪽, 동국대학교출판부.

다."[8]고 말한다.

다도는 도요토미 히데요시와 같은 다이코(太閤: 攝政이나 太政大臣의 높임말)에게는 학문하는 공간이었으며, 무사에게는 도장이었으며, 일반사람에게는 안식처이기도 했다.

히사마츠는 "와비차는 선을 선원으로부터 재가의 노지초암으로 나오게 했으며, 선승으로부터 거사로 탈화시켰다."[9]고 칭송한다. 그러나 이것은 일본다도의 이상이며 신화에 속한다. 히사마츠는 "'와비차인'이란 원래 '명품다기도 소지하지 않는, 또는 차도구도 없는 다인'이라는 뜻이다. 즉, 돈도 없고 도구도 갖고 있지 않는 가난한 다인을 '와비차인' 또는 '와비인'이라고 했던 것이다."[10]라고 말한다.

그러나 일본다도의 현실은 이와 정반대이다. 일본 차인들의 명품 다기에 대한 집착은 오늘날도 대단하다. 비싼 명품다기를 가짐으로써 사회적 지위상승의 대리만족을 하는 것이다. 일본문화는 다도에서도 겉 다르고 속 다른, 이상과 현실의 이중성과 위선성을 가지고 있음을 지적하지 않을 수 없다.

그는 '와비의 정신'이 가장 발랄했던 때는 무라다슈코와 센리큐 등이 살았던 무로마치 말기에서 모모야마시대(오다 노부나가와 도요토미히데요시가 정권을 잡은 시대(1568~1600)를 말함), 그리고 도쿠가와 초기라고 말한다.[11] 그러나 바로 그 시기에 명품다기 경쟁과 다두(茶頭)에게 독점적으로 허용된 다회(茶會) 개최권 등 다도의 특권화가 동시에 이루어졌다. 현실이 그렇지 않기 때문에 이상은 더욱더 이상적이 되는지도 모른다.

히사마츠는 일본다도를 설명하면서 선종(禪宗)의 정신과 사원(寺院)다도의 전통을 오늘에 그대로 다도에 도입하고 있다. 일본다도는 일본이 재창조한 선종과 같

---

8) 히사마츠 신이치, 후지요시 지카이 엮음, 김수인 옮김, 같은 책, 17쪽.

9) 히사마츠 신이치, 후지요시 지카이 엮음, 김수인 옮김, 같은 책, 19쪽.

10) 히사마츠 신이치, 후지요시 지카이 엮음, 김수인 옮김, 같은 책, 22쪽.

11) 히사마츠 신이치, 후지요시 지카이 엮음, 김수인 옮김, 같은 책, 28쪽.

다. 그래서 일본의 선종인 '젠(zen)'과 일본의 '다도(茶道)'는 함께 있는 것이다. 일본의 다도는 "말차(抹茶)를 마시는 것을 계기로 해서 창조된 종합적 문화체계"[12]이면서 문화종교이다. 그러나 일본다도의 이상을 가지고 문화적인 레벨에서 일본다도를 말했다고 할 수 없다. 이상이나 보편성은 문화적 차이를 말하지 못하기 때문이다. 일본문화의 역사적 혹은 문화적 특수성과 집단의 무의식에 숨어 있는 집단무의식의 미학에 대해서 말하지 않으면 안 된다.

오다 노부나가 시절부터 도요토미히데요시, 도쿠가와이에야스에 이르기까지 차는 정치적으로 이용됐다. 노부나가 시절, 일본을 천하통일해나가는 과정에서 종전에는 공이 있는 무사, 즉 공신들에게 영지(領地)를 주던 것을 중앙집권화를 위해 그만두고, 고가의 차 항아리나 차완, 차 그릇을 보상하는 방식으로 전환한 데서 비롯된다. 요즘으로 말하면 차 그릇이 수표의 역할을 한 셈이다. 다시 말하면 다기가 수표나 화폐 대용으로 사용되면서부터 처음부터 권력의 기호가 되었기 때문이다.

오다 노부나가는 명품을 수집하면서 자신의 명령에 따르는 무사들에게 선물을 주었고 도요토미 히데요시는 주군을 모방하였다. 도요토미는 명물다기를 경품으로 걸거나 차연(茶宴)을 주차연(酒茶宴)으로 만들었는데 센리큐는 이러한 분위기 속에서 성장했다. 그러나 센리큐는 오락적인 차회에 와비로 제동을 걸고 나섰고, 다다미 4조반의 차실을 3조로, 다시 2조로, 끝내 1조로 줄이는 데에 성공했다. 그러나 그의 극한적 와비정신은 이상과 현실의 괴리로 인해 도요토미 히데요시에게 목숨을 내놓지 않을 수 없었다.

센리큐에 의해 완성된 와비라는 개념은 처음부터 선종과 관련을 맺고 있다. 선종의 개조인 달마상 앞에 둘러앉아 선승들이 차를 마시는 것이 차노유의 출발이었다. 센리큐가 일생토록 인연을 가진 다이도쿠지(大德寺)는 임제종 사찰이다. 센리큐는 24세 때에 다이도쿠지의 주지 다이린소오토(大林宗套)에게 수계하고 '소오에'

---

12) 히사마츠 신이치, 후지요시 지카이 엮음, 김수인 옮김, 같은 책, 51쪽.

(宗易)라는 계명을 받고 다케노조오(武野紹鷗)의 초암차실의 차인이 된다.

　일본문화를 바라볼 때 시야를 넓혀보면 신도(神道)는 문무(文武)가 혼합된 형태의 종교이다. 신도에 이어 무사도가 형성되면서 일본문화는 급격하게 무사중심 문화로 탈바꿈한다. 이에 처음으로 저항한 것이 바로 일본의 다도이다. 일본다도는 일본문화의 문무균형을 잡기 위해 형성된 것으로 볼 수 있다.

　인류사에서 종교와 국가는 초월성을 대표한다. 물론 종교가 먼저였고, 국가는 그 후에 발생한 것이다. 제정일치사회, 제정분리사회가 그것이다. 우리가 무의식적으로 '제정(祭政)'이라고, 제(祭)를 먼저 발음하고, 정(政)을 뒤에 발음하는 것은 역사적 선후를 나타내는 말이다. 이를 일본문화에 적용하면 '제(祭)'에 해당하는 것이 신도(神道)이다. 막부의 등장은 제사와 정치를 분리하는 이원성을 적나라하게 드러내는 시기인데 막부는 '정(政)'을 담당한 셈이다. 여기서 왕(천황)에 충성하는 '신도'의 전통은 다이묘에 충성하는 '사무라이' 정신으로 대체된다. 이 사무라이 정신이 등장하는 시기에 일본다도는 함께 성장한다.

　일본다도는 특히 센리큐 이후 '재가 선종' 혹은 '다선일미'를 표방하고 있지만, 그 이전의 전통 속에는 막부권력을 상징하는 새로운 지배계급의 의례로서의 기능과 의미를 담고 있다. 이때 다도는 정치적 상징이나 기호로서 자리하게 되는 것이다. 일본다도를 총체적으로 말하면 '사무라이 다도'라고 하면 보다 진실에 가까워진다. 그것이 초암-와비다도로 후대에 발전하고 포장되지만 그 밑바탕에는 막부시절에 형성된 전통과 분위기를 저버릴 수 없다.

　사무라이 다도에는 '죽음의 미학'이 깔려있다. 말하자면 일본의 다회는 한 사람의 사무라이가 다도의 복장을 하고 사무라이 정신으로 잇쇼겐메이(一所懸命) 하는 것이다. 일본다도는 좋게 말하면 '완결미'가 있고, 나쁘게 말하면 폐쇄되어 있는 '닫힌 미학'의 결정체다. 그러나 한 나라의 미학을 '좋다, 나쁘다'라고 말할 수 있는 것은 아니다. 각 나라의 미학은 나름대로 필연성과 정합성을 가지고 있기 때문이다.

다시 말하면 각 문화는 다름과 차이가 있을 뿐이다. 그렇기 때문에 일본다도를 부정하는 것이 아니라 한국차도를 자연스럽게 정립하는 것이 과제이다.

일본다도에 '일기일회(一期一會)'라는 말이 있다. '지금 이 순간은 생애 단 한 번뿐인 시간이며, 지금 이 만남은 생애 단 한 번뿐인 만남'라는 뜻이다. 이 말은 센리큐의 죽음과 관련이 있다. 센리큐가 죽음을 예감하고 마지막으로 차회를 열었는데 이를 일기일회라고 한다. 일본다도를 행할 때는 마치 센리큐가 마지막 다도를 할 때처럼 '이런 기회가 다시 오지 않는다'는 기분으로 해야 한다는 뜻이다.

일기일회에는 죽음의 미학이 깔려 있다. 다도를 하면서 '생명의 찬미'가 있어야 하는데 '죽음의 미학'이 있는 것이다. 생명의 미학은 따뜻한 미학인데 반해 죽음의 미학은 차가운 것이다. 일본의 다도는 선(禪)을 활용하기는 하였지만 역시 자신들의 오랜 전통에 따라 사무라이 미학인 죽음의 미학으로 완성시켰다고 볼 수 있다.

일본의 다도는 '일기일회(一期一會)' '유의호미(流儀好み)'의 다도이다. 철저하게 형식을 중시하며, 절제와 긴장미가 감도는 다도이다. 그런데 그 절제와 긴장이 주군(主君) 혹은 신(神)을 위해 죽음도 불사하는 것이라는 데에 선가(禪家)와는 다른 면이 있다. 일본의 선종이 근대에 들어 서양철학의 영향으로 '불교존재론'으로 재해석되었다고 하더라도 여전히 죽음의 미학이나 군국주의를 극복하지 못하는 것은 일본문화의 특성이자 한계이다. 그런 점에서 한 나라의 문화특징은 바꿀 수 없는 절대 미학인지 모른다.

일본의 고전으로 츄신구라(忠臣藏)13)가 있다. 츄신구라는 사무라이가 억울하게

---

13) 츄신구라(忠臣藏,): 일본 도쿠가와 막부 5대 쇼군 '토쿠가와 츠나요시(德川綱吉, 1646년~1709)'가 집권하던 시절, 주군(主君)을 위한 복수사건을 그린 사무라이 소설. 츠나요시는 생명의 가치를 소중히 여겨 '동물살상금지령'을 내렸는데, 그 후 그의 별명은 '개장군(이누쿠보, 犬公方)'이 되었다. 이처럼 평온한 겐로쿠시대에 하나의 커다란 사건이 벌어졌다. 이것이 일본역사에서 유명한 '츄신구라'이다. 일본 가부키극의 고전으로도 잘 알려져 있는 츄신구라 사건은 1701과 1703년에 일어났다. 그런데 사건 발생 후 쇼군은 사무라이들에게 처벌을 하지 않으면 안 되었다. 복수의 악순환을 염려한 츠나요시는 결국 주군의 복수에 가담하였던 47명의 사무라이 전원에게 '할복'을 명하게 된다는 비극적 줄거리이다. 츠나요시에 대한 평가는 극과 극을 달린다고 한다. 한편에서는 색욕에 빠져 정사를 돌보지 않은 무능력한 쇼군으로 보는가 하면, 또 한편에서는 일본의 도쿠가와 시대의 중흥의 기초를 마련한 매우 유능한 쇼군으로 보기 때문이다.

죽은 주군을 위해 보복을 한다는 내용인데 여기에 가담한 47명의 무사가 마지막에 모두 할복을 하는 것으로 끝난다.

죽음을 두려워하지 않는 것과 죽음을 아름다운 것으로 보는 것은 다른 것이다. 일본다도의 대명사인 센리큐의 다도는 그가 죽음으로서 완성되는 측면이 있다. 역시 여기에도 죽음의 미학이 스며들어 있다.

일본은 '다선일미(茶禪一味)'를 좋아하고, 한국은 '선차일미(禪茶一味)'를 좋아한다. 이는 무사문화와 문사문화의 차이인지도 모른다. 일본은 형식과 절제미가 우선이고, 한국은 인정(人情)과 소통(疏通)이 먼저이다. 만약 한국의 찻자리가 일본처럼 형식적이라면 좋은 찻자리가 되지 못한다. 반대로 일본의 찻자리가 인정적이라면 좋은 찻자리가 되지 못한다.

일본의 찻자리에서 형식과 예의의 실수가 있으면, 큰 죄를 지은 격이 된다. 이에 비해 한국의 찻자리는 아무리 형식과 절도가 있었다고 할지라도 인정이 풍기지 않으면 결코 성공한 찻자리라고 할 수 없다.

	다선일미(茶禪一味)		
일본	사무라이(무사) 다도 형식과 절제미	죽음의 미학 불교적 존재론	다선일미/닫힌 찻자리 (즉물주의, 실용주의)
한국	선비(문사) 다도 인정(人情)과 소통(疏通)	삶의 미학 정(情)의 미학	선차일미/열려진 찻자리 (정신주의, 관념주의)

일본의 사무라이는 단순한 칼잡이가 아니다. 한국의 선비에 해당하는 일본의 식자이면서 지식인인 것이다. 이는 역으로 한국의 선비가 활쏘기나 검법 등 무예훈련을 하거나 병법을 배우는 것의 반대경우라고 보면 된다. 사무라이 정신은 일본의 대표적인 정신이다. 일본적인 것에는 항상 무사정신이 공통적으로 있기 마련이다. 무예가 아닌 다른 예술이라도 그렇다.

일본의 무예가 미야모토 무사시(宮本武藏)는 "천 날의 공부를 '단(鍛)'으로 삼고 만 날의 공부를 '연(鍊)'으로 삼는다."라고 하여 날마다 아침저녁으로 '조단석련(朝鍛夕鍊)'의 수련을 한 것으로 유명하다.

중국불교와 선을 집대성한 일본의 저명 학자 가마다 시게오(鎌田茂雄)는 ≪현대인과 禪≫ '개정판에 즈음한 저자의 말'에서 "선과 무도는 좌선과 무술을 통하여 한결같이 '기(氣)'를 단련하는 데 있다. 기는 단련함으로써 더없이 강하게, 유연하게 그리고 지구라도 꿰뚫을 만큼 날카롭게 연마되어 가는 것이다. 심신불이(心身不二)라는 동양의 마음이 바로 선이며, 그것은 무한히 심신 단련을 계속함으로써 참 생명을 발휘하게 되는 것이다."[14]라고 말했다.

검도 명인 미야모토 무사시는 '육체의 눈'과 '마음의 눈'을 구분하면서 "대상을 보는 눈은 육체의 눈이다. 평소에 우리가 무엇을 본다는 눈이다. 또 하나의 눈이 마음의 눈이다. 뒤쪽에 있는 사람의 모습을 알아 볼 수 있다. 마음의 눈이 뜨이면 보이는 법이다. 이 눈을 단련시키지 않으면 검술이란 확립되지 않는다."[15]라고 말한다. 일본의 사무라이 정신이 어디까지 와 있는지를 알 수 있는 대목이다.

일본 승려 중에도 무예의 극치에 이른 이가 적지 않다. 택암(澤庵)선사는 '무심의 검술'을 주장한 것으로 유명하다.

"검사 두 사람이 맞설 때에 마음을 어디에도 두어서는 안 된다고 가르쳤다. 상대의 어깨에 빈틈이 있다고 생각하면 그 어깨에 마음이 묶인다. 상대의 팔에 빈틈이 있다고 생각하면 그 팔에 마음이 묶인다. 상대를 이길 수 있다고 생각하면 이긴다는 데에 마음이 묶인다. '마음을 일체 아무 데에도 한 곳에 두지 않고 천지에 가득히 채우라.'고 가르쳤다."[16]

---

14) 가마다 시게오 · 기노 가즈요시, 양기봉 옮김, ≪현대인과 禪≫, 5쪽, 재인용, 1992(초판), 1998(개정판), 대원정사.

15) 가마다 시게오 · 기노 가즈요시, 양기봉 옮김, 같은 책, 45~46쪽.

16) 가마다 시게오 · 기노 가즈요시, 양기봉 옮김, 같은 책, 45쪽.

일본의 무(武)와 선(禪)은 이렇게 소통하면서 하나가 되어 있었다. 이러한 전통 위에서 선과 다도가 하나가 될 경우 무와 다도가 하나가 되는 것은 어렵지 않다. 일본문화에서 제대로 된 무도인은 제대로 된 다도인이 될 가능성이 높다. 또 선과 무도가 통한다면, 선과 차, 차와 무도가 통하지 않을 리가 없다. 사무라이 정신은 일본의 문화총체인 신도, 무도, 다도를 관통하는 일본정신이라고 말할 수 있다.

그럼에도 불구하고 사무라이 다도와 초암-와비다도를 나누는 것은 사무라이 다도는 아무래도 권력형에 속하고, 초암-와비다도는 비권력형에 속한다고 할 수 있기 때문이다. 이는 다도인 개개인의 문제가 아니라 집단적·문화적 특성이라고 할 수 있다.

일본에는 실은 두 개의 다도의 전통이 있다고 말할 수 있다. 하나는 사무라이 다도이고, 다른 하나는 초암-와비다도이다. 후자는 전자에 대한 반발로 형성되었다. 그러나 역사적으로는 항상 권력을 과시하고 사치스런 사무라이 다도가 득세하여 왔다. 초암-와비 다도는 겸허한 무사들이나 진정한 와비다도의 소박함을 아는 자에게만 해당된다. 일본다도의 전반적인 흐름을 보면 무사다도는 본래 왕실의례에 대응하여 막부의 의례로 출발하였으나 센리큐에 의해 다도선종으로 발전하였다.

예컨대 오늘날 화려한 다실을 갖추고, 값비싼 다기를 자랑하고, 고급 차를 과시하면서 으스대는 차인들은 권력형의 무사다도를 흉내 내는 자들이고, 진정한 와비 차인들이 아닌 것이다.

사무라이 다도에 길들여진 차인들은 남방록(南方錄)의 "불을 지피고 물을 끓여 차를 마시는 것이지 다른 것은 아니다."라든지, 혹은 센리큐의 시(詩)에 나오는 "차노유란 단지 물을 끓여 차를 우려 마시는 것뿐임을 알아야 할지니."를 이해 못 하는 자들이다.

스즈키 다이세츠(鈴木大拙, 1870~1966)는 ≪영성적 일본의 건설≫ 서문에서 다음과 같이 말했다.

"무인선(武人禪)이 군벌과 관료들에게 악용되어 제멋대로 횡포를 일삼는 세태를 보고 나는 몹시 심사가 뒤틀리게 되었다. 이래서야 전쟁이고 뭐고 없다. 오직 패배의 길만 달린다고 생각했다. 참된 무사는 겸허하고 자비도 있고 책임을 알아야 한다는 점에서 남보다 훨씬 예민해야 한다. 그것도 너무 직접적으로 말하면 당국의 배척 때문에 출판이 불가능하게 된다. 그래서 에도시대(江戶時代, 1603~1867) 초기의 무사로 선을 수행한 스즈키 쇼산(鈴木正三)의 말을 빌려 한마디 의견을 말하고자 한다."17)

모든 문화요소는 긍정적 요소가 되기도 하고, 부정적 요소가 되기도 한다. 또 같은 문화요소도 시대나 맥락에 따라 때로는 긍정적으로, 때로는 부정적으로 작용하기도 한다. 문제는 긍정적 요소를 끌어낼 때 그 문화와 국가는 흥성하고, 부정적 요소를 노출하거나 그것에 빠질 때에 침체되는 것이다.

일본의 즉물주의는 자칫하면 물신숭배로 변질될 수 있다. 일본문화는 권력지향으로 운영될 때는 군국주의-전체주의가 되지만, 그것을 보완하는 비권력적인 다도와 선을 가지고 있다. 일본은 물리적으로는 한국(조선)을 침략하였지만 문화적으로는 한국을 흠모하였다. 그래서 임진왜란을 문화전쟁이라고도 한다. 일본에서 가장 고급의 문화는 고대에서부터 한국의 전통적 요소가 가미된 것이다.

일본문화의 이중성과 한국문화에 대한 이중적 태도	
권력적	비권력적
사무라이 다도	와비 다도
물신숭배	즉물주의
군국주의	선(禪)과 다도(茶道)
물리적 침략(한국문화에 대해)	정신적 흠모(한국문화에 대해)

[일본문화의 이중성과 이중적 태도]

---

17) 가마다 시게오 · 기노 가즈요시, 양기봉 옮김, 같은 책, 32쪽.

사무라이는 원천적으로 주위에서 언제 적이 나타날지 모르는 위험한 상황에 있기 때문에 항상 경계의 눈초리를 뗄 수 없다. 이에 비해 선비는 선비와 승려들은 그렇지 않다. 선비와 승려들은 도리어 자신을 버림으로써 정명(正命)을 실천하거나 선정(禪定)에 도달할 것을 추구하는 자들이다.

일본다도를 보노라면 칼끝의 서늘함을 느낄 수 있다. 동작의 절도에서 어딘가 끊어짐이 강하고, 해방감보다는 긴장감이 드러난다. 이것은 일본다도의 규격화, 형식화라고 할 수 있다. 일본다도는 사무라이의 칼의 문화에 저항했지만 결국 그 속에서 의례 담당자로서 만족하지 않을 수 없었다.

도요토미의 등장과 더불어 차의 권력화와 기호화는 심화된다. 도요토미는 사카이(堺: 오사카 남서부 항구도시) 상인의 경제적 부를 자신의 성인 오사카로 옮기면서 정치적, 경제적 혁명을 시도하게 되는 데 차를 철저히 이용했다. 차 그릇이 수표(화폐)로서의 구실을 하기 위해서는 소수의 정해진 다두(茶頭)들만이 차회를 열 수 있게 하였고, 또한 다완을 감정할 수 있는 안목을 허용하였다. 다두는 일반 그릇을 차 그릇으로 전용하는 것도 허용되었다. 오늘날 일본에서는 차 그릇을 만드는 사람과 품질을 보증하는 사람은 다르다. 하꼬가끼(箱書: 작가이름 및 추천인 낙관)의 전통은 이것에서 비롯된다. 일본의 다도종가는 하꼬가끼를 해주면서 재정부족을 메우는 것은 물론이고 종가의 권위와 명예를 지켜간다.

일본의 다도는 도요토미 히데요시 막부의 등장과 더불어 이상과 현실에서 괴리를 보인다. 막부의 무사다도는 무사의 권력과 재력의 과시, 신흥세력으로 문화인인 체하는 허영 등이 동반되면서 급격하게 타락하게 된다. 이를 막으려고 애를 쓴 인물이 바로 센리큐이다. 센리큐는 무사다도와 맞서면서 일본의 이상으로서 와비차를 완성했지만, 그 이면에는 항상 그 이전의 무사다도 시절의 차노유의 사치와 허영이 도사리고 있었다. 그 대표적인 것이 도요토미 히데요시의 '황금차실'이다. 권력의 상징적 기호로서 성장한 차 문화가 초암차를 탄생시켰다는 것은 어불성설이다.

도리어 일본의 초암차는 외래문화의 영향을 받아 이러한 권력에 맞서는 것으로 시작되었을 확률이 높다. 다시 말하면 일본의 초암차는 일본문화 자체 내의 발전이라고 보기보다는 한국 혹은 중국의 차 문화의 전통이 전해져서 일본풍(風)으로 변하여 정착된 것이라고 보는 것이 타당할 것이다.

일본의 초암차는 바로 선종과 무사문화의 합작품이라고 보는 것이 설득력이 있을 것이다. 막부의 무

도요토미 히데요시(豊臣秀吉)의 초상

사들과 선종의 승려들은 기존의 권력층인 왕과 귀족들에게 대항하기 위해 정치적으로도 연합하였다.

"'차노유'가 상징하는 참으로 특수 일본풍의 다도, 그것의 본질은 무엇일까. 나는 그것을 '이치고 이치에'의 미학에서 찾고 싶다. 그리고 그 모태는 또한 특수 일본적인 무사도의 미학으로 생각된다. 앞에서 지적했듯 일본의 차 문화는 처음부터 상층 무사계급에 의해 뿌리를 내리고, 다도는 바로 16세기 100년을 끌어온 전국(戰國)시대에 뿌리를 내려 양식화되고 번성하였다. 차사는 싸움터에서 죽음과 맞서야 할 무사들에게 교양과 풍류이상의, 이것이 마지막이라고 하는 '이치고 이치에', 바꾸어 말하면 '안심입명'(安心立命)이라는 큰 뜻을 지녔다. 한시도 검을 떠나지 못해 잠자리 머리맡에 검을 간직해야 했던 무사들, 그들도 다실에 들어갈 때는 검과 함께 살기(殺氣)를 풀어놓았다. 100년에 걸친 전국시대(그것은 세계사상 유례가 없는 대살육의 연속이었다)의 무사사회, '폭력' 공동체는 그들의 도착된 삶의 니힐리

즘을 '다도'라는 양식미(樣式美)를 통해 중화(中和)함으로써 끝내는 구제받고자 했던가."18)

선종의 불립문자, 언어도단은 일본의 무사문화와 연결되면서 해탈과 깨달음이 아니라 폭력적으로 도착(倒錯)되어 일종의 일본풍의 니힐리즘이 되었으며, 일본 특유의 '죽음의 미학'과 연결되었다.

좀 강하게 말하면 선종과 무사문화라는 일본의 문무(文武)의 모순구조가 변증법적으로 발전하여 승화된 결정체라고 보면 좋을 것 같다. 일본다도는 일본적 정신문화의 절정이며, 꽃이다. 불교의 선종이 있는데 왜 별도로 재가선종이라고까지 부르는 일본다도가 탄생하였을까. 여기엔 무사문화 특유의 종교집단적 성격이 가세하고 있다.

무사집단은 본래 매우 종교적이다. 흔히 무사들은 전쟁, 혹은 싸움집단으로 보기 쉬운데 이는 겉모습이고, 그러한 집단이 형성되기까지는 철저한 상하복종 관계를 기초로 충성과 믿음이 없이는 집단의 유지가 불가능하다. 무사집단이야말로 집단의 크기와 상관없이 작은 집단일지라도 이미 그것은 종교집단적 성격을 지니고 있다.

무사집단은 무사도라는 강령 아래 같은 유니폼을 입고, 스승과 제자 간에 혈맹(血盟)의 맹약을 하고, 스승으로부터 기술과 도를 습득하는 과정에서 스승에게 절대복종하는 믿음을 지니지 않고서는 제대로 된 무사로 성장하기 어렵다. 무(武)는 또한 문(文)과 달리 스승에게 이의(異議)를 다는 것을 금하고 있다. 스승의 말이 법이고, 스승의 말이 경전인 셈이다. 무사의 일거수일투족은 목숨을 거는 일이기 때문에 종교적 신념이 아니고서는 생활자체가 불가능하다.

일본다도는 무사문화적 성격의 일본문화를 바탕으로 선종과 조선에서 전래된 초암차가 만나면서 만들어낸 일종의 문화적 진화체로서의 문화융합이며, 잡종(雜種)이다. 차를 매개로 하여 만들어낸 종교집단의 성격이 강하다. 다시 말하면 일본다

---

18) 이광주, 《동과 서의 茶 이야기》, 2009(2002), 194쪽, 한길사.

일본 차노유(茶の湯)의 본질이 담긴 『남방록(南方錄)』

도종가는 재가선종에서 출발한 선종 종단(宗團)이다.

　난보소케이(南方宗啓, 1502~1555)는 차노유(茶の湯)의 본질을 ≪남방록(南方錄, 1593년)≫에서 이렇게 말했다. "차노유는 대자(臺子: 다구를 얹어두는 대)를 갖추어 차 마시기를 기본으로 하더라도 그의 궁극적인 것은 초암 다실 이상의 것은 없다. ...중략... 초암의 차노유는 첫째로 불법으로 득도하는 것이다. 집의 모양새, 식사의 진미를 즐기는 것은 속된 것이다. 기옥은 새지 않을 만큼, 식사는 굶주리지 않을 정도면 족하다. 이것이 부처의 가르침이요, 차노유의 참뜻이니라. 물을 길어다가 땔감에 불을 붙여 차를 달여서 부처에게 바치고 사람에게 나누어주고 나도 마신다. 꽃을 챙기고 향을 피운다. 이 모두가 부처와 고승의 행적을 배움이다."

　이보다 더 명확한 재가선종의 선언은 없다. 이는 인도의 불교가 중국에 전래되어 오랜 세월 동안 법상종, 화엄종, 천태종을 거쳐 중국불교로서의 선종(禪宗)이 만들어진 것과 같다. 중국에 선종이 있다면 일본엔 다도가 있는 셈이다. 선종과 정토종은 그야말로 중국불교이다.

　일본은 중국선종을 받아들여 다시 일본에서 '다도'(茶道: 다도종가의 다도)라는 재가선종을 만들어냈다. 그런데 그 재가선종을 만들어내는 데에 조선의 매월당의 초암차가 결정적인 영향을 미친 것이다. 하나의 신흥종단인 다도종가는 자신들의 신화를 구성하면서 '다선일미'(茶禪一味)라는 묵적의 신화를 창조(조작)했던 것이다.

일본에서 재가선종격인 다도종가가 탄생하는 것은 한국과는 다른 일본불교의 성격과 상관관계를 갖는다. 고려는 강력한 불교국교였다. 조선에 들어오면서 척불숭유(斥佛崇儒) 정책의 여파로 한국불교는 정치권력의 주변부로 밀려났고, 겨우 명맥을 유지해오는 정도였다. 임진왜란이 일어나면서 승군장이었던 서산대사 휴정(休靜, 1520~1604)과 사명당(四溟堂, 1544~1610) 등의 승병의 성과가 커지면서 승려들도 점차 지위를 회복하는 조짐이 일었다. 그렇지만 원천적으로 조선은 성리학국가였으며, 불교는 배척당하고 승려는 천민취급당하고 있었다. 불교는 부녀자에 의해 겨우 유지되고 있었다.

한편 일본에서는 신도(神道)의 융성으로 인해 불교가 종교적 역할과 의례를 독점하지는 못했지만, 서로 역할분담을 하면서 전통을 이어갈 수 있었다. 조선에 비해서 일본의 불교는 성황을 이루었을 뿐만 아니라 사찰마다 유구한 전통을 지니고 있었다. 교토의 다이도쿠지(大德寺)를 비롯한 일본의 유명사찰에서는 차실을 가지고 있었음은 물론이고, 신흥귀족계급인 사무라이 계급들과 절친한 친분을 유지했다.

일본은 특히 사무라이 다도의 전통과 함께 차의 스승인 다두(茶頭)를 통해서 번주(藩主)들은 저마다 다도의 전통을 형성해갔으며, 이 가운데 특히 다이도쿠지를 중심으로 선종의 정신을 다도에 심은 센리큐 다풍(茶風)이 확산되었던 것 같다. 송나라의 서원차의 전통을 답습한 사무라이 다도 대신에 선종의 정신을 다도에 실천한 다도종가의 다풍은 재가선종의 모습으로 확립되어갔던 셈이다. 다시 말하면 일본다도는 처음부터 오늘날 우리가 익히 알고 있는 초암차의 모습을 가졌던 것은 아니었다. 사무라이 다도의 귀족적이고 화려함에 비해 센리큐다도는 선불교의 소박함과 무(無)의 정신을 표방하면서 사무라이 다도에 대응했다.

일본다도 혹은 일본다도종가라는 것은 일본을 실질적으로 통치한 사무라이 집단, 막부정권의 형성과 떼려야 뗄 수 없는 관계를 가지고 있다. 다시 말하면 태생적으로 막부정권의 지원과 관심 속에서 일본다도가 형성되어갔다. 일본다도는 기본적으로 사무라이 계급들이 왕실의례에 대응하여 진흥시킨 새로운 의식(儀式)으로 출발했다. 일본의 다도가 사무라이 정신과 표리관계를 이루는 것은 신흥 정치세력으로 등장한 사무라이들이 자신의 지위에 걸 맞는 고급상류 유흥문화를 개발한 것과 궤를 같이하기 때문이다. 그래서 일본다도는 차노유(茶の湯)에서 출발하였다. 차노유-초암-와비 다도는 연속과 불연속의 관계에 있다.

사무라이 다도		초암다도		와비다도
차노유:서원차 (書院茶)	연속/ 불연속	매월당 초암차의 일본화	연속/ 불연속	센리큐에 의해 완성
신흥 귀족다도		센리큐의 희생(犧牲)		초암차가 이념형

일본다도학자들은 이것을 때로는 연속시키고, 때로는 불연속 시키면서 저들의 유리한 점을 취한다. 예컨대 일본다도의 일관성을 강조하거나 사무라이 다도인 차노유의 다도가 초암-와비 다도를 일찍부터 이상적 형태(form)로 한 것처럼 꾸밀 때는 연속적으로 보고, 초암-와비 다도가 종래의 차노유의 서원(書院)다도와 다름을 강조할 때는 불연속적임을 강조한다. 이러한 연속과 불연속은 초암과 와비다도 사이에도 적용된다.

일본다도종가는 사무라이 집단이 만들어준 신흥 선종(禪宗)이다. 지금은 다도종가가 마치 사무라이 집단과는 뿌리가 다른 것처럼 가장하거나 은폐하고 있지만, 초암-와비 다도의 등장 이전 차노유 시절에 이미 다실의 공간적 분위기와 기물의 배치, 행동거지, 행다 등에서 일본다도의 바탕이 만들어졌다고 해도 과언이 아니다. 일본다도의 행동과 규율의 엄격함은 바로 사무라이 정신에서 비롯된다. 그래서 종합적으로는 일본다도는 '정(情)이 흐르지 않는' 규격과 예절을 절대적으로 신봉하는 '사무라이 다도' '칼의 다도'라고 할 수 있다. 이에 비해 한국의 다도는 정(情)이 흐르는 '선비의 다도' '붓의 다도'이다.

일본다도에는 역시 일본 사회관계의 기조가 되는, 번(藩)의 영주(領主)에 의해 형성된 '오야봉(親分)-꼬봉(子分)'의 관계를 볼 수 있다. 평등이라는 것은 말뿐이다. 일본다도에서 헌다를 할 수 있는 권한은 종가의 이에모토(家元)뿐이다. 이는 마치 종교 제의에서 제주(祭主: 司祭)가 술이나 차를 올리는 것과 같다. 무사집단은 기본적으로 주종(主從)관계로 이루어지기 때문에 종교집단과 같은 성격을 가지는 것도 여기에 가세한다. 일본 사람들은 한국인이 너도나도 차를 헌다하는 것을 보면 예절이 없다고 할 것임에 틀림없다.

일본과 한국의 다도의 특징과 다른 점은 바로 무사문화와 선비(문사)문화의 차이에서 유래하는 것이다. 물론 두 나라의 차가 모두 선종(禪宗)과 관련하여 발전하였다는 공통점이 있긴 하지만 결국 화이부동(和而不同)이라고 말할 수 있다. 한국의 차도는 '선기(仙氣)를 바탕으로 한 정신성'에 주안점을 두고 있다면 일본은 역시 '기물(器物)을 바탕으로 형식성'에 주안점을 두고 있다. 일본다도는 '형식의 다도', 한국의 다도는 '정의 다도'이다. 이 점은 뒤에서 다시 본격적으로 거론하기로 하자.

일본다도종가의 성격은 다음과 같이 규정할 수 있을 것이다.

1. 일본다도종가는 사무라이 집단(계급)들과 불교집단(세력) 사이에서 신흥정치세력인 사무라이의 지원을 받은 가운데 탄생한 재가선종이다. 다도종가는 센리큐(千利休宗易) 조상을 모시고 차를 올린다.
2. 일본다도는 기본적으로 사무라이 계급들이 구 왕실의례에 대응하여 새롭게

만들어낸 차(茶)의례이다. '왕실-불교의례'의 대척점에 '사무라이 막부-다도'가 있다.

　3. 초암-와비차는 사무라이 다도의 차노유(茶の遊)에 대항하여 센리큐 등 다도 종가의 전통을 이어받거나 영향 받은 다도인들이 만들어낸 이념형(이념지향성이 강한)의 다도이다.

　정확하게 말하면 일본다도종가의 다도는 잇큐소준(一休宗純, 1394~1481)이 머물렀던 다이도쿠지(大德寺)라는 선종사찰에서 분파되어나간 재가선종이라는 새로운 다도종파이다.

　일본 3대 다도종가 산센케(三千家)의 내력을 뮤샤노코지센케 이에모토의 말을 통해 들어보면 다음과 같다.

　"센리큐 거사의 손자인 겐파구소탄(元白宗旦)에게 아들이 네 명이 있었는데 장남인 소세츠(宗拙)는 가업을 승계하지 않았으며, 차남인 이치오소슈(一翁宗守)가 무샤노코지센케(武者小路千家) 오가와히가시에 살면서 칸규안(官休庵)을 계승했고, 3남 코우신소사(江岑宗左)는 오가와도리지(小川通寺) 안에 있는 후신안(不審庵)을 계승해 오모테센케(表千家) 종가로 불렸고, (4남 센소시츠(千宗室)를 계승한) 곤니치안(今日庵)은 우라센케(裏千家)가 계승하고 있습니다. 훗날 후신안은 오모테센케, 곤니치안은 우라센케라 불렀고, 무샤노코지센케는 거리 이름을 따서 지금과 같이 칸규안으로 불렀습니다. 이를 총칭하여 산센케(三千家)라고 말합니다. 그리고 세 유파가 센리큐 이후에 형성되었습니다. 이는 센리큐 시대에 만들어진 게 아니라 센리큐의 손자뻘 되시는 분이 유파를 만든 건데, 오해가 생겨서는 안 되는 것이 서로 형제 유파여서 서로 다른 점보다 공통점이 많고 행사도 같이 하되 각각의 개성을 가지고 있는 것입니다."[19]

---

19) 최석환, ≪新 世界의 茶人≫(차의 세계, 2012), 369쪽.

결국 재가선종인 일본다도 유파를 따르는 것은 그 종파의 신도가 되는 것이다. 그래서 일본다도에 입문하면 마치 불교신자가 절에 가서 불공을 드리는 것처럼 엄숙하여야 하며, 종교적 분위기에 젖게 된다. 이는 자유로운 차도의 분위기가 아니다. 일종의 종교적 의식이나 제례인 것이다.

일본에는 산센케 다도종가가 아닌 다른 다도종파도 수없이 많다. 예컨대 일본 최고의 다도사찰인 다이도쿠지의 경우도 50여개의 다실이 있는데 저마다 종파를 만들고 있다. 센리큐의 다도종가도 그 가운데 하나일 뿐이다. 심지어 일본의 여러 불교사찰에서는 나름대로 다도에 관한 자신의 전통과 유파를 가지고 있다.

현대일본의 젠(Zen)을 완성시킨 스즈키 다이세츠(鈴木大拙)와 교토학파의 수장인 니시다키타로(西田幾多郎)의 스승인 가마쿠라 엔카쿠지(圓覺寺)의 관장이었던 샤쿠소우엔((釋宗演) 다도유파도 있다. 일본의 대표적인 다도학자인 히사마츠는 바로 이 가문 출신이다.

현재 산센케 다도종가의 다도만이 일본다도를 계승한 것도 아니고, 도리어 다도종가는 그 이전의 고대나 중세에서부터 내려온 일본다도를 계승한 연속성보다는 불연속성이 강하다. 아무튼 15~16세기를 전후로 새롭게 형성된 다도가 산센케 다도종가이다.

일본의 다도종파들의 벽은 높다. 종파 간에 스승을 바꾸는 일은 있을 수 없다. 만얀 한 종파에서 다른 종파로 옮기는 이가 있으면 배반자로 매장당하고 만다. 다도종파들은 마치 사무라이들이 반(潘)을 형성하여 충성을 맹세하듯이 다테(縱的) 사회의 수직적인 질서 속에서 한 덩어리가 되어 충성을 다하고 있는 것이다.

산센케 다도종가의 이에모토들은 취임과 동시에 자신의 이름 대신에 가문의 1대 조상이름을 그대로 쓴다. 예컨대 우라센케는 센소시츠(千宗室)를 쓴다. 이는 가문의 동일성과 정체성을 강화하기 위한 조치이다. 이는 다도가 권력임을 상징한다.

〈산센케 다도종가〉

차남-천종수(千宗守)-칸규안(官休庵)-무샤노코지센케(武者小路千家)
3남-천종좌(千宗左)- 후신안(不審庵)-오모토센케(表千家: 일본다도 종가)
4남-천종실(千宗室)-곤니치안(今日庵)-우라센케(裏千家: 일본다도 최대유파)

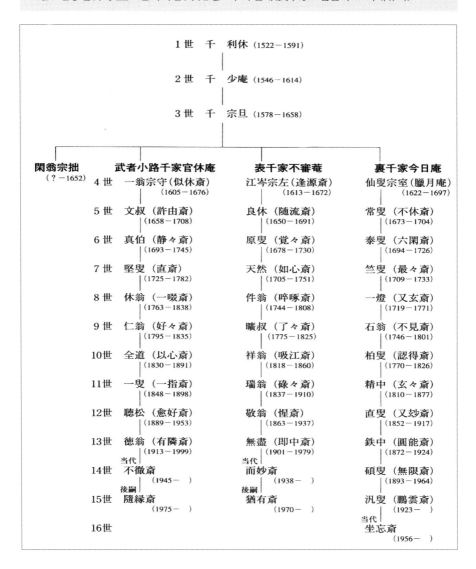

지금까지 언급한 일본다도종가의 다도를 종합적으로 분석하면 한국에서 조선 중기 전후에 이입된 것으로 종래 일본다도의 전통과는 연속성과 불연속성을 동시에 지니고 있다. 일본다도는 마치 저들이 조선의 이도다완을 섬기듯이 한국 초암차를 모델로 한 것이라고 보면 보다 보다 실체에 가깝게 접근하게 된다. 조선의 이도다완과 초암차는 저들의 전통과의 융합 속에서 자신의 몸에 맞는 '일본식'을 탄생시켰을 것이다.

눈으로 보는 사물은 그냥 보면 되지만, 생활이라는 것은 유기적인 것이기에 자신의 몸에 맞지 않으면 거북한 것이고, 자신의 몸에 맞게 재창조·재조정되어야 한다. 일본의 초암다도는 사무라이 문화, 기모노 문화에 맞게, 꿇어앉아서 생활하는 것에 맞게 변형되었을 것이다. 흔히 일본사회를 다떼(縱的) 사회라고 한다. 다떼 사회의 인간관계는 오야붕(親分)-꼬붕(子分)이라는 수직구조로 운영된다. 일본의 차 문화도 결국 그러한 사회구조에 맞게 변형되었다고 할 수 있을 것이다. 한국 초암차는 일본 초암-와비차의 이념형·이상형이라고 할 수 있다.

일본문화의 한국문화에 대한 콤플렉스는 하나같이 자신의 문화가 중국에서 직접 들어왔거나 자생한 것으로 평가하고 그렇게 믿고 싶은 것이다. 일본은 가능하면 중국과 직거래한 것처럼 주장하고 중간에서 문화를 건네주고 걸러준 한국을 인정하고 싶지 않은 것이다. 그래서 저들은 한국문화를 흔히 통과문화(passage culture)처럼 해석하기도 한다. 이는 모두 콤플렉스의 발로이다.

고대에서부터 일본 지배인구의 대부분을 한국(한반도)에서 이주(移住) 받은 것을 외면하고(일본에서는 이들을 '도래인(渡來人)'이라고 말한다), 일본문화의 형성에서 한국을 제외시키는 것은 참으로 가증스러운 일본의 문화의 왜소한 면모이다. 물론 양심적인 일본학자들 중에는 일본문화의 한반도 전래설을 주장하는 학자도 있다.

일본다도의 문화적 지층을 보면 가장 아래에 신도(神道)가 있고, 그 위에 사무라이(武士) 정신이 있고, 그 위에 선종(禪宗)이 있고, 그 위에 다도(茶道)가 있다. 그런데 이 네 개의 지층에 한국에서 건너가지 않은 것이 하나도 없다. 신도도 한국의 무속이 건너가서 일본화한 것이다. 대마도(對馬島)나 오키나와(沖繩, 琉球)의 무속은 한국과 다를 바가 없다. 오키나와에서 일본 본토로 건너가면서 점차 일본화되었다고 볼 수 있다.

사무라이 문화도 한국에서 건너가서 일본화한 것이다. 뒷장에서 구체적으로 설명하겠지만, 사무라이는 한국의 고조선에서 하늘에 제사를 재내는 사당을 지키는 무사를 '삼랑'(三郞)이라고 하였다. 구체적으로는 일본무술의 원조가 되는 신라 삼랑의광(三郞義光)에서 비롯되었다. 한국의 무사들은 한반도에서 왕조의 개국이나 권력투쟁, 혹은 큰 전쟁이 일어날 때마다 일본으로 망명 혹은 이주를 한 것으로 연구되고 있다. '사무라이'는 '삼랑'의 일본발음이다.

중국의 선종이라는 것도 실은 한국(신라)에서 유학 간 승려와 중국 승려가 이룬 일종의 합작품과 같은 것이다. 중국 선종의 중추적인 맥에 정중무상(淨衆無相)선사가 있고, 무상의 제자로 마조도일(馬祖道一)이 있고, 마조의 제자로 백장회해(百丈懷海), 백장의 제자로 황벽희운(黃檗希雲), 황벽의 제자로 임제의현(臨濟義玄)이 있는 것이고 보면 선종도 그런 것이다. 다도도 그러한 중층적 구조 속에서 탄생한 것이다.

신도 (神道)	다도(茶道)
	선종(禪宗)
	사무라이(武士) 정신
	신도(神道)

〈일본다도의 문화적 지층〉

한중일 문화교류사를 보면, 한국은 중국에서 선종을 만들 때도 합작을 하였고, 일본에서 다도종가를 만들어낼 때도 합작을 한 셈이다. 한국의 지리적 위치, 지정학적 위치, 즉 한중일의 중간에 위치한 점 때문에 교량역할을 하는 것과 함께 문화

브레인들을 지원했던 셈이다.

일본다도는 사무라이 계급들과 떼려야 뗄 수 없는 관계에 있다. 센리큐에 이르러 사무라이 계급들과 다도인들이 겉으로는 대립한 것 같이 보이지만 속으로는 주종(主從)의 밀월관계를 오래 동안 유지했다. 그러다가 임진왜란을 전후로 신흥상공 세력을 중심으로 형성된 센리큐 가문의 다도인들이 사무라이 다도에 대항하여 조선에서 유입된 소위 초암-와비차를 내놓은 것이다.

일본의 와비다도와 사무라이 다도는 교묘하게 공존하고 있다. 말하자면 둘은 갈등과 조화 속에서 혼합되어 때로는 상생하고 때로는 상극하면서 역동적으로 변하고 있는 것이다. 사무라이 다도는 차노유 시절의 사치스런 서원다도 혹은 기물중심의 다도의 전통을 말하는 것이고, 와비다도는 센리큐에 의해 완성된 소박한 다도, 혹은 검소한 다도를 말하는 것이다. 전자는 물질주의(즉물주의), 후자는 정신주의를 담당하고 있다.

일본다도의 신화학을 탈신화화라는 방법으로 해체해 보면 곳곳에서 허점이 보인다. 그러나 신화라는 것이 본래 합리적이라기보다는 합리화의 산물이고, 신비화를 통해 신화학을 건설하는 것이기 때문에, 요컨대 일본다도의 '다선일미(茶禪一味) 묵적(墨迹)'이 유물이 없는 전설에 불과한 것이라고 하더라도 일본다도의 요체를 현성한 것임에 틀림없다. 세계의 어떤 신화도 합리성의 눈으로 탈신화화하면 해체되지 않는 것이 없을 것이다.

신화는 상징체계로 역사를 전하는, 매우 효과적인 인문적 방법이고 기술이다. 신화를 만들지 못하는 집단과 국가는 역사가 효과적으로 전해지지 못해서 망하게 되거나 주변국으로 전락할 수밖에 없다. 세계문화의 중심은 신화체계가 있는 것을 중심으로 할 수밖에 없고, 문화의 중심의 이동은 바로 새로운 신화체계의 성립과정의 결과라고 할 수 있다. 신화가 역사가 아니라고 매도하는 것은 경쟁관계에 있는 상대국을 붕괴시키거나 해체하기 위한 문화적 전략이며 기술이다. 일본인의 단군신화 매도

와 저들의 아마테라스 오미가미(天照大神) 신화의 숭배는 이율배반이다.

　일본문화를 일이관지(一以觀之) 하면 일본다도는 고대의 신도(神道)와 중세의 무사도, 그리고 15세기를 전후로 성립된 다도가 붙어있는 셈이다. 일본다도는 일본의 무사문화적 성격을 인문적으로 문화화하면서 평화를 지향하고 있다. 그러나 일본다도가 아무리 평화를 추구한다고 해도 원천적으로 전쟁의 욕구를 막을 수는 없다. 이것은 도요토미히데요시와 센리큐의 갈등에서도 볼 수 있다.

　일본다도 종가의 평화의 정신은 일본과 한국(조선) 사이에 있었던 임진왜란을 막을 수도 없었고, 다시 구한말 일제침략에 의해서 여실히 무너졌다. 다도는 전쟁중심의 문화를 평화중심으로 바꾸기는커녕 일제의 앞잡이가 되었다. 제정일치사회가 제정분리사회가 된 이후 모든 종교는 정치권력의 영토확장이나 정복욕을 제어하기보다는 그것을 지원하는 세력으로 작용한 것이 사실이다.

　중세에는 종교가 국가의 위에 서기도 했지만 그것도 속내를 살펴보면 그러한 종교는 종교를 표방하지만 제도적으로는 국가였으며, 본래의 종교적 의미는 아니었다. 모든 종교는 국가가 생긴 이후 국가의 시녀가 되었다. 일본다도종가도 그것을

청사 안광석 옹의 화 · 경 · 청 · 적 휘호

벗어나지는 않았다. 다도종가는 일본문화를 선양하고 신화화하는 데에 앞장섰다. 이는 '평화를 표방하는 전쟁'이었으며, '양의 탈을 쓴 이리'였다.

현대에 들어 일본의 무사문화는 군국주의로 변하면서 한바탕 세계 전쟁을 치렀지만 일본문화를 평화의 무드로 바꾸는 것에 다도가 크게 기여하고 있다. 일본의 다인들은 일본문화의 평화대사로서의 역할을 톡톡히 하고 있는 셈이다. 그러나 그 효과는 역시 역사를 두고 보아야 할 것이다. 화경청적(和敬淸寂)이란 그들 집단내부에만 통하는 것인지도 모른다.

일본다도는 문화이면서 종교의 기능을 하기 때문에 다른 종교의 견제나 탄압, 혹은 거부반응도 없이 세계문화 속으로 재빨리 들어가기에 적합한 듯하다. 일본문화의 해외 전파 및 소개에 '다도'(茶道)와 '젠'(zen)은 쌍두마차와 같은 역할을 하고 있다. 일본문화는 고도의 형식미와 미적 완성을 특징으로 하고 또한 목표로 하고 있다. 다시 말하면 일본문화의 성숙은 일본다도의 미적 완성과 관련이 크다. 오늘날 일본이 디자인의 나라가 된 것은 우연이 아니다.

그러나 일본문화의 미는 어딘가 '닫힌 미'이

다. 이는 '칼의 미'이다. 이에 비해 한국문화는 정(情)의 문화이다. 한국문화라고 형식미를 갖추지 않은 것은 아니지만 형식보다는 정(情)이 통하는 것을 우선한다. 그래서 한국의 찻 자리에서는 '정'이 통하지 않으면 이는 실패이다. '정'은 흔히 연줄에 의해 그물망을 형성한다.

일본의 차 문화를 닫힌 것이라고 하고, 한국의 차 문화를 열린 것이라고 하면 차인들 중에는 선뜻 동의하지 못하는 사람들도 있을 것이다. 그러나 전문가의 눈으로 보면 그것을 감지할 수 있다. 이것은 말이 아니라 차 생활하는 실제모습을 느낌의 미학으로 보아야만 알 수 있고, 그럴 때 드러나는 것이다.

한국에서도 고려의 무신정권이 들어섰지만, 결국 몽고의 침입으로 실패로 돌아가고 중국 대륙의 흥망과 정권교체, 그리고 심한 견제 속에서 문(文) 중심의 사대주의로 변모한다. 그러나 일본은 계속해서 무사집단의 막부통치로 인해서 무사집단이 권력엘리트가 되어 무(武)중심의 독자적인 문화를 구축하게 된다.

다시 초암차의 얘기로 돌아가자. 일본의 어떤 차인들도 초암차와 와비차를 구별하려고 애쓰지 않는다. 이는 이러한 이중성이나 애매모호함을 통해 초암차를 일본의 것으로 굳히려는 전략이거나 아니면 문화수입국이 으레 갖기 쉬운 태도인, 무의식적으로 남의 것을 자기 것으로 받아들이는 태도에서 기인한다. 이것은 문화의 토착화와도 맞물려 있다. 일본은 외래 선진문화를 토착화하는 귀신같은 재주를 가지고 있는 민족이다. 이는 역사적으로 항상 한국과 중국에서 선진문물을 수혜해간 입장에서 비롯된다.

초암차를 수입한 입장에서는 그것을 굳이 구별할 필요를 느끼지 않는 지도 모른다. 초암에서 와비로 발전하였기 때문에, 자신의 문화를 연속적으로 바라보려는 자문화 중심주의의 시각에서 보면 자연스러운 태도일 수도 있다. 그러나 초암차를 수출한(문화를 전파한) 입장에서 보면 초암과 와비는 당연히 구별할 것을 요구하게 된다. 더욱이 희미해진(잃어버린) 한국전통 차의 정체성을 찾으려는 입장에서는 새로운 현안으로 떠오른다.

센리큐 이후 일본 근대 다도를 부흥시킨 스승으로 존경 받는 히사마츠 신이치(久松眞一)도 '초암'과 '와비'(侘)를 구별한 적이 없다. 이는 일본 차의 전통을 연속적으로 만들기 위해 필요한 조건이다. 이는 차노유와 와비를 결코 분리하지 않는 일본 차 학자들의 속사정과도 통한다. 차노유의 전통은 분명히 무사집단이 권력의 기호와 과시로 사용한 것으로 이에 대한 반발로 완성된 센리큐의 와비차와는 사뭇 다르다. 어떤 의미에서 둘은 정반대의 방향을 가진 것이다.

센리큐의 죽음은 바로 차노유와 와비차 간의 보이지 않는 권력경쟁의 결과로 해석할 여지도 있다. 그러나 오늘날 일본 차 학자들의 대부분이 차노유를 와비차와 연속적으로 보면서 둘의 관계가 경계가 없는 것처럼 사용한다. 차노유는 와비인 것이다. 초암은 와비 속에서 간헐적으로 강조되는 것일 뿐이다. 그러면서도 국제 차 행사나 심포지엄 같은 자리에서는 초암차를 그들의 것이라고 주장한다.

차노유와 초암차와 와비차 간에는 분명히 어떤 차이가 있다. 초암-와비차를 완성한 센리큐는 왜 멸후(滅後)에 초암-와비차가 쇠퇴하리라는 것을 예언했을까? 이는 그만큼 막부권력들이 주도하는 권력과시용의 차노유의 서원차가 초암-와비차를 압도할 것이라는 사실과 둘의 성격이 극단적으로 다르다는 것을 간접적으로 보여주고 있다.

≪남방록(南方錄)≫〈멸후(滅後)편〉을 보자.

"지금부터 십년도 되지 않아 참된 다도는 쇠퇴해버릴 것이다. 그 때에 세상 사람들은 도리어 다도가 융성해졌다고 생각할 것이다. 다도가 이미 세속의 유희가 되었고, 어처구니없는 모습으로 변해있는 것은 지금도 눈에 선하다. 안타까운 일이다."

이는 어쩌면 당시 초암-와비차의 전통이 굳건히 확립되지 않았음을 간접적으로 전한다. 센리큐는 이어 막부권력이 선호하는 서원차의 기세와 폐단을 예언하고 있기도 하다.

"다만 염려스러운 것은 차노유를 좋아하는 사람이 늘어남에 따라 스승들도 많아질 것이라는 점이다. 이들은 차노유를 지도하면서 고관대작을 가르칠 때는 초암-와비차의 찻자리를 서원(書院) 찻자리처럼 꾸며 그 본래의 정신을 추구하는 데에 이르지 못할 것이다. 또 대주가(大酒家), 대식가(大食家) 등은 와비차 자리임에도 불구하고 다회를 술 마시는 자리로 삼을 것이다. 와비차 자리는 이들의 취향과 어울리지 않는다."

심지어 그의 예언은 절망이나 자포자기에 가까울 정도로 자조적(自嘲的)이다. 그는 당시 막부권력과 맞선 자신의 운명을 짐작하고 있었던 것 같다.

"요즘 다도를 직업으로 삼는 사람 가운데 고관대작의 환심을 사기 위해 다회의 격식을 정교하게 하는 데에 신경 쓰고 부자들의 취향에 영합하고 욕망을 부채질하는 어처구니없는 다도를 추구하는 사람들이 있다. 지금도 그런데 하물며 후세엔 이런 사람들이 더욱 기승을 부릴 것이니 안타깝다. 백년 후에 다시 태어나서 세상에 다도의 타락한 모습을 보고 싶다."

일본은 서원차와 초암차를 차노유라는 개념 속에 집어넣어 한통속으로 만든다. 이를 통해 일본의 다도는 항상 초암차를 이상으로 생각하도록 유도하고, 단지 초암차가 융성할 때도 있었고, 쇠퇴할 때도 있었던 것처럼 해석하려고 한다. 그러나 차노유의 서원차와 초암차의 시기는 분명 다르다. 둘은 심지어 적대적이다. 이는 도요토미 히데요시의 명에 의해 할복한 센리큐의 죽음이 증명하고도 남음이 있다.

히사마츠는 "초암(草庵)이라는 말은 '초려(草廬)', '초당(草堂)'이라는 말과 함께 사용되며 고대 일본에도 있고, 중국에도 사용되었다. 주자가 '한루일초암'(寒樓一草庵)이라 한 것이나 제갈공명을 '삼고초려(三顧草廬)'했다는 것처럼 중국에도 옛날부터 있는 말이다."[20]라고 하면서도 한국에서 그 말을 사용했음을 외면한다.

---

20) 히사마츠 신이치, 후지요시 지카이 엮음, 김수인 옮김, ≪다도(茶道)의 철학(哲學)≫, 2011, 73쪽, 동국대학교 출판부.

이는 일본인의 한국문화에 대한 콤플렉스 때문이다. 일본은 외래문화는 으레 중국에서 들여온 것처럼 해석하기 일쑤이다. 한국에서 들여온 것은 될수록 은폐하기 일쑤이다. 세계적 고려불화를 중국 불화처럼 해석한 것이 일본이고, 초암차도 역시 조선에서 전래된 사실을 은폐하기에 급급하다.

예컨대 히사마츠는 노지초암(露地草庵)에 대해 이렇게 말한다.

"노지초암은 다도에서 하나의 환경을 가리키는 말인데, 일본다도의 중요한 요소이다. 노지에서 기다리다가 다석에 들어가는 그 공간은 매우 협소하고 조악한 주거 공간이다. 그곳은 사원 등에 비하면 매우 빈약하며 그야말로 초암이라는 말이 어울리는 조그만 주거공간인데, 일본인들은 그 안에 비교도 할 수 없는 큰 선원의 정원이나 가람을 압축하여 흡수하고 있다. 말하자면 다도에 의해서 노지초암풍의 선이 새롭게 건립된 것이다."[21]

히사마츠는 '노지(露地)'라는 말은 선적(禪的)인 것이라고 말한다.

"다도에서의 '노지'에 대한 해석은 다분히 선적(禪的)이다. 즉, 노지라는 말의 원래 의미는 지리적 토지로서의 특정 지역을 가리키는 것이 아니라 인간 본래의 진실한 '심지(心地)'를 나타낸 것이다. 그런데 이 심지라는 것은 불교에서 본래의 심성을 의미하므로 궁극적인 경지를 가리키는 말이다. 즉 일체의 번뇌와 망상으로 덮여 있지 않은 원래의 생지(生地)라는 의미로서 '노(露)'라는 말이 사용되고 있는 것이다. 따라서 '노'에는 '이슬'이라는 의미가 전혀 없다."[22]

일본인의 '노지초암은 큰 선원의 정원이나 가람을 압축하여 흡수한 협소하고 조악한 주거 공간'이다. 일본의 초암은 인위적으로 압축한 공간을 말한다. 한국인이면 이러한 일본의 노지초암이 한국의 초암차가 건너가서 변형된 것임을 알 수 있다. 한국의 초암은 인위적으로 압축한 공간이 아니라 생활공간으로서의 초가(草

---

21) 히사마츠 신이치, 후지요시 지카이 엮음, 김수인 옮김, 같은 책, 18쪽.

22) 히사마츠 신이치, 후지요시 지카이 엮음, 김수인 옮김, 같은 책, 67쪽.

일본 다실에 이르는 전형적인 정원 풍경. 노지초암(露地草庵)

家)처럼 자연스럽게 이루어진 공간을 말한다. 그것이 특별히 차 공간으로 마련될 때는 자연에서 두드러지지 않게, 자연 속에 들어가기 위해, 산치(散置)된 공간으로서의 초암인 것이다.

한국의 초암차를 수입해간(벤치마킹한) 일본인의 눈으로 볼 때는 그것을 인위적으로 반듯하게 정리정돈하지 않으면 직성이 풀리지 않는 것이었다. 무엇보다도 한국의 초암차가 일본으로 건너가서 크게 왜곡되어버린 것은 그것의 폐쇄성에 있다. 한국에서는 작은 공간이라고 하더라도 시골집처럼 열려 있으며, 주거공간보다 초라하고 얼기설기 지어진 공간이기 쉽다. 한국인의 열려 진 공간에 대한 본능적인 욕구는 흔히 차 공간으로서 정자가 많이 사용되는 이유이다.

일본의 와비차의 공간은 거의 밀폐되어 있는 모습이다. 차회에 참석하는 사람들은 한국으로 말하면 일부러 조그마한 쪽문을 만들어서 그것으로 왕래하게 하고, 좁은 공간에서 음다가 이루어진다. 좁은 공간은 다다미 석장이나 넉 장 반 정도, 작게는 한 장 반 남짓인 경우도 있다. 마치 절에서 방장이 거처하는 공간(사방 한 자)과 비슷하다. 일본의 와비차는 좁은 것도 인위적이고, 초라함도 인위적이다.

히사마츠는 와비를 '와비의 종교'라고 말한다. 한국에서는 초암차를 '초암차의 종교'라고 말하지 않는다. 확실히 일본의 와비는 일종의 일본식 문화종교를 만들기 위해 인위적으로 와비의 공간을 창안한 셈이다. 여기에 한국의 초암차의 초암이라는 말이 들러리로 사용되고 있는 것이다.

히사마츠는 '와비차=와비종교'라는 속내를 거침없이 드러낸다.

"와비차는 선을 선원으로부터 재가의 노지초암으로, 선승으로부터 거사로서의 다인으로 탈화(脫化)시켰다고 본다. 거기에서 선원이나 선승으로서는 불가능했던 서민적인 선 문화가 창조되었다고 생각한다. 조금은 과장된 표현인지 모르지만 와비차는 그런 면에서 선에 있어서의 종교개혁이었다고 할 수 있다."[23]

23) 히사마츠 신이치, 후지요시 지카이 엮음, 김수인 옮김, 같은 책, 19쪽.

일본의 와비차가 와비종교라면 한국의 초암차는 종교라기보다는 생활철학이나 자연종교에 가깝다. 다시 말하면 청빈의 생활철학이나 자연주의에 가깝다. 자연주의자는 인공을 싫어한다. 역설적으로 와비차가 인공(인공화 된 자연)이라면 초암차는 자연(자연 그 자체)이다. 와비종교는 실은 자연에 어떤 인공을 가미한, 혹은 빙의한 것이라면 초암차는 청빈의 생활 그 자체이다. 그러한 점에서 한국의 차인들은 '내가 차인입네!'하고 떠들어서는 안 된다.

일본 와비차의 원류가 김시습의 초암차라고 하더라도 그것을 국제화시켜서 세계적인 다도로 승화시킨 것은 일본이다. 일본은 근대에 들어 '다도(茶道)'와 '젠(zen)'을 근대적으로 만들어 서구에 보냄으로써 경제에 걸맞은 문화대국임을 천명함과 동시에 한중일 삼국의 대표적 문화표상을 거머쥐었다. 이는 고대에서부터 중국과 한국으로부터 문화적 시혜를 받던 그들이 근대에 이르러 그 방향을 역전시킨 문화적 대역전극이었다.

2. 사무라이 다도(茶道)와 선비 다례(茶禮)의 차이

1) 일본 '다도'밖에서 한국 차 문화를 보자.

한국에서는 "차(茶) 자리에 정(情)이 통하지 않으면 찻 자리가 아니다."라는 말이 있다. 이와 달리 일본에서는 아마도 "격식(格式) 없는 찻 자리는 찻 자리가 아니다."라고 말할 것이다. 이는 한국문화와 일본문화가 겉으로는 비슷한 것 같지만 속으로는 다름을 말한다.

일본과 한국은 같은 한자문명권에서 속하면서 고대에서 현대에 이르기까지 공유하는 역사와 문화가 많지만, 그럼에도 불구하고 섬나라인 일본은 반도인 한국과 문화풍토에서 다른 면이 많다. 고대에서 현대에 이르기까지 인구의 이주(移住)뿐만 아니라 수많은 문화요소의 전파와 문화접변(acculturation)이 두 나라 사이에 있어왔다. 대체로 고대에는 일본이 한국으로부터 선진문물을 받았는가하면 근대에는 한국이 일본으로부터 그것을 받았음을 부인할 수 없다.

그렇다면 차 문화는 어떤가. 임진왜란을 전후한 15~16세기까지 일본이 조선으로부터 문화를 전수받았지만, 근대화가 시작된 18세기부터는 조선이 일본의 영향을 크게 받았다고 하는 편이 옳을 것이다. 특히 일제식민 때에는 일본다도의 절대적인 영향권에 있었다고 볼 수 있다. 한국의 근현대 차도는 '다도(茶道)'라는 말에서부터 일본의 영향을 받았고, 식민통치기간에는 정책적으로 일본다도가 강요되었다. 따라서 오늘날 의식적·무의식적으로 우리의 전통이라고 생각하는 차도조차도 의외로 일본의 것이거나 그것으로부터 영향을 받았을 가능성이 높다.

형식미로 보면 일본의 찻 자리가 한국의 찻 자리보다 훨씬 정교하고 섬세하고 세련되어 있다. 5백여 년 전통의 일본 다도종가의 다도는 절대적인 형식미·절제미와 함께 다도를 선종(禪宗)의 한 형태로 발전시켜왔기 때문이다. 일본 다도종가의 다도는 의례성(rituality)이 두드러진다는 점에서 종교적인 양상을 띠고 있다. 다도종가의 다도는 일상의 연속적인 동작을 작고 완벽한 동작으로 분해하는 경향이 있으며 '세분-완벽-느림-순서'를 지키는 것을 통해 어떤 성스러움을 만들어낸다.

이러한 다도종가의 전통은 오늘날 일본다도 전반을 지배하고 있는 정신이라고 할 수 있을 것이다. 그러나 일본의 다도가 한국의 다도가 될 수 없는 것은 바로 그러한 지독한 형식미를 한국인은 받아들일 수 없다는 데에 있다.

일본다도에는 형식의 절대미가 있지만 한국차도에는 형식미 대신에 서로 공감을 일으키는, 마음의 정(情)이 흐르는 것을 덕목으로 삼는다. 일본의 다도가 한국의 다도가 될 수 없는 이유는 여기에 있다.

서옹(西翁, 1912~2003)선사가 일본 NHK기자가 대흥사로 찾아와 "한국에 다도가 있습니까?"라고 물었을 때, "한국에 다도(茶道) 없다."라고 일할(一喝)했다. 물론 이때 '다도 없음'은 물론 '일본식 다도'가 없다는 말이었다.

일본다도의 영향은 대단하다. 이미 '다도'라는 말은 '일본의 다도'를 말하는 고유명사가 아니라 다(茶)의 법식을 말하는 일반명사가 되어버렸다. 그래서 중국이나 한국에서 다도라는 말을 쓰려면 '다도'라는 말 앞에 '중국'이나 '한국'이라는 말을 붙이지 않으면 안 된다.

한국에서 건너간 일본의 주류문화는 고대에서부터 현대에 이르기까지 항상 일본식으로 변형되어 한국과는 정반대로 '갇힌(속박된) 한국문화'처럼 되어버렸다. 역시 섬나라인 일본 사람들은 결국 섬에 갇힌 상태에서 미학과 생활의 도덕을 발전시킬 수밖에 없었을 것이라고 이해된다.

한국에는 역시 반도적 특성이 있다. 한국문화는 반도적 특성으로 인해 북방문화와 남방문화가 교차되는 지점의 이중성을 보인다. 한국문화는 지리적(지정학적) 위치처럼 중국과 일본의 중간문화적인 모습을 보인다. 문화를 환경결정론으로 볼 수는 없지만 역시 풍토의 조건을 기반으로 하는 '에콜로지(ecology)의 매트릭스(matrix)'를 인정하지 않을 수 없다.

한국의 차(茶) 문화를 총칭하는 이름을 두고 차인이라면 누구나 한 번쯤 고민해 보았을 것이다. 국제적인 차 행사장에 가면 한국과 중국과 일본의 차인들이 쓰는 용어는 서로 대동소이하다. 때로는 구별이 되지 않아서 혼란스럽다. 다도, 다법, 다예, 다학, 다례, 선차, 차선 등등. 이유인 즉 한·중·일은 같은 한자문화권이고, 고대에서 3국간에 이주나 교류에 의해 문화를 공유해왔기 때문이다. 최근 일각에서는 차살림, 차례, 차례, 차도, 풍류차 등 순우리말이나 전통성이 강한 용어를 사용하자는 주장도 있다.

일본문화는 다분히 '도'(道)자를 선호하는 경향이 있다. 이는 역시 신도(神道)의 영향이 크다. '도'(道)의 사용은 에도막부 시절 '화도'(花道)에서 가장 먼저 쓰면서 '다도'(茶道)로 범위를 넓혔는데 일본문화는 문화 각 분야에서 '도'(道)자를 즐겨 쓴다.

이에 비하면 중국은 법(法)자를 즐겨 쓴다. 오늘날 다법(茶法), 서법(書法)은 그 좋은 예이다. 한국은 예(藝)자를 즐겨 쓴다. 서예(書藝)는 좋은 예이다. 그런데 한국의 경우 차분야에서 유독 '다예'(茶藝)라는 말을 쓰지 않는 경향이 있다. 다예보다는 '다례'(茶禮)라고 한다. 여기에서 한국 차문화의 근본적인 특징을 찾아볼 수 있다. 차는 귀한 물건이어서 일반가정에서는 제사 때에, 절에서는 헌공(獻供)차례 때에 주로 사용했던 것 같다. 왕이나 왕가, 귀족, 승려, 선비들은 차를 즐겼지만 일반 서민들은 쉽게 접할 수 없는 음료이었을 가능성이 높다.

동양 삼국에서 예(藝)자는 본래 잘 쓰지 않는 글자이다. 육예(六藝)를 나타내거나 혹은 무예(武藝)라는 말을 쓸 때 쓰는 것을 제외하고는 그 용례를 찾기 어렵다. 말하자면 선비가 갖추어야 할 '예'를 말하거나 임금님을 호위하는 의무를 가진 '무예(호위무사)'에서나 쓰는 말이었다. 그만큼 '예'자는 금기의 글자이기도 하다. 그런데 한국에서 '예'자를 한국문화의 특징을 의미하는 글자로 쓰기 시작한 계기는 역시 '도'자를 쓰는 일본과 다른 정체성이나 차별성을 확보하기 위해서였던 것 같다. 말하자면 일제의 영향이다.

한국인이 차의 법식을 말할 때 '다예'(茶藝)라고 하지 않고 '다도'라고 일반적으로 말하는 것은 일본의 절대적인 영향이라고 말하지 않을 수 없다. 또 우리가 '다도'라는 말을 사용하는 동안 '다예'라는 말조차 중국에게 빼앗겨 버린 측면도 있다. 그래서 한국은 '다례'(茶禮)라는 말을 쓰면서 그 속에 의례적 성격만이 아닌 생활차를 비롯한 여러 종류의 차생활을 종합적으로 묶어 말하는 경향이 있다. 한국인의 차 생활을 표현하는 데 현재로선 '다례'라는 말보다 더 좋은 말이 선뜻 생각나지 않는다. 명칭이야 어떻든 오늘날 중국의 차 생활은 일상적 성격이 뚜렷하고, 일본은 종교적 성격이 뚜렷하고, 한국은 의례적 성격이 뚜렷하다.

중국에서 발원한 차와 차 문화는 한국과 일본으로 전파되어갔다. 물론 중국에서 출발하였더라도 다른 토양에서는 다른 문화로 열매 맺을 수밖에 없다. 3국의 차 문화는 표층적으로는 같은 것 같으면서도 심층에서 보면 현저하게 다르다. 그러면서도 한편에서는 서로 보기 좋고 마음에 들면 베끼기도 성해서 정체성의 혼란을 겪고 있다.

최근 국제선차대회에서 중국측이 좌식 다법을 시연해 깜짝 놀란 적이 있다. 중국은 본래 침대와 입식생활을 하는 나라이다. 그런데 차탁에 둘러앉는 입식(立式) 대신에 바닥에 앉아서 좌식(坐式) 행다를 선보였다. 아마도 한국의 좌식행다가 마음에 들었던 모양이다. 문화는 그것의 종주국이 어디냐가 중요한 것이 아니고, 누가 많이 그것을 현재적으로 사용하고 발전시키느냐가 관건이다.

한국과 일본의 차인들은 묘하게도 국제대회에 참가하면 중국 다음에 2위 자리를 놓고 경쟁이라도 하듯 서로 긴장하게 된다. 일본과 경쟁하다 보면 한국은 어느 새 약간 불리한 입장에 빠진다. 그것은 일제 식민 기간 동안 일본 '다도'의 영향을 크게 입었기 때문이다. '한국다도'라고 내놓더라도 어딘가 일본 냄새가 난다. 그래서 보다 정체성을 확인할 수 있는 한국의 다법을 찾지 않을 수 없게 된다. '한국다도'에 대한 새로운 명칭의 정립과 함께 그것에 걸 맞는 행다(行茶)의 모습, '차'의 철학의 필요성이 대두되고 있다.

국제적인 차 대회나 축제, 그리고 크고 작은 국제적인 찻 자리는 사적인 자리와 다르다. 여러 차의 퍼포먼스와 행다의 모습을 보지만, '바로 그게 한국적이야'라고 레테르를 붙일 만큼 마음에 드는 것을 찾기란 어렵다. 어딘가 어색하고, 굳어 있는 억지춘향의 표정이라든가, '겉치레의 의식' '몸에 익어 있지 않는 동작'등이 눈에 거슬린다. 일상적이면서도 깊이가 있고, 자연스러운 차 표연(表演)을 보기란 쉽지 않다.

차인 중에는 '일본다도'를 '우리(한국)의 다도'로 생각하는 차인도 있는 게 사실이다. 잘 정리되어 있는 일본다도를 보면 부럽기 짝이 없다. 일본은 오늘의 다도를 위해 천여 년 동안 축적을 해왔다. 실지로 일본문화는 곳곳에서 세계를 대표하고 있는 것이 적지 않다. 차도 예외는 아니다. 국제 행사장에서 일본에 주눅이 들어있는 한국의 차인들이 많다. 그러나 동아시아 차의 역사를 알고 보면 그렇게 주눅들일도 아니다.

일본다도는 오랜 세월을 거치면서 세련되게 잘 다듬어져 있다. 사무라이 정신이 깃든 전통의 법식도 있고, 다도 철학도 잘 갖추어져있다. 외래문화를 철저히 소화해서 자기 것으로 만들어내는 일본문화의 특성과 장점을 여기서도 느낄 수 있다.

문화라는 것은 어차피 자신의 신화는 만들어야 하고, 남의 신화는 탈신화화해야 한다. 이것은 분명 모순이다. 그러나 그 모순이야말로 문화인 것을 어쩌랴. 일제는 이 같은 수법을 일찍이 식민지화에 이용했다. 자신의 아마테라스 오미가미 신화는 구축하고, 반대로 한국의 단군신화는 미신이라고 매도했다. 아마테라스 오미가미 신화나 단군신화라는 것은 모두 과학적·사실적으로 쓴 것이 아니라 신화적 문체와 상징과 비유로 쓰여 진 것이다.

일본은 근대에 들어 참으로 영리하고 지혜로운 문화운영을 해왔다. 서구로부터 과학은 들여오면서도 서구의 신화라고 할 수 있는 기독교는 전 국민적으로 들여오지 않았다. 일본의 기독교는 일본문화에서 크게 힘을 쓰지 못하고, 일본 전통문화가 된 불교마저도 일본에서는 주류는 아니다.

일본문화의 주류는 신도이고, 더욱이 그 신도는 일본의 샤머니즘이라는 점에서 (샤머니즘을 현대화했다는 점에서) 참으로 동양문화의 자존심을 간직한 문화라고 할 수 있다. 이 같은 일본문화의 강점이 서구에 강하게 인식되어서 오늘날 일본문화는 동아시아문화의 대표성을 누리고 있다. 일본문화는 근대에서 서구와 대등할 정도로 선진문화를 구가하였다. 일본문화가 잘못 된 것이 아니라 일본문화에 사대하는 우리문화가 잘못된 것이다.

무도 혹은 무예, 다도 혹은 다예는 비록 문화적 옷을 입었지만 실은 '몸으로 익히는 종교'라고 말할 수 있다. 무도나 다도를 하려면 우선 정해진 옷이 있고, 그 옷을 입고 정해진 법식을 따라 수련을 해야 한다. 또 그것에 따르는 용어(구호)들도 익혀야 한다. 이는 문자로 된 바이블에 못지않게 종교적이다.

차라리 종교는 믿음의 대상을 두고 있기 때문에, 혹은 책으로 원리를 이해시키기 때문에, 그것에 대한 토론이나 저항의 여지가 있지만 무도나 다도는 그것 없이 몸에 익히는 실행이 먼저이기 때문에 큰 거부감 없이 빠져들게 된다. 그런 연후에 원리를 공부하게 된다.

흔히 몸에 익힌 것은 머리에 집어넣은 것보다 영향력이 적다고 생각하기 쉽다. 그러나 그 반대이다. 머리에 넣은 것은 잊어버리고 지울 수 있지만 몸에 익힌 것은 그 사람의 몸이 없어지지 않는 한 사라지지 않는다. 그래서 몸에 익힌 것은 잊어버린 것 같지만 다시 살아나고 은연중에(무의식중에) 사람을 지배한다.

몸에 익힌 무도나 다도는 토론의 여지없이 몸에 들어오고 그것을 믿게 된다. 이는 무도나 다도가 종교적 성격을 갖거나 종교적 경지로 승화될 수 있음을 의미한다. 이를 역으로 말하면 무도나 다도는 몸에 익숙해지지 않으면(체득하지 않으면) 아직 완성된 것이라고 말할 수 없음을 의미한다.

일본의 무도나 일본의 다도를 배운 사람은 저절로 일본의 정신을 닮게 되고 나중에는 흠모하게 된다. 더욱이 그것에서 자신의 정체성을 찾게 되고 정립하게 된다. 스스로는 그것을 부정하고 무도나 다도만을 배운다고 주장하지만 자신도 모르게 일본문화를 높은 것으로 보고 자신의 문화를 천시하게 된다.

일본무도나 다도를 행하는 사람들은 그것을 하지 않는 상대방에 대해 상대적으로 우월감도 갖게 되고 특권의식(귀족의식)을 갖게 된다. 이러한 의식이 일제시대에는 얼마나 강했을까를 생각하는 것은 어렵지 않다. 아마도 일본무도나 다도를 하는 조선인(한인)들은 그것을 하지 않는 동족에게 모멸감을 가졌을 것이다. 이것을 사대주의라고 한다.

사대주의는 강압적으로, 강제되기도 하지만 무엇보다도 선진문화에 대한 흠모와 호기심으로 자발적으로, 자연스럽게 빠져든다는 점에서 '문화적 인간'인 호모 쿨투스(Homo cultus)에겐 피하기 어려운 것이다. 사대적 문화인들은 항상 그렇지 못한 일반인에 대해 "나는 너와 달라."라고 생각하기 쉽다. 조선의 내로라하는 선비들 가운데도, 민족의식이 있다는 선비들 가운데도 사대주의자들이 적지 않은 숫자였다. 오히려 선비들일수록 더 사대적이었다.

오늘날도 차인인 체하거나 차인임을 과시하는 사람들일수록 일본다도와 중국다예에 더 빠져있다. 일본무도나 일본다도에는 결국 일본정신이 숨어 있다. 일본정신에는 일본 천황과 연결되는 신도(神道)와 사무라이 정신이 숨어 있다. 한·중·일의 문화관계는 항상 화이부동(和而不同), 혹은 부동이화(不同而和)의 관계에 있다. 그래서 서로 쉽게 배울 수 있지만, 배우면 배울수록 서로 다르다는 것을 느끼게 된다. 말하자면 고수(高手)가 될수록 몸에 맞지 않는 옷임을 알게 된다. 개중에는 그렇지 않은 사람도 더러 있겠지만 말이다.

한국과 중국의 고대사를 보면 대체로 상고시대에는 동이족이 먼저 문화적으로 융성하였고, 주(周)나라의 등장 이후 한족으로 중심이동을 하게 된다. 그러나 중심이동 과정에서 상고의 삼황오제를 비롯하여 오늘날 우리가 중국문화인 것처럼 인식하고 있는 고대문화가 중국문화의 옥상옥으로 덧씌워지고, 한국은 중국문화의 신화체계에 편입된다. 그 후 한국문화의 정체성 확인작업을 위해 단군신화가 기술되었다고 해도 과언이 아니다.

한편 일본과 한국의 관계는 주로 한반도에서 일본으로 문화가 건너간 경향을 보인다. 사안에 따라서는 중국에서 직접 문화가 전파되기도 하였지만 대체로 한국에서 해석하고 걸러진 것들이 일본으로 들어갔다. 이는 오늘날 일본에서 해석하고 걸러진 서양문명을 한국과 중국에서 받아들이는 것과 같다.

일본문화의 원류에는 항상 한국적인 것이 숨어 있다. 따라서 한국문화의 원형을 찾아가거나 '보다 한국적인 것'을 복원해가는 방법 가운데 가장 추천할 만한 것이 중국이나 일본의 현재 문화를 비교 검토하면서 상대적으로 다른 우리의 것을 찾아 가는 방식이 주효하다. 마치 DNA의 지도를 통해 동식물의 순종을 찾아가는 방식 과 같다. 한국의 고유의 다법을 복원해가는 데 있어서 가장 우선하여야 할 것이 일 본다도(茶道)로부터의 탈피이다. 우선 보기 좋고, 먹기 좋다고 따라가다 보면 나중 에 그 맛에 중독되어 그것으로부터 벗어날 수 없다.

개인적으로 일본의 다도를 좋아하고, 그것에 매료되는 것은 말릴 이유도 없다. 개인은 얼마든지 자신이 좋아하는 것을 국적과 상관없이 즐길 수 있는 권리가 있는 것이며, 도리어 문화의 다양성과 잡종강세를 위해서도 권장할 만한 일이다. 그러 나 집단의 문화적 정체성은 개인과 달리 전통이라는 이름으로 보존되어야 할 가치 가 있는 것이다.

전통은 소리치지 않아도 형성되는 '제 2의 자연'과 같은 것이다. 그렇다고 해서 가만히 있으면 저절로 형성되는 것이 전통은 아니다. 누군가는 바로 전통의 확립 을 위한 선각적 노력을 하여야 한다는 사실에 주목할 필요가 있다. 오늘날 스스로 차인이라고 자부하는 사람들 각자는 책임을 통감하여야 한다.

'다도'라는 말도 실은 일본에서 처음 쓴 말은 아니다. 문헌상으로 '다도'란 말이 처음 등장한 것은 중국 당대의 선승 교연(皎然)의 '음다가(飮茶歌)'에서다. 일본의 저명한 차 연구가 쿠라사와 유키히로(倉澤行洋)는 이렇게 말한다.

"교연은 그의 시 가운데, 차를 마시면 마음이 맑아지고 정신이 맑고 밝아져 번뇌 가 사라지면 이윽고 '득도'(得道)에 이른다고 노래하고 있다. '차를 통한 득도' 이것

이 교연의 '다도'이다." [1]

"사실 중국은 차문화의 원조입니다. 다도라는 말을 맨 먼저 쓴 사람은 육우의 스승인 교연이라는 스님입니다. 교연의 시기에 차를 마시며 깨닫기 위해 다도 한다는 시가 나옵니다. '누가 알리, 다도가 너의 참모습을 온전히 함을[孰知茶道全爾眞]', 이것이 다도라는 말이 세계 최초로 쓰인 기록입니다. 그다음 다도라는 말을 쓴 사람이 육우였습니다." [2]

교연과 육우(陸羽, 733~804)는 친구였으며, 차에 있어서는 교연은 도리어 육우의 스승이었다. 육우의 '다경'(茶經)은 교연으로부터 크게 영향을 받았다. 하지만 '다경'을 씀으로써 육우는 다성(茶聖)으로 오늘날 불리게 되었고, 육우의 다법은 동시대에 살았던 봉연(封演)의 저서 ≪봉씨문견기(封氏聞見記)≫에서 '다도'로 불렸다.

그럼에도 오늘날 '다도'라고 하면 일본의 다도를 떠올린다. 중국도 '다도'라는 말을 쓰기를 꺼린다. 아마도 그러한 이면에는 일본의 브랜드라는 인식이 깔려있기 때문일 것이다. 그만큼 일본이 자기의 것으로 만들기 위해 공을 들였고, 미학적 완성을 시킨 때문이다.

국제사회에서 '다도'(茶道)는 '젠'(Zen)과 함께 일본의 브랜드이다. 우리가 '다도'라는 이름을 떠나지 못하는 이유는 바로 일제 때 교육을 벗어나지 못하고 있기 때문이다.

원로 차학자인 김명배 선생에 따르면 일본다도교육은 1926년 6월 1일 기후껜(岐阜縣) 출신의 쓰다요시에가 인천공립고등여학교에 다도강사로 부임하면서 시작되었다. 그 후 1940년대 전국 47개의 고등여학교와 6개 여자전문학교에서 우

---

1) 쿠라사와 유키히로, 〈득도로부터 차를 향해 가자〉 ≪차의 세계≫(2010년 4월호), 30쪽.

2) 최석환, 〈서원차, 와비차 다도로 이어진 일본의 차를 말한다〉(직격인터뷰. 쿠라사와 유키히로) ≪차의 세계≫(2009년 10월호), 17쪽.

라센케와 오모테센케 식의 좌식 말차 다도교육을 하였다. 서울에서 다도교육을 한 전문학교 수준의 학교에는 이화여자전문학교, 숙명여자전문학교, 경성보육학교, 청화여숙, 덕화여숙(인덕대학)이었다.[3]

차계의 원로 중진들은 '일본다도'를 벗어나야 한다고 하면서도 정작 '다도'라는 용어를 사용하지 않는 데는 인색하다. 여기에는 동아시아의 철학과 정신을 표현하는 데에 '도'(道)라는 글자보다 포괄성이 있는 용어가 없기 때문이다. 일본은 바로 문화적으로 앞서 있었기 때문에 이런 사정을 잘 알고, 용어를 선점하였을 것이다.

그렇다. 다도라는 용어로는 항상 일본의 아류밖에 되지 않는다. 인간사회의 정체성이라는 것도 실은 말과 철학에서 비롯된다. 다도를 고집하는 사람들은 대체로 용어가 정체성에 얼마나 심각하게 작용하는 지를 깨닫지 못했기 때문일 것이다. 대제국을 경영해본 중국은 이 같은 사정을 잘 알기 때문에 다도라는 말을 잘 쓰지 않는다.

'다도'라는 말을 쓰는 한, 요컨대 최남선(1890~1957)의 말처럼 "고려의 차와 다도는 북의 거란과 남으로는 일본에 영향을 주었다."라고 말하더라도, 혹은 "일본 초암차실(草庵茶室)의 원류는 조선의 남방, 특히 전라남도의 민가나 승암이다."라고 하더라도 결국 일본의 족쇄를 벗어나지 못한다.

'다도'와 '젠'은 한·중·일이 공유하는 '차의 정신'과 '선(禪)불교'일 뿐이라고 말해도 소용이 없다. 오리지널은 물론 중국에 있지만, 그것을 현대화한 것은 일본이기 때문이다. 그래서 전통의 현대적 재창조는 중요한 것이다. 현대는 오리지널보다 브랜드가 우선이다. 누가 현재를 기점으로 실생활에 맞게, 자신의 문화에 맞게 잘 만들었고, 잘 사용하느냐가 중요하다. 일본은 얄미울 정도로 동양문화의 정수를 자신들의 세련된 문화로 구성해내는 데에 성공했다.

아마도 일본의 재빠른 근대화나 제국주의의 성공도 실은 그러한 문화능력에 힘

---

3) 운암, 〈해방 이후에도 한국에서 꺼지지 않는 일본다도 열풍〉 《차의 세계》(2007년 4월호), 48~53쪽.

입은 바 크다. 동아시아 역사는 동이족의 동이(東夷)문화가 가장 먼저 중심을 이루었지만 주(周)나라의 등장 이후 중국이 주도권을 잡는다. 그래서 과거에는 중국문화를 카피(copy)했지만, 현대에는 일본문화를 카피하고 있다. 나라간의 침략과 정복이라는 것도 실은 선악(善惡)의 문제나 가부(可否)의 문제가 아니라 능력(能力)의 문제이다. 문화의 주도권도 마찬가지이다.

한 · 중 · 일 문화를 놓고 볼 때 한국문화의 중간적 특성이 때로는 이것도 저것도 아닌 것처럼 느껴질 때도 있다. 그러나 중간적 특성이야말로 세계적인 것을 탄생시키는 기회를 얻기도 한다. 문화의 중간적인 성격이라는 것이 문화의 융성기에는 양쪽

중국 항주 영은사(靈隱寺)
오백나한전(455번째)에 모셔진
무상공존자(無相空尊者)

을 통합하거나 거중 조정하는 주체적인 입장을 갖게 한다. 물론 그 반대로 문화의 쇠퇴기에는 양쪽에서 샌드위치가 되어 자신의 정체성을 잃어버리고 미궁에 빠질 수도 있지만 말이다.

한 · 중 · 일 삼국의 차 문화의 특징은 다르다. 중국의 선차(禪茶)는 일상의 차를 통해 선이라는 것이 생활 그 자체(혹은 자연 그 자체)라는 것을 표현하려는 의도에서 출발한 것이라면, 일본의 선차는 다선일미라는 묵적이 상징하듯이 선종에서 독립된 재가선종(在家禪宗)이라고 할 수 있는 다도(茶道) 및 다도종가의 탄생과 관련이 있다. 이에 비해 한국의 선차는 앞에서도 말했지만, 일상의 차도 아니고, 재가선종의 탄생도 아니다. 한국의 선차는 귀한 기호음료인 차를 재(齋)에 바치는 불교

의 헌공(獻供)다례 혹은 제사(祭祀)에 올리는 다례(茶禮)와 관련성이 높다.

다시 말하면 한국의 차는 특정 종교와 독점적인 관련이 있는 것도 아니고, 역사적 전개과정에서 귀족집단이나 상류층의 기호적 의미가 가장 큰 것 같다. 차라는 물질이 참선(參禪)을 도우는 성분을 가진 것조차도 승려들이 상류층이었던 데서 기인하는 파생적 효과로 보인다. 조선에 들어 지배층이 바뀌면서 차는 자연스럽게 선비들에게 이어졌다. 따라서 한국의 차는 지배적 이데올로기와 함께 한 경향이 크다.

한국인의 정신적 원형은 자연친화적 사상에서 오는 선(仙), 혹은 풍류(風流)이다. 삼국시대의 유불선(儒佛仙)이라는 삼묘지도(三妙之道)는 오늘날 기독교를 포함하는 사묘지도(四妙之道)를 지향하고 있다. 말하자면 한국인에게는 서로 다른 사상을 하나로 융합하지 않으면 직성이 풀리지 않는 측면이 있다. 그 융합의 구심점이나 바탕에 선(仙)이 있다. 선은 유불선의 바탕이면서 동시에 유불선 중의 하나이다. 선(仙)은 바로 자연이다. 한국의 차는 선차(仙茶), 풍류차(風流茶)의 의미가 강한 편이다. 차인들의 차경(借景)의 정신은 바로 이것을 의미한다.

한국에서는 차를 귀하게 여긴다. 그러나 한국에서 차는 종교도 아니고, 일상도 아니다. 차를 귀하게 여기니까 궁중이나 귀족이나 사대부 등 권력엘리트들이 즐긴 것이다. 신라시대에 권력층이었던 귀족과 승려들은 차를 마시면서 이를 사회적 신분화했다. 또한 귀한 음료를 부처님이나 조상에게 바쳤다.

차를 일찍부터 접한 무상선사(無相禪師, 684~762)는 입당구법(入唐求法)에서 중국의 일상 차와 만나면서 선(禪)의 일상적 묘미(妙味)를 '선차지법(禪茶之法)'에 담았고, 김지장(金地藏, 696~794) 스님은 신라에서 가져간 '금지차(金地茶)'를 중국 땅에서 퍼뜨려 신라의 차 문화의 융성을 알렸다. 한국은 이도(井戸)다완을 만든 나라이다. 일본은 그러한 그릇을 만들지는 않았지만 섬길 줄 아는(미학적으로 음미하고 승화시키는) 그런 나라이다.

동양미술사학자인 존 코벨 박사는 1982년 경향신문에 기고한 '한국의 고려다완과 일본다도'라는 글에서 다음과 같이 말했다.

"교토에서 만약에 특별한 차회(茶會, 茶禮) 행사가 있었다고 하자. 그럴 때 십중팔구 차를 마신 후 손님들은 찻 그릇을 두 손에 받쳐 들고 조심스럽게 돌려가면서 모래가 두둘두둘 두드려져 나온 바닥과 혹처럼 불거져 나온 표면을 장식한 균열을 손가락으로 만져 보며 감상하는 시간을 가진다. 그럴 때 흔히 목소리를 낮추어 말하는 감탄사가 '고라이자왕'이다. 이는 두말할 것도 없이 고려다완, 즉 한국에서 만든 찻그릇이라는 뜻이며 일부 일본인들이 신(神) 바로 다음으로 떠받드는 대단한 문화재이기도 하다."

존 코벨 박사는 "일본문화의 뿌리는 한국이고, 한국의 일부 고고미술사학계가 스승의 이론을 뒤집는 유물이 나오면 발표를 하지 않거나 재매장 시키는 경우가 있다."고 학자적 양심으로 비판했던 인물이다.

우리는 존 코벨 박사에게서 중요한 두 가지 시사점을 얻게 된다. 한국문화에 대한 자부심과 함께 스승(혹은 원로나 선배) 때문에 비겁하게 되지 말아야 한다는 사실이다.

적어도 코벨 박사는 동양미술사를 전공한 입장에서 일본다도에 미친 조선의 영향을 미술품이나 건축 등에서 접근하였지만 그의 판단은 훌륭한 것이었다고 말하지 않을 수 없다. 그는 일제에 의해 주눅 든 한국인에게 고대와 중세에 문화적 증여자로서의 한국의 입장을 부각시켰으며, 특히 일본의 근대정신이라고 일컫는 다도조차도 조선의 영향임을 밝힘으로써 한국인의 자부심을 일깨우는 데에 공헌했다.

오늘날 한국인의 차인들이 '일본다도의 틀 안'에서 자신의 정체성을 찾기 위해 발버둥치는 것은, 혹은 남의 것으로 잘 난 체하거나 거드름을 피우는 것은 참으로 못난 식민지 근성이다. 이는 사대주의의 전형적인 예이다. 사대주의자들은 흔히 선진외래문화를 독점하는 데에 열을 올리는 반면, 국민생활화 하는 것을 도리어 방해한다. 그 까닭은 자신들의 사회적 지위와 신분의 기호로 문화를 사용하기 때문이다. 다도라는 말속에는 식민지 근성과 사대주의가 숨어 있다.

코벨 박사는 종종 한·중·일 삼국을 비교하는 관점에서 한국문화와 일본문화를 바라본다. 그는 "일본인은 솔직해질 수 없다."고 말한다. 그는 1980년 유네스코 강당에서 3대의 영사기로 컬러 슬라이드를 비춰가며 한국·중국·일본의 예술형태를 통해 극동의 세 나라를 비교하는 강연을 했다.

"세 나라의 특성을 한마디로 요약할 말을 찾다가 영어의 C자로 시작하는 낱말을 떠올렸다. 중국은 통제(Control), 한국은 무심함(Casual), 일본은 작의적(Contrived)이라고. 이런 대비는 삼국의 도자기를 비교해보면 뚜렷하게 드러난다. 중국 도자기는 가마와 유약의 사용을 철저하게 관리한 결과 특히 도자기에서 완벽의 경지를 이뤄냈다. 한국의 도공은 언제나 자연스럽기 짝이 없고 무심해서, 이들이 만들어낸 도자기에는 도공의 기질과 불이 어떻게 작용했는지가 그대로 반영된다. 일본인들은 15세기 이도다완 전쟁에서 보듯, 이러한 한국적 무심함을 높이 취해서 과도하게 발전시킨 나머지, 그들의 도자기는 자의식이 담긴 작의적인 것이 됐다. 일본인들은 가마에서 구워낸 화병의 한 귀를 일부러 구부리거나 깨버림으로써 한국 도자기가 갖는 것 같은 '무심함'의 미를 주려고 한다."

그는 또 이렇게 고백한다.

"미국인이 보기에 한국 도자기의 이런 무심함은 솔직함과 통한다. 내가 일본의 교토보다 서울에서 더 편히 지내는 이유는 지극한 미소로 일관하는 교토 사람들보다 상대적으로 솔직한 서울사람들이 더 자연스럽게 느껴지기 때문이다. 나는 10여 년 동안 매년 여름과 겨울을 교토 다이도쿠지(大德寺)의 유명한 선(禪) 사찰 진주암에서 보냈는데, 그 무렵 나는 주지스님과 삶에 있어 '솔직함'이 무엇인가 하는 문제로 자주 다투곤 했다. 면전에서 하는 말과 등 뒤에서 하는 말이 다른 일본인의

이중성에 대해 지적하면 그는 그래야만 하는 것으로 정당화하곤 했다. 그것이 바로 '호벤(方便)', 즉 편의라는 것이었다."

존 코벨 박사는 이도다완을 비롯한 도자기는 물론이고, 일본다실 건축양식마저도 조선에서 가져간 것으로 보고 있다. 그는 '양산보의 소쇄원과 센리큐의 초암다실'이라는 제목의 글에서 이같이 단정하고 있다.

"'일본 서기(書記)'에 한국인이 처음으로 연못 가운데 섬을 만드는 정원 개념의 조경을 해주었음이 명시돼 있는 데도 한국학자들이 이를 나 몰라라 하는 태도는 기이한 것이다."고 일침을 놓은 코벨박사는 "일본에 있는 어떤 다실도 이 소쇄원보다 연대가 앞선 것은 없다."고 말한다.[4]

"나는 한국 전라남도 담양의 소쇄원과 16세기 후반 일본의 다실건축 사이에는 긴밀한 관계가 있음을 직감한다. 히데요시 집권 당시 일본이 조선에서 수입해오던 다완 중 유명해진 다완의 3분의 1 이상이 조선에서 제작된 것이었음에 비추어 볼 때 소쇄원 정원이 일본에 그대로 옮겨졌으리란 것은 전혀 이상한 일이 아니다."[5]

다이도쿠지(大德寺)에는 사찰마다 차실이 딸려 있다. 그 중 조이호인(瑞峯庵)은 카레산수이(枯山水)로 유명하다. 조이호인은 앞과 뒤가 온통 카레산수이로 둘러싸여 있다. 조이호안 차회는 한국 차계의 등용문으로 알려져 있다. 조이호안의 석정(石庭)은 중국에서 들여온 것으로 알려져 있다.

"조이호안 석정을 직접 돌보았던 인물 중에는 전후(戰後)의 거장 중 한 사람인 시게모리미래이(重森三玲)가 있다. 미래이의 손자인 교토 코게이센 대학의 시게모리 차사오는 일본의 카레산수이는 원래 '벽암록'의 독좌대웅봉(獨坐大雄峰)에서 연유되어 일본 선정원 미학으로 발전했다고 말했다. '저 모래 위에 태연히 서 있는 석정(石庭)은 선의 깨달음의 경지를 훌륭하게 표현했다'고 칭송했다."[6]

---

4) 존 카터 코벨, 김유경 편역, 《일본에 남은 한국미술》, 2008, 180~185쪽, '글을읽다' 출판사.

5) 존 카터 코벨, 김유경 편역, 같은 책, 184쪽.

6) 최석환, 〈아름다운 차실 순례 22-교토 즈이호안〉 《차의 세계》(2012년 7월호), 31쪽.

일본 선(禪)정원의 석정(石庭)의 연원을 중국 '벽암록'의 독좌대웅봉(獨坐大雄峰)에 두는 것이나 일본 전다도(煎茶道)의 연원을 은원(隱元)선사에 두는 것은 한반도(한국) 연원을 기피하는 일본학자들의 지독한 콤플렉스의 발로이다. 일본 학자들의 한국 콤플렉스는 거의 병적인 상태인 것 같다.

일본 사람들은 으레 중국이나 한국에서 들어온 것은 무조건 중국에서 들어온 것으로 말하는 것이 보통이다. 그래야 고대와 중세에 동아시아 문화수혜자로서의 민족적 자존심이 상하지 않는 모양이다. 그러나 일본의 고대와 중세문화는 한반도에서 들어간 것이 대부분이다. 간혹 중국에서 직접 들어간 것도 있지만, 그렇지 않는 것이 대부분이다.

심지어 일본정신의 핵심인 신도나 사무라이 정신까지도 한반도에서 들어간 것을 일본화한 것이라고 보는 편이 다른 주장보다 훨씬 설득력을 가지고 있고, 증거자료도 많다. 일본 대마도와 오키나와의 무속은 바로 한국 무속문화의 복사판이고, 앞에서 언급하였듯이 사무라이 정신은 신라의 '삼랑'(三郎)이 '사무라이'가 된 것이다.

역사적으로 문화전파의 거대한 흐름은 무시할 수 없다. 한국의 차인들은 대부분 일본의 다도가 순전히 일본인에 의해서 성립된 것으로, 일본 고유의 것으로 알고 있지만 사실은 그렇지 않다. 일본다도는 조선에서 건너간 조선의 도자기(이도 다완)와 매월당의 초암 차실, 그리고 선종(禪宗)의 합작품이다.

일본불교와 다도와 선(禪)의 전통이 고려·조선에서 크게 영향을 받았음을 처음으로 시사한 연구자는 앞장에서도 말했듯이 존 카터 코벨이라는 동양미술사학자이다. 미국 태생의 동양미술사학자인 존 카터 코벨은 1941년 컬럼비아 대학에서 '15세기 선화가 셋슈 연구'로 박사학위를 받았다. 그는 일본 교토 다이도쿠지(大德寺)에서 오랫동안 불교미술을 연구하고 '다이도쿠지의 선(禪)' '일본의 선(禪) 정원' '잇큐(一休) 선사 연구' 등 일본 예술의 미학적인 면을 다룬 여러 권의 저작을 냈다.

코벨 박사가 고대에서부터 일본문화의 원형이 한국문화라는 것을 밝힌 것은 그가 한국이나 한국문화를 좋아했기 때문이 아니라 학자적 양심에 따른 것이었다. 코벨 박사는 처음에 일본미술에 정통한 세계적 학자였으나 나중에 일본미술의 원형이 샤머니즘에서부터 불교문화에 이르기까지 모두 한국문화가 원형이라는 것을 알고 만년에 한국문화와 샤머니즘연구를 필생의 작업으로 삼았다.

그의 저작들을 보면 미술 전반에 걸친 것이지만 선화가(禪畵家) 연구, 선(禪), 선(禪) 정원, 심지어 일본다도의 원조라고 할 수 있는 잇큐 선사 연구 등은 그가 '일본다도'에 관해서도 연구자의 식견에 따라 무진장의 보고가 될 수 있음을 알 수 있다. 그러나 국내 학계에서는 그의 업적을 일부러 외면하고 무시하는 태도를 보여 왔다.

존 코벨은 일본문화를 연구하다가 일본문화의 원형이 모두 한국문화라는 것을 알고 한국으로 건너와서 십 수 년을 연구한 열정적인 학자였다.

존 코벨은 "내가 컬럼비아 대학에서 배운 일본사는 가짜였다."[7]고 말할 정도였다. 그는 세 번째 한국방문을 한 1978년 이후부터는 자신의 견해에 대해 학문적 자신감을 가졌는지 "그동안 '일본 것' 혹은 '중국 것'으로 알려졌던 수많은 미술품들이 한국 땅에서 건너갔거나, 한국인 예술가의 손에서 만들어졌다."[8]고 주장했다.

그는 한국의 다도가 먼저인가, 일본의 다도가 먼저인가를 두고 오래 고민했던 것 같다. 그래서 그는 "8년간 시간 날 때마다 찾았지만, 워낙 한국의 역사기록은 전란 등으로 손상을 많이 입다보니 전성기를 이룬 고려 때 불교나 차에 대한 것도 몽고군이 와서 다 파괴해 남은 것이 없어졌다."[9]고 한탄하기까지 하였다.

---

7) 존 카터 코벨 지음, 김유경 편역, 같은 책, 17쪽.
8) 존 카터 코벨 지음, 김유경 편역, 같은 책, 17쪽.
9) 존 카터 코벨 지음, 김유경 편역, 같은 책, 317쪽.

그래도 그는 동아시아 차의 전래를 대강 이렇게 말한다.

"차는 중국에서 일찍이 7세기 때 한국에 전래되고 궁중에서 마셨다. 한국의 차는 일본으로 건너가 8세기 궁중에서 의례 때 사용했다. 일왕이 승려들 일단을 대접했다는 기록도 있다. 그러나 지금 알려진 것 같은 일본의 다도는 15세기에 비롯됐다."

코벨 박사는 일본에 초암차를 전해준 인물이 김시습이었다는 사실을 알지 못했다. 미술사학자였던 그에게 조선 초기 최고의 천재문인이었던 김시습이 제대로 드러나기에는 연구 분야의 한계가 있었던 것 같다.

코벨 박사는 선사(禪士)였다고 해도 과언이 아니다. 그가 묘사한 '새벽에 보는 다이토쿠지의 선화(禪畵)'라는 글에서 드러난 '선(禪)'의 경지는 참으로 신묘한 경지이다.

"새벽 3시 45분, 차가운 어둠속에 몇 줄기 촛불을 밝혀놓고 절의 식구들이 모두 모여 새해의 결심을 새로이 한다. 그리고 연두색 말차를 마신다. 왜냐하면 이곳 신주안은 잇큐 선사 추모사찰이고 잇큐 선사가 제자 무라다슈코((村田珠光, 1422~1502)에게 선의 미학을 가르친 곳이며, 무라다슈코는 일본 역사상 최초로 공식 다도가가 된 사람이기 때문이다. 그렇기 때문에 동이 트기 전 잇큐 이래 15대째를 잇고 있는 주지스님, 절의 일꾼들, 나, 모두가 모여 절에 대한 헌신과 함께 현재의 주인인 야마다 소빈(山田宗敏) 주지스님께 충성을 맹세하는 것이다. ...중략... 우리는 직위 순으로 서서 법당까지 한 줄로 걸어가 30분 동안 잇큐 선사, 모든 후원자, 기부자 그리고 지난 5백 년 동안 이 절을 도와준 모든 사람을 위해 염불을 했다. 주지스님의 수석상좌가 북을 치며 같이 한문 반, 다라니 반으로 된 오래된 경을 외웠다. 그것은 티베트 타입의 산스크리트어로, 말의 뜻보다 경을 읽는 그 소리가 듣는 이의 심금을 울리는 효과를 냈다. 제단에 피운 향불이 방안에 가득 피어오르고 반쯤 최면에 빠진 상태에서, 나는 방안 벽장문에 그려진 그림들을 응시했다. 난방이 안 된 추운 방에 입김을 뿜으며 앉아있지만, 예술사학자로서 나는 일본미술을 연구하는 어떤 미국인이든 지금 일본에서 가장 오래된 벽화가 그려져 있는 이 법당 안에 내 대신 앉아 있고 싶어할 것임을 안다. 이 절은 일본 선묵화의 최정상을 보여준다. ...중략... 그것은 최소한의 붓놀림만으로 된 그림이며 짙은 먹빛의 감각을 느끼게 한다. 위대한 예술가의 손에서 정신적 산수화의 걸작품이 그려진 것이다. 두꺼운 종이로 도배한 후쓰마 벽의 문을 통해 차츰 새벽빛이 밝아지면서 촛불 밑에서 보는 것보다 더 확실하게 그림들이 드러난다. 염불소리가 방안에 울리면서 향로의 향불은 그림 속 새가 있는 숲 속으로 뚫고 들어가는 듯하고 먹이 보여주는 신비는 그 자체가 전부이자 선(禪)에서 말하는 무(無)와 그래도 합쳐지는 듯하다. 창세기 1장이 다시 펼쳐지는 듯, 세상이 새롭게 시작되는 것처럼 느껴진다. 그것이 바로 선(禪)의 현실적 깨달음이다. 형은 무형이 되고 형과 무형은 서로 관통한다. 그리고 아무 구별이 없는 상태에서 먹, 그림의 흰 여백, 염불 뇌는 소리, 향의 연기까지 모든 것이 한데 섞여 감각이나 지각을 넘어서 도저히 말로 표현할 수 없는 어떤 존재론적 체험으로 나아간다. 학문으로서 예술사는 고작 1백여 년의 연륜밖에 되지 않는다. 내가 경외심으로 깨달은 것은, 서양인이든 동양인이든 나 말고는 어떤 예술사가도 신 새벽에 이 벽장문에 그려진 묵화가 살아나는 것을 보지 못했다는 것이다. 남들은 아마도 일상적인 빛 속에서만 이들 벽화를 바라보았을 것이다. 5백여 년 전 그 선화가는 새벽에 보는 그림으로서 이 벽화를 그렸던 것이다. 일 년 중 가장 중요한 순간, 정월 초하루 새벽, 새해의 연원을 새롭게 맹세하는 그 순간을 위하여 말이다."[10]

그의 경지가 이 정도이니 선과 선화, 다선일미(茶禪一味)의 다도에 정통하지 않았다고 할 수가 없다. 그는 선(禪)에 대한 정통한 인식을 토대로 일본에 선화(禪畵)를 전파한 화가 이수문((李秀文, 1403~?)을 주목한다.

이제 일본다도의 밖에서 한국의 차 문화를 정립하여야 한다. 이제 한국도 일본이

---

10)존 카터 코벨 지음, 김유경 편역, 같은 책, 308~311쪽.

나 선진 구미 제국의 틀 밖에서 우리문화를 논의할 때가 되었다. 차인들은 문화적 독립전선의 맨 앞에 서야 한다.

일본다도의 밖에서 한국의 차 문화를 찾아들어가 보자. 그러면 일본다도의 안에서 바라볼 때보다 훨씬 더 수월하게 한국의 차 문화를 정립할 지름길을 찾을 수 있을 것이다.

한국은 '정(情)의 나라'이다. 풍류차도는 바로 산천과 정을 통하는(교감하는) 정신이다. 정이 흐르지 않는 찻 자리는 한국의 찻 자리가 아니다. 정(情)은 자연적인 미학을 숭상한다. 한국의 차 공간은 자연을 차경(借景)하는 것이 특징이다. 차경은 자연 속에 숨어 있어서 두드러지지 않으려고 한다.

한국의 고려다완은 그 같은 자연친화와 단순소박의 산물이다. 한국은 고려다완과 같은 미학을 생활 속에서 살고 있다. 이에 비해 일본은 '디자인의 나라'이다. 디자인은 인위적인 미학을 숭상한다. 일본의 차 공간은 자연을 숭상한다고 하더라도 자연을 가두는 인위적인 미학의 공간이다.

일본은 한국의 고려다완을 섬기지만 그것의 진정한 정신과 의미를 몇 사람이나 알까? 자연과 하나가 된 물심일체의 경지, 인공적으로 꾸미지 않는 자연의 미학을 알기에는 너무 규격화·인공화 되어 있다. 혹시 그들은 단지 그들이 만들지 못하는 것에 대한 경외감으로 국보로 섬기는 것은 아닐까?

'고려다완=이도다완'은 저들의 섬기는 대상이다. 그것을 소장하고 있는 사람들을 존경의 대상으로 바라보고, 귀족처럼 우대하고 있는 것은 아닐까?

2) 일본 '다도'의 출발은 사무라이 다도

70~80년대 한국 차 문화의 태동기에 부산, 경남 일원에는 일본다도 붐이 일었다. 다른 지역보다 일본에 가까운 지리적 여건으로 일본 방송을 시청할 수 있었던

이들 지역 상류층 부인들은 일본다도에 매료되어 일본다실을 만들고, 기모노를 입고, 다회를 열었다. 아마도 선진문화에 대한 욕구와 경제성장과 소득향상에 따른 적절한 문화적 차이와 교양에 대한 향수가 있었을 것이다.

지금도 당시에 지었던 일본다실은 해운대, 양산, 동래 등지에 20여개가 흩어져 있다. 그런 붐에 편승해 일찍부터 일본의 다도종가인 우라센케, 오모도센케의 지부가 부산에 설치됐다.

이들 지역 사람들은 일본다도를 통해 가장 먼저 차에 눈을 떴다. 참으로 문화는 재미있는 것이어서 다른 나라의 문화적 자극이나 충격을 통해서 집단무의식에 잠재해 있던 잃어버린 자신의 문화요소를 되찾거나 부활시킨다는 점이다. 일본다도를 배우는 사람들은 적어도 그것에서 종래 한국다도의 잃어버린 흔적을 발견하고 조선의 다도인 초암차를 부활시켜야 할 사명을 가지고 있다. 이는 마치 무술에서 일본의 가라테를 통해서 태견과 태권도를 부활시키는 것에 비유할 수 있을 것이다.

그런데 한국차계에서는 아직 태권도와 같은 한국의 브랜드, '한국의 근대적 다례' 혹은 '근대적 다법'을 만들어내지 못했다. 그렇게 보면 한국의 차인들은 아직 무예인들보다 못하다는 평을 할 수 있다. 한국의 차인들은 아직 자아회복, 자아발견에 도달하지 못했다는 증거이다. 일본다도를 추종하는 것이 마치 선진다도를 배우는 것으로 만족하고, 으스댄다면 이는 문화적 정체성을 망각한 처사이다. 일본과 한국은 서로 정복하기도 하지만, 서로 일깨우는 문화적 관계에 있다.

일본문화는 전반적으로 신도(神道)의 전통을 이은 무사도(武士道)와 실용주의가 문화의 바탕을 이룬다. 이는 일본이 아시아 국가 가운데서는 가장 앞서서 근대화와 산업화를 이루는데 긍정적으로 작용하였고, 지금도 선진강대국을 구가하게 하는 원동력이다. 오늘의 일본다도를 이루는데 크게 기여한 집단이 바로 사무라이 집단이다.

일본의 다도는 무사다도와 함께 성장하다가 그것에 반하는 와비차(侘茶)를 탄생

일본 쿄토 다이도쿠지(大德寺)의 카레산수이(枯山水)

시켰다. 현재 일본다도는 일본제국주의의 군사적 침략과 경제적 지배를 망각하거
나 무마케 할 정도로 아시아 각국에서 세력을 펴고 있으며, 구미제국에도 일본에
대한 군국주의적 이미지를 탈색시키는 데에 일조를 하고 있다.

　이는 마치 서구 제국주의가 기독교로 피식민지를 달래주던 모습과 흡사하다. 이
도다완에서 하얀 거품을 일구며 시야에 들어오는 푸른 말차를 보는 순간 일본에 대
한 침략이미지는 눈 녹듯 사라지기에 충분하다.

　일본의 선종(禪宗)은 왕실귀족 중심의 천태종(天台宗)과 달리 신흥귀족인 사무라
이 계급의 지원을 받음으로써 무(武)와 선(禪)을 하나의 정신체계로 만들어내는 데
에 크게 영향을 미친다. 다선일미(茶禪一味)에 못지않게 다무(茶武)일미, 무선(武
禪)일미를 실천하였는지도 모른다. 무사들이야말로 도리어 불립문자(不立文字)로

직관적 깨달음에 도달하는 선(禪)과 궁합이 맞았을지도 모른다.

생활공간과 다도

'차의 세계'가 주관하는 '일본 교토 한·일 차 문화교류'(2014년 10월 24일~28일, 교토·우치 등) 일행은 다이도쿠지 조이호인에서 제 6차 선차아회를 개최하는 것을 비롯하여 일본 전차도의 발원지 만복사에서 헌다례를 하는 등 각종 행사를 성공리에 마쳤다.

우리는 흔히 차도(茶道)를 논할 때 기본적인 생활공간의 차이와 의미를 축소하거나 심지어 망각하는 경향이 있다. 아무리 고도로 예술적으로 발전하고 세련된 차도라고 하더라도 생활공간이라는 기본적인 바탕에서 출발할 수밖에 없다. 다시 말하면 각국의 차도는 생활공간과의 타협이 필수불가결하고 그 바탕 위에서 차도를 예술적으로 실현할 수밖에 없다.

생활공간이 다른 한중일(韓中日)의 차도는 다를 수밖에 없고, 예컨대 중국 혹은 일본 혹은 한국에서 다른 나라의 차도를 수입하거나 배워간다고 하더라도 자신의 생활공간에서의 토착화·자기화 과정에서 적응적 조치나 재구성을 할 수밖에 없다.

아시다시피 중국은 입식생활을 하고 기본적으로 침대와 높은 탁자를 필요로 한다. 한국은 좌식생활을 하고 온돌생활을 하고, 낮은 상을 필요로 한다. 일본도 좌식생활을 하고 다다미생활과 낮은 상을 필요로 한다.

같은 좌식생활을 하는 한국과 일본이지만, 한국은 온돌과 부엌의 연결로 난방과 취사를 하나의 시스템으로 작동하는 반면 일본은 다다미로 인해 난방을 위한 별도의 화로(욕조도 여기에 간접적으로 포함된다)가 필요하며, 취사는 별도로 분리되어 있다.

일본 교토 원덕원(圓德院)에서 일반에 처음 공개된 사두다례(四頭茶禮)의 시연 모습.

한국의 좌식과 일본의 좌식은 앉는 방식에서도 다르다. 한국의 경우 남성은 양반다리를 하고, 여성의 경우 한쪽 무릎을 세우기도 한다. 그러나 일본의 경우는 남녀 모두 무릎을 꿇는 자세로 앉는다. 무릎을 꿇는 방식은 한국에서도 고대에 무사들이 하던 방식이다. 따라서 순전히 일본 것이라고 말할 수는 없다.

무릎을 꿇는 방식은 양반다리에 비해 재빨리 일어날 수 있는 기동력의 면에서 이점이 있다. 따라서 적의 공격에 쉽게 노출되거나 빨리 대항하여야 할 필요가 있는 무사들에게는 무릎을 꿇는 방식이 적절하다. 일본의 사무라이 전통의 원류가 신라의 삼랑(三郞: 일본식 발음으로 '삼랑'='사무라이')이라는 점에서 일본은 고대에 한반도에서 건너간 무사들의 앉는 방식을 그대로 고수하고 있다고 볼 수 있다.

일본문화의 저류에는 항상 사무라이 전통이 깔려 있다. 한국은 근세에 들어오면서 점차 문숭상(文崇尙)·문민화(文民化)로 인하여 '양반다리의 좌식생활'을 하였다면 일본은 무사전통에 따라 '무릎 꿇는 좌식생활'을 고수하였다고 볼 수 있다. 오

일본 교토에서 열린 차회에 참가하고 있는 최석환, 필자, 이달희 시인 (중앙 오른쪽부터)

늘날 한국의 차도를 '선비차도'라고 한다면 일본의 다도는 '무사다도'이다. 한국에서는 문사(文士)가 양반이지만 일본에는 무사(武士)가 양반이다.

중국	한국	일본	일본무사다도
입식다도	좌식다도	좌식다도	입식좌식다도
침대생활	온돌생활	다다미생활	다다미생활

이상에서 생활공간이 차도의 형성에 결정적인 영향을 미침을 볼 수 있다. 예컨대 차의 원산지가 중국일 경우, 중국은 당연히 입식생활에 걸 맞는 차도를 발전시켰을 것이고, 한국은 이를 좌식생활에 적응시켰을 것이고, 일본도 좌식생활에 적응시켰을 것이다.

고대에서 근세에 이르기까지 동아시아 삼국의 문화의 전파방향을 보면 대체로 중국→ 한국→ 일본의 순이다. 문화요소에 따라 중국에서 직접 일본으로 간 경우도 있겠지만 그것은 극히 소수에 불과하다. 설사 그렇게 중국에서 직접 전파된(수입된) 문화요소라고 하더라도 일본은 정착과정에서 좌식다도를 하는 한국의 영향을 받을 수밖에 없다.

한중일의 행다(行茶)를 보면 중국의 입식다도가 한국에서 좌식다도로 바뀌어 토착화되고, 이는 다시 일본으로 건너가서 일본식 좌식다도에 영향을 미치고 오늘날 일본 초암다도가 된 흔적이 역력하다.

일본의 사두다례(四頭茶禮)는 이를 잘 보여준다. 사두다례는 중국의 불교와 차문화를 일본에 처음 전한 초기 사찰인 교토의 겐닌지(建仁寺: 임제종 대본사)와 도후쿠지(東福寺) 등에서 전해 내려온 차도이다.

필자가 참가한 제 6차 세계선차문화교류대회(항주 영은사, 2011년 11월 10일~12일)에서 일본에서 참가한 다이도쿠지(大德寺) 승려들은 사두다례를 선보였다.

"사두다례는 교토의 겐닌지(建仁寺)에서 매년 4월 20일 일본의 다성(茶聖) 에이사이(榮西) 선사의 기일에 제사법회의 형식으로 행해졌던의식이다. 엔카쿠지(圓覺寺), 겐초지(建長寺) 등에서도 사두다례를 행하였다."[11]

에이사이(榮西, 1141~1215) 선사는 일본으로 귀국할 때 송나라 사찰에서 사용하던 차 도구와 전점(煎點)의식을 고스란히 가져갔고, 당시 의식은 지금도 거의 원형에 가깝게 보존되어 계승되고 있다. 에이사이 선사가 건립한 건인사에서는 지금도 그것을 보존하고 있다. 교토의 여러 사찰에는 당시 사두다례가 보편적으로 퍼졌던 것으로 보인다.

사두다례는 4명의 승려가 수좌(首座), 주산(住山), 위장(位長), 참가(參暇), 종무장(宗務長)을 맡아 거행하는 다례이다. 다례는 일반적으로 방장이 거행하는데

---

11) 최석환 「차의 성도 항저우 하늘 아래 울려 퍼진 제 6차 세계선차문화교류대회」 『茶의 세계』(2011년 12월호, 통권 120호), 59쪽.

한 가운데 개산조사의 초상화를 걸어놓고 사두가 네 모서리에 앉고 뒤에 화조가 있는 병풍을 설치함으로써 다례의 공간구성을 한다.

이날 다이도쿠지의 4명의 승려들은 각국 대표를 손님으로 청하여 의식을 시작했다. 주례자가 먼저 정상(頂相) 앞 향로에 향을 피우자 그 뒤에 법복을 입은 4명의 승려가 천목다완을 들고 입장하여 조심하고 삼가는 예를 주빈들에게 올렸다. 다완에는 이미 말차분이 들어있었다. 그 후 합장을 한 채 퇴장(退場)한 승려들은 다시 왼손에 깨끗한 병과 오른손에 차선(茶筅)을 들고 상당(上堂)하여 주빈 앞에서 조심스럽게 점다(點茶)를 하였다. 차선으로 한동안 격불(擊拂, 휘젓기)한 뒤 합장하며 퇴장했다. 손님들은 한 손으로 잔을 받들고 다른 손으로 잔을 쥐고 차를 마셨다.

일본 다이도쿠지에는 「오백나한도(五百羅漢圖)」(일본 중요문화재)가 소장되어 있다. 오백나한도는 모두 82폭인데 이중 2폭의 그림이 다도 장면을 보여주고 있다.[12] 이 그림은 중국인들이 차 마시는 모습을 그린 것이다. 그 장면은 바로 오늘날 사두다례의 모습이다. 아마도 다이도쿠지 승려들은 이 그림을 참고하여 다도를 정립한 것으로 보인다.

사두다례 의식은 처음엔 입식의 형태로 출발하여 결국 좌식의 형태로 손님에게 차를 대접하면서 마쳐졌다. 사두다례는 바로 중국의 입식다도가 불교를 통해 일본의 승려와 사무라이계급에게 전해진 것으로 생각된다.

이날 선차대회 학술토론회에서는 일본 분코대학(文敎大學) 나카무라슈야(中村修也)교수의 '사두다례의 역사'가 발표되었다. 이어 같은 대학의 이스이치에미(石井智惠美) 교수가 '사두다례의 요리와 간식'을 발표했는데 중국 경산다연이 전해진 일본 도후쿠지(東福寺)의 예를 중심으로 발표했다.

경산다연(徑山茶宴: 차 탁자와 茶典)은 송나라 때 허당지우(虛堂智偶, 1185~1269)의 제자인 난포조묘(南浦紹明, 1235~1308)가 일본에 가져온 것으로 차탁

---

12) 「五百羅漢圖」(周季常 · 林庭珪 筆, 京都府 大德寺) 『日本人 と 茶-특별전람회 그의 역사 · 그의 미의식』중에서.

(茶卓) · 차전(茶典) 7부도 포함됐는데 '차전' 중에 '다도청규' 3권도 들어있다. 난포조묘는 일본에 화경청적(和敬淸寂)을 전한 인물이기도 하다.

일본의 다도는 크게 두 축으로 나뉜다. 남송 말년 일본다도의 비조(鼻祖)인 에이사이(榮西禪師, 1141~1215) 선사가 송나라로부터 차씨를 가져와 세부리산(背振山)에 심은 것이 한 갈래다. 에이사이는 "차란 말세에는 양생의 선약(仙藥)이요, 사람으로 누려야 할 목숨을 늘리는 기묘한 술법이다." 이때만 해도 차는 양생의 차원에서 시음되었다.

다른 하나는 난포조묘(南浦紹明, 1235~1308)에서 잇큐소준(一休宗純, 1394~1481)으로 이어지는 경산다연을 들 수 있다. 난포조묘는 중국 절강성 항주 여항(余杭)의 경산사(徑山寺)로 들어가 경산다연을 일본의 소후쿠지(崇福寺)에 전했다.

일본다도는 잇큐소준, 무라다슈코(村田珠光, 1433~1502), 다케노조오(武野紹鷗, 1502~1555), 센리큐(千利休, 1522~1591)로 이어지는 선에서 완성된다. 일본다도는 이들 가문에 전해 내려오는 '다선일미'(茶禪一味)와 '화경청적'(和敬淸寂)으로 요약된다. 일본다도도 한국과 마찬가지로 불교를 바탕으로 전개되었으며, 다도의 대가들은 모두 승려 또는 재가승려였다.

센리큐가 정한 사규(四規)인 화경청적(和敬淸寂)은 센리큐의 15대 손인 센겐시츠(千玄室)에 이르러 세계적인 차 문화 사상으로 발전하였다. 다도(茶道) 하면 일본이고, 일본의 다도는 동양문화를 대표하는 사상이 되었다. 일본 차 문화는 선불교 사상이 기본이며, 지금까지도 선불교 과정을 수양해야 다도가(茶道家)의 대를 이을 수 있다.

'화경청적'(和敬淸寂)이라는 말은 일본다도 신화의 결구(結句)이다. 일본 차인들은 이 말에서 어쩌면 다신(茶神)을 느끼는 것인지도 모른다. 화경청적은 무라다슈코의 '청결예화'(淸潔禮和)를 심화시킨 것이다. 화경(和敬)은 사람과 사람 사이의 윤리를 말한다.

화(和)는 주인과 손님 간의 화목을, 경(敬)은 서로의 인격에 대한 존중을 말한다. 청적(淸寂)은 개개인이 가져야 할 마음가짐을 말한다. 청(淸)은 물심양면에서 깨끗함과 떳떳함을, 적(寂)은 고요와 텅 빈 것을 가리킨다.

일본다도의 신화 만들기는 비교적 정교하게 프로그램화되어 있기 때문에 한 번 빠져들면 도그마가 되어 차인들로 하여금 감탄을 발하게 한다. 그래서 자칫 하면 일본다도의 좋은 점보다 나쁜 점만 받아들이기 쉽다. 일본다도는 오랜 역사와 철학이 있음에도 불구하고, 현재 심각한 기물주의(器物主義)에 빠져 있는 것 같다. 오늘의 일본다도를 보면 선(禪)보다는 다(茶)를, 다(茶)보다는 다기(茶器)와 다옥(茶屋)과 다실(茶室)을 중시하는 경향이 있다.

마시는 차보다는 차 공간(장소), 즉 차옥이나 차실을 더 중시하는 경향은 일본 특유의 공간의 규격화로 보인다. 일본인은 공간 중심의 삶, 즉 '장'(場), '장소'(場所)를 중시하는 것에 연유한다. 이에 비해 한국은 특화된 공간보다는 자연으로 열린 공간을 중시하고, 그렇다 보니 공간보다는 차를 마시는 음차에 비중을 둔다. 이는 한국인이 공간보다는 흘러가는 시간과 변화를 즐기는 것을 좋아하는 성격과 관련이 깊다.

선차(禪茶)든 다선(茶禪)이든 의미는 똑같다. 그러나 굳이 구분하자면 일본인은 '다선'을 선호하고, 한국인은 '선차'를 선호한다. 이는 일본이 즉물주의에 경도되기 쉬운 반면, 한국은 관념주의(정신주의)에 빠지기 쉬운 성향을 말한다. 공간 중심의 일본은 자연에 인공을 가미하여 재구성하는 것을 즐긴다. 그래서 저들의 소위 다실에 딸린 정원에 해당하는 '노지'(露地)는 매우 인공적으로 잘 다듬어진 정원이다.

손님들은 노지에 깔린 도비이시(飛石)를 밟으며 차실에 접근한다. 노지 정원의 돌에는 푸른 이끼를 밀생시켜 '이끼의 정원'에 온 것 같은 환각을 불러일으킨다. 자연을 중시하는 것 같지만 일본의 차실은 거의 인공적인 밀실에 가깝다. 일본의 차실에 이르는 길은 오늘날 정원학이나 미학적으로 설명하는 것이 대부분이지만, 실은 사무라이들의 차회가 중심을 이루기 때문에 차실에 다가오는 손님들의 발걸음이나 인기척 소리를 사전에 듣기 위한 실용적인 효과도 노린 것으로 짐작된다.

이에 비하면 한국인은 자연을 중시하여 때로는 인공의 손질이 전혀 가해지지 않는 것 같다. 한국인은 들차회를 좋아하고, 사방이 트인 정자나 누마루에서 차를 마시기를 좋아한다. 한국인의 차실은 차를 마시면서 커다란 창을 통해 바깥 풍경을 바라보게 하거나 탁 트인 시야를 만들어내는 것을 좋아한다. 한국의 차실은 아예 열려진 공간이다. 담양 소쇄원의 정자와 초당, 대흥사의 일지암, 강진의 다산초당은 대표적인 곳이다.

정원학(庭苑學)의 대표적 학자인 민경현(閔庚玹)은 한·중·일의 정원을 이렇게 비교한다.

"동양권에서 자연풍경형의 정원양식을 이루고 있는 한국, 중국, 일본을 비교해 보면 자연경관을 어떻게 이용하고 있는지를 잘 알 수 있다. 중국은 자연실경보다 더욱 웅장하게 꾸며 권위주의적 경향을 나타내며, 일본은 백제시대에 개발한 반경(盤景)처럼 산수경을 축경화(縮景化)한 상정(箱庭)으로 강한 인공미를 풍기는데, 우리나라는 산수경관을 원경으로 받아들여 최소한의 인공을 가미함으로써 자연인지 인공인지 분간하기 어려운 중용적인 기법이 사용되었다. 이러한 경향은 외국에서 전래된 불교사원에서도 찾아볼 수 있는데, 그들의 정원기법을 모방하지 아니하고, 우리 나름의 독자적인 형식을 개발하여 불교의 우주관과 교리를 반영한 좋은 예로서 계조암(繼祖庵)의 극락현(極樂峴)과 그 밖의 여러 곳의 선원(禪苑)을 들 수 있다."[13]

그는 또 한국 정원의 특징으로 돌을 이용하는 것을 꼽았다.

"정원을 이루는 자연소재인 돌, 물, 식물 중에서 돌은 그 형상에 따라 상징성을 부여하여 다양한 수석기법(樹石技法)을 발전시켜 왔으며, 생활공간 주변의 바위에

---

13) 閔庚玹, ≪숲과 돌과 물의 문화≫, 1998, 33쪽, 도서출판 예경.

도 이름을 붙여 지면으로 이용되어왔다."[14]

일본의 정원과 선(禪) 정원의 효시는 한국의 영향에 힘입은 것이었다.

"일본에서 정원이라 할 최초의 것은 1백퍼센트 한국인인 소가 우마코가 권력을 잡고 있던 7세기 초 귀족층의 전유물이었다. '일본서기'에 따르면 '우마코의 집은 아스카 강 언덕에 있는데, 안마당에 연못을 파고 한가운데 작은 섬을 만들어놓았다.' 이 정원을 설계한 사람은 백제인이었다. 따라서 612년이라는 이른 시기에 왜에 조경 정원을 설계할 정도라면 일본의 유명한 사이호지(西芳寺) 선(禪) 정원도 한국인이 설계한 것이라는 민(민경현)교수의 주장은 설득력이 있다."[15]

"사이호지에는 언제나 후지와라(藤原)라는 이름이 따라다닌다. 후지와라란 이름은 현 일본 왕실의 성씨로, 646년 그때까지 왜를 지배하던 순수 한국인 혈통인 소가 가문을 살해하고 왜국의 정권을 손에 넣은 절반 한국인 혈통의 씨족을 말한다. 후지와라라는 이름 뒤에 가려진 사이호지의 원소유자가 한국인이었다는 사실은 놀라운 일이었다. 이 사실은 민경현 교수가 주장하는 대로 일본에 선(禪) 정원이 만들어지기 2백 년 전 교토에 정원을 설계한 것이 한국인이라는 주장을 신빙성 있게 해준다. 사이호지, '이끼의 정원'으로 유명한 이곳은 12세기에 당시 수도이던 교토시 서쪽 외곽에 자리 잡았다. 불교에서 사람이 죽으면 다시 태어나는 곳인 서방정토가 어떤 곳인가를 사람들에게 보여주려고 만든 정원이다."[16]

"일본에서 선은 12세기 들어서야 후원자를 맞았다. 처음 가마쿠라(鎌倉)막부에 모여 있던 일본의 선불교는 1335년 아시카가막부가 열리면서 교토를 중심으로 자리를 잡았다. 일본의 정원학에서 평평한 바윗돌 배치는 14~15세기의 특징이다. 그 전에는 뾰족한 입석을 하나 두는 것이었다. 민(민경현)교수는 '춘천 부근 춘경사

---

14) 民庚玹, 같은 책, 33쪽.

15) 존 카터 코벨, 김유경 편역, 《일본에 남은 한국미술》, 2008, 166쪽, '글을읽다' 출판사.

16) 존 카터 코벨 지음, 김유경 편역 같은 책, 166~167쪽.

경내 평바위가 선(禪) 정원으로서 역할을 했다'고 슬라이드를 보여주며 '고려사(高麗史)'를 그 문헌근거로 들었다."[17]

일본의 다실에 이르는 정원도 실은 한국 정원의 영향을 입은 것이지만 일본식으로 변형된, 인공적·축소적·폐쇄적으로 변형된 것이다. 오늘날 겐닌지, 도후쿠지 등 일본의 사찰 어디를 가도 모래와 돌로 만들어진 일본정원 카레산스이(枯山水)를 볼 수 있다. 물을 사용하지 않고 모래로 물을 대신하는 것이다. 바위는 섬을, 모래는 바다를, 모래이랑은 물결을 나타낸다고 한다. 바위와 모래는 정(靜)과 동(動)을, 음(陰)과 양(陽)을 상징하다고 한다. 또 카레산스이를 지나면 이끼무덤 혹은 정원이 나타난다. 이끼는 일본 길목 어디서나 볼 수 있는 생태학적 특징이다.

모래로 바다와 물을 대신하는 일본, 그것은 인공미의 절정이다. 카레산스이는 특히 막부정권의 등장과 선종의 융성과 때를 같이한다. 무사들의 정신세계와 선종은 불립문자(不立文字)를 통해 안팎 관계를 이루면서 정원양식에서도 돌의 사용을 통해 복잡한 구상의 세계를 단순화·추상화하고 자연의 산수를 축소하여 옮겨놓는 경향을 띠게 된다.

일본 다이도쿠지 조이호인(瑞峯庵) 앞뜰에는 중국 백장사 뒷산 독좌대웅봉(獨坐大雄峰: 홀로 우뚝 대웅봉에 앉는다)을 그대로 옮겨놓은 카레산스이가 있다. 조이호인 입구에는 고산수배관(枯山水拜觀)이라는 팻말이 서 있다.

한국과 일본은 같은 것 같지만 다르다. 양국의 차 문화도 예외는 아니다. 그래서 한국에서 문화적 요소나 아이디어가 일본으로 갔다고 해서 그것이 우리의 옛 모습이라고 생각하면 오산이다. 그래서 일본다도를 배우는 사람은 처음에는 같은 문화적 뿌리와 성격 때문에 마음에 드는 것 같지만 정작 세월이 갈수록 답답함과 거북함을 느끼게 된다.

예컨대 초암차나 와비차가 한반도에서 건너갔다고 하더라도 오늘의 일본다도에

---

17) 존 카터 코벨 지음, 김유경 편역, 같은 책, 172쪽.

서 보는 모습이 우리의 전통 차 문화는 아닌 것이다.

일본의 와비차는 '은자의 종교'라고까지 말한다. 와비차는 귀족무사의 전투심과 오만함을 없애기 위해 센리큐(千利休)에 의해 주창되었지만 결국 욕하면서 닮는다고 하는 말이 있듯이 고래로부터 내려오는 신도(神道), 무사도(武士道)로 이어지는 일본문화의 근본적인 성격을 벗어나지 못하는 측면이 있다.

일본다도는 권력과시의 서원차(書院茶)·차노유(茶の湯)의 전통, 그리고 센리큐의 죽음에서 풍기는 '죽음의 미학' 등 사무라이 계급의 성장과 궤를 같이 해왔다. 일본다도의 형식미와 꾸밈은 그들의 표어인 화경청적에도 불구하고, 선(禪)의 본래 정신인 '자유로움', '꾸밈없음', '소박함'과는 거리가 멀다. 선가의 평상심시도(平常心是道)라는 말과는 거리가 있다.

일본다도를 보면 어딘가 폐쇄된, 갇힌 기분을 느끼고, 죽음의 미학을 느끼고, 비극을 느끼게 되는 것은 무슨 이유일까. 필자가 한국인인 때문일까. 역시 섬나라라는 기본적인 지리적 환경, 다도의 정신과 무사도의 정신이 일대격전을 벌인 결과로 빚어진 센리큐의 죽음(센리큐는 도요토미 히데요시와의 권력경쟁에서 패하고 결국 자결하게 된다), 그리고 완성되었지만 어딘가 툭 터진 광활한 미학이 아니라 폐쇄된 미학, 심하게 말하면 자폐성의 미학을 느끼게 된다.

일본 차 퍼포먼스를 보면 어딘가 무사도의 칼끝 같은 긴장과 기운을 느낄 수 있다. 생에 대한 환희보다는 죽음의 비감과 관련이 있다. 이는 무사의 긴장서린 발걸음과 같다. 일본의 선(禪)도 어둡다. 센리큐 다도는 무사다도에 저항한 것이지만 센리큐의 죽음이라는 비극을 종교로 승화시킨 '신화화' 혹은 '종교화'라고 말할 수 있다.

일본다도의 대명사라고 할 수 있는 다선일미(茶禪一味)는 그러한 점에서, 사무라이 다도의 지층을 아래에 숨기고 있다. 일본문화의 지층은 맨 밑바닥에 신도(神道), 그 위에 무사도(武士道), 그 위에 선종(禪宗), 그 위에 다도(茶道), 이렇게 네

겹의 층을 이루고 있다. 일본문화의 장점은 그러한 층과 층이 서로 소통하고 잘 연결되어 있다는 점이다.

일본문화는 어딘가 어둡고 무겁고 슬프다. 그래서 그들은 반대로 벚꽃을 좋아하는 지도 모른다. 일본의 미의식을 한국과 비교하면 같으면서도 다른 면을 볼 수 있다. 예컨대 한국의 슬픔이 한(恨)이라면 일본의 슬픔은 비(悲)이다. 그런 점에서 한국의 미를 비애(悲哀)라고 규정한 야나기무네요시(柳宗悅)는 자신에게 내재한 비감을 투사한 셈이다.

반대로 한국인은 한(恨)에 대해 신(神)과 흥(興)을 가지고 있는데 일본은 비(悲)에 대해 신풍(神風)을 가지고 있다. 한국인의 신과 일본인의 신풍은 같은 것 같으면서도 정반대이다. 한국의 신은 제 흥에 겨운 신바람으로 평화를 지향하지만, 일본의 신풍은 무사적 신풍으로 남을 공격하는 '가미가제'이다.

일본 차 퍼포먼스를 보면 어딘가 무사도의 칼끝 같은 긴장을 느낄 수 있다. 이광주(고려대, 서양사)는 이에 대해 예리한 분석을 한 바 있다.

"다회마다 일생에 오직 한 번의 차사라고 명심하여 주객 모두가 엄숙히 임한다는 '이치고 이치에'(一期一會), 그 다어(茶語)가 일본다도의 또 하나의 키워드로 더욱 절실하게 떠오른다. '이치고 이치에', 일본다도의 본질을 잘 표현한 이 말에서 나는 일상에서도 '진검승부(眞劍勝負)에 임하는 듯, 빈틈없는(かまえる) 표정을 드러내는 일본 무사도의 검은 그림자를 엿본 듯하여 적이 당혹스럽다."[18]

"일본의 다인들은 '와비'를 '한미'(閑美)나 '놀이'로 표현한다. 그러나 무사풍의 정념이 떠도는 어둡고 그늘진 다실에는 한(閑)을 즐기는 느긋함이 별로 보이지 않는다. 차 문화가 장군의 당물 스키에서 뿌리를 내린 이후 다두(茶頭)로서 최고 권력자의 측근으로 봉사한 슈코, 조오, 리큐, 그리고 다풍을 19세기에 이르도록 이어 내려온 무가중심(大名茶)의 다도사(茶道史)에서, 우리는 한 사람의 육우산인도 찾

---

18) 이광주 지음, 《동과 서의 茶 이야기》, 2009(2002), 191쪽, 한길사.

아볼 수 없다. 차의 본성을 검덕(儉德)에서 찾은 육우, 차의 청정함을 군자의 덕으로 비유한 소동파, 그리고 우리의 다인 초의선사에게는 한결같이 권력과 세상을 등진 선풍(禪風) 일민(逸民)의 이미지가 떠오른다. 그러나 무사의 나라 일본의 다인은 일민과는 거리가 멀지 않았던가."[19]

일본다도의 한 걸음, 한 마디는 칼끝처럼 꽉 찬 느낌의 긴장감을 느끼게 한다. 아무리 미소를 머금고 동작을 하더라도 잘게 여러 마디로 끊어서 움직이는 동작은 지겨울 때도 있다. 일본의 다도는 처음부터 열려진 마음이 아니라 닫혀 진 문을 하나하나씩 여는 것 같은, 그러면서도 결국 마지막 문을 열지 않는 그런 것이다.

가부키(歌舞伎)를 볼 때의 그런 기분이다. 어딘가 한국의 정서와는 맞지 않는다. 한국의 판소리나 창극은 온 몸을 다해서 토해내는, 그럼으로써 한을 풀고 신을 일으키는 그런 소리이다. 이에 비해 가부키는 판소리와 그 소재도 다르지만 전반적으로 옥죄는 분위기이다.

역사적으로 한국과 일본의 활발한 인구이주와 문화적 교류를 전제한다면, 한국인의 정감이 일본이라는 섬에 들어가서 옥쇄된 기분이다. 한국과 일본문화의 차이는 예컨대 선비와 무사의 차이와 같다.

일본문화는 전반적으로 신도(神道)의 전통을 이은 무사도(武士道)와 실용주의가 문화의 바탕을 이룬다. 이는 일본이 아시아 국가 가운데서는 가장 앞서서 근대화와 산업화를 이루는데 긍정적으로 작용하였고, 지금도 선진강대국을 구가하게 하는 원동력이다. 오늘의 일본다도를 이루는데 크게 기여한 집단이 바로 사무라이 집단이다.

"사사키도요(佐佐木道譽)의 바시라 다풍(茶風)이 무라다슈코(村田珠光)에 의해 부정되고 개혁의 본류를 형성한 '와비(佗)'가 초암차로 자리를 잡으면서 차가 외모에서 내면으로, 유예(遊藝)에서 심교(心交)로 변하기 시작했다. 그 다풍이 다시 다

---

19) 이광주 지음, 같은 책, 194~195쪽.

케노조오(武野紹鷗)로 이어져 일본차의 본류로 굳어지는가 했더니 막부의 권력이 무너지면서 세태가 전국시대로 바뀌어 승자 절대주의가 가치의 기준이 되는 변혁이 일어났다. …중략… 바시라 차는 인간의 본능적인 욕구를 자극하는 매개물이었지만 오다노부나가의 차는 해도 좋은 것과 나쁜 것을 가리지 않았고 권력과의 거리를 '무거리'로 좁혔다."[20]

또한 일본 초암차의 계보라고 할 수 있는 무라다슈코와 다케노조오, 그리고 센리큐는 서로 만난 적도 없었다.

"본래 나라(奈良)가 고향이었던 무라다슈코는 사카이 부호들과 친숙했지만 그의 차를 승계한 다케노조오(武野紹鷗)는 일면식도 없었다. …중략… 다케노조오는 일본 사무라이들의 갑주와 무구를 만드는 피혁상에서 태어나 유복한 환경에서 성장했다. …중략… 차인 계보에 다케노조오의 첫째 제자는 센리큐(千利休)로 되어 있다. …중략… 센리큐가 다케노조오보다 20년 연하이고 오다노부나가보다 12년 연상이다. 그리고 오다노부나가는 다케노조오보다 32년, 센리큐보다 12년 각각 연하이다. 다케노조오가 사망한 1555년에 오다노부나가는 약관 21세로 무서울 것이 없는 혈기왕성한 시기였다. 세 사람은 모두 약간씩 생애가 겹치지만 그것을 크게 평가하기는 어렵다."[21]

오다노부나가는 명품다기 수집광이었다. 그는 권력을 이용하여 수많은 명품을 수집했다.

"오다노부나가는 명품다기를 수집하는데 열중했다. 권력자나 대부호에게 알맞은 취미였다. 오다노부나가는 1569년 봄 사카이 관아의 부장(部將)에게 '금·은과 마전(米錢)에는 부족함이 없으니 수입다기(唐物) 중 천하명품을 수집하라.'고 지시를 내렸다. …중략… 그가 차회를 연 것도 명품다기를 수집하는 방법의 하나였

---

20) 이원홍, 〈오다노부나가(織田信長)의 정치다도(政治茶道)〉≪茶의 세계≫(2007년 7월호), 103쪽.
21) 이원홍, 같은 책, 104~106쪽.

다고 한다."[22)

오다노부나가의 다도는 속칭 '차노유정도(御茶湯御政道)'라고 불렀다. 일본의 다도는 무사다도와 함께 성장하다가 그것에 반하는 초암차(草庵茶)·와비차(侘茶)를 탄생시켰다.

일본의 선종(禪宗)은 왕실귀족 중심의 천태종(天台宗)과 달리 신흥귀족인 사무라이 계급의 지원을 받음으로써 무(武)와 선(禪)을 하나의 정신체계로 만들어내는 데에 크게 영향을 미친다. 다선일미(茶禪一味)에 못지않게 다무(茶武)일미, 무선(武禪)일미를 실천하였는지도 모른다. 무사들이야말로 도리어 불립문자(不立文字)로 직관적 깨달음에 도달하는 선(禪)과 궁합이 맞았을지도 모른다.

일본다도의 큰 줄기

일본다도의 큰 줄기를 보면, 잇규소준과 무라다슈코의 초암차 전통이 시작된 15~16세기 이전에는 사무라이 다도가 주류를 이루었다.

사무라이 다도는 대체로 중국 송나라의 서원차를 모방한 것이라고 말할 수 있지만, 그 후 조선의 매월당의 영향을 받아 일본식으로 점차 세련된 센리큐 초암다도에 비하면 엉성하기 그지없다.

특히 사무라이 다도는 중국황실의 차 문화보다는 불교사찰에 전해 오는 무술적 전통과 분위기 혹은 무술 승에서 전해 내려오는 차 의례를 모방한 것으로 보인다.

이는 오늘날 중국 사찰에서 전해오는 차 의례와 일본 사무라이 다도가 흡사한 것에서도 볼 수 있다. 후루다 오리베(古田織部, 1544~1615) 4백주기 기념으로 일본 원덕원(圓德院)에서 처음 일반에게 공개된 '古田織部の 武家茶(2014년 10월 24일 12월 24일)'의 다도 시범은 중국 항주 영은사(靈隱寺)에서 거행된 제 6차 세

---

22) 이원홍, 같은 책, 107쪽.

일본의 전형적인 전통 다실의 모습

계선차문화교류대회에서 선보인 사두다례와 거의 같았다. 무사다도와 사두다례는 같은 뿌리에서 나온 다도였다.

중국에서 다도를 처음 들여온 일본 무사들은 다도의 사상과 정신적인 면에 무지했던 까닭에 그저 외형만을 모방할 수밖에 없었던 처지였던 것으로 보인다. 다른 나라에서 문화를 모방한 나라는 처음엔 외형적인 모방에 그칠 수밖에 없다. 이것이 점차 자신의 것으로 소화되면서 내면의 깊이를 더하기 마련이다. 센리큐 다도는 무사다도의 과도기를 거치면서 보다 일본화 했던 것이다.

무사다도는 다도의례가 무척 거칠고 단순했으며, 동작의 선이 부드럽지 못하고 마치 무사들의 동작처럼 각이 지고 끊어졌으며, 차를 점다(點茶)해서 음다(飮茶)하기까지의 절차와 과정이 후대의 섬세하게 규격화된 일본다도에 비해서는 투박하기 짝이 없었다.

오리베는 센고쿠 무장(戰國 武將)이라기보다는 다인 및 도예가로 더 알려져 있는 편이다. 특히 '오리베 애호'라 불리는 기발한 차 그릇과 독특한 문양을 가진 도기(陶器)을 창시하였고, 지금은 오리베 야키(織部燒)라는 명물이 되었다. 오리베는 센리큐에게 사사받은 리큐칠철(利休七哲) 중의 한 사람이 되었으며 일본의 대표적인 차인대명(茶人大名)이었다. 그는 쇼군 가문(將軍家)의 다도사범이라는 지위를 얻어 2대 쇼군 히데타다(秀忠)에게 다도를 가르쳤다. 오리베는 히데요시의 말상대인 '오토키슈우(御咄衆)'까지 출세하였다.

일본다도의 저류를 흐르고 있는 또한 전반을 감싸고 있는 문화적 양상은 무사다도의 바탕을 가지고 있다. 이것은 물론 일본다도를 일본다도이게 하는 원인(근거)이기도 하다. 그 위에서 하나의 변형 혹은 미적승화로서 센리큐 다도가 있는 것이다.

어쩌면 센리큐 다도는 일본 내부적으로는 종래의 무사다도에 부분적으로 반발한 혹은 전반적으로 개조를 시도한 혁명이라고 말할 수도 있지만, 여전히 일본다도 내에서의 변증법적 발전과정이라고도 말할 수 있을 것이다. 일본다도에는 분명히 고려계 일본인인 잇큐 소준과 조선계 일본인인 센리큐, 그리고 조선의 매월당의 영향에 의해 문화융합을 달성한 끝에 형성된 것이라고 보는 것이 공평한 시각일 것이다.

동아시아의 문화사를 보면, 고대에서 근세 15세기까지 중국과 한국에서 발원한 문명이 일본에 전파되었다는 것은 불문가지이다. 한반도에서 가야세력이 가장 먼저 일본을 정복하였고, 그 뒤 고구려, 백제, 신라의 순으로 일본을 정복하거나 이주하였다. 정복이든 이주이든 대륙에서 섬으로 결과적으로 이동한 셈이다.

이러한 문화의 흐름을 두고 적반하장으로 일본에서 한반도로 전파되었다고 하는 것은 고대사에서 콤플렉스를 가진 일본의 역사조작이다. 물론 의식적으로는 주인(정복자)-종(피식민지)은 얼마든지 바뀔 수 있다. 예컨대 한반도의 가야세력이 일본을 최초로 정복하였다고 치자. 당시 정복자의 본영이 본국으로 돌아가지 않고 일본 땅에서 살게 되었다면, 그 후손의 입장에서는 역으로 한반도에 남은 가야세력의 흔적을 자신의 영역으로 보게 된다. 이것이 '임나일본부설(任那日本府說)'의 정체이다.

또 다른 경우, 정복자가 아니라 도리어 한반도에서의 세력경쟁에서 패한 이주자의 후손은 몸은 비록 일본 땅에 있지만 의식은 한반도, 즉 고향 땅에 있기 마련이다. 고향은 돌아가야 하는 곳이고, 회복하여야 하는 곳이다. 이것이 일본 '정한론(征韓論)'에 깔린 심층의식이다.

고대사에서 근세에 이르기까지 한국은 제 1차 변방세력이었으며, 일본은 한반도에서 다시 이동한 제 2차 변방세력이었다. 문명의 중심에서 이동한 변방세력들은 흔히 집단 무의식적으로 고토에 대한 향수를 가지고 있다. 한국은 만주일대에, 일본은 한반도에 그러한 향수를 가지고 있다. 한국인의 만주고토회복론과 정한론은 어떤 점에서는 같은 시각이다.

역사를 서술함에 있어서 현재의 땅(영토, 공간)을 중심으로 서술할 것이냐, 아니면 혈통(이동, 시간)을 중심으로 서술할 것이냐는 큰 갈림길이다. 여기에는 역사철학이 관계가 된다.

동아시아에서 한국과 일본은 이동세력이었기에 이동의 궤적을 따라 소급하는 혈통적 역사관을 가지기 쉽고, 대륙의 중심에 자리 잡고 있었던 중국은 현재의 영토를 중심으로 역사를 서술하려고 할 것이다. 현재 한중일을 둘러싸고 있는 역사문제는 바로 위에서 서술한 것과 같은 복합적 문제를 안고 있다.

그런데 문제는 역사는 서술하는 자의 관점과 주인 의식이 중요하지만, 정작 문화는 주인이 없고 항상 흐르고 변한다는 점이다. 그런 점에서 '흐르는 문화'는 항상 현재 살고 있는 사람들이 자신의 방식으로 소화해서 자신의 것으로 만들지 않으면 결코 자신의 것이 될 수 없다.

문화는 '제 2의 자연'과 같다. 동아시아의 다도문화도 한중일 사이에서 그동안 흘러가고 흘러왔다. 서로 영향을 미치고 영향을 받았다. 때로는 잃어버렸던 서로의 정체성을 일깨워주는 계기도 되었다. 한중일 삼국은 서로 반면교사가 되기에 충분하다.

일본과 한국은 서로 정복하고 정복당하는 관계에 있기도 하지만, 서로 문화를 주고받고 일깨우는 문화적 관계에 있는 것도 사실이다. 문화적 관계란 정복과 같은 권력관계와는 달리 일상생활과 관계가 있기 때문에 결국 자신의 방식으로 토착화·신체화하지 않으면 완전한 자기 것이 되지 않기에 결국 한 문화의 주인이 되려면 부단한 체득화의 과정을 겪어야 한다. 그러다보면 언젠가는 낯선 외국의 문화도 자신의 것처럼, 자신의 몸에 맞는 형태가 만들어져서 제대로 향유하게 되는 것이다.

현재 일본다도는 일본제국주의의 군사적 침략과 경제적 지배를 망각하거나 무마케 할 정도로 아시아 각국에서 세력을 펴고 있으며, 구미제국에도 일본에 대한 군국주의적 이미지를 탈색시키는 데에 일조를 하고 있다. 이는 마치 서구 제국주의가 기독교로 피식민지를 달래주던 모습과 흡사하다. 이도다완에서 하얀 거품을 일구며 시야에 들어오는 푸른 말차를 보는 순간 일본의 침략이미지는 눈 녹듯 사라지기에 충분하다.

3) 한국의 근대 차 정신: '정(情)'-'청정(淸情)'-'청정(淸靜)'-'다정(茶瀞)'

동아시아 차인들은 저마다 차의 정신을 다른 말로 표현하고 있다. 그 까닭은 그 나라 문화전통과 개인의 취향이 서로 다르기 때문이다. 서로 다른 차의 표어를 보노라면 거꾸로 그 나라와 개인의 취향을 보게 된다. 그렇지만 차의 표어는 서로 다르면서도 결국 그 속을 흐르는 정신과 의미는 통하고 있다.

현재 중국을 대표하는 차의 표어, 즉 차어(茶語)는 다성(茶聖) 육우(陸羽)의 정행검덕(精行儉德)과 중국 현대 차 문화의 태두(泰斗)인 장천복(張天福)의 검청화정(儉淸和靜)이다. 중국의 경우 검(儉)자가 공통이다. 화려하고 웅장한 중국 다풍(茶風)이나 차 퍼포먼스를 감안하면 다소 의외라는 생각이 든다. 그렇지만 생활다도로서의 검소의 정신이 있기에 화려함이 그 중심을 잃지 않는다고 말할 수도 있다.

일본의 화경청적을 본 따서 60～70년대 한국의 다도 지도자 중 몇몇 사람은 자신의 다도철학을 화(和)자나 경(敬)자를 넣어서 표현하기도 했다. 한국다도협회를 창립한 정상구박사의 '화경검진(和敬儉眞)'을 비롯하여 화경검덕(和敬儉德), 화순질미(和純質未) 등이 있다. 그러나 이는 한국의 전통적인 차의 정신과는 다소 거리가 있다.

차의 표어에 화경(和敬) 혹은 화(和)자나 경(敬)자가 들어가는 것이 많은 까닭은 일본과 중국의 차 정신을 조합한 결과라는 인상이 짙다. 같은 한자문화권에서 차 문화의 귀감이 되는 좋은 말을 찾으려고 하다보니까 그렇게 된 듯하다.

한중일의 대표적인 차 정신을 사자성어나 한자말로 표현한 글귀를 보면 종합해 보면 다음과 같다. 동아시아 차인들은 무슨 글자를 제일 좋아할까?

다성 육우의 정행검덕(精行儉德), 송나라 다승(茶僧) 백운수단의 화경청적(和敬淸寂), 중국 현대선불교와 선차의 중흥조 정혜(淨慧) 스님의 정청아화(正淸雅和), 중국 현대차문화의 태두 장천복의 검청화정(儉淸和靜), 근대한국다례의 정립자인 김미희(金美熙)의 청검중례(淸儉中禮), 한국 차 문화의 중흥조인 초의 스님의 중정청경(中正淸境), 중국 현대차학(茶學)의 선구인 장만방의 염미화경(廉美和敬), 중국 차살롱문화를 정립한 저우이(周諭)의 정정청원(正靜淸圓), 정상구의 화경검진(和敬儉眞) 등을 종합적으로 분석하면 다음과 같은 결론을 얻을 수 있다.

우선 차인들은 맑을 청(淸)자를 제일 좋아한다. '맑은 마음과 몸'을 추구하는 정서가 가장 돋보였다. '청(淸)'자는 또한 물 수(水) 변이 들어있어서 차를 마시는 이미지와 직결되는 단어이기도 하다.

그 다음은 화(和), 정(正), 검(儉), 경(敬)의 순으로 나타났다. 화(和)자가 다음을 차지한 것은 중화(中和)와 조화(調和)와 평화(平和)를 추구하는 정신으로 대변된다. 그런 점에서 차는 '평화의 음료'라고 말할 수 있다. 그래서 차 퍼포먼스를 '평화의 다례'라고 하는 것은 차의 정신을 가장 잘 표현한 말이라고 할 수 있을 것이다.

정(正)자와 검(儉)자가 동률을 이루면서 그 뒤를 따른 것은 예부터 동양의 미덕이 중정(中正)에 있고, 중(中)은 곧 정(正)을 의미하기 때문이다. 또한 정신생활의 예(禮)에 겸손(謙遜)이 있다면 물질생활에서는 검소(儉素)를 미덕으로 여기는 오랜 전통과 관련이 있을 것이다.

경(敬)자는 어쩌면 차인이 가장 도달하기 어려운 마지막 관문일 수도 있다. 성리학의 도학에 거경궁리(居敬窮理)라는 말이 있다. 경(敬)에 거해야(살아야) 이치에 통한다는 말이다. 퇴계 선생은 성리학의 최고경지를 '경(敬)'에서 찾았다. 그래서 퇴계철학을 '경(敬)철학'이라고도 한다. 근세 교육칙령에서부터 퇴계 선생의 경(敬)사상에 영향을 많이 받은 일본이 '화경청적'에 매이는 것은 경(敬)자에 대한 퇴계 선생의 영향도 감안해볼 수 있다.

일본이 화(和)자를 중시하는 까닭은, 일본이라는 나라와 정신을 상징할 때 '화(和)자'를 사용하는 것과 관련이 있다. 고대 일본에 처음으로 나라를 세운 정치세력은 바로 '야마도(大和)'정권이다. 일본 차인의 화경청적에 대한 경모와 애착은 고대에서 현대를 관통하는 정신을 한마디로 요약해주기 때문이다. 화경청적의 화(和)=고대정신, 경(敬)=근세정신, 청(淸)=차, 적(寂)=선불교를 상징한다. 글자 하나하나가 일본을 종합적으로 말해주고 있다. 그 말이 백운수단으로부터 발원한 것이라고 할지라도 오늘에 와서는 일본의 차 정신이 될 수밖에 없다.

우리는 초의 스님의 차 정신을 '중정청(中正淸)'이라고 한다. 이는 ≪동다송≫에서 나온 글귀를 토대로 한 것이다. 초의 스님은 차 정신을 그렇게 말했지만, 차를 만들어가는 정신으로 정조결(精燥潔)을 중시했다. ≪茶神傳≫맨 끝에 나오는 〈다위(茶衛)〉조에 보면 "만들 때에 정성스럽게 하고, 저장할 때에 잘 말리며, 끓을 때에 깨끗이 해야 한다."는 말을 남기고 있다. 이것도 한국의 차 정신이라고 하지 않을 수 없다.

	德	精	正	中	靜	清	美	雅	禮	和	廉	境	敬	眞	行	圓	儉	寂	4자 성어
정혜			○			○		○		○									正淸雅和
육우	○	○													○		○		精行儉德
백운						○				○			○					○	和敬淸寂
장천복			○			○				○							○		儉淸和靜
김미희				○		○			○								○		淸儉中禮
초의			○	○		○						○							中正淸境 (精燥潔)
장만방							○			○	○		○						廉美和敬
저우이			○		○	○										○			正靜淸圓
정상구										○			○	○			○		和敬儉眞
합계	1	1	**4**	2	1	**6**	1	1	1	**5**	1	1	**3**	1	1	1	**4**	1	
순서			3			1				2			4				3		
			正			**淸**				**和**			**敬**				**儉**		

그렇다면 한국 차도의 정신을 오늘에 다시 재정립하면 무엇이 될까? 보는 이에 따라 다르겠지만 문화인류학자인 필자의 견해로서는 '정'(情)이 아닌가 싶다. 중국이나 일본에서 들어온 외래개념에 종속되어 한국의 차 정신을 표현할 필요가 없다. 우리 스스로를 잘 보면서 한중일의 관계 속에서 차별성을 얻어야 한다.

한국의 차 정신을 한 글자로 말하면 '정'(情)이다. 초의선사는 중정(中正)을 내세

였다. '중정'은 주자학(유교)의 대표적 용어이다. 승려들은 대개 중도(中道)를 표방한다. '중도'는 불교의 대표적 용어이다. 이밖에도 한재 이목의 '중허'(中虛)도 있지만 이는 선가나 도교의 대표적 용어이다.

명원(茗園) 김미희 여사는 청검중례(淸儉中禮)라고 하였다. 이는 청정(淸淨), 검덕(儉德), 중화(中和), 예경(禮敬)을 말한다. 이는 동양의 미덕을 모두 통합한 내용이다.

차의 정신을 말할 때 동아시아 차 문화의 보편적인 용어를 그대로 사용하니까 한국 차의 특수성이 드러나지 않는다. 한국 차 정신의 보편성이 아닌 특수성으로 제시할 수 있는 것은 무엇일까? 문화인류학자로서의 필자는 '다정'(茶情)을 권하고 싶다. 한국문화는 '정(情)의 문화'이기 때문이다. 한국의 찻 자리에서 정(情)이 통하지 않으면 찻 자리가 아니다. 한국문화라고 해서 형식미를 갖추지 않은 것은 아니지만 형식보다는 정(情)이 통하는 것을 우선한다. 그래서 아무리 화려한 찻 자리라고 하더라도 '정'이 통하지 않으면 실패한 찻 자리라고 할 수 있다.

한국사회는 예나 지금이나 연줄사회라고 한다. 연줄이란 혈연, 지연, 학연을 말한다. 물론 요즘은 학연이 가장 중요하고, 그 다음이 지연, 그리고 마지막이 혈연이다. 옛날과는 정반대가 되었지만, 여전히 연줄이라는 사회적 네트워크에 의해 한국사회가 움직이는 것은 부정할 수 없다. 연줄을 파당을 낳는다. 여러 차 단체들로 친목집단이라고 하지만 이익집단의 성격도 동시에 갖는다. 파당은 어떤 원칙이나 원리가 있어서 형성되는 무리가 아니라 단순히 사회적 만남이나 접촉, 그리고 이러저러한 인연에 의해 형성된다. 차 단체들도 이 범주를 벗어날 수 없다.

'정'과 '연줄'과 '파당'은 사회적으로 공적 영역을 사적 영역으로 변질·오염시키는 부정적인 기능이 많다고 하지만 한국인 자체가 그것에 의해서 친소관계가 결정되는 현실은 무시할 수 없다. 말하자면 '정'은 긍정적이면서도 동시에 부정적이다. 그럼에도 불구하고 '다정'(茶情)을 한국의 차 정신으로 고려하고자 하는 것은 한국인의 '심정(心情)문화적' 성격에 대한 비중을 두기 때문이다.

여기에 다정이라는 말을 한자로 한정시키지 않고 한글 발음으로 사용함으로서 다의적 의미를 포용하는 것도 좋을 것이다. 정(情)에는 심정(心情)도 있고, 물정(物情)도 있고, 유정(有情)도 있고 무정(無情)도 있다. 정(情)을 천지인 사상에 적용하면 천정(天情), 지정(地情), 인정(人情)이 있을 수 있다. 천정이나 지정이라는 말을 잘 쓰는 말은 아니지만 천정이란 하늘과 통하는 정을 말하고, 지정이란 환경과의 소통을 말하는 것이다.

'다정'이라는 한글발음에는 '차의 정수'를 나타내는 '다정'(茶精)을 포함할 수도 있고, 차로 선정(禪定)에 도달하는 '다정'(茶定)을 떠올릴 수도 있다. 또 차의 정도(正道)를 나타내는 '다정'(茶正), 차의 정숙(貞淑)을 나타내는 '다정(茶貞)', 차로 도달할 수 있는 정관(靜觀)의 의미로 '다정'(茶靜)을 상상할 수 있다.

특히 차와 우물을 뜻하는 '다정'(茶井)이라는 뜻은 한국문화의 원류인 북두칠성을 상징하는 '정'(井)자를 상상케 하는 장점이 있다. 차 정신을 북두칠성에까지 승화시키는 것은 꼭두새벽에 장독대에 정안수 떠다놓고 치성을 드리는 부녀자들의 마음을 오늘의 차 정신에 포용하고자 하는 뜻에서다. 소리글자인 한글을 사용하는 한국인은 소리의 음운을 감안하는 작명이 필요하다. 그래서 한국인의 차 정신은 다의적인 의미를 가진 한글발음 '다정'이라고 하는 것이 가장 좋을 것 같다.

천	천정(天情)	심정(心情)	무정(無情)	'다정'(茶情, 茶精, 多情－多感, 茶正, 茶定,
인	인정(人情)			茶貞, 茶靜, 茶井, 茶瀞)
지	지정(地情)	물정(物情)	유정(有情)	

[한국인의 차 정신]

다음은 필자가 쓴 '다정(茶情)'이라는 시이다.

다정(茶情)

달빛에 남몰래 움트니

일창이기(一槍二旗)여라!

어느 정성스러운 이 있어

덖고 갈무리 해

고운 손길에 차를 내는가.

그대, 천지를 받드는 차인(茶人)이어라.

아해야! 하늘에서 땅 끝까지

넘치는 천정(天情)으로

우리 찻자리 평화로 물드누나.

아해야! 둥근 차호에 달무리

작설차(雀舌茶)에 걸렸네.

밤새도록 드문드문 이야기나 나누려무나.

다정(茶情)의 세계여!

우린 한 몸이 되었구나.

북두칠성 다정(茶井)에서 물 긷는 소리

어느 산사 초암(草庵)에서 물 끓는 소리

외로운 이 있어 차를 마시누나.

홀로, 함께 먹어도 좋은, 푸른 몸이여!

한국의 차 정신을 차(茶)자를 뺀 두 글자로 말한다면 '청정'(淸情) 혹은 '청정'(淸靜)이라고 하면 어떨까. 한글 발음은 같다. '청정'— 청(淸)이라는 글자는 차를 말할 때 으레 떠오르는 말이다. 앞에서도 여러 차례 청담(淸談)을 말하였다. '맑을' 청(淸)은 또 물 수(水)자가 들어가 있으니 차를 상징하기에 적당하다. 청(淸)자는 맑다, 빛이 선명하다, 사념(邪念)이 없다, 탐욕(貪慾)이 없다, 등으로 사용된다. 청정의 청(淸)은 차고, 정(情)은 따뜻하다. 그래서 음양이 맞다.

청정(淸靜)의 경우는 청정(淸情)에서 시작한 찻 자리가 '맑은 고요'의 경지에 드는 것을 의미한다. 한국의 찻 자리는 결국 청정(淸情)에서 시작하여 청정(淸靜)에서 마무리되는 것을 의미한다. 여기에 깨끗할 정(淨)의 의미도 포함된다. 청정(淸淨)은 불교의 미시의 세계이다. 이를 한 자의 한자로 말하면 '정'(瀞)이 된다. 이 글자는 '청정'의 의미를 한 글자로 말한 것으로 '맑음(淸)'과 '따뜻함(情)'과 '고요함(靜)'를 합친 조어이다.

瀞

차 정신이 날로 깊어지면 '신'(神)자를 보탤 수 있을 것이다. 신(神)자는 인간이 도달할 수 있는 최고의 경지이다. 흔히 한국인은 신바람이 나면 최상의 기쁨에 도달한다. 신바람이 나면 자신을 잊어버리고 신바람을 타고 무슨 일이든 물 흐르듯이 한다. 차도(茶道)라는 것도 결국 사람의 일일진댄 신(神)과 상관이 없을 수가 없다. 말하자면 다신(茶神)에 이르는 경지이다. 몸(身)을 가진 인간은 어느 일에서든 믿음(信)을 얻고 나날이 어려움(辛)을 뚫고 스스로를 새롭게(新) 하다보면 어느덧 신(神)에 도달해 있는 자신을 보게 된다. 결국 신(身)은 신(神)이다.

'청정'(淸情)에서 출발한 차정신이 '청정'(淸靜=瀞)을 거쳐 마지막에 '신'(神)에 오르게 되면 이보다 더 한 경지는 없다. 이를 세 글자로 '정법신'(瀞法神) 혹은 '정법신'(瀞法身)이라고 말할 수 있을 것이다. 네 글자로 말하면 '청정법신'(淸情法神) 혹은 청정법신(淸瀞法身, 淸淨法身)이 된다.

일본다도를 배운 한국의 어느 차인은 "처음엔 일본다도가 신비스럽기도 했지만, 빠지면 빠질수록 어딘지 모르게 부자연스러움을 알게 되고, 결국 몸에 맞지 않음을 느끼게 되었다."고 실토한다. 한국인은 일본인처럼 규격에 맞는 삶을 지향하기보다 신바람이 나는 삶을 지향하기 때문이다.

한국의 차례(茶禮)가 '진달래의 봄'이라면 일본의 다도(茶道)는 역시 '국화의 가을'이다. 일본이 '닫혀진 미학' '닫혀진 완결미'라면 한국은 '열려진 어눌함' '열려진 미학'이다. 일본이 '인공미'라면 한국은 '자연미'이다. 일본이 '죽음의 미학'이라면 한국은 '삶의 미학'이다. 닫힌 것은 때론 완성도가 높게 보이고, 열려진 것은 때론 엉성하기 그지없다. 그러나 엉성한 가운데 기통(氣通)이 이루어지고, 신바람이 일어난다면 우리는 후자를 택하지 않을 수 없다.

70~80년대에 한국의 차인들은 일본의 다도종가의 이에모토를 만나러 가는 행렬을 이루었다. 거액의 여행경비에 이에모토를 만나서 식사하고 사례하는 비용이 들어가 있었다. 이에모토와 기념사진을 찍는 일은 차인으로서 황송한 일이었다.

지금도 하꼬가끼(箱書: 작가이름 및 추천인 낙관)라고 해서 일본 이에모토의 인가도장이나 사인이 있으면 값이 평소의 10배로 뛰는 게 현실이다. 50만원 하는 다완이 갑자기 500만원이 되는 것이다. 모두 일본다도의 종속관계라는 것을 선언하는 일이다.

일본의 국보 기자에몽(喜左衛門) 이도(井戸) 다완의 실물을 배견(拜見)하는 일이란 차인으로서의 영광이며, 감격과 황홀의 여행담은 종종 차 잡지에 소개되기도 했다. 400여 년 전 우리 선조 도공의 얼이 담긴 찻 사발을 보는 감격도 있겠지만 그냥 과거를 보는 것으로 만족해서는 안 될 것이다. 우리선조들은 일본에 이도다완을 수출하였는데 오늘의 우리는 그것을 보기 위해 일본여행을 가서 줄지어 서 있다. 우리의 차의 현주소다.

현재 우리 다법을 지칭하는 용어로 가장 많이 쓰고 있는 '다도'라는 말, 그리고 '다도문화' '다도대학' '다도협회' 등 '다도'라는 말은 왜 빨리 청산하지 않으면 안 되는지를 점차 알게 될 것이다. 일본다도가 또 하나의 외래 도그마가 되어서는 알 될 것이다.

또 일본다도종파의 다도를 따르는 것은 그 종파의 신도가 되는 것임을 명심할 필요가 있다. 일본다도는 재가선종이다. 일본다도종가와 같은 선종은 한국과 중국에는 없다. 일본의 특유한 이원정치체제인 천황과 막부라는 제도 아래에서 신흥세력으로 등장한 사무라이 집단과 상인집단의 밀월에 의해 발생한 것이 재가선종이다.

대륙은 열려 있는 성격을 갖고, 반도는 열리고 닫히는 성격을 갖고, 섬은 닫혀있는 성격을 갖는다. 물론 섬도 열릴 때도 있고 대륙도 닫히는 때도 있지만, 성격이 그렇다는 뜻이다. 이같은 이론을 중국대륙과 한국반도와 일본섬에 적용할 수 있을 것이다.

4) 현대문명의 치유와 '느림의 문화'의 상징인 차

현대문명의 환경에서 보면, 차(茶)라는 음료는 기계적 환경의 강도가 높아지는 여건에서 구원과 치료의 음료가 될 전망이다. 차는 동양문명과 선불교의 정신을 그대로 반영하는 '정신적인 음료' '신령의 물질'이기 때문이다. 신은 죽었고, 이제 '기계의 신'이 등장한 때이다.

돌이켜 보면 인류문명사는 자연적 존재인 인간이 신을 생각하는데서 비롯되어, 급기야 신은 기계로 대체되어 버렸다. 현존재(Dasein)인 인간은 자연을 텍스트(text), 테크놀로지(technology), 타임(time-space), 사유(thought)로 환원시켜버린 셈이다.

인간을 부르는 현대적 이름인 호모데우스(Homo Deus, 인간신)는 인간의 '소유적 특성'으로 인해 바로 호모데몬(Homo Demon, 인간악마)과 같은 의미로 점차 옮아가고 있다. 이러한 때에 차는 만물을 창조한 이분법(二分法)의 신이 아니라 만물과 더불어 살아가는 신물일체(神物一體), 만물만신(萬物萬神)의 신을 깨닫게 하는데 있어서 차만한 영물(靈物)이 없다는 점에서 현대인의 음료로써 가치를 발하게 된다.

생각하는 인간인 인간현존재(Dasein)는 바로 '계산하는 인간' '표준화된 인간', 나아가서 '기계적 인간'으로 판명되었다. '기계인간'이 출현하기 전에 인간은 일찌감치 '기계적 인간'이 되고 말았다. 기계적 인간은 결국 기계인간에게 멸종될 위험에 빠져있다. 기계인간이야말로 전쟁기계라는 면에서 인간을 지배할 것이기 때문이다.

이러한 기계적 환경에서 본래의 인간성을 회복하는 유일한 방법은 서로 정(情)을 나누는 생활습관을 갖는 것인데 여기에 가장 훌륭한 대안으로 등장하는 것이 바로 동양의 오랜 차문화 전통이다. 차는 첫째, 무엇보다도 주인(팽주)이 손님에게 차를 우려내어서(달여서) 나누어주면서 정을 나누는 정신적인 음료 중의 대표적인 것이다. 둘째, 차는 '선차(禪茶)'라는 용어에서도 알 수 있듯이 마음의 평정을 도모하는 불교의 오랜 수행음료 중에 하나로서 각종 스트레스에 시달리는 현대인에게 없어서는 안 될, 신경안정과 마음의 평안과 기쁨을 도모하는 치유음료로써 각광을 받을 것이다. 이러한 점에서 차는 동서를 막론하고 권장되어야 할 미래음료이다.

4. 선차(禪茶)와
선차(仙茶) 정신

1. 정중무상선사의 선차지법(禪茶之法)

1. 동아시아 최고의 선승(禪僧), 정중무상선사(淨衆無相禪師)

정중무상선사(淨衆無相禪師. 684~762)라고 하면 대부분의 한국인은 모른다. 도대체 학교교육에서 들어본 적도 없기 때문이다. 심지어 우리나라 불교학의 본산인 동국대학교 불교학자들 사이에도 모르거나 외면하거나 부정하기 일쑤이다. 무엇보다도 그렇게 된 이유는 그가 중국에서 돌아오지 않은 귀화승인 때문일 것이지만, 그에 대한 기록이나 문서가 빈약하기 때문에 그의 활동상과 업적을 알 수 없었기 때문이다.

그의 업적이 세상에 알려진 것은 돈황문서의 발굴 때문이다. 여기서 그의 '오경전'(五更傳)이 세상에 빛을 본 때문이다. 그는 중국은 물론 티베트에까지 영향을 미친 동아시아 최고의 선승으로 점차 자리잡아가고 있다. 무엇보다도 그는 동아시아 선종의 뿌리 같은 존재로 그 몸통을 드러내고 있다. 선종의 초조인 달마(達摩) 이후 최고의 중흥조라고 칭송을 받는 마조(馬祖), 그 마조의 스승이 무상이었다면 동아시아 선종사는 한국에 큰 빚을 지고 있는 셈이다. 신라의 구산선문은 무상의 정중종 제자들에 의해 금의환향하여 돌아온 셈이다.

　무상의 정중종은 한국 사상사가 이룬 최초의 국제적 브랜드인 것이다. 무상은 1천2백여 년 만에 빛을 보았지만 아직도 국내 학계에서 본격적으로 거론되지 못하고 있다. 이는 학자들이 전공의 벽에 갇힌 점도 이유가 되겠지만, 무엇보다도 학문적 사대주의 때문이다. 한국인은 사대하는 것이 문화인이 되는 길이고, 정통이 되는 길이고, 학문적 권력을 얻는 길이라고 생각한다. 그래서 밖에서 들어온 것이 아니면 무시하는 자기부정의 심리를 가지고 있다.

　무상의 공적이 과연 그렇게 큰 것인가. 예컨대 조계종 승려들은 무상이 육조혜능(慧能)을 능가한다는 하면 도저히 받아들일 수 없을 것이다. 육조 혜능은 선종사에서 태산과 같은 존재로 여겨졌기 때문이다. 육조혜능과 어깨를 겨루는 존재로 무상이 부각되는 것은 믿을 수 없는 일로 받아들였기 때문이다. 무상선사에 대한 연구는 앞으로 한국 불교의 과제이지만 지금까지의 성과로도 의미심장하다.

　신라의 불교가 중국을 통해 들어온 후 견당 승려들을 배출하고, 원측(圓測. 612~696)을 필두로 하여 기라성 같은 인물을 낳았고, 마침내 원효(元曉 617~686), 의상(義湘. 625~702)에 이르러 토착불교의 꽃을 피운다. 원효는 중국 유학을 포기하고 국내에서 세계적 승려가 되는 위업을 이루어 한국불교의 자생적 자존심을 세웠고, 의상은 중국 유학에서 돌아온 뒤 신라불교를 세계적 보편성의 지평에 올라서게 함으로써 완전히 국제화에 성공한다.

　원효와 의상으로 인해 한국불교는 한국적 특수성과 국제적 보편성의 통합을 획득하고, 이러한 선배들의 업적 끝에 최초로 한국불교의 위용을 중국 대륙에 드러낸 인물이 바로 김화상(金和尙)이라고 불리는 무상(684~762)이고, 중국에서 지장보살의 화신으로 칭송되는 김지장(地藏. 696~794), 즉 김교각(金敎覺)이다. 무상과 김지장은 거의 같은 시기에 중국 대륙의 동서에서 신라불교의 수준을 뽐냈다. 이에 국제적 자신을 얻는 혜초(慧超. 704~787)는 '왕오천축국전'(往五天竺國

傳)이라는 세계적 인도순례기를 남긴다.

최근에 경제성장과 더불어 "한국적인 것이 세계적인 것이다."라는 슬로건을 내걸고 자신감을 보이지만, 아직도 자긍심과 주체성을 가지기에는 역부족이다. 주체성이라는 것이 말로만, 이데올로기로만 떠들어댄다고 얻어지는 것이 아니기 때문이다. 주체성이라는 것은 문화적으로 물질문화와 정신문화가 물심양면에서 나름대로 축적된 볼륨, 문화능력을 가지지 않으면 달성되는 것이 아니다.

"세계적인 것이 한국적인 것이다."라는 대열에 가장 먼저 선 인물이 바로 정중무상선사이다. 정중무상선사는 지금 중국의 오백나한의 455번째 무상공존자(無相空尊者)로, 나한전이나 조사선에 당당히 포함되어 있다. 이 같은 사실은 불교연구가 최석환에 의해 발견됐다.

그는 중국 전역을 답사하다가 오백나한에 관한 기록인 천녕사(天寧寺) 석굴본 '오백나한도'를 보다가 우연히 455번째로 무상공존자가 들어있음을 확인하게 된다. 이것은 2001년 8월이었다. 이는 일종의 천우신조였다. 지성이면 감천이라는 말도 있지만 자나 깨나 무상에 대한 생각을 떨칠 수 없던 그에게 무상선사는 오백나한도에서 깨우쳐준 셈이다.

그는 즉시 사천성의 여러 사찰 중에서 마조가 출가한 절인 나한사를 찾아 눈으로 확인하는 작업에 들어갔다. 당시의 감격을 그는 이렇게 전한다.

"나한사의 한 스님이 문을 반쯤 열자 밖의 빛이 안으로 쏟아져 들어와 밝아졌다. 나한당 안을 걷다가 오백나한 중 455번째에서 멈추었다. 무상공존자였다. 처음에는 내 눈을 의심하였다. 그러나 분명 신라인 무상선사였다. 왜 천 년 간 조사당에 감춰져 있었을까."

그는 나한사를 비롯하여 사천의 공죽사, 그리고 여행일정에 잡혀있던 항주의 영은사에서도 확인하였다. 그 때마다 그는 쾌재를 불렀다. 그동안의 온갖 고초와 난관이 눈 녹듯 녹고 순간 열락으로 바뀌는 순간이었다. 무상공존자가 오백나한전에

손을 꼭잡고 우의를 다짐하고 있는 일본의 대표적인 다도(茶道)학자인 쿠라사와 유키히로 교수(고베대 명예교수·심차회회장, 중앙)와 필자(박정진 문화인류학박사, 왼쪽)와 최석환('차의 세계' 발행인, 오른쪽). (전남 보성 차밭) / 쿠라사와 교수는 니체의 철학을 원용하여 '수파리(守破離)'다도를, 필자는 니체의 '권력에의 의지'를 비판하면서 '평화의 철학'을 창안했다.

들어있다는 사실은 2001년 10월 한국의 여러 매체에 대서특필되었음을 물론이다. 이로써 무상에 대해 비판적 시각을 가지고 있던 학자들의 입을 다물게 했다.

이 오백나한에는 한국 조사선(祖師禪)이 그토록 섬기는 육조혜능(六祖慧能. 638~713)도 포함되어 있지 않고, 그의 제자라고 섬기는 마조(馬祖道一. 709~788)도 포함되어 있지 않다. 오백나한에 포함된 우리가 아는 인물은 초조인 달마(達摩)와 무상뿐이다.

일본학자들은 무상선사의 존재사실을 알고 있었지만, 크게 크로즈엎 할 경우 한중일 불교사에서 일본의 위치가 후퇴할 것을 우려하여 감추어왔다고도 할 수 있다.

앞에서도 소개한 일본의 국제선문화연구소장 오끼모도가츠미 교수의 "일본과 중국 선학계가 영원히 무상을 지하창고 속에 매몰시켜버리기를 바랍니다."라는 말은 중국과 일본의 학자가 공모하여 무상을 매장시켜버리고 싶은 심정을 드러낸 것이다. 그러나 도도한 진리는 언젠가는 햇빛을 보게 마련이다.

무상선사가 국내에 처음 알려진 것은 40여 년 전이다. 1979년 9월 4일 대한

민국학술원 주최 '제 5회 국제학술강연회'에 캐나다 맥마스터 대학의 중국인 염운화(冉雲華)교수가 돈황에서 발견된 '무상오경전'을 소개하면서 '무상의 무념철학'(mu-sang and his philosophy of no thought)을 발표하면서였다. 그는 당시 중국 후스(胡適. 1891~1962)박사의 뒤를 이어 무상을 연구 중이었다.

염교수가 공개한 '무상오경전'은 영국 대영박물관에 소장된 돈황문서 중 스테인(stein) 컬렉션에서 발견된 것이었다. 가로, 세로 27cm의 정방향 한지 11행(각 행 15~16)이었다. 오경전의 전문은 다음과 같다.

당시 염박사의 해독에 따르면 무상오경전은 김화상의 '삼구(三句)사상'인 무억(無憶), 무념(無念), 막망(莫妄)을 오경(五更)의 시간에 따라 1시간 단위로 풀어낸 게송이었다. 그 후 무상은 또다시 국내 학계의 게으름과 보수적 시각으로 인해 다시 10여 년 간 잠을 자기 시작했다.

동아시아 불교사를 뒤엎고도 남을 역사적 사실을 되살린 것은 당시 창간과 더불어 새 정신을 담는 신문으로 발돋움하고 있던 세계일보가 연세대 서여(西餘) 민영규(閔泳圭) 교수를 중심으로 '무상발굴팀'을 구성하고, 현지답사 결과를 '촉도장정(蜀道長征)' '사천강단(四川講壇)'이라는 제하의 연재를 시작하면서부터이다.

지금은 고인이 된 민영규 박사는 당시 위당(爲堂) 정인보(鄭寅普)의 연세 국학학맥을 잇는 원로학자로 필생의 작업으로 1954년 12월 하버드 대학의 홍업 선생 댁에서 처음 만나 후스 박사로부터 전해들은 무상선사에 대한 연구와 함께 중국 남종선의 법계조작을 밝히려는 야심찬 계획을 하였던 것이다.

민교수는 현지조사를 통해 선종의 중흥조로 알려진 마조(馬祖)가 무상의 제자라는 사실을 밝힘으로서 동아시아 선종사에 한국의 역할을 새롭게 자리매김할 의도였다. 무상선사의 발굴에 무엇보다도 세계일보의 공적은 크다.

당시 세계일보 문화부 차장이자 학술팀장으로 있었던 필자는 한양대학교 강사로 문화인류학를 강의하고 있었는데 같은 과 조흥윤(趙興允) 교수가 어느 날 서여 선생의 야심찬 계획을 소개하면서 새로 창간한 신문사인 세계일보에서 발굴팀을 구성하고 재정적 지원을 하면 어떻겠느냐고 제안했다. '한국과 중국 선종사를 다시 써야할 만한 큰 연구테마가 있다'는 제안은 당시 학술팀장을 맡고 있는 기자인 필자를 흥분시켰다.

이 제안은 당시 부국장겸 문화부장으로 있던 김징자(金澄子)부국장에게 전달되고, 평소에 불교에 관심이 많던 김 부국장의 경영진에 대한 설득으로 일사천리로 진행됐다. 탐사르포의 제목은 '촉도장정(蜀道長征)'이었다. 촉도장정이 신문에 처음 나가자 불교계는 물론 여론을 떠들썩하게 했다. 서울의 몇몇 경쟁사들은 부러움의 눈초리를 보냈다. 당시 중국과 수교도 안 된 상태에서 많은 경비와 모험이 요구되는 언론사의 대기획이었다.

세계일보에 연재된 '촉도장정(蜀道長征)'(세계일보 1990년 11월 28일~1991년 1월 9일)과 그에 이은 '사천강단(四川講壇)'(세계일보 1991년 1월 16일~2월 27일)은 한국 불교계를 발칵 뒤집어 놓았다. 무상 스님과 정중종은 한동안 불교계에 두고두고 회자하면서 화제가 되었다.

정중종(淨衆宗)은 신라출신의 정중무상(淨衆無相) 김화상(金和尙)이 당에 유학하여 어느 누구도 흉내낼 수 없는 탁월한 두타행으로 새롭게 형성한 사천지방의 선종이다. 아시다시피 무상은 신라 성덕왕(聖德王)의 셋째 아들이었으며 당나라로 건너가서 장안에 도착(728)한 뒤 선정사(禪定寺)에 머물다가 다시 촉(蜀) 땅 사천성(四川省)의 덕순사(德純寺)로 간다. 거기서 스승 처적(處寂)으로부터 무상(無相)이라는 법명을 받고 법통을 계승하게 된다. 그 후 지선(智詵. 609~702)-처적(處寂. 669~736)-무상(無相. 685~762)으로 이어지는 사천지방의 선종은 당시에 중국의 정통으로 자리를 잡게 된다.

무상의 위대성은 사천지방의 검남종을 중국 전역에 보다 보편화하여 정중종으로 격상시키는 한편 선종의 깨달음이 바로 평상심에서 비롯된다는 것을 역설한 인물

중국 사천성 대자사에서 열린 '제1회 무상선사 학술대회'에 참가한 필자 (왼쪽에서 4번째)

이라는 데에 있다. 그는 차의 나라 중국에 진입하자마자 일상화되어 있는 차생활을 보고, 차야말로 선에 이르게 하는 중요한 매개, 영매임을 깨닫는다. 그의 깨달음은 마조로 이어져 북종선과의 경쟁에서 남종선이 헤게모니를 쥐게 하는 한편 종교적 심화와 대중적 지지를 얻게 한다.

무상의 염불선은 정토종의 염불이 아니라 선종으로 나아간, 새로운 경지를 개척한 선이다. 이는 '염불하는 자는 누구인가'(念佛是誰)라고 자신을 바라봄으로써 염불하는 자신을 화두로 하는 삼는 방법이다. 여기엔 반드시 인성염불(引聲念佛)을 필요로 한다.

인성염불은 내면의 소리(內耳聲)와 외면의 소리(外耳聲)를 구분하는 것으로 소리를 내뱉지 않고 관조해 들어가는 정통수행법이다. 일기일성(一氣, 一聲)의 숨을 전부 다 내쉬게 한 뒤에 목소리가 끊어지고 한 생각이 끊어졌을 때에 삼구(三句: 無憶, 無念, 莫妄)를 설한다. 삼구는 달마조사로부터 전해오는 총지문(總持門)이라고 선언할 정도였다.

염불선은 부처님의 힘을 빌리는 타력신앙이 아니라 스스로 깨닫는 자력신앙의 길로 나아가는 결정적 역할을 한것이 선이었다. 무상은 염불선으로 선종의 새로운 길을 개척하였다. 무상의 인성염불과 염불선은 그의 스승인 검남종의 선당(詵唐: 智詵과 處寂) 두 화상의 가르친 바가 아니라는 주장에서도 그의 독창성을 엿볼 수 있다.

무상은 염불선으로 염불에 의한 간화선을 개척하는 한편 선차지법(禪茶之法)으로 깨달음이라는 것도 실은 평상심에서 이루어짐을 역설하였다. 선차지법은 '차 마시기'와 '도'가 하나라는 것으로 마조(馬祖)의 '평상심시도(平常心是道: 평상의 마음이 바로 도이다)'의 조주(趙州)의 '스챠스(喫茶去: 차나 한 잔 하게)의 선구적 실천이었다. 중국 땅에서 차를 마시는 행위보다 더 평상심인 것은 없었다. 이는 우리가 물을 마시는 것과 같다.

2. 무상(無相)선사, 선종의 중흥조

정중 무상선사는 중국 선종(禪宗)의 중흥조였으나 법계조작의 희생양이 되었다. 실로 돈황문서의 발굴에 의해 1200년 만에 가까스로 햇빛을 본 셈이다. 남종선의 법계가 조작되었다는 주장은 중국의 호적 선생이 처음 발설했다. 서여 민영규 선생은 미국 하버드 대학에 교환교수로 가 있었던 중 때마침 들른 중국의 호적 선생을 만났고, 호적 선생은 서여 선생에게 중국의 '보림전'(寶林傳. 801)이 위서라는 경천동지할 얘기를 들려주었던 것이다. 선종이라고 하면 으레 육조 혜능인데 그것이 조작되었다니 참으로 놀라운 일이다. 법계조작에 대해서는 아직도 조계종의 승려들은 믿지 않고 있다.

호적 선생도 보림전의 위작을 확신하게 된 것은 1926년 대량으로 발견된 돈황문서(敦煌文書)가 계기가 되었다. 돈황문서를 비롯하여 '역대법보기(歷代法寶記.

774년)’,‘원각경대소초(圓覺經大疏鈔. 819)’,‘능가사자기(楞伽師資記. 713)’,‘신회어록(神會語錄)’등에 힘입은 바 컸다. 특히 규봉종밀(圭峯宗密. 780~841)이 쓴 ‘원각경대소초‘에는 “마조는 본래 무상의 제자”라고 기록되어 있다. 마조와 종밀의 강호(江湖. 강서성과 호남성)에서의 선종 주도권 쟁탈과정에서 이 사실이 불거지고, 기록된 셈이다. 호적은 규봉종밀의 법통도 하택신회계(荷澤神會系. 5대)가 아니라 정중신회계(淨衆神會系. 4대)라는 놀라운 주장도 했다. 종밀은 마조와 같은 가문 출신이었기에 마조의 법통을 잘 알고 있었던 셈이다.

호적 선생과 서여 선생은 이 같은 사실을 밝힐 추가 자료를 한국에서 찾기 위해서 공동조사를 하기로 약속하였다. 호적 선생이 선종에 대한 연구를 한국과 공동으로 추진하는 까닭은 송광사를 비롯하여 보조 지눌을 종조로 모시던 한국 사찰에 규봉종밀의 문서가 많이 남아있는 것으로 알려졌기 때문이다. 보조지눌(普照知訥. 1158~1210)은 규봉종밀의 돈오점수(頓悟漸修)를 따르는 경향이 있었다. 돈오와 점수는 깨달음과 관련하여 동아시아 선종사를 관통하는 논쟁인데 중국의 화엄종 4조 징관(澄觀. 738~839), 신회((神會. 685~760), 종밀은 돈오점수의 편이었고, 마조(馬祖)계열은 돈오돈수(頓悟頓修)의 편이었다.

규봉종밀은 선(禪)과 교(敎)가 서로 팽팽히 맞서고 있던 시절, 양 사상을 두루 섭렵하고 화엄종의 입장에서 교선일치(敎禪一致)를 주장하여 불교를 회통시킨 인물로 고려의 지눌에게 많은 영향을 준 인물이다. 종밀은 당시 징관에게 사사하면서 화엄 5조이면서 동시에 혜능−신회로 이어지는 하택종의 계승자로 불교이론에 가장 밝은 승려였는데 당시 마조와 선종의 주도권을 놓고 치열한 돈오점수, 돈오돈수의 공방을 벌였다. 마조가 돈오돈수가 된 것은 종밀이 돈오점수를 주장하면서 자신과의 차별성을 위해서 마조를 돈오돈수로 규정했기 때문이다.

규봉종밀의 돈오점수는 보조지눌(普照知訥)에게 큰 영향을 미쳤다. 그래서 송광사에는 종밀의 문서가 많이 소장되어 있고, 그 속에 혹시 하택신회나 중국 초기 선종사와 신회의 종교혁명에 관한 정보나 단서를 찾을 길이 없을까 하여 호적은 한국과의 공동조사를 제안했던 것이다.

한국에서의 공동조사는 두 차례 계획되었지만 한 번도 성공하지 못했다. 한 번은 한국에서 4.19혁명이 발생하여 차질을 빚었고 다음에는 호적 선생이 갑자기 작고(1962년 2월 24일)하여 결국 실행을 하지 못했다. 이에 서여 선생이 학자적 회한이 되어 호적 선생의 주장을 사천지방에서 확인하려고 제안을 했던 것이었다. 세계일보의 적극적인 지원으로 대망의 탐사가 시작됐다. 탐사의 기록은 '촉도장정(蜀道長征. 1998)'과 '사천강단(四川講壇. 1997)'으로 출간됐다.

필자의 기억으로는 몇 번 만난 점심 자리에서 서여 선생은 '보림전(寶林傳. 801)'은 물론 '육조단경(六祖壇經. 781)'조차도 위서라고 주장했던 것 같다. 말하자면 흔히 알고 있는 조계혜능(曹溪慧能)-하택신회(荷澤神會)-남악회양(南岳懷讓)-마조도일(馬祖道一)로 이어지는 남종선(南宗禪)의 법통은 사실이 아니며 후대의 필요에 의해서 가공·날조된 것이라고 주장했다.

선종의 법계가 조작되었다고 주장하는 이유는 중국과 한국이 달랐다. 중국의 호적 선생은 하택신회를 당대의 중국의 종교혁명가로 새롭게 해석하기 위함이었고, 서여 선생은 역사의 어둠 속 지하창고에 묻혀 잊혀졌던 무상선사를 세상에 끌어올려 새롭게 재조명하기 위함이었다. 무상선사는 실로 놀랍게도 중국으로 간지 1년 만에 중국 사천지방의 선종의 핵심에 입성한 인물이다. 그의 행적은 마치 질풍노도와도 같았다.

그는 중국 장안에 이르러 신라 왕자의 예우를 받으며 당 현종과 첫 대면을 하고 선정사(禪定寺)에 머문다. 그후 불법을 구하고 곧 바로 촉(蜀)땅으로 들어가서 사천지방의 검남종을 이끌고 있던 지선(智詵)의 문하에 들어간다. 지선은 선종의 오조(五祖) 홍인(弘忍)의 직계제자였다. 지선은 당시 고령으로 제자인 처적(處寂)에게 문중의 대권을 물려주고 있었다. 무상은 자주(資州)의 덕순사(德純寺)를 찾아

처적으로부터 인가를 받는다. 이때 그는 이미 삼구(三句)인 무억(無憶), 무념(無念), 막망(莫忘)을 설했다. 삼구는 달마조사로부터 전해오는 총지문(總持門)이라고 선언할 정도였다.

무상은 그 길로 바로 천곡산(天谷山)으로 향한다. 인가를 받은 그가 바로 천곡산으로 향했다는 것은 무엇을 말하는가. 천곡산은 본래 도교의 산이다. 차는 본래 불교 이전에 도교와 인연을 맺었다. 도교는 중국의 기층종교라고 할 수 있는데 노장철학을 기본으로 개인의 양생에 주력하는 종교이다. 중국의 도교는 샤머니즘의 중국판이라고 할 수 있다. 중국 도교의 발상지 중 하나인 사천성도 부근의 청성산(靑城山: 해발 1600m)의 후산이 바로 천곡산(天谷山 고태안사 지역)이다. 천곡산은 지금도 야생차가 왕성하게 자라는 곳이다.

아마도 무상의 선차지법은 바로 천곡산의 10여 년 수행 기간 중에 심안이 열려 터득한 것인 듯싶다. 말하자면 천곡산은 무상의 깨달음이 일상의 레벨, 차 생활에 도달한 것을 상징하는 도량이었다. 무상이 천곡산에서 수행할 때는 몰골이 거의 짐승에 가까웠다고 한다. 그래서 하마터면 사냥꾼의 총에 죽을 뻔도 하였고, 수많은 맹수들을 도력으로 제압하지 않으면 안 되었다. 그의 두타행은 아무도 흉내낼 수 없을 경지에 도달하였다.

무상은 천곡산 바위굴에 은거하면서 차나무 잎을 말려 차를 마시며 선수행을 했다. 무상은 왜 그의 수도의 장소로 천곡산을 택했을까. 무상이 선차지법을 외친 것은 아마도 일찍이 차의 효험에 대해 정통하였음은 물론이고, 차가 선정에 도움을 준다는 사실을 인지하고 있었음을 의미한다. 무상은 천곡산뿐만 아니라 자중현에서 뱃길로 1시간가량 떨어진 금곡산(金谷山)에서도 수도를 했으며, 이곳에서 맹수를 물리친 얘기는 이 일대에 전설로 전해진다.

무상이 오늘날 햇빛을 본 데는 돈황석굴에서 발견된 오경전의 영향이 단초가 되었지만, 무엇보다도 오백나한에 들었기 때문이다. 무상이 오백나한에 든 것은 여러 설이 있지만, 무상의 선사상이 중국을 뒤덮고 있을 때에 오백나한 신앙이 선종과 절묘하게 만나서 이룬 것으로 보인다.

쓰촨성(四川省) 시방현의 나한사(羅漢寺. 마조의 출가사찰), 윈난성(雲南省) 곤명의 공죽사(筇竹寺), 항저우 영은사(靈隱寺), 베이징 벽운사(碧云寺), 장시성 노산 동림사(東林寺) 등 중국 나한당에는 455번째 조사로 무상선사를 모시고 있다. 오백나한에 선승으로는 유일하게 달마가 307위에 있어서 선종의 맥이 달마에서 무상으로 전해진 총지문(總持門)을 증명하고 있다.

우리나라는 인도 오백나한을 중심으로 나한당(조사전)을 조성함으로써 한국불교의 여러 조사들, 예컨대 원효, 의상, 진묵, 근세의 개운조사 등 한 명의 조사도 나한당에 포함시키지 못하고, 사대주의에서 벗어나지 못하고 있다. 사찰별로 개산조를 비롯해서 이름이 있는 조사를 모시고 있을 따름이다. 중국불교의 자주성에 비하면 참으로 부끄러운 일이 아닐 수 없다. 그럼에도 불구하고 '고려대장경(高麗大藏經)' 법주기(法住記)에는 아라한의 상주처를 한반도로 비정하고 있다.

한국에서도 조계종을 비롯하여 모든 종파가 공동으로 인정하는 조사전(祖師殿)의 조성이 절실하다. 필자는 최근 발표한 '역대 조사(祖師)의 아라한(阿羅漢) 승격은 당위적 과제'라는 논문을 발표한 바 있다. 이 자리에서 "1천700년의 역사를 가진 한국불교가 인도와 중국의 역대 조사는 섬기면서 한국 조사들의 아라한 승격에 인색한 것은 문화적 사대주의의 결과이다. 한국의 역대 여러 조사들을 아라한으로 추대해 나한전에 모시는 것은 한국불교의 정체성 확립과 단결을 위해서도 중요하다."고 주장했다.

필자는 또 다른 어떤 외래종교보다 가장 토착화에 성공했음을 자부하는 불교가 실은 자주화에 가장 인색하다고 꼬집었다. "유교는 설총, 최치원, 정몽주, 이황, 이이 등 해동십팔현(海東十八賢)을 대성전에 모시고 있고, 천주교는 순교자 103위를 성인의 반열에 올려놓고 나름으로 섬김의 의식을 다하고 있다. 다른 외래종교에 비해 토착화와 민중화에 앞장섰다고 자부하는 불교가 역대 한국인 조사들을 소극적으로 섬기는 것은 부끄러운 일이다."

이에 비해 문화의 수용 면에서 대국적인 입장을 견지하는 중국은 선불교(禪佛教)를 통해 인도에서 건너온 불교를 중국화하고 주체화했을 뿐 아니라 자국의 역대 조사들을 나한에 올리고, 심지어 신라에서 건너간 무상선사(無相禪師. 684~762)를 오백나한 가운데 455번째 자리에 올려놓았다. 자국의 영토에서 구도행위를 했다 하여 무상선사를 나한에 넣는다거나, 신라의 왕자 출신 김교각(金喬覺. 696~794)을 지장보살로 모시는 것 등은 중국의 문화적 자부심이 얼마나 높은지 보여주었다.

한국불교의 최대 종단인 조계종은 육조혜능(六祖慧能. 638~713)선사의 법통이 아니라는 이유에서인지 무상선사가 중국에서 나한이 된 의미를 오히려 축소하고 부정하려는 태도를 보인다. 마조-백장회해-황벽희운-임제의현으로 이어지는 마조의 증법손인 임제종을 따르는 세력이 주류이다. 조계종은 도의(道義. 738~821 ?)와 보조지눌(普照知訥. 1158~1210)와 태고보우(太古普愚. 1301~1382)를 함께 섬기는 입장이다.

도의국사는 마조의 제자인 서당지장(西堂智藏)에게서 법을 얻고 도의라는 법호를 얻었으며, 다시 백장회해(百丈懷海) 선사를 찾아 법요를 받는다. 다시 말하면 마조의 손제자인 도의를 종조로 두면서도 마조의 스승인 무상에 대해서는 관심을 보이지 않고 있다. 이는 육조혜능의 신화에 대한 절대신앙 때문이다. 태고보우는 마조의 증법손인 임제를 계승하였다. 임제의현에서 황룡파, 양기파로 갈라지고, 양기파는 또 대혜종고와 호구소룡으로 갈라진다. 태고는 호구소룡-고봉-금암-석옥에서 이어진다. 따라서 임제종의 계승자이다. 도의, 태고는 마조의 직계이고, 동시에 무상의 직계가 되는 셈이다.

3. 무상(無相)선사,
선차의 동아시아적 원류

무상선사가 선차일미 사상에 있
어서 동아시아의 원류와 같은 존
재라는 사실에 이의가 있을 수 없
다. 이 같은 사실은 한국 학자에
의해서 처음으로 밝혀진 것이 아
니라 중국학자에 의해서 드러났
다. 2004년 9월 중국 사천성 성
도 대자사에서 열린 첫 무상선사
학술연토회에서 대자사 방장 따
이온(大恩) 스님은 '신선소각사지
(新選昭覺寺志)'를 소개하고 다음
과 같이 무상의 선차지법을 세상

대자사 정중무상선사 영정 앞에 선 필자

에 처음 알렸다. 이날 학술연토회에 참가한 필자와 한국인 일행들은 이 같은 사실
이 밝혀지자 크게 놀라지 않을 수 없었다.

"청두 대자사의 당대(唐代) 조사는 신라왕자로서 출가한 무상선사이다. 참선, 품차
(品茶)를 하는 기나긴 과정에서 '무상선차지법'을 개창하였으며, 선차문화에 매우 공
헌하였다. 대자사에서 참학(參學)과 강경(講經)을 한 송대(宋代) 불과극근(佛果克勤,
1063~1135: 원오극근의 다른 이름) 선사는 선차문화를 간접적으로 일본에 전했다."

무상의 오백나한 발굴과 일대기를 종합적으로 정리한 '정중무상평전'을 펴낸 최
석환은 "무상의 선차지법은 동아시아 선차의 맹주가 될 수밖에 없다."고 역설한다.

실지로 무상은 중국에서조차 오백나한의 재조명이 있기 전까지는 무상이 전법가

중국 사천성 대자사(古大聖慈寺)에서 열린 제1차 무상선사 국제학술대회 참가자들

사를 전한 보당무주(保唐無住)에 가려 있었다. 중국에서는 무주의 보당종만이 있었다. 무주는 사천지방 출신이고, 신라에서 온 무상은 외래인이었다. 대자사 방장도 학술연토회를 전후로 무상에 대한 인식을 새롭게 했던 것이다.

필자는 당시 연토회에 참석하여 무주보당종의 텃세와 함께 나이가 비슷한 정중무상(淨衆無相. 685~762)과 하택신회(荷澤神會. 685~760)의 선종사를 둘러싼 각축에 대해 논문을 발표했다.

무상선사는 신라에서 이미 차의 효능 가운데 수행차도(修行茶道)에 대해 나름대로 터득한 차가 대중적 음료인 중국 땅에서 한 걸음 더 나아가서 선과 차가 하나라는 사상인 선차지법을 깨닫게 된다. 이는 선을 대중화·선교하는 데에 유리할 뿐만 아니라 중국인으로 하여금 평상심(平常心)이 바로 도(道)라는 선의 요체를 깨닫게 하는 일거양득의 효과를 거둘 수 있었기 때문이다. 무상의 이러한 선차일미의 사상은 그의 제자들에 의해 다양하게 발전한다.

무상의 선차지법은 그의 제자인 마조(馬祖)를 거쳐 마조의 제자인 남전보원(南泉

普願. 748~834), 남전보원의 제자인 조주종심(趙州從諗. 778~897)에 이르러 '스챠스'(喫茶去)로 발전한다.

우리는 선차일미든 다선일미든, 선과 차가 하나라는 사상의 형성을 둘러싸고 있는 장막을 걷게 된다. 지금까지 베일에 가려있던, 차와 선과 관련한 비슷한 사상들의 발단과 선후전개, 그리고 발전과정의 미스테리를 풀게 된다.

일본에 다선일미(茶禪一味) 묵보를 써 주었다고 하는 원오극근도 실은 무상선사가 활동한 주 무대인 대자사(大慈寺)에서 공부를 한 적이 있으며, 이 때 무상의 선차지법에 접했을 가능성이 높은 게 사실이다. 그렇다면 원오극근의 다선일미는 선차지법의 변형이며 요즘말로 하면 선차지법의 새로운 버전이 된다. 무상의 선차지법은 중국 본토에서 확산되는 것은 물론이고, 한 갈래는 일본으로, 다른 한 갈래는 구산선문과 함께 신라로 발전하여 돌아오게 된다.

일본 고대 다도의 발단에도 무상의 존재가 있음에 우리는 놀라게 된다. '신선소각사지'는 이렇게 설명한다. 일본다도의 신화와 관련된 부분에 대해서 이렇게 말한다.

"일본승인 무라다슈코(村田珠光. 1442~1502)는 중국에 와서 불과극근선사를 참배하니 선사는 '정법안장'(正法眼藏)'을 전하는 다선일미라는 묵보(墨寶)를 증송하였다고 한다. 무라다슈코는 귀국하면서 태풍을 만났는데, 대나무통 안에 '다선일미'(茶禪一味) 묵보를 넣고 밀봉한 것이 물에 떠돌아다니다가 잇큐화상(一休)에게 발견되어 후에 교토(京都)의 다이도쿠지(大德寺)에 보관되었다. 일본 승려들은 이 묵보를 보고 깨우치고 조사(祖師)의 오지(奧旨)를 발휘하여 후에 '선차지도'(禪茶之道)를 저술해 지금까지 전해오고 있다."

이 구절은 일본의 다도를 종교화하고 신비화하는 '다도신화학'의 핵심부분이다. 최근 제 6차 세계선차문화교류대회(중국 항주 영은사, 2011년 11월 10~13일)에서 만난 일본의 대표적인 차 학자인 쿠라사와 유키히로(倉澤行洋)는 다선일미 묵보의 존재에 대해 묻는 필자의 질문에 이렇게 답했다.

"다선일미 묵보를 본 적도 없고, 묵보를 보았다는 사람도 만난 적이 없다."

이렇게 보면 지금 일본 다이도쿠지의 은밀한 곳에 소장되어 있다는 풍설, 혹은 전설에 휩싸인 다선일미 묵보는 일본의 다도신화학을 완성하기 위한 일본인의 신화적 조작 혹은 지혜로 인한 것임을 알 수 있다. 일본인은 없는 자료도 만들어서 신화학을 완성하는 데 한국인은 있는 역사도 자료가 미비하다는 이유로, 조사연구의 게으름으로 인해 쉽게 없애는 어리석음을 보이고 있다고 말할 수 있다. 이는 모두 민족적 자부심과 역사의식의 부재에서 기인한다. 이는 비단 다사(茶史)에 국한되는 일이 아니다. 역사학을 비롯한 인문학 전반에 해당하는 한국인 학자들의 수치이다.

한국의 차도는 신라시대부터 이미 헌차례(獻茶禮, 獻供茶禮), 수행차례(修行茶禮)로 발전하였다고 볼 수 있다. 이는 일상의 음료인 중국과 달리 차가 귀한 음료였기 때문에 부처님에게 바치거나 귀족계급에 속한 승려들의 기호음료가 됨으로써 선(禪)수행에 도움을 주는 차의 효과에 대해 일찍 눈을 떴음을 의미한다. 중국에서는 너무 흔한 음료였기 때문에 음료의 효과에 특별히 자각을 하지 않았을 수도 있다. 이것이 무상선사의 중국 구도순례로 인해 요즘 말로 시너지 효과를 낸 것으로 해석할 수 있을 것이다.

신라의 헌공차는 이차돈에서부터 시작됐다. 고구려에서 불법을 배워온 이차돈은 비록 순교를 하였지만 부처님에게 차와 꽃을 바치는 의식을 가졌다. 선덕여왕(善德女王. 재위 632~647) 때 신라에는 이미 차가 성행하였다고 삼국사기는 전한다. 차의 성행은 그만한 전개과정이 있기 마련이다. 이 빈 공간을 메우려고 하지 않고 2백년이나 뒤인 흥덕왕 때 대렴의 기록을 공식적인 차의 기록으로 보는 것은 역사를 잘라버리거나 후퇴시키는 안이한 태도이다. 왜 역사를 후퇴시키는가. 증거가 부족하다, 자료가 불충분한 것은 고대사의 다반사이다. 글자 하나, 문장 한 줄을 가지고 역사의 선후를 따지는 마당에 지나친 실증주의는 식민사학의 음모이다.

삼국사기 신라본기 흥덕왕 조에는 다음과 같이 기록되어 있다.

"흥덕왕 3년(828년) 당나라 사신으로 갔다가 돌아온 대렴(大廉)이 차 씨앗을 가져와 왕의 지시로 지리산에 심었다. 차는 선덕왕 때부터 있었으나 이때에 와서 성행하였다."

대렴이 지리산에 차를 심은 곳이 화엄사 지역이냐, 쌍계사 지역이냐를 두고 양설이 팽팽히 맞서 있지만, 중국 경산사 일대의 차나무와 쌍계사 일대의 야생차 나무의 DNA 검사결과 같은 것으로 나왔다. 화엄사 일대의 야생차 DNA 검사가 실시되면 진위여부가 결정될 것이다.

그러나 대렴이 차 씨앗을 가져온 것을 공식기록으로 본다는 것은 차의 역사를 잘라먹는 태도이다. 대렴 이전의 차의 역사를 소중하게 다룰 필요가 있다.

이에 앞서 진흥왕(眞興王. 재위 540~575) 때 연기조사(緣起祖師)가 화엄사에 파종을 했다는 이야기가 '화엄사사적기'(華嚴寺事蹟記)나온다.

"연기조사가 진흥왕 대에 지리산의 양지 바른 곳에 절을 짓고 현판에 화엄사라 한 것이 지리산에 절이 서게 된 시초이다. 연기 스님이 차 씨앗을 가져와 절 창건과 동시에 절 뒤쪽의 긴 대밭에 심었다. 긴 대밭의 죽로차(竹露茶)는 유명했으며 호남 일대는 조선차의 고향이다."

쌍계사의 전신인 옥천사(玉泉寺)를 창건한 진감선사(眞鑑禪師. 774~850)가 차를 심었다고 하는 것은 그 뒤이다. 지리산 일대가 차 재배에 적당한 지역이라는 것을 알 수 있다.

신라 융성 통일기	신라 통일 완성기	신라 통일 난숙기
22대 지증왕(500~514)	29대 무열왕(654~661)	33대 성덕왕(702~737)
23대 법흥왕(514~540)		34대 효성왕(737~742)
24대 진흥왕(540~576)	30대 문무왕(661~681)	35대 경덕왕(742~765)
27대 선덕여왕(632~647)		42대 흥덕왕(826~836)

경주 함월산 기림사(祇林寺) 대웅전

　　신라 법흥왕 때는 불교가 처음 도입됐다. 불교의 도입으로 신라도 동아시아 세계
사의 보편성에 진입하게 된다. 이는 신라가 당시 국가팽창기에 정신적 토대를 마
련하는 것을 의미한다. 우산국을 정복한 22대 지증왕 때부터 신라는 우산국(울릉
도)를 정복하는 등 영토 확장과 함께 부흥기를 맞는다. 차의 역사도 이차돈의 헌차
의식을 비롯하여 진흥왕 때 연기조사의 차재배 등 이와 때를 같이하여 발전하게 된
다. 그래서 선덕왕 때에는 차가 성행했다고 한다. 이는 차 문화가 정신문화의 중요
한 항목임을 말한다.

　　무열왕과 문무왕 때는 삼국통일을 위한 무력전쟁으로 인하여 차와 같은 한가한
이야기는 없다. 신라의 부흥·통일기는 30대 문무왕의 삼국통일로 일단락된다.
통일 후 통일신라로의 재출발의 기반을 다지는 성덕왕 때부터 차는 다시 평화 시의
이야기의 대상이 된다.

　　무상선사(684~762)는 바로 성덕왕의 셋째 아들임이 제일 유력하다. 효성왕의

재위는 너무 짧다. 6년도 채 못 된다. 김지장(金地藏. 696∼794)은 경덕왕의 넷째 아들(?)이다. 중국에서 김화상(金和尙)으로 통하는 무상선사와 김지장(지장보살)로 통하는 김교각은 신라왕자들로서 중국 당나라에 가서 불력을 떨치게 된다. 이것은 우연히 발생한 사건이 아니다.

　이들은 또 출가하면 속성(俗姓)을 버리는 승가의 습속에도 불구하고 김(金)씨임을 유지하면서 대중에게 파고들었던 셈이다. 당시 신라의 왕자들은 앞서거니 뒤서거니 하면서 중국 대륙의 서(西)와 동(東)에서 맹위를 떨쳤던 셈이다. 그런데 이 두 왕자가 둘 다 차와 관련이 있다는 것은 무엇을 말하는가. 신라의 차의 흥성을 말한다.

初期 禪宗과 淨衆無相 門下의 法脈圖

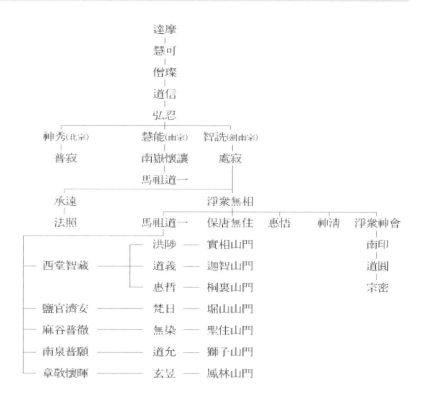

2. 김지장보살, 차농병행(茶農竝行)의 선구자

　한국 차의 역사에서 신라의 무상선사(685~762)와 지장보살 김교각(金喬覺, 696~794)이 거의 동시대에 존재했다는 사실은 한국 차인의 자존심을 지켜주는 보루이다. 더욱이 이 두 견당승려는 불교의 나라, 차의 나라인 중국에서 돌아오지 않고, 한 사람은 오백나한에 들고, 다른 한 사람은 지장보살로 추앙받는 한국 불교의 금자탑을 이루었다. 이들의 업적과 행적에서 신라불교와 신라 차의 융성을 읽는 것은 어렵지 않다. 신라는 불교와 차를 중국에서 수입만 했던 것이 아니라 다시 중국에 수출하였음을 알 수 있다.

　김교각은 경덕왕의 넷째왕자라는 설도 있지만, '신라국 임금의 지속(支屬)'(송고승전), '신라왕의 친척'(신승전) '국왕김씨의 가까운 친족'(구화산지) '신라국의 왕자로서 김씨 근속(近屬)'(구화산 창건 化城寺記) 등 왕족이긴 하지만 출신이 확실하지 않다.

　두 승려의 차 이야기는 성덕왕, 경덕왕 연간에 이미 신라의 차 문화는 융성할 대로 융성하여 차 문화가 예술과 예절의 경지에 이른 것을 간접적으로 말해주는 것 같다. 삼국통일을 이룬 신라는 무력은 물론이거니와 통일 후 신라를 이끌 문력(文力)

과 정신력도 최고조에 있어 당시 동아시아에서 최고의 수준이었을 것이다. 화랑과 승려들은 정치엘리트로서 왕에게 충성을 다하는 한편 문화적 풍요를 구가할 수 있는 사회적 기틀을 마련했다.

차 문화의 성행 속에서 김지장이 중국 안휘성 구화산으로 가면서 자신이 즐겨 마시던 차나무의 차씨를 가지고 갔다는 것은 그가 이미 차 매니아였음을 증명하고도 남음이 있다. 동시에 그는 이미 차가 수행음료라는 것도 잘 알고 있었음을 유추할 수 있다.

중국 『구화산지(九華山志)』에 실린 김지장보살 차 관련기사

김지장의 전설도 무상선사에 못지않다. 어떻게 남의 나라에서 지장보살의 화신이라는 이름을 얻는가. 중국 구화산 사람들을 죽음이나 지옥에서 구출했다는 말이 아닌가. 김지장은 구화산 사람들의 굶주림을 해결하였다고 한다. 무상선사가 선차의 효시라면 김지장은 농선병행(農禪竝行)의 원조이다. 무상과 지장을 외치면 한국의 차 문화는 금방 자존심을 얻기에 충분하다.

차 연구가 최정간은 농선병행, 차농여선(茶農如禪)의 원조를 백장회해(百丈懷海, 749~814)라고 하는데 실은 김지장이 그보다 70년은 앞선다고 말한다. 김지

장은 8세기 중엽 신라 성덕왕 때 당나라 안휘성 구화산에 입산하여 두타행을 통해 깨달음에 도달하는 한편 기근에 허덕이는 농민들에게 볍씨와 차씨를 제공하여 식량을 조달하는 데에 일조한다. 안사의 난 이후에 당의 재정은 바닥이 났고, 기민과 아사자가 속출하였다. 승려들은 백성의 가난을 구제할 생각도 하지 않고 군자금을 모금한다는 명목으로 도첩을 판매하는 향수전(香水錢) 제도를 운영하는 등 정치권력에 아부했다. 특히 당나라 선불교의 혁명가인 하택신회(荷澤神會)도 이에 편승하여 자신의 권력과 영달에 빠져 있었다.

안휘성 일대의 헐벗은 민중들은 김지장의 빈민구제 소식을 듣고 구름처럼 몰려들었다. 김지장은 군중들을 향하여 사자후를 토했다.

"중생들이여, 우리도 저 넓은 땅에 농사를 지어 함께 먹읍시다. 당장 굶어 죽어 가는 이들에게 이보다 더 좋은 법문이 있으리오. 지장보살의 진정한 구원을 받기를 원한다면 과거, 미래, 정토, 타력이 아닌 현세에서 자기 자신의 노력과 함께 이웃과 협동하는 마음을 가져야 한다."

이는 선과 정토 등 모든 불교를 통불교식으로 회통시키는 데에 남다른 재주를 가진 신라불교의 승려였다. 김교각 스님이 얼마나 많은 민중들을 구휼했으면 1200년이 지난 오늘날까지 그의 명성은 사라지지 않고 도리어 구화산 일대는 지장보살의 성지가 되고 있다.

김교각이 심은 차나무는 구화산 현지에서는 '금지차'(金地茶)라고 불리고 있는데 지금도 무성한 잎을 자랑하고 있다. 지장 스님의 수행처인 노호동은 바위 암벽 사이에서 발견되었다. 첫 발견자인 최석환은 "노호동 정상을 바라보는데 찻잎처럼 생긴 잎사귀가 태양을 받으면서 팔랑거리는 것을 보고 뛰어올라가 보니 차나무였다."고 한다. 당시 구화산 방장 인덕 스님은 "지금까지 김지장 스님이 남대에 거처하고 살았을 때 심었다는 남대공심차가 금지차로 알려졌는데 이번에 발견된 노호동(老虎洞) 차는 김지장 스님이 맨 먼저 구화산에 은거하면서 수행했던 동굴 정상에 남아 있어 금지차의 원조가 될 설득력이 강하다."고 말했다. 노호동 금지차 나무는 무려 높이가 230m나 된다.

비관경(費冠卿)이 쓴 구화산창건화성사기(九華山創建化城寺記)에는 "노호동은 김지장 신앙의 핵심체요, 지장신앙의 발원지이다. 김지장은 구자산 구자암에서 일차적인 좌선수행을 접어두고 동굴수행의 단계로 접어들기 위해 은거할 수 있는 동굴을 찾아나선다. 여기서 귀한 인연을 만났으니 바로 청양고을의 거사 제갈절이라는 사람이다. 제갈절은 우연히 구화산에 올랐다가 지장 스님이 혹독하게 수행하는 모습을 보고 그 모습에 감화, 뒷날 화성사를 창건하기에 이른다."라고 기록되어 있다. 금지차 나무는 노호동 동굴에서 산능선을 타고 바위틈 사이에 자생하고 있다.

구화산지에는 "금지차는 줄기 속이 가는 대나무처럼 비어 있으며, 김지장이 신라에서 갖고 온 종자에서 싹튼 것이다."라고 적혀있다.

김지장 스님이 직접 쓴 차시 '동자를 보내며(送童子下山)가 '전당시'(권 808)에 실려 있다.

절이 적적하니 너는 집 생각하는구나.

나를 여의고 구화산을 내려가려나

나 혼자 대난간 아래 주막에 기대어 알뜰히 수행할거나

시냇가 늪에 달을 볼 생각이며

차 달이고 꽃도 꽂지 않으리

눈물을 거두고 내려가려므나

노승은 연하로 벗하려니

송대의 문장가 주필대는 "김지장 탑전에 조석으로 차 공양을 드리는 모습을 보고 참으로 신비로웠고 차의 맛은 천하일품이다."고 극찬하고 있다.

구화불차는 선승들이 음다했던 독특한 선종차로 순하고 부드러워 맛과 향이 뛰어나 1915년 파나마 박람회에서 금상을 받기도 했다. 구화산지에는 민원차(閔圓茶)가 있는데 차나무의 뿌리가 크고 음곡지에서 자라며 봄과 여름 교체시에는 연한 싹이 나고 창처럼 뾰족한 잎 한 개에 기(旗)처럼 퍼진 잎 한 개가 난다. 이들 차는 김지장차에서 파생된 차라고 한다. 금지차는 수많은 이름으로 변했는데 명대에는 선인장차로, 현재에는 쌍계조아차, 서축운무차, 구화불차 등으로 불리고 있다.

구화산은 아시아 불교의 성지로 99개의 봉우리는 자랑하고 있다. 김교각 스님은 서기 794년 99세의 나이에 참선하던 중 입적하였다. 3년이 지나도록 시신이 부패하지 않아 제자들이 등신불로 만들었다. 지장보전에 지금도 등신불이 모셔져 있다.

김교각의 어머니는 그가 돌아올 것을 기대해 숙부를 2명을 보냈으나 이들마저 김교각 스님에 감화되어 현지에서 출가했다고 한다. 그의 도력이 어떠했느냐를 가늠할 수 있다.

삼국사기 기록을 토대로 흥덕왕 3년(828년) 대렴(大廉)이 당으로부터 차씨를 가져온 것을 공식적인 차의 출발로 보는 한국의 차인들은 대렴보다 무려 100여년 앞서 신라 성덕왕 17년(719년) 김지장이 신라에서 당으로 차씨를 가져간 것은 왜 무시할까.

노호동의 한 비구니 스님은 손수 차를 볶아 마셨는데 지장불차가 반발효차였다. 구화산의 불차들은 녹차류에 속한다. 그러나 지장 스님이 마셨던 지장차는 우룡차 계통이었을 가능성이 높다. 녹차류는 많이 음용할 경우 수행에 장애 된다. 그러나 반발효차인 우룡차는 몸을 보호하기 때문에 오래 복용하고 다선일미의 선정에 빠져드는 데에 도움이 된다.

2002년에 한국의 차인들이 힘을 모아 구화산에 김지장차 시비를 세웠다. 이는 한국 차 문화를 되찾기 위한 동아시아적 순례의 한 좋은 예가 되었다.

경덕왕 때는 신라의 차는 대로에서 차 퍼포먼스가 성행할 정도였다. 충담사 이야기가 그것이다. 충담사가 경덕왕에게 안민가(安民歌)를 지어 바치는 이야기는 신라의 통일에 의한 불국토의 실현에 이어 멋과 흥에 겨워서 태평성대를 구가하고 있음을 뽐내는 대목이라고 하지 않을 수 없다. 충담사는 차를 바치고 노래를 함으로써 단순히 차만을 마시는 것이 아니라 우리나라에서 최초로 차 퍼포먼스를 한 인물로 평가된다.

삼국유사 '경덕왕(景德王) 충담사(忠談師)' 조에는 충담사가 삼월 삼진날과 중구절에 경주 남산 삼화령(三花嶺) 미륵부처에게 차를 공양했다는 기록이 있다. 경덕왕 24년(765년) 삼월 삼진날에 그는 왕을 만나 귀정문(歸正門)에서 즉석 차회를 열게 된다. 사연인 즉 이렇다.

당시에 당(唐)나라에서 '도덕경(道德經)'등을 보내오자 대왕이 예를 갖추어 받았다. 왕이 나라를 다스린 지 24년에 오악(五岳)과 삼산(三山)의 신들이 자주 나타나 대궐 뜰에서 왕을 모셨다. 3월 3일 왕이 귀정문 다락 위에 나가 신하들에게 말하였다.

"누가 길거리에 나가 위의(威儀)를 갖춘 스님 한 분을 모셔올 수 있겠느냐?"

이때 마침 외양이 그럴듯한 고승(高僧)이 길을 배회하고 있었다. 신하들이 이 승려를 왕에게 모셔 왔다. 그러나 왕이 말하였다.

경주 남산 삼화령(三花嶺)에 남아있는 좌대.
충담(忠談)선사가 삼월삼짇날 미륵보살에게 차를 공양했던 곳으로 전해진다.

"내가 말한 위의를 갖춘 스님이 아니다."

다시 신하들이 거리에서 살피고 있는데 남루한 차림의 승려가 앵통(櫻筒)을 진 채 남쪽에서 오고 있었다.

왕이 보더니 기뻐하며 다락 위로 영접하도록 하였다. 통 속을 보니 다구(茶具)가 들어 있었다. 왕이 물었다.

"그대는 누구인가?"

"충담(忠談)이라 합니다."

"어디서 오는 길인가?"

"소승(小僧)은 해마다 3월 3일과 9월 9일이면 차를 달여 남산(南山) 삼화령(三花

嶺)의 미륵세존(彌勒世尊)께 올리는데, 오늘도 올리고 돌아오는 길입니다.”

“내게도 차를 한 잔 나누어 주겠는가?”

충담이 차를 달여 올리니 차 맛이 이상하고 찻잔 속에서는 기이한 향기가 났다. 왕이 다시 물었다.

“내가 일찍이 들으니 스님이 기파랑(耆婆郎)을 찬미한 사뇌가(詞腦歌)가 뜻이 무척 고상(高尚)하다고 하던데, 과연 그러하오?”

“그렇습니다.”

“그렇다면 나를 위해 ‘안민가’(安民歌)를 지어 주구려.”

충담은 곧 왕명을 받들어 노래를 지어 바쳤다. 왕은 아름답게 여기고 왕사(王師)로 봉했지만 충담은 두 번 절하고 사양하며 받지 않았다.

신라에는 화랑의 용기를 찬탄하는 ‘찬기파랑가’(讚耆婆郎歌)가 지어졌으며, 백성의 평화를 찬미하는 ‘안민가’가 지어졌다. 문무가 겸전하는 태평세월이 아닐 수 없다. 차는 평화와 풍요와 멋을 구가하는 한복판에 향가라는 노래와 함께 정신적 물질로서 자리하고 있었다.

신라의 차는 이미 흥덕왕 이전에 헌공차도와 수행차도를 완성하고 평화의 물질로 자리하고 있었다. 이를 두고 국내 차학(茶學)의 권위자들이 ‘대렴의 차’를 신라 차의 공식적인 출발로 보는 것은 역사를 잘라내는 어리석음이라고 말할 수 있다. 이는 한국 차의 신화학의 실패라고 하지 않을 수 없다.

무상선사의 ‘선차지법’은 특히 선차는 신라에서 출발하였음을 웅변하고 있다. 중국은 오늘날도 차가 음료이고 차도는 생활차도이다. 그래서 특별히 차 퍼포먼스를 할 경우 ‘다예’(茶藝)라고 특별히 부르게 된다. 중국에서는 차예가 맞는 말이다. 일본은 근세에 들어 임진왜란을 전후로 하여 자신들의 ‘다도’(茶道)와 ‘젠’(Zen)을 정립하였을 뿐이다. 그 이전에는 불교와 함께 전해진 차를 중국 혹은 한국에서 배워 갔을 뿐이다.

중세까지 중국과 한국에서 선진문화를 배워간 일본은 근대에 이르러 서양문화의 도입과 함께 동시에 동양문화의 정수인 유불선과 차도를 자신의 문화적 토대를 통해 근대적으로 재해석하는 데에 성공하여 동아시아 문화를 주도하게 된다. 그 결정이 바로 일본의 근현대문명이다. 여기에 '다선일미' '화경청적'으로 요약되는 '다도'와 '젠'이 포함된다.

한국의 차도가 한국문화를 토대로 새롭게 정립되어야 하는 이유가 여기에 있다. 한국의 차는 한중일 삼국 가운데 도입시기도 늦지 않았으며, 그것의 선차문화로의 승화에서는 도리어 빨랐음을 확인할 수 있다.

선종과 차는 때래야 뗄 수 없는 사이가 되었다. 강호(江湖)에서 발원한 남종선은 서서히 북상하여 종래 북종선의 지역인 북경와 석가장 일대에까지 범위를 넓혔다. 불교와 함께 차도 북상하였던 것이다. 조주와 임제는 하북성 조주와 정정현에서 강 하나를 사이에 두고 이웃하고 있다. 조주는 '스챠스'(喫茶去) 공안으로 무상이 이룩한 선차지법(禪茶之法) 정신을 계승했으며, 임제는 임제종(臨濟宗)을 일으켜 선종의 뿌리를 더욱 단단하게 하였다.

3. 원표와 가지산문의 선차(禪茶)정신

1. 원표(元表)대사의 한국 불교사적 위치

지난 '제 1회 원표대사 국제학술대회'(2013년, 보림사) 때는 원표대사와 관련된 중국과 한국의 기록을 근거로 그의 불교사적 의미에 대해 여러 학자들이 토론을 하였다. 이번 제 5차 선차아회 '가지산파 차 문화전승'을 주제로 한 세미나에서는 좀 더 구체적으로 보림사의 선차정신은 어떻게 전승되었을까를 주제로 삼아보았다.

흔히 역사적 인물을 연구할 때는 기록을 토대로 연구하는 것이 보편적인 연구방법이다. 그러나 역사적으로 자료가 부족하거나 그 자료가 신화나 전설로 전승되었을 때는 실증적인 연구는 한계에 직면하게 된다. 그래서 한 분과학문의 독점적인 연구가 아니라 여러 학문의 학제적(學際的)·통섭적(統攝的)인 연구가 요청된다.

더욱이 역사적 연구, 특히 실증적 연구라는 것이 과학적인 방법이긴 하지만 자료의 해석에서 단선적으로 인해 일방통행을 하는 경우가 적지않다. 따라서 그것을 보완하는 방법이 바로 다선적인 연구이다. 그러나 다선적인 연구라고 해도 연구자의 관점이 들어가 있는 것이고 보면, 결국 해석학에 머물 수밖에 없다.

전남 장흥 가지산(迦智山) 보림사(寶林寺) 전경. 한때 이 일대에 차 제조공장이 즐비하였다.

신라 경덕왕 시기(天寶年間, 742~756)에 당나라를 거쳐 인도로 갔다가 돌아온 원표(元表, 생몰년 미상)대사에 대한 기록도 매우 소략하기 때문에 충분한 연구를 하기에 불충분하다.

경덕왕은 원표대덕의 공을 기리기 위해 이곳에 왕명으로 1천 칸의 불궁(佛宮) 을 시설하고 장생표주(長生標柱)를 세워(경덕왕 18년, 759) 성역(聖域)으로 지정 해줬다고 한다. 이 기록의 중요성은 지난 대회 때에 여러 발표자에 의해 부각된 바 있다.

그동안 가지산문과 관련해서 제기된 학문적 과제를 정리해보면 대체로 다음과 같다.

①가지산을 개창한 것은 도의인가, 원표대덕인가.

②원표는 보림사를 인도와 중국의 보림사와 비슷하게 개창했다고 하는데 인도의 보림
　사나 6조 혜능의 보림사를 이미 두루 섭렵한 원표는 선승이 아닌가.

③그런데 『송고승전』에 보이는 신라승 원표는 왜 해동 신라인이 아니고 고구려인으로
　되어 있는가.

④도의가 개창했다고 하지만 가지산문의 사실상 개산조는 3대 보조체징이 아닌가.

위의 여러 논란은 부분적으로 정리되고 있긴 하지만 여전히 미해결의 문제를 안고 있는 것이 현실이다.

지난 대회 때의 대체적인 결론을 정리해보면 원표대덕은 도의국사보다는 빠른 시기에 신라에 입국하였지만 온전한 선종승려라기보다는 화엄종과 선종의 사이에 있었던 화엄선(華嚴禪)의 승려로 봄이 타당한 것으로 보였다.

이 같은 결론은 자연스럽게 가지산문 개산조, 혹은 보림사 개창조의 문제로 이어진다. 이 경우 역사를 연속적으로 혹은 단속적으로 보느냐에 따라 입장이 달라진다. 크게 보면 가지산문의 개산조는 도의국사이지만, 실지로 보림사와 관련해서는 이에 앞선 원표대사를 드러내지 않을 수 없다. 그래서 보림사 개창조는 이곳에 처음 절을 지은 원표대사로 봄이 타당할 것 같다. 보조체징은 가지산문 중흥조가 된다. 결국 산문과 개 사찰의 개창을 분리하는 셈이다.

원표대사: 화엄선 보림사 개창조

도의국사: 가지산문 개산조

보조체징: 가지산문 중흥조

원표대사가 고구려인으로 기록된 것은 삼국통일 후에 자연히 신라인으로 편입되기

는 하였지만 그의 출신을 강조한 것으로 보인다. 그가 고구려 출신인 것은 중국 대륙에서도 이름을 드높인 화엄종의 출중한 승려임에도 불구하고, 신라 화엄종에서는 주도권을 의상대사(625~702)와 그 제자들에게 빼앗긴 것에서도 확인할 수 있다.

보림사 조사전 바로 옆에 있는 산신각 비슷한 건물에는 매화를 들고 있는 소녀와 함께 연꽃을 들고 있는 좌상의 보살상이 그려진 '수호가람매화보살지영'이 걸려있다. 이 매화보살은 부석사에 전해지는 의상과 선묘낭자의 얽힌 전설과 흡사하다.

의상이 귀국한 때가 670년이고 부석사를 창건한 시점이 676년이니 그렇게 보면 남종선의 원류인 혜능이 선종을 퍼트린 때와 의상이 중국 화엄종의 원류인 장안 종남산 지상사에 머물며『화엄일승법계도』를 구상한 시점이 겹친다.

화엄종과 선종은 중국과 한국에서 시기적으로 겹치는 부분이 많다. 그러한 사정이 원표 대사의 일생에서 가장 두드러지게 드러난다고 볼 수 있다. 역사적으로 볼 때 그는 확실히 화엄종과 선종의 사이에 있는 승려로서 가장 훌륭한 발자취를 남겼다.

본래 화엄종 승려였던 원표대사에게 미친 선종의 영향은 그가 귀국하기 전에 6조 혜능의 보림사를 찾았다는 점에서도 엿볼 수 있다.

이 점에 대해서는 현봉 스님(玄鋒, 송광사 전 주지)은 창건설화라는 입장에서 잘 정리하였다. 현봉의 주장은 '육조 혜능의 보림사 신화의 변형과 변주'라는 것이다.

"보림사에 대한 가장 오래된 기록인 창성탑비 884년에는 가지산문이 개산되기 이전에 이미 가지산사(迦智山寺)라는 도량이 형성되어 있었다고 한다. 그리고 현재 미국 하버드대학교 연경도서관(燕京圖書館)에 소장되어 있는 조선 세조(世祖) 3~10년(1457~1464)에 간행된 ≪신라국무주가지산보림사사적기(新羅國武州迦智山寶林寺事蹟記)≫와 그보다 더 후대에 이루어진 ≪보림사중창기(寶林寺重刱記)≫ 등에는 창건(創建)의 연기설화(緣起說話)가 기록 되어 있다."[1]

---

1) 현봉, 〈보림사의 창건설화와 원표대사〉 ≪원표 대사 국제학술대회 논문집≫ (대한불교조계종 가지산 보림사 주최), 2013, 6쪽, 국제선차문화연구회.

위와 같이 주요 기록을 조망한 그는 원표대사 전설의 개요를 다음과 같이 요약한다.

"거기에는 '인도에 유학(遊學)하던 원표(元表) 대덕(大德)이 월지국(月支國)에 보림사를 창건하였으며 중국에서도 비슷한 산세를 보고 절을 세워 보림사라 하였는데, 신이(神異)한 기운이 삼한(三韓)에서 비쳐오므로 그 기운을 따라 바다를 건너와서 진경(眞境)을 찾으니 지형이 기묘하게도 인도와 중국의 보림사와 같으므로 불궁(佛宮)을 세우고 가지산(迦智山) 보림사(寶林寺)라 하였다'고 한다."[2]

현봉은 결국 "그런데 창건 설화에 원표가 인도에서 유학할 때 월지국(月支國)에 보림사를 창건했다고 전해오지만 그 무렵 월지국은 이미 멸망했으니 월지국 옛 지경의 보림사에 잠시 머물렀다는 뜻일 것이다. 또 인도에서 중국으로 돌아와서 머물렀다는 중국 지제산에는 보림사가 없다."[3]고 지적하고 결국 문헌사학자의 입장에서 결국 창건설화라고 단정한다.

결국 역사는 한 인물로 하여금 신화적 인물이 되게 하였고, 그 신화는 오늘에도 우리에게 영향을 미치고 있는 셈이다. 원표대덕은 인도·중국 유학을 통해 어느 정도 화엄사상의 영향을 받았을 것으로 짐작되나 그보다 6조 혜능의 보림사에서 초기 남종선의 맛을 보았을 것으로 짐작된다.

지난 대회 때에 원표 대사와 관련해 국내에 소개 된 자료는 다음과 같다.

≪송고승전(宋高僧傳)≫〈元表傳〉

≪보림사사적기(寶林寺事蹟記)≫

(하버드 옌칭 도서관에서 발견)

〈나라암비기(那羅岩碑記)〉

---

2) 현봉, 위의 논문, 6~7쪽.

3) 현봉, 위의 논문, 7쪽.

〈삼산지(三山志)〉

〈지제산지(支提山志)〉

〈영덕현지(寧德縣志)〉

이 자료에서 선차의 계보를 복원하는 것은 매우 어려운 실정이지만 징검다리 형식으로나 엿보고자 한다.

2. 가지산문과 원표, 도의 그리고 선차계보

가지산문의 계보는 주지하다시피 도의국사—염거화상—보조체징으로 이어진다. 그런 후에 그 계보는 신라시대를 뛰어넘어 고려 후기의 태고보우(太古普愚, 1301 ~1382)로 이어진다. 보림사는 개창조의 논란과 함께 그 중간에 상당기간 계보를 잃어버리다가 현재 조계종의 중흥조인 태고보우 스님이 신돈과의 알력으로 이곳에 머물면서(1363년) 가지산풍을 떨친 인연으로 오늘날 조계종의 중심 선찰로 입지를 굳히고 있다. 말하자면 조계종 종조와 중흥조[4]와 관련되는 사찰로 선차의 중심에 서 있다.

따라서 가지산문의 선차정신을 탐구하는 것은 한국불교의 선차정신을 드높이는 일과 직결된다. 현재 가지산문의 선차와 관련된 역사적 의미가 제대로 정립되지 못하였기 때문에 후학들의 지속적인 천착이 요구된다고 하겠다.

원표대덕은 실은 정중종의 무상선사(無相, 684~762)와 동시대인이다. 무상선사는 동아시아 선종의 개창기에 중국 사천지방에서 지선(智詵)의 검남종의 계승자로 정중종을 개창한 대선사였지만, 원표대덕은 화엄종의 세례를 흠뻑 받은 승려로서 중국 복건성·절강성 일대에 이름을 떨친 화엄종 승려였다.

---

4) 현재 대한불교조계종은 종조로 도의국사, 중흥조로 태고보우, 중천조로 보조국사지눌 스님을 모시고 있다.

그러나 그는 인도·중국의 구법여행에서 초기 선종사의 영향은 물론이거니와 그 맛을 보았을 것이다. 아무튼 원표대덕은 초기선종의 육조의 제자들과 중국 대륙을 동시대에 살다간 인물이라는 점에 유의할 필요가 있다.

원표대사(중국 활동시기, 天寶年間, 742~756)
원표대사 장생표주(長生標柱) 세운 시기(경덕왕 18년, 759)
무상선사(淨衆無相, 684~762)
남악회양(南嶽懷襄, 677~744)
하택신회(河澤神會, 670~762)
청원행사(靑原行思, ?~740)
도의국사(道義, 738~821)
보조체징(普照體澄, 804~880)

3. 도의국사 및 보조체징

신라 말 입당 구법 승 가운데 가장 먼저 귀국한 선종승려는 현재 조계종 종조인 도의(道義, 738~821 생물연대 미상)국사이다. 구산선문의 제 1문이 바로 도의의 가지산문(迦智山門)이다. 도의국사는 당(唐)에서 37년간 수학하고 귀국한다. 그는 마조도일의 법(法)을 계승한 서당지장(西堂智藏, 735~814)으로부터 승인을 받고 821년(헌덕왕 13년)에 신라로 돌아와서 남종선의 깃발을 처음 내건다.

도의선사는 귀국 후 기존 교학불교계의 반발에 직면하게 되어 설악산 양양 진전사(陳田寺)에 은거하게 된다. 아직 신라에서는 선종의 '불립문자(不立文字) 견성오도(見性悟道)'의 뜻을 제대로 알지 못했다. 남종선의 심인법(心印法)은 아직 생소했던 것이다. 그가 명주(溟洲: 지금의 강릉)에 살았다고 전해지는 것도 강원도에 살았기 때문일 것이다.

도의의 남종선은 당대에는 크게 떨치지 못했는데 그의 제자인 염거(廉居)가 설악산 억성사(億聖寺)에서 조사의 마음을 전했고, 이어 염거의 제자인 보조체징대사(普照體澄, 804~880)에 의해 빛을 보고 꽃을 피우게 된다. 가지산문은 3대에 이르러 제대로 이름을 얻게 된 셈이다.

도의국사의 중국 내 행적을 보면 먼저 오대산 문수보살을 예참한다. 이때 허공에서 종소리가 나서 산을 울리는 메아리를 듣게 되고, 신기한 새인 신조(神鳥)가 날아다니는 것을 보고, 문수보살로부터 감응을 얻었다고 한다. 오대산은 신라 승려들과 인연이 많은 절이다. 본래 문수보살로부터 수기를 받은 사찰로서 일찍이 자장율사도 여기서 공부를 한 바 있다.

도의는 다시 광부(廣府) 보단사(寶檀寺)로 발길을 돌린다. 보단사는 육조 혜능이 '육조단경(六曹壇經)'을 설한 곳이다. 여기서 구족계를 받고 다시 육조 혜능(慧能, 638~713)의 주석처로 알려진 본산인 조계산(曹溪山)으로 향한다. 이때 또한 신통한 일들이 벌어졌다. 조사당에 참배를 드리려고 하자 갑자기 문이 열렸다. 이에 절을 세 번하니 문이 저절로 닫혔다.

도의는 당시 선종의 기치를 높이 들고 선문을 명성을 떨치고 있던 홍주(洪州) 개원사(開元寺)로 가서 서당지장에게 가르침을 묻는다. 서당지장은 마조의 교화도량인 개원사를 물려받고 제자들을 기르고 있었다. 서당은 특히 제자들 가운데 동이계의 신라승려들이 많았다.

서당은 도의에게 인가를 하면서 "진실로 법을 전한다면 이런 사람 아니고 누구에게 전하랴."라고 하면서 법명을 '도의'(道義)라고 한다. 이때 도의라는 이름이 세상에 드러난다. 도의는 다시 두타행을 벌이던 중 마조의 선(禪)을 이어받은 백장회해(百丈懷海)을 만난다.

백장은 그를 보자마자 "강서(江西)의 선맥이 모두 동국으로 가는구나."라고 탄식

했다고 한다. 백장은 서당에 비해서는 중국 쪽의 안타까움을 대변하고 있다. 그래서 그런지 백장의 문하에서는 나중에 중국 남종선을 짊어지는 선승들이 이어진다. 백장의 선문은 황벽희운, 임제의현 등으로 이어져 오늘날 한국 조계종의 임제종 득세의 바탕을 마련하게 된다.

도의는 마조의 뛰어난 제자 두 분을 만난 셈이다. 흔히 서당지장이 마조의 경(經)을 이었고, 백장회해는 선(禪)을 이었고, 남전보원은 사물을 보는 법(사물에서 깨달음을 얻는 법)을 이었다고 한다.

신라 유학승들에게 가장 많은 인가를 해준 선승은 서당지장이다. 마치 서당지장은 신라의 구산선문을 위해서 존재한 듯하다. 왜냐하면 구선선문의 스승으로서의 역할 이후에 그는 중국 선종사에서 증발되기 때문이다. 마조의 '세 달(月)'로 알려진 3제자 가운데 서당은 이상하게도 중국 선종사에서 사라지고 만다. 최근 밝혀진 바에 따르면 그가 '동이족'이었다는 설이 강력하게 대두되고 있다. 아무래도 동족을 바라보는 시선이 남달랐을 수도 있었을 것이다.

도의국사의 일대기는 '지증대사 적조탑비(智證大師 寂照塔碑)'에 상세하게 기록되어 있다.

"821년에 이르러 도의국사가 서쪽으로 바다를 건너 중국에 들어가 서당의 심오한 종지를 보았다. 지혜의 빛이 지장선사와 비등해서 돌아왔으니, 처음으로 선종을 전한 분이다. 그러나 원숭이의 마음으로 분주한 망상에 사로잡힌 무리들이 남쪽을 향해 북쪽으로 달리는 잘못을 감싸고, 메추라기의 날개를 자랑하는 무리들이 남해를 횡단하려는 대붕(大鵬)의 큰 뜻을 비웃었다. 이미 말을 암송하는 데만 마음이 쏠려 다투고 비웃으며 마구니의 말이라 하는 까닭에 빛을 지붕 아래 숨기고, 종적을 깊은 곳에 감추었다. 신라의 왕성(동해의 동쪽)으로 갈 생각을 그만두고 마침내 북산(北山, 설악산)에 은거하였다. '주역(周易)'에서 말한 '세상을 피해 살아도 근심이 없다'는 것이 아니겠으며,'중용(中庸)'에서 말한 '세상에서 알아주지 않아도 뉘우침이 없다' 는 것이 아니겠는가. 꽃이 겨울 산봉우리에서 빼어나 선정의 숲에서 향기를 풍기매, 개미가 고기있는 곳에 모여들 듯이 도를 사모하여 산을 메웠으며, 교화를 받고는 마침내 선법을 이은 사람이 산을 나섰으니, 도는 인력으로 폐지할 수 없는 때가 되어야 마땅히 행해지는 것이다."

당시 도의국사의 선사상은 화엄불교에 빠져있는 신라에서 쉽게 이해되지 않았음을 알 수 있다. 그러나 새로운 선학과 선풍을 배우려고 뜻있는 승려들이 몰려들었던 것 같다.

보조국사 체징에 이르러 전라남도 장흥 가지산에 보림사(寶林寺)가 들어서고 본격적인 해동선맥을 형성하게 된다. '보림'이라는 이름은 바로 선종의 법계를 뜻하는 것으로 중심임을 천명하는 것이다.

선종이라는 명칭은 9세기 후반에 등장하고, 도의가 조계종을 창건한 것은 아니지만, 그로부터 선종이 발원하였음을 의심할 여지가 없다. 도의국사는 서당지장의 극찬을 받은 선사라는 점에서 의의가 크다. 서당은 마조의 법을 계승한 당대 최고의 선사였기 때문이다.

마조도일의 제 1차 전기 자료로 권덕여(權德興, 759~818)가 저술한 '홍주개원사석문도일선사탑비명병서(洪州開元寺石門道一禪師塔碑銘并序)'라는 문서가 있다. 이는 마조가 열반한지 3년만(791년)에 지은 것이다. 따라서 가장 신빙성이 있는 자료라고 할 수 있다. 그런데 여기서는 마조의 많은 제자들 가운데 십대제자로 혜해(慧海), 지장(智藏) 등만 나온다. 후에 마조문하를 대표하는 백장회해(百丈懷海), 남전보원(南泉普願) 등의 이름은 보이지 않는다. 따라서 당대에 마조문하의 수제자는 '돈오입도요문론'의 저자로 알려진 대주혜해(大珠慧海)와 서당지장이라고 할 수 있다.

더욱이 두 인물 중에서 서당이 앞선다고 추측할 수 있다. 서당(西堂)이라는 이름 자체가 선원에서는 주지(방장) 다음의 상석이기 때문이다. 백장회해가 마조의 제

자로 부각된 것은 송(宋)대의 일이다. 이는 백장의 제자가 출중하였기 때문이다. 즉 마조-백장-황벽-임제에 이르는 사자(師資相承)의 맥에 의해 부각되는 것이다. 선종맥의 부활은 실은 스승이 결정하는 것이 아니라 훌륭한 제자가 결정하는 셈이다.

송본(宋本) '전등록'에는 '마조완월'에 서당과 백장만이 등장하다가 명본(明本) '전등록'에 이르러 남전보원(南泉普願)이 가세하게 되는데 조주(趙州)에 의해 남전이 부활하는 것이다. 전등록의 부활이라는 것도 참으로 허망하기 짝이 없다.

동류지설에서 서당지장이 중요한 것은 그의 문하에서 도의, 혜철, 홍척 등의 구산선문 중 3 문이 발원하기 때문이다. 홍척(洪陟)의 실상산문(實相山門, 남원 실상사)과 혜철(體空慧哲, 785~861)의 동리산문(桐裏山門, 곡성 태안사) 그리고 체징(普照體澄, 804~880, 도의선사의 손자상좌)의 가지산문(迦智山門, 장흥 보림사)이 서당지장의 직계라 하겠다. 아홉 산문 중 세 산문이 지장의 법손인 것이다.

서당이 동이족이기 때문에 중국 선종사에서 점차 사라졌다기보다는 후대에 제자들이 받쳐주지 않고, 그나마 훌륭한 제자들은 모두 신라로 돌아갔기 때문이었다고 보는 편이 합리적이다.

4. 선차정신의 존재론적 탐구
—심물존재, 심물자연의 입장에서 본 선차정신

선차(禪茶)는 차만 있어서도 안 되고, 선만 있어서도 안 된다. 선차는 현대의 철학적 존재론으로 볼 때 바로 심물론(心物論)으로 대응된다. '선(禪)=마음(心)'이고, '차(茶)=물(物)'이다.

서구의 이원론 철학, 즉 정신과 물질(육체)의 이분법의 영향으로 인해 심(心)과 물(物)이 둘인 것 같지만 실지로 동양적 전통에서는 심물은 본래 하나였다. 말하자면 심물은 이원론이 아니라 일원론인 셈이다. 이러한 전통 위에서 선차일여, 다선일여 사상이 생겨났다고 볼 수 있다.

중국과 한국의 선차는 상호 교류적 성격을 가지고 있다. 물론 차는 중국이 원산지이지만 양국은 역사적으로 전하고 다시 전해 받는 특성을 보인다.

예컨대 김지장(金地藏) 스님이 중국 안휘성 구화산에 전했다고 하는 신라의 차나무는 오늘날 구화산 일대의 불차(佛茶)의 맛으로 살아나고 있다. 불차의 맛은 한국의 일반적인 차맛과 공통점을 보인다. 양국 간에는 토양과 법제의 차이가 있지만 그것을 뛰어넘어 관통하는 맛의 공통점을 지니고 있다. 또 대렴(大廉)이 신라 흥덕왕 3년(828년) 절강성 천태산에서 가지고 와 지리산기슭에 심었다는 차는 오늘날 한국 차나무의 주종을 이루고 있다. 그래서 절강성의 차와 한국의 차는 DNA분석에서도 증명되었지만, 성분의 공통점을 가지고 있다.

그리고 전남 장흥 가지산 보림사의 차맛은 중국 복건성 지제산의 차맛과 거의 같다. 중국 복건성 영덕(寧德) 지제산(支堤山)과 한국의 장흥 가지산은 매우 닮은꼴이다. 최석환은 이 점을 매우 강조하고 있다.[1]

"755년 경 원표 대사가 신라로 돌아온 뒤 닝더의 가람형태와 닮은 입지를 찾아 나섰다. 원표는 무주를 거쳐 천관산에 이르렀다. 다시 가지산에 이르러 닝너 천관대와 가람입지와 닮은 것을 확인하고 그 자리에 고가지사를 세웠다. 그곳이 보림사에서 떨어진 고가지사다. 그 자리에는 지금 원당암이 서 있다. 원당은 원표의 원자를 따서 세운 것이라고 전해 온다. ≪보림사사적기≫에 세 곳의 삼보림이 있는데 하나는 서역에 있고 또 하나는 중국에 있고 나머지 하나는 동방에 있다고 했다. 월지국의 보림의 형태를 따서 보림사를 건립했다고 하는데 보림사의 가람은 닝더 천관산 천관대의 가람형태를 따서 지은 절이 분명해진다. 장흥에 전해오는 기록들을 살펴보면 정명국사 천인의 ≪천관사기≫, 위백규의 ≪지제지≫, 서거정의 ≪지제사기≫ 등에도 원표대사가 닝더의 곽동[2]에 머물렀던 천관산의 이름을 그대로 쓰고 있다."

언론인이며 차 연구가인 공종원도 이렇게 말하고 있다.

"원표가 보림사를 창건하였다는 또 하나의 증거는 지명과 산명과 지세지형이 중국과 한국이 너무나 흡사하다는 점이다. 원표가 활동하던 중국의 산과 절이 신라

---

1) 최석환, 〈원표 대사를 통해 본 선차문화의 동전〉 ≪원표 대사 국제학술대회 논문집≫(대한불교조계종 가지산 보림사 주최), 2013, 30쪽, 국제선차문화연구회.

2) 지제산은 영덕을 대표하는 영산이다. 한나라 때 이곳에 곽동이라는 신선이 살았다고 해서 곽동산으로 불렀다. 당 현종 때 천하의 동천복지를 논하면서 곽동산으로 바뀌었고, 또 36소동 가운데 곽동산이 제1동천으로 명명되었다. 훗날 곽동산에 불교가 성해짐에 따라 곽동산의 서쪽 일대를 지칭하는 지제산이라는 이름이 크게 알려졌다. 지제산 명칭은 천관보살과 그 권속이 상주하는 불교 도장에서 유래되었는데, 오늘날 중국 대륙에서 범어로 산명을 삼은 유일한 곳이다. 천관의 지제산은 문수의 오대산, 보현의 아미산, 관음의 보타산, 지장의 구화산과 더불어 중국 불교의 오대 명산으로 꼽고 있다.

무주(지금 장흥) 땅에 재현되고 있는 것을 확인하면 그 점을 수긍하지 않을 수 없다. 보림사라는 절 이름이 육조 혜능이 주석하였던 중국 쑤저우 조계산의 보림사에서 기인하였다는 것은 '보조 선사 창성탑비'에도 설명되어있다. 원표 스님이 처음에 '보림'이라는 이름을 썼던 것을 보조체징도 이를 이어받았다는 말도 있다. 거기에 장흥에는 천관산(天冠山)이 있다는 점을 간과할 수 없다. 원표 대사가 천관보살을 뵙기 위해 올랐던 중국 곽동의 '천관대(天冠臺)'를 장흥 땅에 재현한 것이다. '신증동국여지승람'에는 '천관산 부의 남쪽 52리에 있다. 예전에는 천풍(天風)이라 불렀고, 혹은 지제(支提)라고도 하였는데 몹시 높고 험하여 가끔 흰 연기와 같은 이상한 기운이 서린다'는 설명이 붙어있다."[3]

그는 또 "큰 지제사가 신라 장흥에 세워지지는 못했지만 천관산에는 영통화상(靈通和尙)이 세운 천관사라는 절도 있었고 선암사 옥룡사, 미타암도 있었다. 보림사가 있는 가지산에도 '가지사'라는 절이 있었다. 이것이 원래 원표가 세웠던 절이 아닐까 한다."고 말한다.

지제산과 가지산은 둘 다 산세가 겹겹이 연꽃으로 둘러싸여 있는 듯하고, 산은 토산이다. 둘 다 암산은 아니다. 능선의 모양도 부드러운 굴곡을 이루며 닮아있다. 지제산의 정상에는 천관대(天冠臺)라는 커다란 바위가 있는 반면 가지산에는 바위가 없다. 물론 지제산의 천관이라는 말은 천관보살에서 따온 이름일 것이다.

이와 관련하여 한국의 지리산은 중국 영덕 지제산의 산명을 그대로 가지고 와서 한국식으로 부른 이름이거나 음운이 변천된 것으로 생각된다. 한국의 지리산은 그곳에 화엄사가 자리한 것을 비롯하여 숫제 불교산이라고 불릴 만하다.[4]

---

3) 공종원, 〈원표 체징을 통해 본 장흥보림사〉 《원표 대사 국제학술대회 논문집》 (대한불교조계종 가지산 보림사 주최), 2013, 56쪽, 국제선차문화연구회.

4) 지리산은 불교문화의 요람지로서 곳곳에 국보급·보물급 문화재가 보존되어 있다. 구례군 마산면 화엄사계곡 입구에 있는 화엄사는 544년(신라 진흥왕 5) 연기(緣起)에 의해 창건되었으며, 임진왜란 때 왜병에 의해 불탄 것을 인조 때 벽암(碧巖)이 재건한 것이다. 입구에는 수령 300년, 밑둘레 5m가 넘는 화엄사의 올벗나무(천연기념물 제38호)가 있고, 경내에는 화엄사각황전(華嚴寺覺皇殿 : 국보 제67호)을 비롯해 화엄사각황전앞석등(국보 제12호)·화엄사

한국의 사찰들은 대체로 중국과 비슷한 산세를 찾아서 사찰을 짓곤 했다. 예컨대 문수보살이 상주한다는 중국의 화엄(華嚴) 성지(聖地)인 산시성(山西省)의 오대산(五臺山)을 닮아있는 것이 한국의 오대산이다. 구산선문의 여러 사찰들도 중국의 선종 산문을 닮아있다. 이는 아마도 비슷한 산세에서 스승과 가르침을 흠모한 까닭인지 모를 일이다.

중국의 지제산과 한국의 가지산이 비슷한 경관이라는 것은 보림사와 원표의 관계를 강화시켜주는 요소이다.

더욱이 지제산에서 생산되는 차와 보림사의 차가 맛이 같고 법제하는 것이 같다면 이것 또한 원표대사와의 관계를 강화시켜 준다. 보림사는 그 후 구증구포(九蒸九曝) 방식의 진원지로서도 자리매김한다. 보림사는 차의 생산과 차 맛에 있어서 타의 추종을 불허한 것으로 보인다.

이유원의 ≪임하필기(林下筆記)≫에는 보림사의 우전차 맛은 중국의 푸얼차 못지 않다고 기록하고 있다.[5] 또 한국의 다성(茶聖)으로 일컬어지는 초의선사(草衣

4사자3층석탑(華嚴寺四獅子三層石塔 : 국보 제35호) · 화엄사동5층석탑(보물 제132호) · 화엄사서5층석탑(보물 제133호) · 화엄사대웅전(보물 제299호) 등이 있다. 구례군 토지면 내동리 피아골 입구에 있는 연곡사(鷰谷寺)는 화엄사와 같은 해에 연기에 의해 창건되었으며, 임진왜란 때 불탄 것을 중건했으나, 6 · 25전쟁 때 완전히 소실되었고 현재는 일부만 중건되어 남아 있다. 경내에는 고려 초기의 석조예술을 대표하는 연곡사동부도(鷰谷寺東浮屠 : 국보 제53호) · 연곡사북부도(鷰谷寺北浮屠 : 국보 제54호) · 연곡사서부도(鷰谷寺西浮屠 : 보물 제154호) · 연곡사현각선사탑비(鷰谷寺玄覺禪師塔碑 : 보물 제152호) · 연곡사3층석탑(鷰谷寺三層石塔 : 보물 제151호) 등이 있다. 또한 구례군 광의면 방광리에 있는 천은사(泉隱寺)는 828년(신라 흥덕왕 3) 덕운(德雲)이 창건했고, 경내에 극락보전(전라남도 유형문화재 제50호) · 나옹화상원불(전라남도 유형문화재 제29호) 등이 있다. 경상남도 하동군 화개면 운수리의 쌍계사(雙磎寺)는 723년(신라 성덕왕 22) 진감국사 삼법이 창건했고, 경내에 최치원의 친필 비문으로 된 쌍계사진감선사대공탑비(雙磎寺眞鑑禪師大空塔碑 : 국보 제47호)와 쌍계사부도(雙磎寺浮屠 : 보물 제380호) · 쌍계사대웅전(雙磎寺大雄殿 : 보물 제500호) 등이 있다. 그밖에 전라북도 남원시 산내면의 실상사(實相寺)를 비롯해 영원사 · 벽송사 등 사찰과 유물 · 유적이 많다. 계곡마다 많은 폭포와 소(沼) · 담(潭)들이 산재해 있고, 기암괴석 사이를 흘러내리는 계곡의 경관들은 지리10경(智異十景)을 이룬다. 지리10경은 노고단의 구름바다, 피아골 단풍, 반야봉의 해지는 경관, 세석 철쭉, 불일폭포, 벽소령의 밝은 달, 연하봉 선경(仙景), 천왕봉 일출, 섬진강 청류(淸流), 칠선계곡이다

5) "강진 보림사 대밭의 차는 열수 정약용이 체득하여 절의 승려에게 아홉 번 찌고 아홉 번 말리는 방법을 가르쳐 주었다. 그 품질은 푸얼차 못지않으며 곡우 전에 채취한 것을 더욱 귀하게 여긴다. 이는 우전차(雨前茶)라고 해도 될 것이다[康津 寶林寺 竹田茶 丁洌水若鏞得之 敎寺僧以九烝九曝之法 其品不下普洱茶 雨穀雨前 所採尤貴 謂文以雨前茶可也]."-≪임하필기(林下筆記)≫, 권(券) 32.

禪師, 1786~1866)도 홍현주(洪顯周, 1793~1865)에게 스승 완호의 탑명을 부탁할 때 봉례품으로 보림사 차를 선물하였다.

"1830년에 스승 완호의 사리탑 기문을 받기 위해 예물로 가져간 것이 보림백모 떡차였다. 우연히 벗을 통해 이 차의 맛을 보게 된 박영보가 〈남차병서〉를 지어 사귐을 청하고, 초의가 이에 화답함으로써 초의차가 세상에 처음으로 알려졌다. 여기에 그의 스승 신위가 다시 〈남차시〉를 지어 그 차 맛을 격찬하며 전다박사로 추켜세우자, 초의의 명성은 경향 간에 드높게 퍼져나갔다."6)

그 뿐인가. 초의가 ≪동다송(東茶頌)≫을 쓰게 된 동기도 해거도인(海居道人) 홍현주가 차를 만드는 법을 물었기 때문에 이에 대한 답을 하기 위해서였다.7) 보림사 차는 한국 근대 차 문화부흥의 견인차 역할을 톡톡히 한 셈이다.

보림사 차는 초의를 세상에 차인으로 드러낸 차였다. 초의를 출세시킨 차는 대둔사 차가 아니었다. 그만큼 보림사는 한국 전통차문화의 중심으로 부각되어야 마땅한 곳이다.

허흥식은 장흥 일원이 차 생산중심지일 가능성도 점치고 있다.

"≪세종실록지리지≫는 고려 말기와 조선초기의 차의 생산지를 가장 자세하게 전하는 믿을만한 기록이다. 장흥에만 뚜렷하게 가장 많은 차소(茶所)가 수록되었다."8)

지제산 차와 보림사 차의 연관성을 처음 제기한 사람은 최석환이다. 그는 현지조사를 통해 푸젠성 닝더 화엄사에서 한국의 덖음차의 원형을 발견했다. 보림사 차의 삼증삼쇄(三蒸三灑)의 방식을 거기서 발견한 것이다.

---

6) 정민 지음, ≪새로 쓰는 조선의 차 문화≫, 2011, 14쪽, 김영사.

7) "동다송, 해거도인께서 차(茶)를 만드는 법에 대해 물으시기에 마침내 삼가 동다송 한 편을 지어올림"(東茶頌 海居道人垂詰製茶之候 遂謹述東茶頌一編以對.)

8) 허흥식, 〈고려 차생산의 중심지 변동과 보림사의 위상〉 ≪원표 대사 국제학술대회 논문집≫ (대한불교조계종 가지산 보림사 주최), 2013, 66쪽, 국제선차문화연구회.

"차를 만드는 고수인 당렌(当仁) 스님이 공양간 2층 다락에서 차 2kg을 가지고 내려왔다. 그는 시종일관 해맑은 미소를 잃지 않았다. 차 덖는 데 있어 귀신이라는 소리를 듣는 시엔신(現信) 스님의 눈빛이 빛났다. 그 뒤를 당렌 스님, 쉬마오(釋妙), 시엔하오(現號), 양진광(楊金光), 첸시엔좌이(陳仙宅) 거사가 따랐다. 먼저 양진광 거사가 가마솥을 달궜다. 온도는 100도씨를 넘지 않아야 한다고 말했다. 불의 온도가 높으면 찻잎이 손상된다는 것이다. 그래서 찻잎을 애인 다루듯 해야 한다는 것이 중국 제다의 불문율이라고 말했다. 우리는 230~300도씨 고온의 솥에서 차를 덖는데 중국은 100도씨를 유지한다는 사실이 놀라웠다."[9]

그는 또 "놀라운 것은 우리 식으로 빨래하듯 차를 비비지 않았다는 점이다. 찻잎이 손상되지 않게 공을 굴리듯 덖어냈다. 시엔신 스님에게 연유를 묻자 찻잎을 굴리듯 덖지 않으면 파괴되어 차맛이 써져 차를 마실 수 없다고 답했다. 그리고 덖은 찻잎을 위아래로 높이 들어 올리며 말렸다. 두 번째 찻잎이 가마솥에 들어갔고 첫 번째와 똑같은 방법으로 차 주걱을 이용, 맨손으로 찻잎을 덖었다. 그렇게 세 번을 가마솥에 찻잎을 넣었다가 세 번을 덖으며 마무리되었다. ...중략... 차를 덖은 뒤 그 자리에서 뜨거운 물을 붓고 차맛을 감별했다. '아! 이 맛은 1988년 봄 보림사 사하촌에서 이정애 할머니가 우려낸 그 차 맛이 아니던가?"[10]라고 말했다.

그는 '차의 세계'와 '선문화'에 여러 차례 원표대사와 제다와 관련한 르포기사와 에세이를 발표했다.[11]

보림사 차는 귤산(橘山) 이유원(李裕元, 1814~1888)의 '임하필기(林下筆記)'

---

9) 최석환 〈무젠 닝더 화엄사에서 한국 덖음 원형 찾아내다〉 《차의 세계》(2012. 5), 15쪽.

10) 최석환, 같은 책, 16~18쪽.

11) 〈지제산 화엄사와 신라의 원표대덕〉(《선문화》, 2009. 3)/〈80《화엄경》인도에서 가져온 신라인 원표 대사〉(《선문화》, 2009. 4)/〈화엄신앙 이끌었던 원표 대사와 천관, 매화 두 보살〉(《선문화》, 2009. 5)/〈차인탐구 – 원표 대사〉(《차의 세계》, 2010. 10)/〈천관보살의 상주처 천관산과 원표 대사〉(《선문화》, 2010. 10)/〈무젠 닝더 화엄사에서 한국 덖음 원형 찾아내다〉(《차의 세계》, 2012. 5)/〈아직도 원표 대사 흔적 선연한 나라연굴사〉(《선문화》, 2012. 7)/〈천관대에 올려진 최초의 공차 의식〉(《차의 세계》, 2013. 3)

가 발견됨에 따라 유명해졌다. 이유원은 여기서 보림사의 제다법을 '구중구포' 방식이라고 설명하고 있다. 구중구포는 그동안 논란을 불러일으켰으나 이 기록으로 인해 사실임이 증명됐다.

초의 의순이 서울의 양반들에게 차를 선물할 때 보림사 차를 선물하였다는 기록이 '임하필기'(32권) '삼여탑(三如塔)'에 나온다.

"대둔사(大芚寺) 승려 초의(草衣)가 그의 선사인 완호(琓虎) 대사를 위하여 삼여탑을 건립한 다음 도위(都尉) 해거(海居) 홍현주(洪顯周)에게 명(銘)과 시(詩)를 부탁하고 자하(紫霞) 신위(申緯)에게 서문을 부탁하면서 보림차(寶林茶)를 선물하였다. ...중략... 보림차는 강진(康津)의 죽전(竹田)에서 생산되는데 우리나라 최고의 품질이다."

"강진 보림사 대밭의 차는 열수 정약용이 체득하여 절의 승려에게 아홉 번 찌고 아홉 번 말리는 방법을 가르쳐 주었다. 그 품질은 푸얼차 못지않으며 곡우 전에 채취한 것을 더욱 귀하게 여긴다. 이는 우전차(雨前茶)라고 해도 될 것이다."

보림사 차 맛은 대단한 명성을 누렸던 것 같다. 초의는 자신이 직접 차를 재배하고 법제했는데 왜 자기 차는 그만두고 보림사 차를 한양으로 가져갔을까. 적어도 자신이 만든 차보다는 보림차의 명성이 높았던 것 같다. 귀한 분들에게 귀한 선물을 하는 것은 어제나 오늘이나 마찬가지이다.

이유원은 '가오고략 (嘉梧藁略)' '귤산문고(橘山文稿)' '임하필기(林下筆記)' 등의 저서를 남겼다. 이유원은 쇄국정책의 대원군과 사사건건 대립각을 세웠는데 대원군의 실각과 함께 영의정에 올랐으나 벼슬에서 은퇴한 뒤에 다옥(茶屋)을 짓고 차를 즐긴 차인이다. 그는 1859년 46세 때에 지금의 남양주시 화도읍 수동면 가곡리 가오곡(嘉梧谷)으로 거처를 옮긴다. 그곳에 장서각(藏書閣)과 다옥(茶屋)을 짓고, 만년 은거의 계획을 세웠다. 그의 '가곡다옥기(嘉谷茶屋記)'에 차 애호의 변과 다옥에 대한 설명은 차에 대한 그의 사랑과 깊이를 읽게 한다. 그는 다산 정약용이 제법을 가르쳐준 보림사 죽로차(竹露茶)의 존재를 세상에 처음으로 알린 사람이다. 그는 또 우리 차와 일본차, 그리고 중국차에 관한 풍부한 기록도 남겼다.

이유원의 임하필기의 '호남사종(湖南四種)'에는 중국 원난의 푸얼차와 장흥 보림사 죽로차를 비교하는 부분도 있다.

보림사 차는 이유원의 기록 등으로 한국 차사의 여러 문제를 푸는 키가 되었다. 보림사는 최근 청태전의 출발점이 되면서 그 옛날 차의 명성을 되찾고 있다. 보림차는 조선후기에 들어와서 청태전으로 발전한 것 같다.

최석환 차 연구가에 따르면 "2009년 3월 5일 중국 푸젠성 닝더의 화엄사 후이징(惠淨) 스님이 권한 차 맛은 1998년 봄 보림사 사하촌 이정애 할머니가 내놓았던 차 맛과 같았다. 나중에 푸딩(福鼎) 자국사 주지 시엔즈(賢志) 스님은 원표대사가 인도에서 닝더(寧德)의 지제산(支提山)에 이른 후 깊은 산속에서 '나무 열매를 달여 마셨다.'는 기록을 들어 원표가 마신 나무는 차(茶)일 가능성이 크다고 제시했다."고 한다.

이 말이 옳다면 원표는 화엄신앙만 가지고 온 것이 아니라 차도 가지고 왔을 것이라고 짐작할 수 있다. 김지장 스님이 자신이 먹던 차맛을 잊지 못해 구화산에 차나무를 가지고 갔듯이 원표 스님이 신라로 돌아오면서 영덕에서 차 나무를 가지고 왔을 가능성인 높다. 차는 또한 한 번 마시면 중독성이 강할 뿐만 아니라 선종이 중국과 한국에 유행할 즈음, 차도 함께 전해졌을 가능성이 높다는 주장은 크게 무리가 아니다. 이에 따라 학자들의 문헌사료의 발굴이 요청된다 하겠다. 만약 보림사의 차가 원표대사가 들여온 차라는 것이 증명된다면 조선 후기에 머물던 보림사 차사는 신라 말로 껑충 뛰어오른다.

국사학자 이기백교수가 미국 하버드 연경도서관에서 '보림사사적기'를 발견하기 이전에는 원표대사는 미미한 존재였다. 그러나 그 후 급변하였다. '원표대사가 월지국에 있으면서 처음 창건한 것이 가지산 보림사였다. 원표대사는 회창법난의 회

오리바람을 피해 천관보살이 머무는 가지산 보림사로 왔다. 지제산 화엄사에는 아직까지 다법이 남아있다. 보림사 제다맥이 사라진 오늘날 중국 지제산 화엄사 다법은 우리의 제다원형을 발굴하는 데에 크게 기여할 것 같다.

박영보의 '남다병서(南茶并序)'에는 이런 대목이 나온다.

"신라 땅의 사신이 당나라에 들어갈 때 만리 배에 차 씨를 싣고 푸른바다를 건너갔고, 강진의 해남 땅과 푸젠(福建)에서 성행하였네."

중국 푸젠성의 차가 조선의 해남에 유행했음을 웅변한다. 보림사의 다풍은 조선시대로 이어진다.

일제 강점기에 보림사 다풍은 변한다. 이유원이 '죽로차'라고 했던 청태전 형태와 동전 모양의 잎차 형태의 죽로차가 공존했다. 보림사 대국전 차나무도 일본 야부기다로 바뀌었다. 1979년 보림사 주지를 맡았던 진담 스님은 쑥대밭이 되어버린 뒷산 비자림의 야생차밭을 가꾸어 죽로차의 정신을 잇겠다고 '보정차(寶井茶)'를 만들었다.

진담 스님이 탄생시킨 보정차는 서예가로 유명한 부산의 오제봉 스님이 지었다고 한다. 진담 스님은 울릉도에서 차밭을 일구는 제자인 혜원 스님에게 차 씨 두 가마를 보내 제다법을 전수하였다고 한다. 오늘도 법을 따라 차가 가고, 또한 차를 따라 법이 가고 있다.

이유원의 차시 '죽로차(竹露茶)'는 보림사의 차가 유명했음을 말해준다. 그러나 사하촌의 사라짐과 함께 보림사 죽로차도 사라졌다. 보림사 차를 이어온 촌로들이 차에서 손을 놓았기 때문이다.

사하촌 사람들은 햇차가 나는 4월이면 함께 자리하면서 차를 덖었다. 60년 전《조선의 차와 선》을 쓴 모로오까(諸岡)가 찾았던 단산리 마을은 수몰되어 단산망향비만이 옛 역사를 말해준다.

원표대사의 자료발굴과 함께 보림사의 선차의 옛 영광도 되찾을 수 있으리라 생각된다. 자료가 부족하면 그것을 보충할 노력을 하는 것이 선대의 전통과 문화를 이어가는 후세의 도리이다.

태고보우는 47세 때(1347년) 7월에 중국 호주 천호암으로 가서 임제 의현의 18대 법손 석옥청공을 만나 도를 인정받았고, 40여 일 동안 석옥의 곁에서 임제선을 탐구했다. 태고 스님이 떠나려 하자 석옥은 〈태고암가〉의 발문을 써주는 한편, 깨달음의 신표로 가사를 주면서, "이 가사는 오늘의 것이지만 법은 영축산에서 흘러나와 지금에 이른 것이다. 지금 그것을 그대에게 전하노니 잘 보호하여 끊어지지 않게 하라"고 하였다.

태고보우 스님이 머문 하무산 천호암 일대는 오늘날도 차 생산지로 유명하다. 태고 스님이 말년에 보림사에 머문 것은 아마도 이곳이 해동선종의 제 1 사찰일 뿐만 아니라 차 생산지로도 유명하였기 때문일 것이다.

태고보우 스님이 남긴 차시를 보면 돈오돈수에 오른 자화상을 볼 수 있다.

"작은 암자 광한전만큼 높은데/백발의 선승은 홀로 앉아 졸고 있네./자연에 묻혀 살면 세상일 잊고/피는 꽃 지는 잎 세월만 가네./차 달이는 연기 옆엔 늙은 학 한 쌍/약 찧는 둘레에는 온통 산봉우리라네/이 가운데 신선의 경지 있다고 했으니/우리 스님은 곧 영랑선인이라네."[적다(摘茶)]

"심한 추위 뼛속에 스미고/눈발은 쓸쓸히 창을 두드리네./밤 깊은 질화로 불엔/관에서 차향이 피어오르네."[일완다(一椀茶)]

태고보우 스님의 차시들은 바로 가지산파의 선차의 맥을 잇는 중요한 자료들이다. 태고보우 스님은 국사로서는 물론이지만 전통적인 한국불교, 즉 회통불교의 계승자로서의 면모도 보이고 있다. 또한 유불선에서도 회통한 모습을 엿볼 수 있다.

5. 여말선초(麗末鮮初) 두문동(杜門洞) 차인들의 선차(仙茶)정신

1. 삼국시대에서 내려온 유불선(儒佛仙)의 차(茶) 정신

한국의 풍류도(風流道)는 흔히 유불선(儒佛仙) 삼교가 통합된 것이라고 말하지만, 보다 정확하게 말하면 선(仙)은 유불선의 원류(源流)이다. 다시 말하면 선(仙)은 유불선 삼교의 바탕이면서 동시에 그 중 하나인 셈이다. 따라서 선사상은 한국 사상의 존재론적((ontological) 위치에 있다.

풍류도의 현묘지도(玄妙之道)는 역사적 의미에서 통합하는 일자(一者)의 일(一)이 아니라 자연에 내재된 포일(包一)하는 일(一)을 말한다.

최치원(崔致遠)이 쓴 〈난랑비서(鸞郎碑序)〉에는 다음과 같이 쓰여 있다.

"나라에 현묘지도가 있는데 그 이름은 풍류이다. 그 교의 원천에 대한 설명은 선사(仙史)에 잘 구비되어 있다. 실지로 삼교가 포함되어 있고 많은 민중과 접하여 교화하였다."(國有玄妙之道曰風流 說敎之源備詳仙史 實乃包含三敎 接化群生)

《삼국사기(三國史記)》에 의하면 신라 33대 성덕왕 때 김대문(金大問)이 쓴 《화랑세기(花郎世紀)》에는 분명히 "화랑자(花郎者) 선도야(仙徒也)"라고 명시되어 있다. 즉 화랑이 바로 선도라는 얘기다. 화랑도는 신라 24대 진흥왕 때 창설되었으며 그 이름은 국선도(國仙道), 풍월도(風月道), 풍류도(風流道), 낭도(郎道), 단도(丹道) 등으로 불렸다.

우리 조상들에게는 세계가 음양의 기운으로 가득 찬 것이었다. 귀(鬼)와 신(神)도 음양의 한 변형일 따름이다. 이는 고대(古代)로부터 전해온, 기운생동(氣運生動)을 중심으로 생각하는 '주기형(主氣形)의 문화'의 전통의 연장선상에 있는 것이며, 그 원형이 합리성을 강화하게 된 것이 바로 신라의 풍류도(風流道), 즉 화랑도(花郎道)일 것이다. 우리가 흔히 고대 우리의 토착종교를 말할 때 국선도(國仙道), 신선도(神仙道), 화랑도(花郎道)를 많이 예로 든다.

무(巫)와 선(仙, 僊)은 구분하기도 하지만 내밀한(esoteric) 과정에서는 연속선상에 있기 때문에 같은 범주로 볼 수 있다. 단군은 무조(巫祖)이면서 동시에 최초의 선인(仙人), 신선(神仙)이기도 하다. 흔히 무(巫), 샤먼(Shaman)은 아니마(Anima) 계열로 '아니마(Anima)→샤먼(Shaman)→정령, 영혼, 다령, 다신→귀신(鬼神)'로 이어지고 선인(仙人)은 마나(Mana: 일종의 氣)계열로 '마나(Mana)→선인(仙人)→정기, 생기, 생맥, 천신→상제(上帝)'로 구분하는데 단군은 신선이면서 무조로 섬겨지는 이중성을 가지고 있다.

단군은 우리 민족에게서 처음으로 탄생한 큰 무당이었으며 이러한 사상은 후에 우리나라에서 인내천(人乃天)의 동학(東學)사상으로 발전한다. 어떤 점에서 동학의 교주인 최제우야말로 우리나라가 최근세에 배출한 예수와 같은 인물이다. 주체적이고 실존적으로 신을 느낄 수 있는 것이 바로 인신(人神) 혹은 신인(神人)이며 고대의 신선(神仙) 다음으로 우리에게 다가온 신은 바로 인내천(人乃天)인 것이다.

또 화랑과 샤머니즘의 관계는 현재적으로도 굿판이나 놀이판에서 쓰이는 화랑(화랭이, 파랭이, 화래기)의 용어에서도 엿볼 수 있다.

신라 향가의 이름난 시인들 가운데 승려가 많았고 이들 중에는 화랑 출신들이 많앉음도 불교와 화랑도와 샤머니즘 사이의 역동적 상관관계에 대해 어떤 암시를 주고 있다.

위에서 '가무를 좋아하는 것'과 '화랑도'는 원천이 같은 것으로 보인다. 화랑도에서 좀 더 이성적으로 발달하여 종교-도덕적 형태가 되었을 것이다. 한국을 '도인(道人)의 나라' '은자(隱者)의 나라'라고 부르는 문헌은 적지 않다. 여기에다 동이족과의 친연성이 큰 은(殷)나라의 경우 바로 '제사문화(祭祀文化)'를 가장 특징으로 보이는 고대문화인 것이다. 아마도 차(茶)의 전통도 이러한 문화적 전통과 무관하지 않을 것이다.

한국에서는 유불선이 항상 공존하고 동거하는 형태로 자리 잡아왔다. 여기서 선교(仙敎, 神敎, 神仙敎)는 분모(分母)와 같은 위치에 있다. 그래서 불교가 들어오면 선불(仙佛)이 되고, 유교가 들어오면 선유(仙儒)가 된다. 기독교가 들어오면 선기독교(仙基督敎)가 된다. 한국인에게는 항상 외래종교를 수용할 어떤 종교의 그릇과 같은 심성을 가졌다고 할 수 있는데 그 요체가 바로 풍류도라고 할 수 있다.

외래종교인 불교는 이 땅에 들어와서 중심자리에 설 때, 선가(仙家)의 상징인 단군(檀君)을 산신각(山神閣)에 모시면서 전통과 조화를 슬기롭게 실현하였다. 그러나 조선의 주자학은 샤머니즘화 된 불교를 척불숭유(斥佛崇儒) 정책으로 거의 도륙을 내다시피 하였다. 불교국가인 고려에서 유교국가인 조선으로 넘어오는 과도기인 여말선초는 전통에 매정하였다. 그러나 전통을 보존하는 훌륭한 승려나 선비는 있기 마련이다.

승려 가운데 훌륭한 차인을 열거하면 그 수를 셀 수 없을 정도이다. '선차지법'(禪茶之法)을 처음 발하여 동아시아 선차의 비조가 된 정중무상선사(淨衆無相禪師, 684~762)를 비롯하여, 차농병행(茶農竝行)의 선구자 김지장(金喬覺, 696~794) 스님, 연기조사(緣起祖師), 진감선사(眞鑑慧昭, 774~850), 철감도윤(澈鑒道允, 798~868), 무염선사(無染禪師, 800~888), 도의국사(道義, 738~821, ?), 범일국사(梵日國師, 810~889), 진각국사(眞覺國師) 혜심(慧諶, 1178~1234), 지광국사(智光國師) 해린(海麟, 984~1070), 대각국사(大覺國師) 의천(義天, 1055~1101), 태고보우(太古普愚, 1301~1382), 백운경한(白雲景閑, 1299~1375), 나옹혜근(懶翁慧勤, 1320~1376)등을 들 수 있을 것이다.[1]

한국문화의 특징을 일이관지(一以貫之)하면 결국 음주가무(飮酒歌舞)이다.[2] 세계에서 한국인만큼 술과 노래, 춤을 좋아하는 민족은 없는 것 같다. 특히 가무를 좋아하는 민족이 전쟁을 도발하지는 않는다. 그래서 한국인을 '평화(平和)의 민족'이라고 말한다. 차(茶)야말로 바로 '평화(平和)의 음료'이다.

이러한 문화적 환경과 전통 속에서 차(茶)는 어떠한 위치를 점하였을까? 산수가 수려하고 물이 좋은 한국은 중국과 달리 차는 대체로 기호음료(嗜好飮料)였고, 수행차(修行茶), 헌공차(獻供茶)의 성격을 갖는다.

한국문화에서는 술과 물과 차를 동급(同級)에 놓는 경향이 있다. 이는 서로 상황에 따라 대체재가 된다는 뜻이다. 예부터 부녀자가 이른 새벽에 장독대에서 정한 수를 떠놓고 천지신명에게 비는 풍습을 가졌으며, 그러한 풍습은 지금도 볼 수 있다. 또 차는 술처럼 귀한 음료로 조상 제사상에 올리기도 했다.

---

1) 박정진, '불교의 길, 차의 길'(1) 2011년 12월 12일(박정진의 차맥 23)~'불교의 길, 차의 길'(11) 2012년 3월 26일(박정진의 차맥 33) ≪세계일보사≫ / 박정진, '불교와 차의 황금기 (1)2012년 4월 9일(박정진의 차맥 34)/(2) 2012년 4월 23일(박정진의 차맥 35)/(3) 2012년 5월 7일(박정진의 차맥 36)/(4) 2012년 5월 21일(박정진의 차맥 37)/(5) 2012년 6월 4일(박정진의 차맥 38) ≪세계일보사≫.

2) 한국문화는 가무와 술을 좋아하는 점에서 '주기형(主氣型) 문화'라고 할 수 있다. '주기형문화'는 바로 감정교류와 감정이입을 통해 살아가는 문화를 말한다. 주기형문화는 정기신(精氣神)을 중시하는데 기(氣)의 그릇인 정(精)을 중시하고 기(氣)의 승화인 신(神)을 추구한다. 차도 술에 못지않게 기운생동과 관련되는 물질이다. 차를 '풀의 성현(聖賢)'이라고 하는 이유가 여기에 있다. 한국문화가 주기형문화라는 관점에서 역사적 기록을 살펴보자. 삼국지위지동이전(三國志魏志東夷傳) 부여(夫餘) 조에 보면 다음과 같은 구절이 있다. "은나라 역으로 정월에 하늘에 제를 지낸다. 이때는 나라 안이 크게 모인다. 며칠씩 먹고 마시고 노래하고 춤춘다. 이름하여 영고(迎鼓)이다. 이때에 형벌을 중단하고 죄인들을 풀어준다."(以殷正月祭天 國中大會 連日飮食歌舞 名曰迎鼓 於是時斷刑獄 解囚徒) 또 같은 책 마한(馬韓) 조에 보면 다음과 같이 나와 있다. "항상 오월에 파종을 하고 걸립을 하여 귀신에게 제사를 지내고 여러 무리를 이루어 노래와 춤을 추고 술을 마시면서 밤낮으로 쉬지도 않고 춤을 춘 사람이 수천명이었다."("상이오월하종 걸제귀신 군취가무음주 주야무휴기무 수천인: 常以五月下種 乞祭鬼神 群聚歌舞飮酒 晝夜 無休其舞 數千人)

2. 고려말(高麗末) 두문동(杜門洞) 선비들과 선차(仙茶)의 계승

이암(李嵓)

여말선초(麗末鮮初)의 대표적 차인들은 모두 '두문동(杜門洞) 선비' 출신이었다. 두문동 선비들은 고려말에 벼슬을 했거나 성리학을 일찌기 접한 인물들이었다.

정몽주가 영남사림의 도통에 서게 된 것은 선산에 낙향하여 훌륭한 제자를 기른 야은(冶隱) 길재(吉再, 1353~1419)의 역할에 크게 힘을 입었다. 야은 길재 이전에 고려말(高麗末)에 '두문동(杜門洞) 차인(茶人)들'이 있었다. 두문동 차(茶)정신을 간과하는 것은 한국 차사(茶史)를 엮어가는 데에 있어서 큰 손실이 아닐 수 없다.

두문동 차정신은 크게 세 갈래로 계승되었다. 혈연적 전승(血緣的 傳承)이 그 첫째이고, 둘째는 사자상승(師資相承), 셋째는 사림전승(士林傳承)이다. 혈연적 전승은 친족(kindred)은 물론이고 혼인관계에 의한 것도 포함된다. 사자상승은 스승과 제자간의 사적(私的) 계승을 말한다. 셋째는 사림에서 집단적으로 전해진 것을 말한다.

이색이나 정몽주에게 선가적 면모가 있었다. 특히 목은 이색은 바로 선가와 유가의 길목에 있었다. 이색에게 선가적 기풍을 전해준 인물은 고려 말 공민왕 때 벼슬을 한 행촌(杏村) 이암(李嵒, 1297~1364)이다. 이암의 초명은 군해(君侅), 자는 익지(翼之)였으나 특히 57세 이후에 경기도 청평산으로 은거한 뒤 이름은 암(嵒), 자는 고운(孤雲)이라고 하였다. 이는 최치원의 선가적 풍모를 흠모하였음을 짐작케 한다.

이색은 공민왕 때 개혁의 중심에 선 인물이며, 성균관 대사성으로 정몽주, 이숭인 등을 길러냈으며, 역성혁명 방식을 반대하여 정도전과 이성계를 중심하는 세력들로부터 탄압을 받았다. 결국 정치권에서 멀어지게 되고, 조선 개국 후 유배되었다가 사망한다. 고려 말의 대표적인 선비였던 익제(益齋) 이제현(李齊賢, 1287~1367)의 제자였던 이색의 성리학 수용은 고려의 전통인 선불(仙佛) 사상에 기반한 측면이 있다. 이색은 이제현의 문인인 동시에 이암의 문인이었던 셈이다.

"이색(李穡)을 한국 선도로 연결시켜 볼 수 있는 고리는 이암(李嵒)이다. 이색은 성리학자 이제현의 문인이었을 뿐만 아니라 선가 이암의 문인이기도 하였는데 '나는 일찍이 행촌 시중공(侍中公)을 스승으로 섬겼으며 그의 아들 및 조카들과 함께 놀았다'라고 하였고, 강화도 선원사를 지날 때 스승 이암의 수행처인 해운당(海雲堂)을 기리는 시를 짓기도 하였다. 또 이암의 막내아들인 이강(李岡)은 이곡(李穀)의 문생이자 이색과 친밀한 벗으로 이색은 '공(公: 李嵒)을 아버지 같이 섬겼다'고 하였다. 이러하므로 이색은 이암·이강 부자 양인의 묘지명을 찬술하기도 하였다."[3]

---

3) 정경희, 〈桓檀古記 등장의 역사적 배경-여말 학계와 선도〉 ≪환단고기 100주년 학술대회—환단고기는 어떤 책인가?≫, 2011, 42쪽, 사단법인 한배달 학술원.

이색의 선가적 성리학은 고려의 멸망을 한탄하면서 은둔한 '두문동 72현'[4]에게 그대로 전수된다.

"두문동 학사의 중심인물은 정몽주와 이색이다. 이들은 당대 최고의 학자·정치가로서 수많은 문생을 거느리고 있었는데, 특히 두문동 학사들로 이에 해당하였다."[5]

여말선초의 유학은 실은 성리학적이라기보다는 차라리 선가적인 유학의 모습이 강했다고 여겨진다. 이는 이(理)의 심화라기보다는 원시유교적 경향이나 고래(古來)의 유불선의 전통에서 오는 삼묘지도(三妙之道), 즉 현묘(玄妙)의 성격이 강했을 것으로 여겨진다.

두문동 72현과 이들 사이에서 유독 이름이 높았던 육은(六隱), 즉 목은(牧隱) 이색(李穡), 포은(圃隱) 정몽주(鄭夢周), 도은(陶隱) 이숭인(李崇仁), 야은(冶隱) 길재(吉再), 수은(樹隱) 김충한(金冲漢) 등은 은(隱)자를 돌림자로 쓰는 호에서도 느낄 수 있지만 은일(隱逸)한 정신이 강하여 선가적 풍모가 강했을 것으로 짐작된다.

이색(牧隱)-정몽주(圃隱)-길재(冶隱)로 이어지는 소위 삼은(三隱)의 성리학은 점필재로 이어진다. 어떤 점에서는 영남사림의 성리학은 실은 선가적 풍모를 동시

---

4) 두문동 72현록 (杜門洞 七十二賢錄): (1)정몽주(鄭夢周)/(2)김주(金澍)/(3)이존오(李存吾)/(4)정추(鄭樞)/(5)최양 (崔瀁)/(6)길재(吉再) /(7)남을진(南乙珍)/(8)임선미(林先味)/(9)원천석(元天錫)/(10)조의생(曹義生)/(11)맹유(孟裕)/(12)도응(都膺)/(13)이사지(李思之)/(14)도동명(陶東明)/(15)김자수(金自粹)/(16)장안세(張安世)/(17)정광(程廣)/(18)한철충(韓哲冲)/(19)국유(鞠有)/(20)나천서(羅天瑞)/(21)성부(成溥)/(22)이명성(李明成)/(23)이색(李穡)/(24)정지(鄭地)/(25)하자종(河自宗)/(26)이양중(李養中)/(27)김진양(金震陽)/(28)안성(安省)/(29)이사경(李思敬)/(30)조충숙(趙忠肅)/(31)허징(許徵)/(32)최문한(崔文漢)/(33)서견(徐甄)/(34)신덕린(申德隣)/(35)맹희덕(孟希德)/(36)김약항(金若恒)/(37)배상지(裴尙志)/(38)이무방(李茂芳)/(39)이행(李行)/(40)변숙(邊肅)/(41)김광치(金光致)/(42)이종학(李種學)/(43)이양소(李陽昭)/(44)민유(閔愉)/(45)문익점(文益漸)/(46)임귀연(林貴椽)/(47)조희직(曹希直)/(48)김사렴(金士廉)/(49)김승길(金承吉)/(50)조유(趙瑜)/(51)김제(金濟)/(52)조철산(趙鐵山)/(53)범세동(范世東)/(54)구홍(具鴻)/(55)윤충보(尹忠輔)/(56)성사제(成思齊)/(57)김충한(金冲漢)/(58)유구(柳玖)/(59)박문수(朴門壽)/(60)민안부(閔安富)/(61)채왕택(蔡王澤)/(62)송교(宋皎)/(63)최칠석(崔七夕)/(64)차원부(車原兆頁)/(65)김자진(金子進)/(66)조윤(趙胤)/(67)김약시(金若時)/(68)정온(鄭溫)/(69)이연(李涓)/(70)송인(宋寅)/(71)곽추(郭樞)/(72)채귀하(蔡貴河) 등이다.

5) 정경희, 같은 책, 50쪽.

에 지녔다고 해도 과언이 아니다. 바로 선가적 성리학자의 권력을 추구하지 않는 정신이 도리어 사림의 뿌리를 더욱더 튼튼하게 만들었다고 해도 과언이 아니다. 이를 두고 청류, 청담이라고 부르는 것이다.

고려의 차와 조선의 차를 연결시킨 인물에 대해서는 지금까지 크게 부각되지 않았지만 두문동 선비들이었다고 해도 과언이 아니다. 두문동 선비들이야말로 고려와 조선의 차의 연결고리인 것이다. 이것은 조선 초의 이름난 차인을 보면 더더욱 확연하게 알 수 있다. 목은, 포은, 야은을 비롯하여 원천석 등 이름난 차인들의 상당수가 여기에 포함되어 있다.

'두문동 72현'과 '청담학파'의 차 정신은 여말선초의 역성혁명과 계유정난(癸酉靖難), 단종복위 운동6)이라는 혼란을 겪으면서 1백여 년간 형성된 것이며, 한국인의 근세 차 정신은 이때 형성되었다고 해도 과언이 아니다. 물론 이때 형성된 차 청담의 차 정신은 사림(士林)에게로 계승된다. 두문동의 선가(仙家)의 차 정신과 민족혼은 조선으로 이어져 더욱 커졌다. 선가와 유가가 융합된 '선유(仙儒)의 차 정신'

---

6) 단종 복위 운동: 단종의 선위 계획은 권남·정인지 등이 극비리에 추진한 것이라 비록 선양의 형식을 택하였다고 하지만, 계략에 따른 왕위의 강탈이었다. 이러한 처사에, 특히 집현전 학자로서 세종의 신임이 두터웠던 성삼문·형조참판 박팽년·직제학(直提學) 이개·예조참판 하위지·사예(司藝) 유성원 등과 성삼문의 아버지 성승(成勝)·무인(武人) 유응부 등은 상왕으로서 수강궁(壽康宮)에 있는 단종의 복위와 반역파의 숙청을 꾀하고 그 기회를 엿보고 있었다. 이들은 1456년(세조 2) 6월 창덕궁에서 명사(明使)를 향응하는 기회를 타서 거사하기로 하였으나 계획이 어긋나자 김질(金礩)·정창손(鄭昌孫) 등은 사태의 불리함을 보고 이를 밀고하였다. 세조는 곧 성삼문 등에게 참혹한 고문을 가했으나 모두 굴하지 않았으므로 성삼문·박팽년·유응부·이개는 작형(灼刑 : 불살라 죽이는 형벌)으로 형살(刑殺)되었으며, 하위지도 참살되고, 유성원은 자기 집에서 자살하였다. 이들을 사육신이라 부르며, 이에 연루된 자로 권자신(權自慎)·김문기(金文起) 등 70여 명도 모두 처벌되었다. 이 일이 있은 뒤 세조는 성삼문 등의 이 밀로에 상왕 단종도 관계하였다 하여 강봉하여 노산군(魯山君)으로 삼아 군사 50명으로 호송케 하여 영월로 귀양 보내고 단종의 어머니 현덕왕후(顯德王后)를 추폐(追廢)하여 서인(庶人)으로 삼고, 세조의 아우 금성대군을 순흥(順興)으로 귀양 보냈다. 그 후 9월에 금성대군은 부사(府使) 이보흠(李甫欽)과 함께 단종의 복위를 꾀하여 영남 인사에게 격문(檄文)을 돌려 군사를 일으키려 하였다. 그러나 밀고가 들어가 탄로 나서 금성대군은 안동에 하옥되고, 이보흠과 기타 영남의 인사들도 많이 주살(誅殺)되었다. 한편, 세종의 아들 한남군(漢南君)·영풍군(永豊君) 등도 멀리 귀양 가고 노산군에 대하여는 군(君)을 폐하여 서인으로 하였다. 이에 영의정 정인지·좌의정 정창손·이조판서 한명회·좌찬성 신숙주 등은 계속 노산군(단종)과 금성대군을 치죄할 것을 주장하여, 세조는 마침내 금성대군을 사사(賜死)하고 불과 이때 나이 17세였던 단종도 죽였다.

이 바로 풍류차, 청담차, 선비차이다.

3. 두문동(杜門洞) 차인의 계보들

목은(牧隱) 이색(李穡)은 너무나 잘 알려져 있다. 그러나 목은에 비해 목은의 선생이었던 행촌(杏村) 이암(李嵒)은 덜 알려져 있다. 이암의 손자인 용헌(容軒) 이원(李原, 1368~1429)은 정몽주의 문인으로 고려에서 병조정랑을 역임하고, 조선에서 승지를 거치면서 탄탄대로의 벼슬길에 오른다. 그는 중국 사신으로 다녀와서 승승장구하여 관찰사, 대사헌, 예조판서, 그리고 좌명공신 철성부원군(鐵城府院君)에 봉해진다.

> 행촌(杏村) 이암(李嵒)→ 목은(牧隱) 이색(李穡), 양촌 권근(權近)→ 이원(李原)→ 이증(李增: 이원의 6째 아들)→ 귀래정(歸來亭) 이굉(李浤: 이증의 2째 아들), 임청각(臨淸閣) 이명(李洺: 이증 3째 아들)→ 반구옹(伴鷗翁) 이굉(李肱: 이명의 6째 아들)→ 석주 이상룡(李相龍: 임시정부 초대 국무령)

이암-포은의 두문동 차 정신을 고스란히 간직하고 있는 그는 아름다운 차 생활과 함께 '유거즉사(幽居卽事)' '정춘정(呈春亭)' '차사가정시(次四佳亭詩)' '숙관음사(宿觀音寺)' '증허상인(贈虛上人)' '우차명정암시(又次明正庵詩)' 등 여러 편의 빼어난 차시도 남겼다.

이원(李原)의 차시가 중요한 이유는 그가 드물게 이암 가문의 차생활의 전통을 기록으로 전해주는 인물이기 때문이다. 이원은 양촌(陽村) 권근(權近)의 처남이자 태재(泰齋) 유방선(柳方善, 1388-1443)의 장인이기도 하다.

유방선은 특이하게도 순흥 안종원과 목은 이색 두 사람 모두의 외증손이다, 유방선의 조부가 안종원의 사위이고, 부친이 목은의 손서이다. 즉 목은의 손녀가 안종원의 외손부(外孫婦)가 되었고, 그 아들이 유방선이다. 유방선은 아버지가 태종 때 민무구, 민무질 사건과 연루되어 유배가는 바람에 관직에 나가지 못하고, 강학에 전념하여 서거정 등 많은 뛰어난 제자들을 두었다. 유방선의 아들 유윤겸(柳允謙, 1420-?)은 두시언해(杜詩諺解)를 주도하였다.

행촌 이암의 막내아들 이강은 목은의 절친한 친구인데, 일찍 죽었다. 목은의 문인인 권근은 이강의 사위이고, 이원은 이강의 아들이다. 이원은 태어나던 해에 부친이 죽어, 매형 양촌이 길렀다

이원의 차 전통은 이어져 그의 후손에 이르러 안동에 임청각(臨淸閣) 군자정(君子亭: 별당형 정자)을 짓게 된다. 이 건물은 조선조 민가로서는 가장 오래된 목조 건물(임란왜란 전)로 군자정은 '차를 마시던 정자'로 알려져 있다.

이원의 여섯 째 아들인 영산현감 이증(李增, 1419~1480)은 이곳의 아름다움에 매료되어 입향조가 되었고, 이증의 셋째아들 임청각(臨淸閣) 이명(李洺)이 그의 호를 따서 1519년에 99칸의 큰 살림집과 정자를 지었다.

이증(李增)은 세조가 왕위를 찬탈하자 안동으로 내려왔다. 이증의 행보는 매월당 김시습(金時習)의 행보와 같다. 이는 역시 두문동 정신이 우리 역사에서 면면히 이어짐을 확인할 수 있는 대목이다. 이증은 여섯 아들을 두었는데 모두 뛰어나 벼슬길에 나아갔다. 그러나 아들 이굉(李浤), 이명(李洺)과 손자 이윤(李胤), 이주(李冑), 이려(李膂) 등 한 집안에 5명이 연산조 때 사화에 연루되어 이중에서 이주는 죽고 나머지는 귀양 갔다.

중종반정으로 풀려난 이들은 벼슬을 버리고 낙향했다. 귀래정(歸來亭) 이굉은 그의 호를 따서 낙동강변에 귀래정을 지었다. 귀래정을 지은 이굉은 바로 이증의 둘째 아들이다. 이굉은 1500년(연산군 6)에는 사헌부집의를 거쳐 예빈시정·승문원판교·상주목사를 역임한 뒤, 1504년 갑자사화에 김굉필(金宏弼) 일당으로 몰려 관직이 삭탈되었다. 1506년 중종반정(中宗反正) 뒤 다시 기용되어 충청도병

마절도사·경상좌도수군절도사·개성부유수 등을 지냈고, 1513년(중종 8)에 나이가 많아 사직한 뒤 고향인 안동에 낙향했다.

그의 여섯째 아들에 이증(李增)은 영산현감을 지내다 안동으로 낙향했다. 안동의 고성 이씨 입향조인 이증은 당시 지역을 대표하던 12인과 함께 '우향계'를 조직해 향촌사회의 중심인물이 되었다. 이증의 셋째 아들이 임청각 이명이다. 이명의 여섯째아들인 반구옹 이굉은 부친인 임청각의 유지를 받들어 집을 맡았다.

이는 임청각이 살아있을 때에 '여섯째 아들에게 재산을 의탁한다'는 유명(遺命)에 따른 것이다. 여섯째 집이 잘된다는 느낌이 있을 정도로 임청각의 가세가 좋았다. 다시 대를 이어 17대손인 석주 이상룡에 이르러 3형제였다가 그 이하 양대의 외동을 거쳐 20대에 이르러 다시 6형제의 번성함을 이루었다. 석주 이상룡은 임시정부 초대 국무령을 지낸 독립지사다.

임청각은 또 대한민국임시정부 초대국무령을 지낸 독립운동가 석주 이상룡(李相龍) 선생이 태어난 곳이다. 단군으로부터 흘러내려오는 민족의 선맥(仙脈)과 유불선(儒佛仙) 삼교지도(三敎之道)의 맥이 살아있음이 확실하다.

'임청각'이라는 당호는 도연명(陶淵明)의 '귀거래사(歸去來辭)' 구절에서 따온 것이다. 귀거래사(歸去來辭) 구절 중 '동쪽 언덕에 올라 길게 휘파람 불고, 맑은 시냇가에서 시를 짓기도 하노라'에서 '임(臨)자'와 '청(淸)자'를 취한 것이다. 귀거래사에서 당호를 따오는 것만 보아도 선가의 차 정신을 바탕으로 하고 있음을 볼 수 있다.

목은(牧隱) 이색(李穡)→양촌(陽村) 권근(權近)→이종선(李種善)→존양재(存養齋) 이계전(李季甸)→매월당(梅月堂) 김시습(金時習), 사가정(四佳亭) 서거정(徐居正)

한국 차사가 낳은 최고의 다성(茶聖)은 매월당(梅月堂) 김시습(金時習, 1435~1493)이다. 바로 김시습과 함께 천재성이나 문사로서 쌍벽을 이루는 인물이 사가정(四佳亭) 서거정(徐居正, 1420~1488)이다. 이 두 사람은 당대 최고의 문사 관료였던 존양재(存養齋) 이계전(李季甸)에게 동문수학한 사이이다.

이계전의 조부는 목은(牧隱) 이색(李穡)이고 아버지는 이종선(李種善)이다. 어머니는 권근(權近)의 따님 안동 권씨이다. 권근의 큰딸은 이종선에게 출가하여 이계전 등 3형제를 두었고, 둘째딸은 서미성(徐彌性)에게 출가하여 서거정(徐居正) 등 형제를 두어서 이계전과 서거정은 이종사촌간이며, 권람은 외사촌 동생이다.

김시습은 이계전이 세조의 왕위 찬탈에 동조하여 공신록에 오르자 스승과 동문인 그의 아들들과 왕래를 끊었던 것으로 보인다. 운명의 장난은 이 두 사람에게 서로 다른 일생을 걷게 하였지만 두 사람 다 조선에서 가장 많은 시문을 남겼고, 나름대로 최고의 업적을 낳은 인물이다.

> 목은(牧隱) 이색(李穡), 포은(圃隱) 정몽주(鄭夢周), 양촌(陽村) 권근(權近)→야은(冶隱) 길재(吉再)→김숙자(金淑資)→점필재(佔畢齋) 김종직(金宗直)→한재(寒齋) 이목(李穆), 오현(五賢 : 김굉필·정여창·조광조·이언적·이황)→사림(士林) 남인(南人)→⋯다산(茶山)

야은(冶隱)의 문하에서 영남사림이 형성될 정도로 훌륭한 인물이 많이 배출되었기 때문이다. 영남사림의 도통이 형성된 것도 실은 조선 후기이다. 우리역사상 권력에서 배제되거나 소외되거나 귀양살이를 하게 되면 으레 선가적 삶의 태도를 가지는 게 다반사였다.

매월당과 점필재가 만나게 되는 것도 같은 뿌리를 가지고 있기 때문이다. 권력에서 밀려나거나 스스로 은퇴한 선비들이 가까이 할 수 있는 것 중에 하나가 차이다. 점필재의 제자들은 줄잡아 20여명이 되는데 차시를 남긴 차 마니아들도 10여명이 된다. 이 가운데 한재(寒齋) 이목(李穆, 1471~1498)이 으뜸이다.

점필재가 차에 관심을 가지게 된 것은 물론 그의 스승인 길재, 그리고 그 위로 목은(牧隱) 이색(李穡)이 차를 좋아한 마니아였기 때문이다. 야은은 이색, 정몽주, 권근으로부터 성리학을 익혔는데 이것이 집대성되어 고스란히 점필재에게 전수된다. 도(道)와 차(茶)가 함께 전수되어 차도(茶道)로 종합된다.

조선조의 성리학은 중기에 들어 점필재 김종직 이후 김굉필에서 조광조를 거쳐 퇴계 이황에 이르기까지 오현(五賢 : 김굉필·정여창·조광조·이언적·이황)에 의해 성리학의 깊이를 더하면서 주리적(主理的)으로 심화된다. 여기서 주리적으로 심화되었다는 뜻은 이때 조선의 성리학은 보다 형이상학적으로 변하였다는 것을 의미한다.

특히 영남사림 중 남인들은 노론과의 당쟁에서 패퇴하여 벼슬길이 막히면서 서원(書院: 私學)에서 제자를 가르치거나 가학(家學)으로서의 학문을 이어가면서 대체로 한빈한 선비생활에 만족하지 않으면 안 되었다. 재야사림들은 자연스럽게 차와 술로 시름을 달래기 일쑤였다. 아마도 남인 집안에서 암암리에 차 생활이 이어졌던 것으로 보인다.

흔히 한국의 차 전통이 단절되었다고 속단하는 것도 실은 조선 중기에서 후기에 이르기까지 남인 사람들의 차 생활에 대한 연구의 부족과 자료 발굴 미비로 인한 학자들의 게으름 탓일 가능성이 높다. 아마도 잃어버린 한국의 차사를 잇기 위해서는 이 부분을 메우는 것이 절실하다. 자고로 음식의 전통은 갑자기 사라지는 법이 없다. 이것은 이데올로기가 아니라 의식주 생활이기 때문이고, 몸에 훈습된 것이기 때문이다.

선가(仙家) 풍의 풍류차의 전통은 조선의 개국과 성리학의 도입으로 인해 끊어진 것이 아니라 면면히 이어졌다. 차의 종류만 고려의 말차에서 잎차로 바뀌었을 뿐이다.

4. 매월당을 매개로 한 두문동학파와 사림(士林)의 융합

한국 차의 법도를 복원하는 것이 그리 쉬운 일은 아니다. 이미 일본에 의해, 일본의 방식으로 많이 변질되었거나 왜곡(倭曲)되었기 때문이다. 그 중에서 한국의 것을 추출하여 다시 그 뼈대에다 한국문화의 살점을 보태지 않으면 안 된다. 한국 차의 신화를 다시 쓰는 데에 없어서는 안 될 인물이 매월당 김시습(金時習, 1435 ～1493)이다. 매월당은 한국 차사의 블랙박스와 같은 존재이다.

매월당은 '두문동 학파'와도 연결될 뿐만 아니라 '사림'과도 연결되는 매개적 존재이다. 매월당이 초암차의 원조이며[7], 유불선을 통합하는 차인의 정신과 경지를 발견하는 것은 어렵지 않다.

점필재 김종직도 스스로 차를 끓이는 것을 좋아했음을 물론이고, 휴대용 다조(茶竈)를 낚시배에 싣고 풍류를 즐겼을 정도이다. 그는 술보다는 차가 좋다고 하였을 정도이다. 지독히 술을 좋아하는 문화에서 차를 술보다 좋다고 한 것은 여간한 마니아가 아니다. 그는 20수의 차시를 남길 정도였다.

점필재의 제자들이 매월당과 접선한 흔적은 여러 곳에서 발견되지만 특히 홍유손(洪裕孫, 1431～1529)과 남효온(南孝溫, 1454～1492)에 의해서다. 홍유손은 매월당과 찻 자리를 같이 한 기록을 남겼으며, 남효온은 금강산 산사(山寺)를 함께 여행하기도 한 인물이다.

남효온은 김종직(金宗直)·김시습(金時習)의 문인임은 물론이고 조선도학의 도

---

7) 박정진, '일본다도의 신화학과 탈신화학' (1) 2011년 3월 30일(박정진의 차맥 8) / (2) 2011년 4월 5일(박정진의 차맥 9) / (3) 2011년 4월 12일(박정진의 차맥 10) / (4)2011년 4월 19일(박정진의 차맥 11) ≪세계일보사≫ / 박정진, '한국 차 신화학 다시 쓰기' (1) 2011년 5월 30일(박정진의 차맥 13) / (2) 2011년 6월 13일(박정진의 차맥 14) / (3) 2011년 6월 27일(박정진의 차맥 15) / (4) 2011년 7월 11일(박정진의 차맥 16) / (5) 2011년 7월 25일(박정진의 차맥 17) / (6) 2011년 8월 8일(박정진의 차맥 18) / (7) 2011년 8월 22일(박정진의 차맥 19) / (8) 2011년 9월 5일(박정진 차맥 20) / (9) 2011년 9월 19일(박정진의 차맥 21) / (10) 2011년 10월 3일(박정진의 차맥 22) ≪세계일보사≫.

통에 속하는 김굉필(金宏弼)·정여창(鄭汝昌)·조신(曺伸)·이윤종(李允宗)·주계정(朱溪正)·안응세(安應世) 등 쟁쟁한 인물들과 사귀었다. 1478년(성종 9) 관리 등용제도의 개선, 내수사(內需司)의 혁파, 불교의 배척 등 국정 및 궁중의 여러 문제를 지적하게 된다. 심지어 문종의 비(妃)이자 단종의 어머니인 현덕왕후(顯德王后)의 능인 소릉(昭陵)을 복위할 것을 요구하는 장문의 상소를 올렸다.

남효온의 소릉 복위 주장은 세조 즉위와 정난공신(靖難功臣)의 명분을 간접적으로 비판하는 것이었다. 이에 훈구파(勳舊派)의 심한 반발을 샀고, 드디어 도승지 임사홍(任士洪), 영의정 정창손(鄭昌孫) 등의 눈 밖에 나서 이들로부터 국문(鞫問)을 주장케 하는 빌미를 제공했다. 이때부터 그는 출세에 뜻을 두지 않고 명승지를 유랑하는 것으로 생을 마쳤다.

남효온의 삶은 김시습과 가장 닮아 있다. 어머니의 당부로 생원시에 합격하기도 했으나, 벼슬에 뜻을 두지 않았다. 신영희(辛永禧)·홍유손(洪裕孫)·이정은(李貞恩)·이총(李摠)·우선언(禹善言)·조자지(趙自知)·한경기(韓景琦) 등 7명과 죽림칠현(竹林七賢)을 자처하면서 세상일을 가볍게 여겼다. 또한 박팽년(朴彭年)·성삼문(成三問)·하위지(河緯地)·이개(李塏)·유성원(柳誠源)·유응부(俞應孚) 등 사육신(死六臣)의 절의를 추모하고, 이들의 충절을 사모하는 '육신전(六臣傳)'을 저술하였다. 그의 삶은 매월당과 청담학파가 뜻을 같이하는 정도를 강화시킨다.

점필재는 흔히 '동방의 한퇴지'(韓退之)로 통한다. 이는 그를 기점으로 도학(道學)과 문장(文章)이 갈라지게 되었기 때문이다. 그가 영남학파의 종조로 추앙받는 것은 동양의 도학(道學)에 통달하였음을 물론이고 실천에도 앞장서서 노년에 이르기까지 효(孝)를 다하였으며, 청렴과 청빈으로 삶을 마쳤기 때문이다. 점필재는 당시 주류 학문인 주자학에 매달리는 것보다는 어딘가 유불선을 관통하는 도학, 풍류학의 경지에 오른 감을 저버릴 수 없다. 이는 그의 수제자인 한재에게서 확인할 수 있다.

당시 중국에서는 주자학과 함께 양명학도 유행하였는데 주자학의 선지후행(先知後行)의 결점을 보완하는 대안으로 지행합일(知行合一)의 양명학이 등장하였다. 지식보다 실천을 중시하는 양명학의 태도는 특히 주자학의 풍류도적 완성을 추구하는 청담학파에게는 매력적이었던 것 같다.

차는 지행합일을 실천하는 매개체로 그 이상이 없었던 것 같다. 실천이란 책을 떠나서 사물과 만나면서 도를 이루는 경지를 말하는데, 차도(茶道)는 바로 가장 손쉬운 것이었다. 한재의 '다부'(茶賦)의 특성을 말할 때 가장 먼저 꼽히는 것이 바로 차도에 관한 것이다. 말하자면 차의 차공(茶供)을 도(道)의 경지로 격상시킨 우리나라 최초의 책이 바로 '다부'이다.

매월당과 점필재와 한재는 다산에 앞서간 '선유'(仙儒) 혹은 '다선'(茶仙) 혹은 '다유'(茶儒)의 모델이고, 한재(寒齋) 이목(李穆, 1471~1498)의 《茶賦》는 초의(草衣) 의순(意恂, 1786~1866)의 《동다송(東茶頌)》의 모델이다.

매월당과 점필재와 한재, 홍유손, 남효온 등을 중심으로 하는 '조선 전기의 청담학파'의 차 마니아 그룹은 다산과 초의와 추사, 해거도인, 박영보, 신위, 김명희, 신헌, 신헌구, 이상적, 황상, 이유원, 범해 각안, 소치 허련 등을 중심으로 하는 '조선 후기의 차 마니아' 그룹의 전범이 되고도 남음이 있다. 이러한 과정에서 한재 이목의 《다부》가 탄생한다. 《다부》는 조선 전기 한국 차(茶)문화의 결정체이며 금자탑이다.

5. 결론

지금까지 한국 차사(茶史)를 구성할 때 '두문동 차인'에 속하는 개개인물을 산발적으로 거명하거나 그들의 차시(茶詩)를 해독한 경우는 더러 있었지만 '두문동 72현'을 집단적으로 거론하면서 그 의미를 부여한 한 적은 없었다.

여말선초(麗末鮮初) 두문동 집단은 고대에서부터 내려오는 우리의 선차(仙茶)의 정신을 계승하여 후대(後代) 조선의 선비들에게 전해준 매개역할을 한 것으로 평가된다.

앞장에서 언급했지만 두문동의 차 정신은 크게 세 갈래로 분석된다. 혈연적 전승(血緣的 傳承), 사자상승(師資相承), 사림전승(士林傳承)이 그것이다. 두문동의 차 정신은 특히 매월당 김시습, 점필재 김종직, 한재 이목으로 연결되면서 문화적 확대재생산을 이루어 조선중기 화려한 차사(茶史)의 금자탑을 이루는 데에 밑거름이 된 것으로 평가된다.

매월당의 '초암차'의 완성과 한재 이목의 ≪다부≫의 집필은 한국 차 문화사의 자긍심을 불러일으키기에 충분하다. 특히 매월당의 초암차는 일본의 초암-와비차를 이루는 데에 적지 않게 영향을 끼친 것으로 연구되고 있어 앞으로 한일 차 문화교류사 연구에도 큰 과제를 던져주고 있다.

5. 한국 근대 차 문화의
현주소

　한국근대 차의 역사를 보면, 60년대 경제개발과 더불어 문화적 주체성에 눈을 돌리기 시작하였고, 그때부터 일제에 의해 단절된 전통 차 문화를 복원하려는 크고 작은 모임이 자연스럽게 있었다. 역설적이게도 한일국교정상화(한일협정 1965년 6월 22일에 조인)가 된 60년대 중반부터 일본인들이 많이 드나들었고, 한국의 청자백자(靑磁白磁) 혹은 분청사기(粉靑沙器)의 차 그릇에 관심을 보이고, 찾아다니는 통에 도자기 복원 붐도 있었다.

1. 일제강점기(1910~1945년) 한국 차 문화

일제강점과 더불어 한국의 문화전통은 크게 단절되는 위기를 맞는다. 차 문화도 예외는 아니다. 특히 차 문화는 제국의 무력을 등에 업은 강력한 일본 '다도'(茶道)의 진출로 인해서 거의 자취를 감추는 듯했다. 일본다도는 특히 학교교육을 통해 대동아공영권의 확립에 전위로 나서는 등 '평화의 다도'가 전쟁에 앞장섰다.

그러나 한국의 차 문화전통은 끊어진 것 같으면서도 이어지는 끈질김을 보였다. 알다시피 이능화(李能和, 1869~1943)의 《朝鮮佛敎通史》(1918)를 비롯해서, 문일평(文一平, 1880~1939)의 《茶故事》(1939년), 모로오카다모츠·이에이리가즈오의 《朝鮮의 茶와 禪》(1940년), 그리고 장지연(張志淵, 1864~1921)의 《농학신서》(1921년 전)가 발행되어 조선불교통사와 어깨를 나란히 했다.

일제 때의 선풍(禪風)과 선기(禪機)도 만만치 않아 민족의 정기가 아직 사라지지 않았음을 만방에 알렸다. 특히 백학명(白鶴鳴, 1867~1929)선사의 무용담은 오늘에도 전해지고 있다. 백양사 문중이 오늘날 차 문화의 중심에 있는 것도 바로 그러한 전통의 연장선상에 있는 때문이다.

학명선사는 일제식민지 상황에서도 일제에 굴하지 않고 선풍을 드날리면서 조

선의 기개를 떨쳤다. 학명선사는 반선반농
(半禪半農)을 실천한 이름난 선사였다.

"선사는 잠시 백양선원으로 이석(移錫)
하게 되고, 42세 되던 갑인(1914)년 봄에
해외를 돌아보고자 중국의 총림(叢林)과
일본의 명람(名籃)을 두루 돌면서 살피고
찾아 때로는 중국과 일본의 이름난 선승을
만나 서로 같고 다른 것을 비교하고서 43
세 되던 그 이듬해(1915)에 고향으로 돌
아온다."[1]

학명선사는 1914년 도쿄 인근에 있는
가마쿠라의 엔카쿠지(圓覺寺)를 찾아갔다. 당시 엔가쿠지는 임제종의 총본산으로
일본의 최고 선승 사쿠소우엔(釋宗演, 1859~1919)이 주석하고 있었다.

당시 42세의 학명선사는 50대 중반의 사쿠소우엔을 만나서 법거량을 했다. 학
명선사는 선문답을 주고받으면서 조선의 선기(禪機)가 살아있음을 세상에 알렸다.
사쿠소우엔은 학명의 높은 경지를 알고, '조선의 고불(古佛)'이라고 칭송했다.

"그(사쿠소우엔)는 프랑스의 실존철학자 베르그송과도 한 팔을 접어놓고서 맞겨
눌만한 걸승(傑僧), 그들이 첫 대면을 하였을 적에 베르그송으로 하여금 스스로 의
자에서 내려오게 하고 마루 바닥에 마주 앉아서 큰 절 한 턱을 좋게 받아냈다는 일
화를 남긴 존재였으며, 명치유신을 거친 대정연대 초기부터 두각을 나타낸 개화인
이기도 하였다."[2]

---

1) 불교전기문화연구소 엮음, 박희선 편저, 《(고승평전 2)흰 학의 울음소리-학명 큰스님 평전》, 1994, 22쪽,
佛教映像회보사.

2) 불교전기문화연구소 엮음, 박희선 편저, 같은 책, 25쪽.

학명(鶴鳴)선사 초상

두 선승의 만남은 당시 아사히신문에 보도되어서 일본과 조선에 크게 알려졌다.

서옹(西翁, 1912~2003) 스님은 히사마츠신이치(久松眞一, 1889~1980)의 제자이면서도 일본다도에 물들지 않았다. 서옹 스님은 너무 규격에 얽매인 일본다도가 마음에 들지 않았으며, 한국식으로 자유스런 다도를 좋아했다.

백양사 문중은 일본과의 빈번한 교류 속에서도 한국차도의 정신을 잃지 않은 것으로 유명하다. 특히 서옹 스님은 "한국에 다도가 있느냐?"는 일본기자들의 공세적인 질문에 "다도 없다"는 말로 대응해 "한국에 일본다도가 없다."는 뜻으로 해석되면서 한국 다도의 주체성을 살린 대목으로 회자되고 있다.

≪世界의 茶人≫에서는 서옹(西翁) 스님과 수산(壽山) 스님(1922~2012)으로 이어지는 백양사문중이 한국을 대표하는 차맥으로 소개됐다.[3]

사쿠소우엔의 제자 스즈키다이세츠(鈴木大拙, 1870~1966)는 일본의 '다도'를 '선(Zen)의 경지에 올린 장본인이다. 학명과 서옹 스님으로 인해 한국의 차도는 당시 일본다도의 핵심인물들과 교류하게 되는 계기를 얻게 된다.

두 선승의 만남으로 인해서 사쿠소우엔(釋宗演, 1859~1919)→ 학명(鶴鳴, 1867~1929)→ 히사마츠신이치(久松眞一, 1889~1980) → 만암(曼庵宗憲, 1876~1957)→ 서옹(西翁, 1912~2003) 스님으로 이어지는 일본 차인과 한국 차인의 교류는 양국의 차 문화의 소통과 발달에 크게 기여한 셈이다.

---

3) 최석환, ≪世界의 茶人≫,(차의 세계, 2008), 10~41쪽.

2. 해방공간(1945~1950년)의 현대 차 문화 부흥운동

경남 사천시에 위치한 다솔사(多率寺)[1]는 우리나라 현대 차 문화 부흥운동의 메카이다. 다솔사는 또한 일제 때 독립운동의 근거지였으며, 특히 효당(曉堂) 최범술(崔凡述, 1904~1979) 스님이 주지로 피선된 1928년 이후 민족문화독립운동의 구심점으로 본격적인 활동을 전개하게 된다.[2]

한국의 현대 차 문화의 중흥조는 효당 스님이라는 데에 누구도 이의를 달 사람이 없을 것이다. 그는 영호남을 아울러서 차인들을 한데 모으는 한편 특히 초의 스님을 발굴하여 재조명하는 데에 앞장선 인물이다.

효당은 13세 때 다솔사에 출가했다. 이듬해 해인사 지방학림에 입학한 뒤 임환경 스님을 은사로 출가하여 '효당'이란 법호를 받았다. 15세 때 일본에 유학하여 불

---

1) 다솔사(多率寺)는 경남 사천시 곤명면의 봉명산에 있는 사찰이다. 봉명산은 와룡산, 방장산이라고 한다. 조계종 제13교구 본사 쌍계사의 말사이다. 신라 지증왕 4년(503)에 승려 연기(緣起)가 창립했다는 전설이 있다. 당시의 이름은 영악사(靈岳寺)였다. 신라 말 도선이 증축하면서 지금의 이름을 갖게 되었다. 일제 강점기에는 항일운동을 한 한용운(韓龍雲)과 최범술이 기거해 유명해졌고, 동양철학자 김범부(金凡父, 1897~1966: 본명金鼎卨)도 자주 드나들었다. 김범부의 동생인 소설가 김동리(金東里)는 다솔사 야학에서 교사로 일하면서 '등신불'을 썼다. 사찰 뒤편에는 차밭이 조성되어 있다.

2) 元和 蔡貞福 편자, ≪효당 최범술 문집≫(1, 2, 3권), 2013, 민족사.

경남 사천시에 위치한 다솔사(多率寺)

교를 수학하면서 일본다도를 익혀왔다. 귀국 후 1930년 한용운(韓龍雲, 1879~1944)에 의해 만자당(卍字黨)이 결성되자 그 아래에서 김법린(金法麟), 박근도(朴根度) 등과 함께 활동했다.

효당이 다솔사 주지로 취임하는 것이 계기가 되어 만자당 본부가 다솔사로 옮기게 된다. 당시 함께 활동한 사람은 김범부(金凡父, 1897~1966), 김법린(金法麟), 오제봉(吳濟峰), 문영빈(文永彬), 이기주(李基周), 설창수(薛昌洙), 강달수(姜達秀) 등이다.

만해 한용운 선사의 진영.
만해기념관소장

단재 신채호의 원고는 효당에 의해 보존되어 세상에 빛을 보게 되었다. 효당은 1942년 '단재 신채호 선생 문집'의 자료수집에 착수했다. 만해(卍海) 한용운(韓龍雲, 1879~1944) 스님의 회갑연(1937년 7월 12일)을 기념하여 안심료 앞 정원에 황금편백 나무를 심었으며, 차나무와 함께 다솔사의 표상이 되고 있다.

효당은 독립운동과 불교정화운동을 벌이는 중에도 차 문화에도 각별하게 관심을 가졌으며 다솔사에 작설차(雀舌茶) 차밭은 조성하기도 했다. 당시 다솔사는 부산, 진주, 경남 일대의 인사들과 차인들의 중심이 되었다.

특히 풍류정신의 대가인 범부(凡夫) 김정설(金鼎卨, 1897~1966)과 최범술은 이 일대 차인들의 구심점이 되어 전통 차 복원의 실마리를 풀어가게 했다. 이것이 70년대 한국 차 문화부흥운동의 발판이 되었다.

3. 60년대 한국의 차 문화

　60년대 차 문화는 그동안 자료의 빈곤으로 거의 잃어버리다시피 했다. 그러나 최근 몇몇 차 연구가들에 의해 '잃어버린 고리'가 복원되고 있다. 60년대의 차 문화는 주로 언론인들에 의해 연결되고 있었음이 속속 밝혀지고 있다. 언론인들은 실은 조선조의 선비정신을 계승한 인물로 일제(日帝)시대는 물론이고 광복 후에도 한국문화의 정신문화를 담당한 중심세력이었던 것으로 보인다.

　일제 때와 해방공간에는 주로 언론을 중심으로 선비들과 학자, 그리고 문화예술인들이 포진하고 있었으며, 수많은 독립운동가와 민족주의자들도 마찬가지였다. 자연스럽게 한국의 차 문화도 이들을 중심으로 전개될 수밖에 없었던 것이 드러나고 있다.

　이 가운데 위암(韋庵) 장지연(張志淵, 1864~1921)은 일제 때 ≪농학신서(農學新書)≫를 지은 인물로 차나무의 품종과 재배 차의 음용에 관한 소중한 기록을 남겨서 한국의 차 문화가 면면히 이어짐을 증명하였다.[1]

　장지연의 ≪농학신서≫는 차 전문잡지 ≪차의 세계≫(2010년 3월호)가 발굴하

---

1) 최석환, ≪世界의 茶人≫(차의 세계, 2008), 17~21쪽.

여 최초로 공개했다.[2] ≪농학신서≫
는 이능화(李能和, 1869~1943)
의 ≪朝鮮佛敎通史≫(1918), 문일
평(文一平, 1880~1939)의 ≪茶故
事≫(1939년), 모로오카다모츠 · 이
에이리가즈오의 ≪朝鮮의 茶와 禪≫
(1940년)에 이은 것으로 그의 생몰
연대로 볼 때, 1921년 전에 저술한
것으로 평가된다.

위암(韋庵) 장지연(張志淵) 초상

장지연의 뒤를 이어 한국의 대문화
학자 · 언론인이며 '불함문화론'의 주
창자인 육당(六堂) 최남선(崔南善,
1890~1957), 시조시인이며 언
론인인 노산(鷺山) 이은상(李殷相,
1903~1982) 역사학자이며 언론인인 후석(後石) 천관우(千寬宇, 1925~1991)
가 차인으로 등장한다.

육당 최남선은 1946년에 간행된 ≪朝鮮常識 問答≫에서 "조선에서도 차가 납니
까?"라는 질문에 대한 답으로 다음과 같이 말한다. 이 책은 1937년 1월부터 〈매
일신보〉에 연재하고 그것을 묶어 책으로 출간한 것이다.

"차(茶)는 인도 원산의 식물이요, 그 떡잎을 따서 달여 먹는 버릇도 본래 남방에
서 시작된 것인데, 중국에서 당나라 때로부터 차가 성행하여 거의 천하를 풍미하
였습니다. 신라 27대 선덕왕 때부터 차가 이미 전래하여 일부에 행하다가 제 42대

---

2) 장지연, 아정(약선 차 연구가) 역 〈본지 독점 공개: 새로 발굴된 위암(韋庵) 장지연(張志淵)의 차학 ①-100년 전에
언론인 장지연이 쓴 우리 차에 관한 기록 발견〉 ≪茶의 세계≫(2010년 3월호), 28~35쪽.

흥덕왕 3년, 당에 갔던 사신 대렴이 차의 종자를 얻어오거늘 지리산에 심게 해 이로부터 차를 마시는 풍이 와짝 성하였습니다. 고려를 지내고 조선으로 들어오면서 차 먹는 버릇이 차차 줄고, 다른 데에서는 거의 잊어버리게 되었지만 지리산 근처에는 차의 기호가 그대로 남고 따라서 그 생산도 끊이지 아니하였으며, 지리산으로부터 퍼져 나가서 전라도 각지에 차가 두루 재배되고 대둔산, 백양산, 선운산 등은 시방도 차의 산지로 널리 들렸습니다. 그러나 그 정제와 저장에 관한 기술에는 금후의 발분에 기다릴 것이 많습니다."[3]

최남선은 당시에 이미 오늘날 우리가 알고 있는 차사와 차 상식에 관한 대부분을 알고 있었다. 그러한 점에서 오늘의 차 학자와 차인들은 도리어 표피적(表皮的)인 연구와 차 표연(表演)을 하면서 부산을 떨 뿐, 진정한 차인의 자세에서는 도리어 정체되어 있거나 뒤진 감이 있다고 말할 수 있다.

최남선은 무등산에서 새 차를 보내준 의제(毅齋) 허백련(許百鍊)화백에게 감사의 뜻을 전하는 시조 〈謝許毅齋畵伯 惠無等山新茶〉를 보냈다.

"천고의 무등산이 수박으로 유명 터니/홀연히 증심 '춘설' 새로 고쳐 들었네./이 백성 흐린 정신을 행여 맡겨 주소서/차 먹고 아니 먹는 두 세계를 나눠보면/부성(富盛)한 나라로서 차 없는 데 못 볼 터라./명엽(茗葉)이 무관세도(無關世道)라 말하는 이 누구뇨/해남변 초의석(草衣釋)과 관악산하 완당노(阮堂老)가/천리에 우전다(雨前茶)로 미소 주고받던 일이/아득한 왕년사(往年史)러니 뒤를 그대 잇는가."

"이 시조에서 최남선은 단순히 의재 허백련의 '춘설차'를 상찬한 데 그치지 않고

---

3) 공종원, 〈1940, 50, 60년대에도 차인의 맥은 이어지고 있었다〉≪茶의 세계≫(2013년 3월호), 81쪽, '茶의 세계사.

차가 '백성의 흐린 정신을' 고치는 약으로 되고, 차가 부강한 나라와 뗄 수 없는 관계라는 점을 강조한다. 또한 해남 대흥사의 초의 스님과 관악산 밑 과천에 살던 추사 김정희가 차를 주고받으며 깊은 우정을 나눈 사실을 상기하면서 우리의 차 문화와 정신문화 계승에 대한 큰 기대를 표하고 있다. 이는 육당이 대단한 차인이며 차 정신의 선양자였음을 잘 보여주는 시편이라고 할 것이다."[4]

최남선이 해박한 차 지식을 물론이고, 차 문화에도 상당한 경지에 들어있음을 엿보게 하고 있다.

노산 이은상은 연희전문 문과에서 수학하고 와세다 대학 사학부에 청강한 뒤 귀국하여 1931년 이화여전 교수를 지냈다. 또 동아일보 기자, 조선일보 출판국 주간 등을 역임하였다. 1942년 조선어학회 사건으로 함흥형무소에 수감되었으나 이듬해에 기소유예로 풀렸다. 1958년에 출간된 ≪노산시조선집≫에 〈죽로차(竹露茶)〉라는 두 시가 전한다.[5] 이은상은 은근히 그의 차 지식을 드러냈다.

"대렴(大廉)이 심은 차를 초의선사(草衣禪師) 가꾸어서/다산(茶山)이 따 둔 것을 기우자(騎牛子) 물을 길어/포은(圃隱)의 돌솥에 넣고 월명사(月明師)가 끓였나."

"사파(蛇巴)도 아닌 이가 원효(元曉)도 아닌 이가/위생당(衛生堂)도 아닌 곳에 맑은 향기 주무르다./바라밀(波羅蜜) 칠불암(七佛庵) 죽로차(竹露茶)/삼매(三昧) 속에 드놋다."

이은상은 〈전남 특산차〉라는 시조도 남기고 있다.

"무등산 작설차를 곱들에 달여 내어/초의의 다법(茶法)대로/한잔 들어 맛을 보

---

4) 공종원, 같은 책, 82쪽.
5) 공종원, 같은 책, 83쪽.

고/다시 한잔 맛을 보고/다도(茶道)를 듯노라니/밤 깊은 줄 몰랐구나."[6]

1960년대에 이르러 차인으로 가장 주목되는 인물은 언론인이며 역사학자인 천관우다.

차인 천관우에 대한 발굴은 차 연구가 최석환에 의해 최근 재조명되고 있다.

"우연히 1960년대 대흥사 관련 자료를 들추다가 천관우 선생이 다법을 추적했던 사실을 발견하게 되었다. 그 글을 읽어 내려가면서 천관우 선생이 얼마나 차에 대한 깊은 철학적 사유를 지니고 있었는지 파악할 수 있었다."[7]

"천관우는 언론인으로 기억되고 있지만 사실 그는 1960년대 불모지나 다름없던 차 문화를 개척한 인물이다. 그는 1963년 봄 우리 고래로 전래되어 온 다법이 남아 있다는 말을 듣고 대흥사로 찾아갔다가 당시 대흥사에는 제다법에 관한 전승만 있을 뿐이었다는 사실을 확인했다. 그리고 〈동아일보〉 편집국장으로 있을 동안 〈호남기행〉이란 시리즈에 차를 기록하면서(1983. 06. 29) 잊혀 가던 차 문화를 세상에 드러냈다."[8]

천관우는 1949년 서울대학교 문리과대학 사학과 출신으로 1951년 대한통신 기자로 언론계에 입문했다. 그는 역사학자로서는 가야사와 실학을 개척한 학자이면서 동아일보 편집국장을 지낸 언론인이다. 바로 가야사와 실학을 개척했다는 사실은 필연적으로 한국의 차 문화에 대한 관심을 가지지 않을 수 없는 조건이 된다. 천관우에 대한 전모는 그의 20주기를 맞아 언론후배들이 펴낸 ≪우리 시대 언관(言官)≫[9]에 잘 소개되어 있다.

---

6) 공종원, 같은 책, 84쪽.

7) 최석환, 〈60년대 한국 차 문화를 개척한 언론인 천관우〉 ≪茶의 세계≫(2013년 3월호), 25쪽.

8) 최석환, 같은 책, 25쪽.

9) 천관우 선생 추모집 편찬위원회 (위원장 이혜복)는 천관우 선생의 20주기를 맞아 2011년 10월 25일 추모집을 발간하는 것과 함께 서울 프레스센터에서 출판기념회를 가졌다. 이날 기념회 자리에서 필자(박정진)는 선생을 추모하는 자작시 〈광화문의 산, 광화문의 강〉를 발표하는 영광을 안았다. 천관우는 1925년 충북 제천에서 농민의 아들로 태어

"그가 1963년 〈동아일보〉로 옮긴 뒤 첫 번째로 시도한 것이 차에 관한 연재였다. 천관우 선생이 차에 관심을 갖게 된 것은 1954년 〈한국일보〉 논설위원으로 신문에 첫 발을 내디딘 뒤부터였다. 이원홍 전 문화부장관의 증언에 따르면 후배 언론인 예용해(芮庸海, 1929~1995) 선생을 통해 우리 고래로 전래된 차를 추적해 보라고 권유했다고 한다. 그렇게 하여 1957년 무릉다원을 찾아가는 기행이 〈한국일보〉 지면에 연재된 바 있다. 남달리 한복을 좋아했던 천 씨는 자연스럽게 우리 전래 차에 대한 관심을 보였다. 당시로서는 상상하기 어려운 상황이었다. 그러다가 1963년 〈동아일보〉 편집국장을 맡으면서 〈호남기행(湖南紀行)〉 연재를 통해 차에 대한 글을 쓰게 되면서부터 차 문화가 세상에 드러나게 되었다. 〈호남기행〉은 호남 지역의 삶을 추적한 글인데 천 씨는 당시 정부가 재야인사지방사찰단이란 명목으로 호남지역을 둘러볼 때 그 사찰단에 끼어 호남 지역을 둘러본 덕에 이 연재를 할 수 있었다. 그중 천관우의 관심사는 대흥사에 전해져 온 다법을 살피는 것이었다. 그렇게 해서 호남기행 중 일곱 번째로 차에 관한 보고가 이루어지면서 세상에 처음으로 한국의 다법이 드러났다. 천관우는 1950년대 말부터 차를 생각하여 60년대에 비로소 다법을 들고 나오면서 일본과 중국과 또 다른 우리 차 문화를 일깨워 주었다."[10]

이 글에 따르면 잃어버린 한국 차 문화에 대한 새로운 발굴을 시작했던 예용해(芮庸海)의 연재를 부추긴 것도 실은 천관우였음을 알게 된다. 천관우의 글을 통해 우리는 당시 한국 차 문화의 현주소를 알게 된다.

"1960년 봄 천관우 선생은 재야인사지방사찰단의 일원으로 우리 고래의 다법을

났다. 7세 때 이미 능문(能聞)의 재기가 넘치는 천재라는 소리를 들었다. 그는 역사학자와 언론인 두 갈래 길 가운데 결국 빈곤한 가정형편과 시대적 요청에 의해 언론인으로서의 길을 택했다. 1954년 〈한국일보〉 논설위원으로 처음 언론에 발을 들여놓은 뒤 1958년 〈조선일보〉 편집국장과 〈민국일보〉, 〈일일신문〉, 1963년 〈동아일보〉 편집국장과 주필을 거쳐 1982년 〈한국일보〉 상임고문에 이르기까지 장장 28년간을 언론에 몸담았다.

10)최석환, 같은 책, 25쪽.

후석(後石) 천관우(千寬宇)

찾아 대흥사에 찾아갔다. 대흥사를 찾은 까닭은 초의선사가 일으킨 다풍이 남아 있을 것 같다는 생각에서였다. 그러나 유감스럽게도 당시 대흥사에는 다법의 전승이 끊어져 있었다. 천 씨가 대흥사를 찾았을 때 전임 주지와 신임 주지의 인계가 제대로 이루어지지 않아 어수선했다. 선조 하사의 병풍은 인계가 안 되어 있던 상태였다. 천 씨는 당시 실망감을 감출 수 없었다고 술회했다. 그는 차가 사라져 감을 안타까워했다. 대흥사 스님들은 ≪다경≫, ≪다신전≫ 등 고문헌에서 찾아야 한다는 말을 전해 주었다. 초의가 저술한 ≪다신전≫에는 채차(採茶), 조다(造茶), 장다(藏茶) 등의 제조법에서부터 천수(泉水), 화후(火候), 투다(投茶) 등의 전다법과 음다법과 다구까지 언급되어 있어 우리나라 고래의 다법이 있었던 것은 틀림없다고 천 씨는 주장했다."[11]

---

11) 최석환, 같은 책, 26~27쪽.

湖南紀行 7 千寬宇: 茶 〈전문〉 지나는 길에 두륜산(頭輪山) 대흥사(大興寺)를 처음으로 들렀다. 밀림(密林), 수해(樹海). 한철이면 그 빨간 꽃이 만산(滿山)을 뒤덮는다. 동백(冬栢)은 지금 잎만이 우거졌다. 서산대사(西山大師)와 그 제자인 사명당(四溟堂), 처영(處英) 뇌묵(雷黙)의 유적으로도 이름난 호남의 웅찰. 불교계의 내분으로 널따란 경내에는 더러 퇴락(頹落)이 심해 보이는데도 있었고, 심지어 선조하사(宣祖下賜)의 병풍 등 이름난 보물들도 전임 주지가 쇠를 인계 해주지 않아 창고에 방치가 되어있다니, 관리(管理)인들 제대로 되어 있는지 걱정이다. 평소에 대흥사를 한번 찾아보자고 생각했던 것은 여기에 우리 고래(古來)의 다법(茶法)이 남아있다는 풍문을 들었던 터이라, 그 사실의 여부를 한번 알아보고 싶어서였다. 대흥사라면 한때 초의선사(草衣禪師)가 있던 곳. 초의선사라면 위로 정다산(丁茶山) 아래로 여추사(余秋史)와 교유하던 이로 다법을 말하자면 강진 도암면(康津 道岩面)에서 18년 귀양살이를 하는 동안 차(茶)를 손수 심고 '다(茶)'자를 따서 자호(自號)까지 한 정다산과 아울러 ≪다신전≫을 남겼다는 이 초의선사를 들지 않을 수 없다는 것이고 보면, 대흥사에 다법의 전승이 있다는 말도 그럴 듯이 들렸기 때문이다. 차는 원래 선덕여왕(善德女王, 632~646)대부터 있던 것이나 흥덕왕(興德王) 3년(828)에 입경회사(入庚迴使) 김대렴이 차의 종자를 가지고 와서 지리산에 심은 뒤로 더욱 성하게 되었다는 ≪삼국사기≫의 기록에서도 보다시피 우리나라에서도 차의 역사는 매우 오랜 셈이다. 다만 이것은 희귀한 물종(物種)이었던 모양으로 고려 때는 궁중에서 중신(重臣)들에게 나누어주는 정도요(≪高麗史列傳≫), 혹은 다탕(茶湯)을 약으로 여겼다고도 한다(≪고려도경≫). 희귀한 것이고 보니 옛날에는 관의 주구(誅求)가 심했고, 심하다보니 차 가꾸기를 꺼려해서 조선 한때는 거의 절종(絕種)에 까지 오기도 했다지만 원체 자생 혹은 재배되는 분포는 꽤 넓은 지역에 걸쳤던 모양으로 ≪동국여지승람≫에 보이는 것으로도 , 호남 천관우는 예용해(한국일보 기자)를 부추기고, 스스로도 차 문화를 발굴하는 대열에 합류하였을 뿐만 아니라 같은 종씨로 언론계 후배였던 천승복(千承福, ?~1983)을 동아일보 지면에 차인으로 크게 보도하게 함으로써 60년대 차 문화의 부흥을 도모했다.

　"천관우 씨가 고래의 다법을 발표한 1년 뒤(1964) 천승복 씨가 초의선사의 ≪다신전≫의 19가지 다법을 들고 나오면서 세상에 차가 알려졌다. 흥미로운 것은 언론인 천관우 씨가 천승복 씨의 영문 유고집 ≪한국인 사상가들-실학의 선구자들(KOREAN THINKERS-Pioneers of Silhak(Practical Learning)≫을 발간한 것이다. 두 사람은 차로 소통했던 것이 틀림없는 것 같다. 천관우 씨가 못 찾은 다법을 천승복 씨가 찾아내 꽃을 피웠던 것이다. 1960년대 한국의 차계는 두 사람에 의해 불이 지펴졌다고 해도 과언이 아니었다."12)

은 옥구(沃溝), 태인(泰仁)을 북한(北限)으로 하여 거의 전역, 영남은 하동에서 울산에 걸치는 남해안일대가 모두 차를 토산(土産)으로 하던 곳이었다. 지금은 이 분포가 어떻게 되어있는지 자세치는 않으나 지리산이나 광주 무등산의 차는 더러 보도도 되었고 이번 여행 중에 들은 바로는 보성이 해안의 짙은 안개가 좋아서 차의 산지로 유망하다는 말은 들었다. 차가 나오기부터가 이렇게 제약을 받고 보니 다법이라는 것이 발달될 까닭이 없고 다도하면 지금은 일본의 전매 특허처럼 되고 말았지만, 우리가 과거에 그처럼 아름다운 기명(器皿)을 만들었고 또 그 제도술(製陶術)이 일본으로 건너가 그 사람들의 다도(茶道)에 없지 못할 요소의 하나가 된 것을 보더라도, 고려 때의 명인들이 그 문집에 남겨 놓은 다탕(茶湯)의 아취를 보더라도, 혹은 앞에도 언급한 ≪다신전≫같은 데에 채다(採茶), 조다(造茶), 장다(藏茶) 등의 제조법에서부터 천수(泉水), 화후(火候), 투다(投茶) 등의 전차법(煎茶法) 그리고 음다법, 다구에까지 언급라고 있는 것으로 보더라도, 우리나라에도 고래의 다법이 있었다는 것은 거의 틀림없는 일인 듯하다. 그러나 유감이나마 대흥사에서 이 고래의 다법과 전승은 끊어진 모양이었다. 그런 다법이 남아 있는가를 물어보았더니 제다에 관한 전승은 있으나 그 밖의 것은 ≪다경(茶經)≫이나 ≪다신전(茶神傳)≫ 등 고문서이외에는 실지로 별달리 남아있는 것은 없다는 이야기였고, 일본다도(茶道)처럼 독특한 음다의 법은 없는가를 물어보았더니, 차는 원체 선원(禪院)에서 발달된 덕이라 선승(禪僧)은 그 평상의 기거동작(起居動作)에 속인과는 다소 다른 점이 있어서 음다도 그런 정도의 차이는 있을지 모르나 일본처럼 지나치게 형식화된 음다의 법을 별로 남이 있는 것이 없다는 이야기였다. 어디 다른 절에서라도 남아있는 데가 없는지. 우리나라에 차가 발달하지 않은 원인의 하나로 식수(食水)가 너무 좋은 까닭이라는 점을 드는 이가 있다. 하기는 그런 점에서 포도주를 물 먹듯 하는 불란서 사람이나 맥주를 물 먹듯 하는 독일 사람보다, 우리의 천혜(天惠)는 더 크다고 할 수도 있다. 그러나 우리가 차를 싫어하는 백성은 아닌 것이, 경향각지(京鄕各地)의 그 많은 다방(茶房)을 보아도 알 수 있을 듯 한 데, 동양의 녹차(綠茶)보다 서양의 홍차(紅茶)를 즐기는 것은 정말 기호 때문에 그런 것인가, 물건이 없어 그런 것인가. 이번 여행 중에 구경한 섬진강 댐이나 나주 비료 같은 큰 시설이라든지, 전남북에서 모두 열심히 안내를 받은 사방사업이나 유실묘포라든지, 더 언급이라고 싶은 것은 없지 않으나, 우선 이정도로 장황한 졸문(拙文)에 일단락을 삼고자 한다.(完) 〈本社編輯局長〉(≪東亞日報≫ 1963년 6월 29일)

12) 최석환, 같은 책, 27쪽.

역사라는 것은 참으로 흥미롭다. 두 인물이 다 천(千)씨가 아닌가! 돌이켜 보면 일본 초암차의 완성자인 센리큐(千利休, 1522~1591)도 천 씨다. 천 씨의 DNA 속에는 차인의 피가 흐르는 것인가?

천관우가 남긴 글을 보자.

"평소에 대흥사를 한번 찾아보자고 생각했던 것은, 여기에 우리 고래의 다법이 남아 있다는 풍문을 들었던 터이라, 그것, 사실인지 아닌지를 한번 알아보고 싶어 서였다. 대흥사라면 한때 초의선사가 있던 곳, 초의선사라면 위로 정다산 아래로 김추사와 교유하던 이로 근고(近古)의 다법을 말하자면, 강진 도암면(道岩面)에서 18년 귀양살이를 하는 동안 차를 손수 심고 '차'자를 따서 자호(自號)까지 한 정다산과 아울러, 이 초의선사를 들지 않을 수 없다는 것이고 보면, 대흥사에 다법의 전승이 있다는 말도 그럴 듯이 들렸기 때문이다.

혹은 초의선사가 남겨 놓았다는 다신전 같은 데에 채차(採茶), 조다(造茶), 장다(藏茶) 등의 제조법에서부터 천수(泉水), 화후(火候), 투다(投茶) 등의 전법(煎法), 그리고 음법(飮法), 다구(茶具)에까지 언급하고 있는 것으로 보더라도 우리나라에도 고래의 다법이 있었다는 것은 거의 틀림없는 일인 듯하다.

그러나 유감이나마 대흥사에서도 이 고래의 다법의 자세한 것은 전승되어 오는 것이 없는 모양이었다. 그런 다법이 남아 있는가를 물어보았더니 제다(製茶)에 관한 전승은 있으나 그 밖의 것은 다경이나 다신전 등 고문서 이외에는 실지로 별달리 남아 있는 것은 없다는 이야기였고, 일본다도처럼 독특한 음다의 법은 없는가를 물어 보았더니 차를 원체 선원(禪院)에서 발달된 것이라 선승은 그 평상의 기거동작(起居動作)에 속인과는 다소 다른 점이 있어서 음다도 그럴 정도의 차이는 있을지 모르나 일본처럼 지나치게 형식화된 음다의 법은 별로 남아 있는 것이 없다는 이야기였다."

천관우의 말에 따르면 대흥사의 다법이라는 것은 당시에 이미 없었으며, 오늘날 초의 다법이라고 전하는 것은 후대에 조작된 것임을 알 수 있다. 천 씨는 어렵게 찾아간 대흥사에서 다법을 발견하지 못하자 실망감을 감출 수 없었다. 어쨌든 그의 조사에 의해 대흥사가 차의 본가로 세상에 알려지게 되었다.

천관우는 동아일보 편집국장이라는 위치에 있었기 때문에 그의 관심에 따라 차 문화를 부흥하는 데에 결정적인 역할을 할 수 있었다. 그는 당시 '다도의 나라'인 일본에서 영구 귀국한 영친왕의 황태자비(妃)인 이방자(李方子)여사와 아들 이구(李久)씨에게 한국의 차가 있음을 소개하면서 동시에 차 문화 부흥의 계기로 삼는다.

천승복과 이방자여사의 차회를 처음 발굴 보도한 것도 ≪茶의 세계≫였다.[13] 천승복의 발굴은 은인자중하면서 차 생활을 하는 학자나 선비들이 우리 주변에 간간히 있다는 것을 믿게 하기에 충분했다.

천승복은 근대 차의 개척기인 60년대에 한국의 고유 다법(茶法)을 들고 나온 차인이다.

"우리 전래의 다법이 있다고 주장한 천 씨는 해남 대흥사에 주석했던 초의선사가 지은 동다송을 들어 그 책에 '동다(東茶)'라는 말이 있는데 초의에 의하면 우리의 차나무는 중국과 같지만 색과 향기와 효능에 있어서 중국의 차와 견주어도 조금도 손색이 없다고 말하였다. 또한 육안의 차는 맛이 좋고, 몽산차는 약효가 좋지만, 동차는 두 가지 모두 겸비했다고 주장했다. ...중략... 그가 1983년 6월 21일 작고하자 천 씨가 주장한 다법은 세상에 묻히고 말았다."[14]

천관우, 천승복, 예용해로 연결되는 언론인의 차 생활과 차 문화에 대한 관심은 광복 후 가장 먼저 세상에 차 문화부흥운동을 이끌었던 인맥으로 보인다. 그 중심

---

13) 최석환, 〈베일 벗는 잊혀진 차인 ②: 이방자-한국차의 중심지 낙선재와 이방자 여사를 통해 근세 한국차를 엿보다〉 ≪茶의 세계≫(2912년 5월호), 24~28쪽, 공종원, 〈드디어 드러난 60년대 차인 천승복의 얼굴〉, ≪茶의 세계≫(2012년 5월호), 29~31쪽.

14) 운암, 〈베일 벗는 잊혀진 차인 ①: 천승복-우리 차의 개척기인 60년대 다법을 들고 나온 천승복을 말한다〉, ≪茶의 세계≫(2012년, 2월호), 20쪽. '茶의 세계'사.

대흥사 천불전(千佛殿)

에 천관우가 있었다. 천관우는 동아일보 지면에 차에 관한 기사를 크게 보도케 하고 때마침 귀국한 이방자여사와 천승복의 찻자리를 엮음으로 인해서 자연스럽게 화제가 되었다.

"천승복은 이방자 여사와 이구를 집으로 초대하여 차회를 열었는데 1964년 6월 16일 천승복의 집에서 열린 이 차회는 〈동아일보〉 지면을 통해 공개됐다. 〈우리의 다법, 일본의 다도 한자리에 멋을 겨룬 조촐한 차회〉라는 제목으로 차회가 신문에 소개되기까지 편집장으로 있던 천관우의 공로가 컸다고 볼 수 있다. 그는 이어서 1964년 6월 23일 〈동아일보〉에 실린 〈우리의 다법〉이라는 글을 통해 천승복이 쓰고 있는 다기 한 벌까지 소개하여 당시로서는 커다란 반응을 일으켰다."

천관우가 차 문화를 발굴하는 데에 앞장섰다면 천승복은 실지로 차 생활을 깊게 한 인물로 보인다.

"조선의 마지막 황태자비인 이방자(李方子) 여사는 1962년 11월 박정희 대통령과의 회동 뒤 1963년 11월 22일 남편인 영친왕 이은과 함께 한국에 영구 귀국하였다. 그때가 이방자 여사 63세 때였다. 아들 이구(李玖) 씨와 한국에 돌아온 뒤 그는 전래된 한국의 다법을 알고 싶어 했다. 당시 영문자 신문 〈코리아 리퍼블릭〉의 문화부장으로 있던 천승복 씨는 한국에는 고유(固有)의 다법이 있었다고 말해 왔던 터였다. 그는 자신이 쓰고 있는 다기도 공개했다."

1984년 시사영어사에서 발간한 ≪한국인 사상가들≫에는 모두 7장의 천승복 관련사진이 실려 있었는데 그의 차 생활을 엿볼 수 있는 사진 두 장이 포함되어 있다. 하나는 예의 이방자 여사와의 차회 사진이고, 다른 하나는 천 씨가 한복을 입고 자기 방에서 차를 내기 시작하는 모습이다. 화로 위의 차호에서 물이 끓고 있고 천 씨 앞에 놓인 다반에는 6개의 찻잔이 준비되어 있는 것이 보인다. 양반다리를 하고 앉은 천 씨가 두 손을 앞에 모으고 손님을 응시하는 순간이다.[15]

---

15) 운암, 같은 책, 18~21쪽.

이들 사진을 통한 천 씨의 차 생활을 살펴보면 소반 위에 그의 손때가 묻은 다기들이 놓여 있고 그 옆에 향로와 화로, 차호까지 갖춘, 본격적인 차 생활을 한 것으로 보인다. 아마 지금도 천승복 씨만 한 차 생활을 하는 차인들이 드물 것이다.

당시의 차회 풍경을 이방자 여사는 다음과 같이 회고했다.

"돌병풍이 쳐진 천 씨의 방 안에서 향을 피우고 무등산전차(無等山前茶)와 수다(洙茶)를 끓이며 이도 중기의 도자기들을 즐기는 천 씨의 차 생활을 보고 매우 기뻤다."[16]

천 씨가 탕관에 물이 끓자 손수 차를 한 잔씩 돌린 다음 "일본에 다도가 있듯 우리에게도 전래된 다법이 있습니다. 이를 말하자면 너무나 격식에 매인 일본다도(茶道)에 비해 소박해서 좋습니다."라고 말하자 이 여사는 흐뭇해했다."[17]

천승복이 1983년 6월 21일 작고하자 1년 뒤 언론인 천관우 씨를 비롯 김용전, 금용수, 민영빈, 변문수, 안광석 씨 등이 주축이 되어 영문자 유고집 ≪한국인 사상가들─ 실학의 선구자들≫을 출간했다. 이 글들은 1969년도 〈코리아 헤럴드〉 신문에 연재했던 25개의 기사를 모아 책으로 출간한 것이다.[18]

"천 씨의 다법에 영향을 가장 깊게 받은 이는 이방자 여사이다. 이 여사는 80년대 초 낙선재로 차인을 초청하여 차인 큰잔치를 여는 등 차에 깊숙이 개입했고 도천 천한봉 선생에게 의뢰하여 이방자의 방(方)자를 새긴 다완을 만들어 내기도 했다. 천한봉 선생의 주장에 의하면 이 여사는 약 2천 개의 이도형 다완을 주문하였다고 한다."[19]

평생을 독신으로 산 천승복 씨는 차인으로서뿐 아니라 미술과 음악에 대한 심도 있는 비평 기사로 외국인 독자들의 한국문화에 대한 이해에 큰 업적을 남겼다는 평가를 얻었다. 그는 단순히 차만 마신 것이 아니라 문화적 소양과 차의 정신을 골고

---

16) 운암, 같은 책, 20쪽.

17) 운암, 같은 책, 20쪽.

18) 이 유고집은 관훈클럽 신영연구기금의 지원을 받아 출판할 수 있었다.

19) 운암, 같은 책, 21쪽.

루 갖춘 차인으로서 차를 마셨던 것이다. 그런 점에서 60년대를 대표하는 차인이라고 해도 손색이 없다.

한편 다솔사의 효당은 1966년에 ≪한국차생활사≫(24쪽 유인물, 1966년 11월 23일)를 간행했다.[20] 일본 재일교포단장 김정주(金正柱)씨의 내청에 의해 구술했던 것을 정서하여 유인물로 만든 것인데 차츰 세인들에게 퍼져갔다. 일본에 훌륭한 차 문화가 있는 것이 부럽기도 하거니와 한편 부끄럽기도 했던 김정주씨가 효당에게 '한국에는 차 문화가 없냐'고 물으면서 그에 대한 해소방안을 모색해 달라고 간청하였던 것이다.

효당의 차 문화운동에 힘입어 전국에서는 처음으로 '진주차례회'(1969년 10월 1일)[21]가 조직되었다. 아인 박종한 선생이 발기하고, 고문으로 효당, 회장은 태정 김창문, 총무는 무전 최규진씨가 맡았다.

진주를 중심으로 하는 차 문화운동은 부산–광주–대구–서울 등 전국적으로 확산되기 시작했다.

---

20) 元和 蔡貞福 편자, ≪효당 최범술 문집≫(2권), 2013, 43쪽, 민족사.
21) 다솔사 차 축제위원회(편), ≪다솔사 茶정신≫, 2013, 98쪽, 도서출판 기림사.

4. 70~90년대 차 문화

천관우와 천승복이 한국 근대 다사에 끼친 영향은 적지 않다. 그 뒤 70년대부터 서서히 일기 시작한 차 문화부흥운동은 이를 잘 말해준다. 독립운동가이며, 차도인으로 이름이 높았던 효당 최범술은 미주산업 대표 박병오, 임마뉴엘여맹재단 황숙영, 경희대 안덕균 등과 함께 서울 로얄호텔(1975년 4월 15일)에서 한국차 진흥 방안에 대한 좌담회를 가졌다.

서울로 올라온 효당은 "차는 평화의 상징이며 다도는 평화로 가는 길"이라고 일할 함으로써 차 문화를 선도했다.

다음은 효당 스님과 관련된 현대 차 문화 부흥운동의 상세한 일정이다.[1]

효당 스님은 1973년에 ≪韓國의 茶道≫(8월 30일)를 간행했으며, 1974년 독서신문에 16회에 걸쳐 〈茶, 茶論〉(5월 2일 시작)을 연재했으며 그 해 8월에는 ≪사람은 어떻게 살아야 하나≫(8월 25일)를 간행했다. 또 그 해 12월 21일에는 광주 무등산에서 의재(毅齋) 허백련(許百鍊, 1891~1977))과 함께 개천궁(開天宮) 기공식을 가졌다.

---

1) 元和 蔡貞福 편자, 같은 책, 46~48쪽.

1975년 부산 ≪국제신보≫에 〈청춘은 아름다워라〉(1월 10일)를 연재하기 시작했으며, 그해 6월에는 〈한국의 茶道와 茶僧〉을 ≪법륜≫(76호)에 게재했다. 그해 11월 29일에 ≪韓國의 茶道≫를 재간행(인지를 붙임)했다.

70년대 중반부터 본격적인 조직화의 진통을 거쳐 효당을 중심으로 '韓國茶道會'(1977년 1월 15일, 다솔사)[2]가 제 1차 결성되었고, 효당 스님은 회장(1월 16일)에 취임했다.

조계종 난도의 침입(1월 7일) 속에서 가까스로 한국차도회를 결성한 효당 스님은 서울 삼청동으로 이사하게 된다. 서울로 이사한 뒤 다음해에 '茶禪會'(1978년 5월 26일, 서울 삼청동)가 조직되었다. 1979년 '韓國茶道會'(1월 6일) 제 2차 발기가 이루어진다. 이어 일지암 복원추진위원회(2월 5일)가 결성된다.

효당 스님은 1979년 7월 10일(낮 12시 30분)에 입적하고, 다솔사 입구에 부도(8월 27일)가 조성된다.

효당 스님의 생전의 여러 활동에 대해서는 최근 발간된 ≪효당 최범술 문집≫(채원화 편)[3]에 상세하게 기술되어 있다.

효당 스님은 다솔사 '죽로지실'에서 손님을 맞이하며 차를 마시며 차생활을 체계화하는 한편 원효사상을 밝히며 후학들을 가르쳤다.[4]

'韓國茶道會'는 1979년 1월 '한국차인회'[5]로 확대 개편되었고, 80년대~90년대에 이르는 동안 여러 차 단체들의 발족이 줄을 이었다.[6]

---

2) 1977년 1월, 효당(曉堂) 최범술(崔凡述, 1904~1979) 스님을 중심으로 다솔사에서 '韓國茶道會'가 발족했다. 회장에 효당 스님, 아인 박종한이 상임이사를 맡았으며, 청남 오재봉, 청사 안광석, 토우 김종희, 의재 허백련, 은초 정명수가 참가했다.

3) 元和 蔡貞福 편자, ≪효당 최범술 문집≫(1, 2, 3권), 2013, 민족사.

4) 다솔사 차 축제위원회(편), ≪다솔사 茶풍신≫, 2013, 97~98쪽, 도서출판 기림사.

5) 1979년 1월 20일 최범술, 박종한, 김미희, 박태영씨가 발기인으로 '(사)한국차인회'(무역회관)가 발족했다. '한국차인회'의 이름으로 1980년 4월 6일 해남 대흥사 일지암(一枝庵)이 복원되었고, 1981년 5월 25일 '차(茶)의 날'이 제정됐다. 1981년 5월 25일 대렴공(大廉公) 차시배지 추원비(追遠碑)가 건립되었다(경남 하동 쌍계사).

6) 1985년 1월 20일 '(사)한국차인연합회', 1991년 4월 12일 '(사)한국차문화협회'가 발족했다.

70년대를 통틀어 보면 역시 차 정신은 다솔사에 주석한 효당 스님이었고, 차 제다는 광주 무등산 춘설헌(春雪軒)에 살면서 삼애다원(三愛茶園)과 농업학교를 운영했던 의재 허백련, 차 자료 및 문서는 대흥사 주지로 초의(草衣)의 맥을 이은 응송(應松) 박영희(朴暎熙, 1893~1990)였던 것으로 보인다.

그 후 궁중다례복원과 최초의 차 학술대회개최(1979년), 일지암(一枝庵) 복원(1980년) 등에 앞장 선 명원(茗園) 김미희(金美熙, 1920~1981) 여사가 새로운 인물로 등장한다. 김미희는 한국의 차도를 종합문화적 입장에서 정리하는 혜안을 보여, 궁중다례 · 접빈다례 · 생활다례 · 사원다례를 정리하는 한편, 차의 정신으로 청(淸: 淸淨), 검(儉: 儉德), 중(中: 中和), 예(禮: 禮敬)를 주장했다.

효당이 차 정신을 이은 데는 해인사를 중심으로 통도사, 범어사 등 경남 일대 큰 사찰에 차의 전통이 이어졌기 때문이다. 또 대흥사, 송광사, 화엄사, 선암사 등 전남 일대 큰 사찰에서도 차 재배와 함께 차의 맥이 이어졌다. 결국 차 문화부활운동은 효당을 중심으로 일어났으며, 효당의 정신적 지주는 한용운과 김범부였다.

효당의 차도정신을 잇는 '효당본가반야로차도문화원(원장 元和 채정복)'은 1983년 7월 2일 인사동에서 문을 열어 본격적인 일반강의에 들어간 첫 단체가 되었다. 반야로차도문화원은 정규(효당가 차도문화) 수료생(2011년 13기 배출) 이외에도 원로중진 차인들의 상당수가 이곳에서 강의와 개인지도를 받았을 만큼 한국 차 정신의 확립과 전파에 중추적인 역할을 한 것으로 평가된다.

한국 근대 차사(茶史)에서 가장 중요한 일은 다산(茶山) 정약용(丁若鏞), 초의(草衣) 의순(意恂), 추사(秋史) 김정희(金正喜)로 이어지는 중흥조를 발굴하고, 차 문화의 부흥과 연구의 활로를 찾은 일일 것이다.

이들 세 중흥조에 대한 인문학적 집대성이 정민교수(한양대)에 의해 이루어져 ≪새로 쓰는 조선의 차 문화≫[7]로 발간된 것은 큰 성과로 보인다. 면밀한 문헌학적

---

7) 정민, ≪새로 쓰는 조선의 차 문화≫, 2011, 김영사.

고증과 명쾌한 해석을 통해 그동안 애매하게 전해왔던 내용들을 비교적 명확하게 풀었으며, 서로 주고받은 영향관계를 비롯하여 선후관계를 정리하였다.

　그러나 한국의 차 문화가 조선 후기의 3인을 중심으로만 이루어진 것처럼 너무 부각되는 것은 한국 차사의 연속성을 위해서도, 그리고 한 · 중 · 일의 차 문화의 교류사를 볼 때도 거시적 안목의 결여라고 할 수 있다.

　이밖에도 다음의 책들이 80년대에서 현재에 이르기까지의 성과이다.

　　김명배 편역 ≪韓國의 茶書≫ 1983, 탐구당.

　　박영희 저 ≪동다정통고≫ 1985, 호영.

　　김상현 저 ≪한국의 차시≫ 1987, 태평양박물관.

　　김명배 저 ≪한국의 차시 감상≫ 1988, 대광문화사

　　석용운 저 ≪韓國茶藝≫ 1996, 초의.

　　정영선 지음 ≪다도철학≫ 1996, 너럭바위.

　　김명배 저 ≪다도학논고≫ 1999, 대광문화사.

　　김운학 저 ≪한국의 차 문화≫ 2004, 이른아침.

　　김대성 저 ≪차문화 유적답사기≫(上中下) 2005, 차의 세계.

　　여연 지음 ≪우리가 정말 알아야 할 우리 차≫ 2006, 현암사.

　　김영숙 지음 ≪中國의 茶와 藝≫ 2006, 불교춘추사.

　　류건집 지음 ≪韓國茶文化史≫(上下) 2007, 이른아침.

　　최석환 지음 ≪世界의 茶人≫ 2008, 茶의 세계.

　　송재소 · 유홍준 · 정해렴 외 옮김 ≪한국의 차 문화 천년≫(1, 2권) 2009, 돌베개.

　　김희자 지음 ≪백과사전류로 본 조선시대 茶문화≫ 2009, 국학자료원.

　　박동춘 저 ≪초의선사의 차 문화 연구≫ 2010, 일지사.

　　정영선 편역 ≪다부(茶賦)≫ 2011, 너럭바위.

송재소 · 유홍준 · 정해렴 · 조창록 · 이규필 옮김 ≪한국의 차 문화 천년≫(3권) 2011, 돌베개.

송재소 · 조창록 · 이규필 옮김 ≪한국의 차 문화 천년≫(4권) 2012, 돌베개.

최석환 지음 ≪新 世界의 茶人≫ 2012, 茶의 세계.

박정진 지음 ≪초암차와 한국차의 원류를 밝힌 차의 인문학 1≫ 2021, 茶의 세계.

한국의 차 연구가들은 더욱 더 한국 차 문화의 연속성을 위해 자료를 발굴하고 잃어버린 고리를 찾아 문화적 의미를 찾고 부여하여야 할 것이다. 특히 차 문화를 부활시키기도 전에 현실적 차 권력의 헤게모니를 잡기 위해 서로 분열하고 반복하는 것은 진정한 차 정신도 아닐 뿐 아니라 차 문화를 망치는 요소가 될 수 있음을 명심하여야 한다.

특히 차 문화는 서로 다를 수 있다는 보편적 인식을 잃어버리고, 누가 정통이니, 누가 먼저이니 하면서 정통과 가부를 따지고 족보를 조작하는 일은 없어야 할 것이다. 그리고 모든 차인들은 하나라는 것을 잊지 말아야 할 것이다. 한국 차 문화가 일본다도의 굴레로부터 벗어나기 위해서는 차인들은 분발하여야 하고, 한국 차의 철학과 미학의 완성에 힘을 기울여야 한다.

최근 동아시아 원로차인을 정리한 ≪新 世界의 茶人≫에 따르면 한국의 경우 언론인 위암(韋菴) 장지연(張志淵, 1864~1921), 호암(湖巖) 문일평(文一平, 1880~1939), 의재(毅齋) 허백련(許百鍊, 1891~1977), 경봉(鏡峰)선사(1892~1982), 응송(應松) 스님(1893~1990), 이방자(李方子, 1901~1989), 천승복(千承福, ?~1983), 청담(靑潭) 스님(1902~1971), 금당(金堂) 최규용(崔圭用, 1903~2002), 효당(曉堂) 최범술(崔凡述, 1904~1979), 석당(石堂) 최남주(崔南柱, 1905~1980), 덕암(德菴, 1913~2003), 청사(晴斯) 안광석(安光碩, 1917~2004), 명원(茗園) 김미희(金美熙), 아인(亞人) 박종한(朴鐘漢, 1925~), 일타(日陀, 1029~1999) 스님, 법정(法頂, 1932~2020) 스님

등이 거론됐다.[8]

현대에 들어 한·중·일 차 문화 교류사의 입장에서 볼 때 가장 큰 성과는 역시 '한국국제선차문화연구회'와 '차의 세계'가 발의하고 주관하여 세계적 차 문화 대회로 발돋움하고 있는 '세계선차문화교류대회'(제 1회 대회: 2005년 5월 중국 허베이 백림신사~제 7회 대회: 2012년 10월 한국 서울)의 성공적 개최일 것이다. 한국은 이 대회 주관을 통해 동아시아 삼국에서 제 자리를 확보했다. 이는 차의 양적·질적 열세에도 불구하고 선차문화를 가장 먼저 부흥시킨 공로를 중국과 일본에서 공식적으로 인정한 결과이다.

대학에서 차학과 차 관련학을 가르치기 시작한 것은 성신여자대학교 문화산업대학원 예절다도학전공이 1993년으로 국내에선 처음이다. 그 다음 성균관대학교 생활과학대학원 예절다도학전공(특수대학원 야간)이 1년 뒤인 1994년에 개설되었다. 한서대학교 건강증진대학원 건강관리학과 차학전공(2002년), 목포대학교 대학원 국제차문화학과(2004년), 부산여자대학 차 문화복지과(2001년), 동산불교대학 불교다도학과(2004년), 목포과학대학 제다학과(2007년) 등이 2년제로 뒤를 이었다. 4년제 일반대학으로는 서원대학교 차학과(2006년)가 국내에선 처음이고, 디지털대학으로는 원광디지털 대학교 차 문화경영학과(2004년)가 처음이다.

본격적인 차 문화운동이 일어난 지 30~40년에 이른 지금, 과연 한국의 차의 주체성은 어느 지점에 와 있을까. 한 번 단절된 문화가 새롭게 피어나기 위해서는 참으로 각고의 노력이 필요하다. 그래서 주체성이라는 것은 단지 시간적으로 차에 오래 종사한 사람들보다 새로 차 문화를 접한 진지한 사람들에게 기대하는 측면이 있는 것이다.

그동안 한국 차계는 차 문화가 제대로 뿌리를 내리기도 전에 차 권력분쟁에 들어

---

8) 최석환, 《新 世界의 茶人》, 2012, 15~261쪽, 차의 세계.

갔고, '한국차인회'는 분열되었으며, 차 마시는 사람은 별로 없는데 차인들(이들은 스스로 차 전문가라고 말한다)만 부쩍 대는 꼴이 되었다. 이 모두 못난 후진적인 모습이다. 그러는 사이 '일상의 차'는 없어졌다. 차의 대중화는 실패하고, 차의 귀족화로 치달았다. 문화에는 항상 고급문화(상류문화)가 있고, 대중문화가 있지만, 이것이 동시에 이루어져야 상하가 제대로 구성된 탄탄한 문화라고 할 수 있다.

차도 문화일진댄 처음에 모방도 필요하지만 적어도 어느 시점에서는 자신을 돌아보고, 자신의 것을 하나하나씩 쌓아가는 노력이 필요하다. 남을 따라가기에 바쁜 것으로 동아시아에서 차의 발언권과 지분을 얻을 수는 없다. '지구촌'이라고 이름 하는 오늘의 열려진 국제사회는 단박에 모방을 알아낸다.

지금 우리나라에는 수많은 차 단체와 차인들이 있지만, 그 가운데 적어도 3대를 내려간 차 단체나 차인은 보기 드물다. 그만큼 역사와 전통이 부족하다는 말이다. 3대 이상은 내려간 차 전통은 간혹 절집에서나 찾을 수 있을 정도이다.

밖으로 '내가 원조라느니, 맹주라느니' 떠드는 것보다는 묵묵히 자신의 법도를 구축하면서 많은 음차인구를 배출하고, 수많은 제자들을 통해 공인을 받는 것이 현명하다. 후배 차인을 키우고 동문을 배출하다보면 그것이 큰 물줄기가 되고, 역사의 주류가 되고, 그 가운데 차 문화를 중흥할 인재도 나오고 철학도 형성될 것이다. 이것이 저절로 되는 차 문화이다.

최근세사에서는 일제의 식민에 의해, 우리의 전통문화는 곳곳에서 단절되었다. 차 문화도 예외는 아니다. 그런데 참으로 재미있는 점은, 문화라는 것은 처음엔 그것의 기원이나 현재의 소유권이나 정체성을 운운하지만 결국 오래 사용하면 사용하는 자의 것이 되고, 정복과 교류와 향유에 의해 소유권이 없어지고 만다. 그래서 나의 것은 남에게 주고, 남의 것은 내 것으로 만들고, 결국 누구의 것도 아닌, 인류의 것이 되는 특성이 있다.

인간은 소유권과 자신의 정체성을 주장하지만 문화는 마치 자연과 같아서 누구의 소유권도 인정하지 않는다. 그러한 점에서 한국의 차의 전통과 정체성은 일제에 의해 단절되기도 했지만 역설적으로 일제에 의해 이어지기도 한 것이다. 일본 문화는 유라시아의 끝에 있어서, 더 문화적 표현으로 실크로드의 최동남단에 있어서, 그것도 섬나라인 관계로, 세계문화의 지층을 이루고 있다.

과거 동양사가 중국 중심으로 전개될 때는 가장 국제문화를 뒤에 받아들이던 것이, 근대 서양문명의 도래와 함께 서진(西進)하는 문명의 흐름을 따라 근대문명을 앞서 수입하고, 해석하고, 자기 것으로 만드는 처지에 서게 됐다. 물론 그 결과가 일제라는, 우리민족에게는 암울한 시대를 선사하기도 하였지만, 문화적으로 일본의 영향을 들지 않을 수 없다.

서양문화를 받아들이고 소화한 이외에도 동양의 문화를 일본식으로 포장하여 서양에 소개한 공적도 있다. 그 가운데 차(茶)와 선(禪)을 들지 않을 수 없다. '다도' (茶道)와 '젠'(禪, Zen)을 일본만큼 서양 사람들에게 잘 이해하도록 열과 성을 다한 민족은 없다. 이 말은 일본은 그만큼 '다도'와 '젠'을 가지고 자신의 문화형태로 형상화하고, 조형화하고, 가시적인 형태로 완성했다는 뜻이 된다. 그래서 서양 사람들은 으레 동양문화라고 하면 일본을 떠올리고, 그 다음에 동양문화의 중심을 이룬 중국을 생각한다. 아마도 한국은 그 세 번째쯤일 것이다.

한국의 태권도가 일본의 가라테의 바탕 위에 우리 전통 무술의 발차기를 보태고 다시 발차기(하체 중심의 북방 무술의 문화적 인자)를 중심으로 무술체계를 환골탈태하여 우리의 무술로 전환하여 세계적인 한국무술로 부활시킨 것이라면 과연 차 문화도 일본의 다도(茶道)를 통해 그러한 주체화의 노력을 경주했는지는 의심스럽다.

적어도 중국의 다법(茶法)이나 다예(茶藝)나 다학(茶學), 일본의 다도(茶道) 사이에서 한국적인 것을 이루려면 말뿐이 아니라 내용과 형식이 갖추어져야 한다. 현재 동아시아 삼국 가운데서 한국이 다른 나라와 차별성을 갖는 용어는 '다례'(茶禮)

가 가장 유력하다고 하지 않을 수 없다. '다례'를 우리말의 '차'(茶)의 발음을 살려서 '차례'라고 하자고 주장하는 단체도 있지만, 그것은 차를 올리는 제사의 '차례'와 혼동을 가져오는 불편이 있게 된다.

'차'를 올리는 제사를 '차례'라고 하고 일상의 음다(飲茶)행위나 차 표연(表演, performance)을 '다례'라고 하는 것이 옳을 것 같다. 무엇보다도 '다도'라는 말을 사용하지 말자는 주장이다. 다례와 함께 다예(茶藝)라는 말도 비록 중국이 쓰고 있긴 하지만 한중일 삼국 중에서 한국문화의 특성이 '예(藝)'에 있는 것을 고려하면 적극적으로 사용할 만하다. 순수우리말의 '차례'(채우고 비운다는 뜻)라는 말은 한자말이 아니라는 점에서 앞으로 한글세계화의 차원에서 고려해볼 만하다. 한국 차 문화의 브랜드 문제는 뒷장에서 상론할 예정이다.

현재 알려진 《동다송(東茶頌)》, 《다신전(茶神傳)》, 《다부(茶賦)》, 《기다(記茶)》 《부풍향차보(扶風鄉茶譜)》등 서적 이외에도 고대에서부터 근세에 이르기까지 내려온 차 문화와 관련된 자료를 찾아서 축적하고, 그 정신이 무엇인지를 추출하지 않으면 안 된다.

초의(草衣)의 '동다송'이나 한재(寒齋)의 '다부'도 실은 차를 노래한 시가들이다. 옛 선인들은 시를 통해 자신의 지식과 정한을 노래하기를 즐겼던 것 같다. 이들 차시에는 차나무를 어떻게 키우고, 차 잎을 어떻게 법제하고, 우리고, 마시는 지, 그리고 차의 종류에 관한 내용까지 들어있다.

이들 차시를 통해 일반인에 익숙하지 않은 차의 산지와 이름들을 알 수 있다.

"정약용이 즐겼던 검단산 북쪽 백아곡의 작설차, 고려의 시에 등장하는 철비산 녹하차(綠霞茶), 초의와 신순이 신위에게 보냈다는 보림사 백모차(白茅茶)와 죽로차(竹露茶), 이만용의 시에 나오는 황매다고(黃梅茶膏), 이유원이 시에 등장하는 오팽년차(吳彭年茶)와 밀양의 황차(黃茶), 그리고 허훈과 이종기의 시에 나오는 금강령차(金剛靈茶) 등이 있다."9)

또 차시를 통해 차를 끓이던 이름난 샘물도 알 수 있다.

"이덕무의 시에 나오는 사복시(司僕寺)의 우물물, 정약용의 시에 나오는 미천(尾泉), 서울의 옛 훈련원 안에 있던 통정(桶井) 등이 있었음을 알 수 있다."10)

≪승정원일기≫, ≪조선왕조실록≫ 등 산문도 우리의 전통 차 생활을 이해하도록 하는데 단서들을 제공한다.

"이익의 ≪다식(茶食)≫에서부터 이덕리의 ≪기다(記茶)≫, 서유구의 ≪임원경제지(林園經濟志)≫에 이르기까지 모두 29명의 차에 관한 글과 ≪승정원일기≫, ≪조선왕조실록≫에서 뽑아낸 차에 관한 기록을 담았다."11)

이밖에도 선비들의 주고받은 편지를 비롯하여 일기, 사행 길의 기록, 역사서 등에 차에 관한 기록들이 산재해 있다. 이를 집대성함으로써 보다 더 체계적으로 우리 차사를 바라볼 수 있게 하여야 할 것이다.

차 문화의 성숙도는 백과사전적 지식을 전해주는 책들보다 주옥같은 차시들이 훨씬 더 심도 있게 전해주고 있다. 우리 선조들이 남긴 보석과 같은 수많은 차시들은 차를 일상화하지 않았으면 도저히 노래할 수 없는 내용들로 가득 차 있다.

조선 후기의 다산, 초의, 추사에 의해 차가 부활한 것이 아니라 구한말과 일제시대 이전에 수많은 차 마니아 선비들이 있었다. 한국 차의 단절은 실은 나라가 망해가던 구한말이나 일제 때뿐으로 실제보다 심하게 과장된 것이었다.

차분하게 우리의 차 문화와 역사를 찾아 정리하다보면 어느 날 분명히 한국 차사와 차 문화의 특징을 일목요연하게 정리할 날이 올 것이다. 중국 차 문화의 양의 다양성과 일본 차 문화의 단절되지 않은 오랜 전통에 밀려 허둥댄다고 한국의

---

9) 송재소, 유홍준, 정해렴 외 옮김, ≪한국의 차 문화 천년 1≫, 2009, 8~9쪽, 돌베개.

10) 송재소, 유홍준, 정해렴 외 옮김, 같은 책, 9쪽.

11) 송재소, 유홍준, 정해렴 외 옮김, 같은 책, 9쪽.

차 문화가 정립되는 것은 아니다. 중국에서 차 품평자격증을 따오고, 일본다도 종가를 방문하여 다도의 법식을 배우고 흉내 낸다고 해서 우리의 차 문화가 발전하는 것은 아니다.

남의 것은 익히면 익힐수록 우리 것을 찾는 데에 방해가 된다. 남의 것이 우리 것을 대신하기 때문이다. 남의 것을 아무리 잘 모방하고 숙련된다고 해서 그것이 한국의 것이 되는 것은 아니다. 거기에는 우리의 정체성과 우리의 혼이 없기 때문이다. 남의 다도는 몸에 맞지 않은 옷을 입은 것과 같다. 오늘의 지구촌 국제사회는 차이를 보이지 않으면 존재가치를 잃게 된다.

중요한 것은 차를 얼마나 많은 인구가 마시고, 그 힘으로 인해 차 문화가 어떻게 발전하고 정립되느냐에 차 문화의 미래가 달려 있다. 차 문화의 미래는 얼마나 많은 인구가 차를 마시느냐에 근본적으로 달려있다. 양이 질을 만든다. 흔히 질은 우선하는 자들은 양을 우습게 본다. 그러나 문화는 항상 그것을 누리는 인구가 많아져야 질적으로도 발전하고 특색을 갖게 된다. 아직 한국의 차 인구는 너무 적고, 차의 생산량과 소비량도 세계적으로 볼 때 미미하다.

이러한 상황에서 한국의 차 문화를 굉장한 것처럼 스스로 높이고, 운운하는 것은 그것이야말로 골목에서 고함치는 것이고, 이불 밑에서 눈 부라리기이다. 허장성세나 과대망상으로 차 문화를 운영하는 것은 결국 허례허식이나 사치에 머무를 위험성이 많다. 차를 진정으로 접하고, 차에 진지하게 다가가야 한다.[12]

---

12) 한국이 세계에서 '잘 사는 나라 20 개국'에 들어가는 '20클럽' 가입을 알리는 '제5차 G20 정상회의'(2010년 11월 11일~12일)가 열렸다. 이것은 분명 도약하는 한국을 세계에 드러내는 것이고, 세계가 그것을 인정하는 축제였다. 올림픽, 월드컵 등에 이은 일련의 한민족 웅비를 전하는 소식이었다. 정상회의가 열리는 동안 각국 원수 부인들은 한국의 차 문화를 비롯, 국악 등 전통문화를 경험하는 기회를 가졌다. 12일 서울시청 광장 잔디에서는 전국 차인들이 상경하여 화려하고 다양한 찻자리를 펼쳤다. 같은 날 창덕궁에서는 영부인 김윤옥 여사의 안내를 받으며 각국 원수 부인들이, 한국에서 가장 아름다운 궁궐의 후원(後園) 부용지(芙蓉池)에서 차를 마시는 차회를 가졌다. 창덕궁은 유네스코가 지정한 '세계문화유산'에 들어가 있는 궁궐이다. 그 궁월의 조용하고, 동양적인 분위기가 물씬 풍기는 내밀한 후원에 도착한 각국 원수의 부인들은 쌀쌀한 날씨 속에 따끈한 국화차와 백련의 향기를 즐겼다. 차는 언제나 이러한 귀중한 자리에 들어가는 품목이다. 창덕궁은 이날 한국의 의식주 문화를 외국 귀빈들에게 보여주는 것을 테마로 행사가 진행되었는데 연경당에서 열린 궁중의상과 한복 패션쇼는 이들의 갈채를 받았다. 한 가지 아쉬운 것은 아직도 외국 귀

한국에서 차의 대량생산의 시대를 연 제주도 아모레퍼시픽 '오설록' 차밭. 스프링쿨러 등 현대식 시설을 갖추었다.

　한국의 각종 농산품이 한국의 특수한 토양 때문에 세계적인 맛과 영양분을 자랑하듯이, 비록 생산량은 적지만 한국의 녹차도 그 맛과 향에 있어서 세계에 내놓아도 손색이 없을 제품의 생산이 미래에 기대된다.

빈에게 내놓은 차라는 것이 대용차가 주류였다는 점이다. 이는 '산 좋고 물 좋은' 나라로서 좋은 물 때문에 어떤 차라도 맛있는 한국 음료문화의 특수성 때문이기도 하겠지만, 우리가 생산한 녹차를 당당하게 내놓고, 맛이 어떠냐고 물어보는 것이 순리였을 것이다. 앞으로는 적어도 우리나라에서 생산된 차나무의 녹차나 황차(중간발효차), 발효차 정도는 내놓는 것이 차 문화가 있는 나라의 태도일 것이다.

6. 한국의 차맥(茶脈)과 다풍(茶風)에 관하여

전남 순천 송광사(松廣寺) 입구

최근 송광사에서 개최된 '다맥(茶脈)의 재발견 학술대회'(2016년 6월 6일)는 지금까지 논의 되어온 한국의 근대차맥과 다풍에 관한 새로운 사실의 발굴제공과 함께 어떤 점에서는 전혀 새로운 전통의 확립과 재정리를 해야 하는 전기를 마련했다고 볼 수 있다.

한국문화의 다른 분야도 마찬가지겠지만, 우리는 일제의 잔재를 우리의 전통으로 오인하는 경우가 종종 있어왔다. 이는 물론 일제식민지 통치가 우리문화의 전통의 단절과 파괴, 그리고 왜곡에 얼마나 지대한 영향, 악영향을 미쳤는가를 생각할 때 끔직한 일이기도 하다.

근대화를 일제식민기간 동안에 시작한 우리나라로서는 일본에 의해 정립된 용어와 관점과 방식을 불가피하게 생활화하거나 실천하지 않을 수 없었던 측면이 있었던 점도 부인할 수 없다. 그래서 오늘의 우리로서는 더더욱 어느 것이 우리전통인지에 대해서 남다른 주의를 요하지 않을 수 없다.

차 문화도 예외는 아니어서 어느 것이 우리전통이고, 어느 것이 일본전통인지가 불분명한 경우가 많았다. 조선후기의 차 문화전통과 일제시기에 형성된 차 문화전통은 때로는 혼란스럽게 뒤섞여있어서 우리들로 하여금 분간키 어렵게 한 적도 적지 않다.

근대 차 문화 전통은 뭐니 뭐니 해도 효당 최범술(曉堂 崔凡述, 1904~1979) 선생을 빼놓을 수 없을 뿐만 아니라 그것에서 뿌리내리기 시작했다고 보아도 크게 틀리지 않을 것이다. 그런데 효당은 또 일본 유학을 하여서 일본의 차 문화 전통에도 조예가 깊었다고 하지 않을 수 없다.

효당은 조선의 차전통과 일본의 차 전통의 경계선상에서 보다 근대화된 한국적 전통을 수립하고자 애썼다고 볼 수 있다. 효당과 함께 응송(應松暎熙, 1893~1990) 스님도 근대 차인으로 빼놓을 수 없는 인물이다. 응송 스님은 특히 한국의 다성(茶聖)이라고 불리는 초의 의순(草衣意恂, 1786~1866) 스님이 주석한 대흥사에서 오래 주지(1933년에서 20년 간)로 있었기 때문에 실질적으로 한국의 근대 다사를 복원하기 위해 중요한 인물로 부각되었다.

그래서 응송은 초의의 차 전통을 이은 것으로 평가되었고, 그렇게 아는 차인들도 많다. 초의 스님이 만년에 머문 일지암(一枝庵)의 자리도 응송의 증언(1977년 2월, 90세)에 따라 복원되었다. 그런데 최근 응송의 제다법이 초의의 것과는 다르다는 주장이 빈번히 제기되고, 대흥사에도 일제 때에 여러 제다법과 음다의 전통이 전해 내려온 것으로 파악되는 등 초의-응송으로 이어지는 차맥에 대한 의구심을 품게 하는 사건들이 발생하고 있다.

차를 마시는 것도 마시는 것이지만 제다법은 매우 중요하다. 응송의 제자들이라고 하는 차인들은 모두 구증구포(九蒸九曝) 방식을 부정하고 있다. 그런데 구증구포방식은 고 김상현 교수(2004년 8월 27일 순천 선암사에서 열린 한국전통차문화심포지엄)가 소개한 이유원의 ≪임하필기≫〈호남사종〉에 처음 언급됐다.

≪다신전≫〈조다편〉에는 "솥이 뜨거워지면 비로소 찻잎을 넣고 급히 덖는데 불기운을 늦춰서는 안된다(候鍋極熱 始下茶急炒 火不可緩 待熟方退火)"고 했다.

만약 응송이 초의의 전통을 이은 것이 사실이라면 구증구포방식을 잇지 않으면 안 된다. 여러 사찰에서는 구증구포방식으로 차를 만들었기 때문이다. 펄펄 끓는 주전자에 차 잎을 넣어 마시는 소위 한국식 점다(點茶)로도 차의 깊은 맛을 내기 위해서는 구증구포방식이 필연적이었음을 알 수 있다. 그동안 점다방식은 말차에만 해당되는 것으로 오해되었으나 실은 잎차든, 덩이차든 찻잎을 탕관에 넣어 끓여 마시는 방법으로 열탕에서 포다(泡茶: 탕관 속에 찻잎을 넣고 떠 마시는 방법)하는 방식을 말한다.

초의 스님의 다맥을 이은 연해적전(蓮海寂田, 1889~?) 스님을 시봉한 원명(圓明) 스님(대구 관음사 조실)은 당시 절간의 차 마시는 '점다'풍경을 이렇게 회고했다.

"내가 1943년 경북 금릉 수도암에서 득도하고, 다음해 은사 스님을 따라 송광사에서 수행하고 있을 때쯤이지. 연해 스님 방을 지나치는데 '이놈아, 내 방을 지나가면서 차도 한 잔 안마시고 가나' 하시며 차를 권하셨다. 방문을 열고 들어갔더니 삼발화로에 무쇠 주전자를 올리고 물을 끓이고 계시더라고. 스님께 공손히 인사드리고 무릎을 꿇고 앉았더니 스님께서 그 주전자를 기울여서 큰 사발에 차를 따라주셨어. 그게 내가 어렸을 때인데 지금도 그때 그 향기가 기억이

대구 관음사(觀音寺) 원명(元明) 스님

나. 요즘도 간간이 차를 마시지만 그때 연해 스님께서 법제한 차 맛을 찾을 수가 없어."[1]

그런데 응송은 차 마시는 방법 이외에도 제다방식에 있어서 구증구포의 전통방식과 달랐다. 이른바 증차(蒸茶)방식, 즉 찻잎에 물을 뿌리거나 붓고 수증기로 찌는 방식(솥뚜껑을 닫는다)을 택하고 있다. 응송은 "차엽(茶葉)에 물을 살짝 쳐서 찐 다음 멍석에 놓고 비비면서 다시 가마에 종이를 깔고 살짝 볶아 말린다."로 말하고 있다(1980년 문화재 관리국 문화재연구소 〈전통다도풍속조사보고서〉. 효당가(曉堂家)의 제다법도 뜨거운 물로 살짝 데친 뒤에 덖는 증차방식으로 알려졌다. 이는 일본의 전통적인 차 만드는 방식과 유사하다. 오늘날 기계화된 일본의 제다방식도 기본적으로 증차방식이다.

---

1) 최석환, '원명 스님을 통해 새롭게 드러난 1940년대 송광사 다풍과 연해(蓮海) 스님' ≪차의 세계≫(2014년 9월호), 25쪽.

이렇게 보면 전통적인 구증구포 방식 이외에 일본 식민지 기간 중에 일본의 증차 방식이 은연중에 우리의 제다방식에 영향을 미친 것으로 볼 수 있다. 그런데 증차 방식이 들어간 것이 마치 우리의 전통방식인 것처럼 때때로 왜곡되어 주장되었다.

다승 선혜 스님도 "1976~1977년 사이 응송 스님의 제다를 지켜보았는데 응송 제다법은 초의선사의 '다신전'과 거리가 멀었다."(≪차의 세계≫ 2014년 10월호) 고 밝혔다. 그는 제다법에서 초의와 응송을 별도의 방식으로 구분한다.

구증구포 제다법은 호남지역의 선종사찰에서 행해졌던 방법이다. 선암사의 용곡 스님, 불갑사의 수산 스님도 구증구포 방식으로 차를 법제했다. 특히 수산 스님은 "찻잎을 처음 딸 때의 향과 아홉 번 덖은 뒤 손으로 차향을 맡았을 때의 향기가 같 아야 진정한 선종차"라고 강조하기도 했다. 초의의 법손으로 초의가 살았던 대흥 사 대광명전을 지키고 있었던 화중지산 스님은 "아홉 번을 거듭 했을 때 비로소 찻 잎에 깊숙이 담아진 차의 온전한 참모습을 찾을 수 있다."고 말했다. 일제 때 대흥 사에는 응송뿐만 아니라 여러 갈래의 차의 전통이 공존했던 것으로 보인다.

이제 응송의 방식은 초의의 방식이 아니며, 응송의 차 전통은 초의의 차 전통이 아니라고 말할 수밖에 없다. 특히 대흥사를 중심으로 응송의 차맥을 이은 것으로 알려진 몇몇 인사들은 초의의 차맥을 공공연하게 선전하고 전수하고 있다.

몇 해 전 조계종에서 출간한 ≪선원청규(禪苑淸規)≫에서는 응송 스님을 친일스 님으로 분류하고 있다. 일제 때 살면서 어쩔 수 없이 친일한 것에 대해서 너무 야 박한 단죄가 아니냐고 생각하는 사람도 없지 않았다. 근대 차 문화의 형성에 도움 을 점을 감안해서 필자도 응송 스님에 대해서는 최종적인 판단을 보류하고 있던 터 였다.

그러나 최근 연해적전 스님에 대한 승적(僧籍)기록과 함께 그의 송광사 시절 차 생활에 대한 대구 관음사 조실인 원명(圓明, 86) 큰 스님의 증언이 나오면서 그가 금명보정(錦溟寶鼎, 1861~1930)선사의 뒤를 이는 적통임이 밝혀졌다. 말하자면 초의의순 → 범해각안 → 금명보정 → 연해적전으로 이어지는 정맥이 드러난 셈이다.

이로써 초의의 다맥을 이은 사찰이 대흥사와 송광사 양대 산맥인 것으로 밝혀진 셈이다. 아호(雅號)를 다송자(茶松子)로 썼던 송광사의 금명보정선사는 대흥사의 범해각안의 제자로 41세인 1901(辛丑)년에 범해가 돌아간 뒤 새로 복구한 대흥사 불사의 점안의식에서 증명(證明)이 되었고, 56세 되던 1916(丙辰)년에는 대흥사에서 강원(長春講院)을 열기도 했다.

현재 대흥사에는 범해각안의 차 전통을 이은 법손들이 제대로 규명되지 않고 있는 형편이다. 이에 대한 대흥사의 자료발굴과 연구가 촉구되고 있다. 응송은 초의 스님의 적통은 아니고, 초의의 법제자인 서암(恕庵) 스님으로부터 사후에 법계를 받아 증법손이 된 인물로 말하자면 일종의 위패상자인 셈이다. 그런데 연해적전에 대한 자료가 발굴됨으로써 적통에서 밀려나게 됐다.

응송의 제다법이 초의의 것도 아니고, 전반적인 다풍도 초의 것이라고 하기에는 그동안 미심쩍은 점이 적지 않았다. 또한 제자들의 주장들도 일관되지 않은 점도 초의전통을 이은 것이라고 보기에는 무리가 많았다. 무엇보다도 응송 스님은 초의 영정을 비롯하여 동다송과 다신전 등 문화재급의 그림과 문서들을 아모레퍼시픽에 판 것으로 알려져 훌륭한 차인으로 모시기에는 부족한 면이 많았다. 특히 차 박물관을 만든다는 핑계로 대흥사 주변 말사에 흩어져 있던 초의 스님의 공적 유물을 모아서는 박물관도 짓고 않고 개인적으로 소유하고 있다가 제자들에게 사적으로 나누어준 행위로 인해 공물을 사적으로 상속한 혐의를 받고 있다.

응송의 처신을 종합적으로 바라보면 비구대처의 싸움으로 대흥사에서 쫓겨날 때까지 대처승으로서 일제 때부터 대흥사의 주지를 20여 년 간 할 정도로 친일적 권력을 휘두른 그가 초의 스님의 법맥을 이은 것처럼 행세하고, 초의의 유물들을 사유화한 뒤에 유물을 흩뜨려버린 것으로 해석할 수 있다. 초의의 진정한 제자라면 어떻게 그런 행각을 벌일 수 있었을까 싶을 정도이다.

한국의 적지 않은 다인들은 지금껏 응송을 징검다리로 해서 초의와의 맥을 잇고자 했고, 그러한 것으로 자신의 입지와 차 권력을 얻고자 했다. 그러나 이제 전면적인 재검토에 들어가지 않으면 안 될 입장이 되었다. 응송의 차 전통은 초의의 것과는 다른 것으로 점차 판명되고 있고, 초의 스님의 유물의 사유화한 점 등 여러 면에서 응송은 도리어 차인으로서의 품위를 손상하고, 심지어 초의의 차 정신을 배반한 측면마저 있다고 하지 않을 수 없다.

현재 한국에는 유구한 전통을 이은 것이라고 할 만한 차맥이 없다. 차인들은 저마다 자신의 차 전통을 전통이라고 주장이라고 백가쟁명하고 있는 형편이다. 이러한 풍조 또한 제대로 된 차 전통이 없었다는 사실을 반증하는 것이기도 하다. 마치 주인이 없으니까 서로 주인이라고 소리치는 것과 같다.

생각해보면 '차맥'이라는 것 자체가 이미 일본적 전통의 모방이라고 할 만하다. 일본의 경우 센리큐의 후손으로 이어진 3대 이에모토—오모테센케, 우라센케, 무샤노코지센케— 뿐만 아니라 은원선사(隱元禪師, 1592~1673)의 잎차 전통도 4~5백 년 간 이어져오고 있다. 이런 경우 '차맥'이라고 할만하다.

그러나 한국의 경우 그러한 가문은 없다. 현재 3대를 이은 가문도 찾기 어렵다. 그러한 점에서 차의 계보를 따지는 차맥보다는 차라리 차를 마시는 풍습의 측면에서 다풍(茶風)이라고 하는 것이 옳을 것이다. 국악계에서는 세대 간 전승과 변이를 두고 '무슨 무슨 류(流)'라고 말한다. 일본처럼 스승의 전통과 엄격한 법규를 그대로 답습하는 것이 아니라 비교적 그것이 자유롭기 때문에 한국의 경우 '다풍'이라고 하는 편이 적합할 수 있을 것이다.

이번 송광사 학술대회에서는 종래 일본식 말차를 내는 방식으로 알려진 '점다(點茶)'라는 용어가 한국식으로 뜨거운 차탕(茶湯)을 내는 방식에도 동시에 사용되었음이 밝혀졌다.

송광사에서 열린 '다맥(茶脈)의 재발견' 학술대회(2015년 6월 6일) 전경

일본에서는 미지근한 물에 가루차를 타는 것을 '점다'라고 했는데 한국에서는 펄펄 끓은 주전자 물에 차 잎을 넣어 차탕을 따러 마시는 방식도 점다라고 했음이 연해적전 스님의 음차방식에서 밝혀졌다. 한편 점다는 중국 선종 사찰에서 오래 전부터 행해진 음차방식에도 똑같이 사용되는 말이었다. 그동안 한국에서는 '전다(煎茶)', 즉 차호에 차 잎을 넣고, 뜨거운 물 혹은 미지근한 물을 부어 차를 우려내어 다시 찻잔으로 옮겨 마시는 방식과 일본식의 '점다'방식이 소개되었다.

차 문화에서도 일본 잔재를 극복하는 것이 과제로 떠올랐다. 일제 잔재는 국사, 국어, 문학, 철학 등 문사철 전반과 무예, 차 문화 등 생활문화 전반에 뿌리 깊게 자리하고 있다. 특히 문화의 전통을 잇는다는 뜻에서 흔히 사용하는 '맥(脈)'자는 일본문화처럼 전통의 규격과 양식을 철저하게 계승하는 경향이 강한 문화에 사용하면 적당한 말인 것 같다.

7. 차 퍼포먼스의 새 장을 연 숙우회

1. 발우와 선방을 표현한 백색 동굴 암자
—2010년 8월 중순 부산 숙우회(熟盂會) 차 사관학교 방문기

부산 해운대 달맞이 길. 바다와 달이 만나는 초월의 공간이다. 기상천외의 공간이라는 것이 천외(天外)에 있는 것이 아니다. 하늘에 오른 자는 반드시 땅에 내려와야 하고, 바로 땅에 내려올 수 있어야 깨달은 자이다. 인류 미래의 화두인 '바다'와 '달'을 한꺼번에 가지고 있는 천혜의 자리.

줄지어 늘어선 현대식 빌라, 미술관, 고급 레스토랑, 커피숍 등 이국적 풍경을 연출하는 부산의 문화 명소. 해운대 바다가 한 눈에 들어오는 언덕바지 외국인학교 부근에 유난히 눈길을 끄는 5층 빌라 한 동이 있다. 이곳이 부산 숙우회(熟盂會)의 요람이다.

멀리서 보면 바다를 끼고 마치 떠나가는 하얀 배와 같은 분위기를 연출한다. 청명한 날이면 멀리 대마도가 눈에 들어오고, 가까이는 오륙도가 시야에 머무는 절경이다. 반사하는 우주여! 동해와 남해가 경계를 이루는 이곳은 눈앞에 해월정(海月亭)이 내려다보여 통일신라 때 동백섬에서 해운대를 읊은 최치원의 혼이 달과 함께 머무는 곳이다.

숙우회는 예술 차표연의 선구자로 한국 차계는 물론이고, 동아시아 차계에서도 하나의 역할을 담당하고 있다. 숙우(熟盂)란 '물 식히는 사발'이지만 '누구나 성숙한 그릇이 되라'는 창시자의 염원이 담겨있다.

숙우회 강수길(姜洙吉) 선생은 우리나라 근대 선풍(禪風)을 이끌었던 통도사 조실 경봉(鏡峰) 대선사에게 불법을 훈습 받았으며, 도광(道光)이라는 법호와 함께 게송을 큰스님 당시에 받았다.

"도가 바로 진리이니 하늘을 덮고 땅을 덮네, 빛은 마음의 빛이니 법계를 두루 비추네."

(道是眞理 蓋天蓋地 光是心光 偏照法界)

차 이야기만 나오면 "차 몇 잔 마셨나?"하는 화두(話頭)가 떨어졌다고 한다.

그는 사석에서 말한 적이 있다. 경봉 스님은 그에게 은근히 출가를 권했다고 한다. 승속을 떠나서 불자라면 누구나 존경하는 경봉선사의 권유는 대단하였다. 그러나 그는 예술에 대한 떨쳐버릴 수 없는 애착 때문에 스스로 출가의 길을 마다했다. 그 대신 그는 오늘날 큰스님께 보답하는 심정으로 행다(行茶) '차 표연예술' 분야를 개척했다. 선차와 생활차 프로그램만도 1백여 가지. 그는 교육하는 과정 중에, 혹은 혼자 생각에 잠겨 있다가 아이디어가 떠오르면 악상을 오선지에 미친 듯이 옮겨놓는 작곡가처럼 된다.

그가 만든 행다 프로그램의 기본은 발우공양(鉢盂供養) 행법에서 시작되었다. 발우에서 비롯된 프로그램은 다실로 옮겨가고, 신체의 승화된 움직임은 마치 승무처럼 깨달음의 세계를 표현하기에 이른다. 그것은 한마디로 차의 행법을 통해 깨달음에 이르는 차선(茶禪)이다.

현대인은 아무래도 옛사람과 달라 정중동(靜中動)에 익숙하지 않다. 그래서 차 행법을 통한 동중정(動中靜), 행선(行禪)에 초점을 맞추었다는 얘기다. 그렇다. 정중동은 실은 공염불이 될 소지가 많다. 선방의 수좌들도 잡념 때문에 선을 그르치는 경우가 많은 것 아닌가.

강수길 선생의 다법은 '동중정의 미학'이지만, 그의 찻그릇 철학 또한 현대 미학의 밑바닥을 꿰뚫어보고 있다. '매체가 곧 예술'이다. 그릇은 흔히 사물로 취급되지만 단순한 사물이 아니라 일종의 살아있는 물활(物活)이다. 말없는 찻그릇을 살아있는 그릇으로 만들어 대화를 하고, 생기(生氣, 生機)로 만들 때 차도 살아있는 존재가 된다.

그의 '사발' 철학은 즉물적이고 때로는 유물적인 것 같지만 바로 거기에 '물(物)' 철학이 있다. '물 철학'은 지금 세계를 선도하고 있는 철학이다. 물은 정지된 사물이 아니다. 물은 움직이는, 지금도 변하고 있는 존재이다. 그동안 자연과학의 이름으로 물질은 무조건 연구 대상이 되었고, 물 자체로서의 대접을 받지 못했다. 물은 물만큼 살아있다는 점에서 물활(物活)이다. 물활론의 입장에서 바라보면 인간은 더 이상 사물을 다스리는 오만한 위치에 있지 않고 더불어 대화를 나누고 교감하는 존재가 된다. 그렇게 되면 인간 스스로가 타자로서 삭막한 공간에서 사는 것이 아니라 주체로서 살아있는 삶을 살게 된다.

숙우회의 차행법은 발우와 찻그릇이라는 기물(器物)에서 시작되는 각성의 방법이다. 형이하학에서 형이상학으로, 발에서 손으로, 몸에서 영혼으로 이렇게 빈틈 없이 상승하는 방식이다. 서대신동 시절의 당호도 사발관(沙鉢館)이었다.

　좀체 말이 없는 과묵한 성격의 강 선생이 처음에 이름도 없이 차모임을 가진 것은 85년경. 그동안 제자들만 세상에 내보내고 은둔하다시피 했다. 숙우회의 전신인 '민족미학연구소 우리차 연구모임'은 97년 가을, 선친의 공간인 부산 서대신동 양옥집을 개조하여 본격적인 다실을 마련했다.

　숙우회라는 이름은 대외적인 활동이 많아지면서 다른 차단체와 변별이 필요하여 2002년 가을 새롭게 붙인 것이다. 이름도 제대로 없이 근 이십 년을 가다가 뒤늦게 이름을 붙였다. 이게 그의 방식이다. 모임을 만들면 이름부터 요란하게 짓은 용두사미와는 다르다.

　지금의 숙우회 건물은 5층이지만, 복층 구조이기 때문에 내부는 6층이며 다락까지 포함하면 7층이 된다. 마치 오온(五蘊), 육(六)바라밀, 칠불(七佛)을 연상하게 한다. 어떻게보면 건물 전체가 하나의 화엄일승법계도이다. 한국 화엄 사찰의 비조인 부석사가 법계도를 모델로 하였음은 알려져 있다. 특히 맨 꼭대기 7층 다락방, 두 평 남짓한 공간인 '전생실(電生室)'은 강 선생이 홀로 앉아 있기 좋아하는 곳이다.

　이곳 어둑한 전생실은 불가에서 말하는 전생(前生)이 아니라, 번개 전(電)자, 전기가 찌릿찌릿 스며드는 곳이라는 뜻이다. 숙우회의 차표연이 행선(行禪)을 모델로 하였다면 전생실은 다시 좌선(坐禪)을 하는 상징적 공간이다. 어둠 너머로 들어오는 희미한 빛을 바라보며 자신의 내면을 응시하기에 안성맞춤인 작디작은 선실(禪室)이다.

　숙우회 회원들이 발우공양 작법을 익히는 6층은 '신기루(蜃氣樓)'이다. 해운대 바다의 기운 생동을 바라보는 곳이다. 신기루라는 이름을 붙인 데는 아무래도 강 선생의 깊은 뜻이 숨어 있는 것 같다. "인간 존재는 자신의 바깥에서만 전체적이고 실감나는 형상으로서의 자기의 신기루를 본다."는 어느 철학자의 말이 떠올랐다.

이곳 보다 그것을 실현하기에 안성맞춤의 공간이 없을 성 싶었다.

5층이 주 공부방 '이기정(二旗亭)'이다. 찻잎의 일창이기(一槍二旗)를 상징하지만 동시에 동양 정신의 정수인 태극음양을 상징한다. 또 '일이이(一而二) 이이일(二而一)'의 불교정신을 상징하기도 한다. 차는 싹의 모습조차 불교정신을 닮았다.

숙우회 회원들은 이곳에서 오랜 수련 기간을 거치면서 홀로서기를 한다. 숙우회 1백여 프로그램의 산실이다. 붙박이장을 열면 발우 보자함들이 빼곡히 차 있다.

여기에는 '바로 지금'이라는 뜻의 정금당(正今堂), '바로 여기'라는 뜻의 차간(此間)이라는 당호가 걸려있다. '새의 길은 가물하다'는 뜻의 조도현로(鳥道玄路)도 나란히 걸려 있다. '지금 여기'는 선(禪)의 핵심이 아닌가.

4층은 '등탑암(燈塔庵)'. 강 선생의 주거 공간이다. 등대처럼 불을 밝히고 있는 '암자'이다. 큰 홀에서 창 밖을 내다보면 광활하게 펼쳐진 해운대 쪽빛 앞바다와 수평선, 고기잡이배들이 점점이 박혀 있다.

홀 벽면에는 관세음보살의 대형 티벳 탱화가 걸려 있고 벽난로 위에는 그가 흠모하는 달라이라마의 젊은 시절 사진이 놓여있다. 치유 요법의 나무(The tree of healing therapies)라고 하는 티벳 의술 탱화(Tibetan medical thangka)도 걸려 있다.

사방 벽과 빈 공간이 각종 티벳 회화와 조각 등 불교 미술품으로 장식되어 있다. 그의 티벳 불교 사랑을 느낄 수 있다. 미니 포탈라 궁을 연상시킨다고나 할까. 비록 그는 해운대 달맞이 고갯길에 있지만 그의 의식은 저 멀리 티벳까지 가 있다. 그가 혹시 '달은 맞는다'는 것의 오늘날 세계사적 의미를 알고 있는지 궁금하다. '달의 상징'은 이제 미래의 중심 화두가 될 것이다. 그런 점에서 그는 중심에서 티벳이라는 주변을 포섭하고 있는지도 모른다.

테라스 창 앞에는 몇 점의 크리스탈이 빛을 난사하며 창밖의 수평선과 대결하듯 수직으로 세워져 있다. 수정은 우주 에너지를 전달하고 흡수하는 광물이다. 정신과 육체를 정화시키고 치유하는 능력을 갖고 있으며, 마음을 안정시키고 집중력을 향상시킨다고 한다. 그리고 홀 바닥에는 반야용선(般若龍船)을 연상하게 하는 작은 거룻배가 놓여있다.

밖은 넓고 넓은 해인(海印)의 바다, 안은 밖과 끊어지지 않으면서도 종교적 상징으로 집약되어 있다. 집 자체가 한 척의 흘러가는 반야선이다.

홀 안쪽으로 구비를 틀어 들어가면 '사관(死關)'이라는 글자가 보인다. '죽음의 문'. 우선 섬뜩하다. 그러나 수도를 하는 자의 목적이 죽음을 극복하는 것이고 보면 놀랄 일도 아니다. 날마다 죽음 너머에 있는 심정으로 살아가는 것인가. 죽음 쪽에서 다시 거꾸로 이승의 자신을 바라보는 삶이란 바로 구도의 핵심이다. 사관을 지나 안방을 보면 경봉선사의 묵적(墨跡)이 보이고, 그 아래 미얀마의 남방 불교 비구상이 붓다 앞에서 처럼 손을 포갠 단아한 모습으로 명상에 잠겨 있다. 금박과 옻칠이 벗겨진 투박한 모습이 도리어 투명하게 보인다.

원광경봉(圓光鏡峰)의 묵적, "자마(紫磨)금빛이 산하대지를 비추니 천상세계와

인간세상에 생기가 넘치네."(紫金光聚照山河天上人間意氣多)

깨달은 자가 흔히 경지를 표현할 때 황금빛을 비유하는데 황금빛 중에서도 붉은 빛이 도는 자금(紫金)이다. 자금은 붉음이 지나쳐 검은빛이 도는 것인데 일종의 현(玄)에 가까운 색이다. 그렇다면 자현(紫玄), 붉지도 검지도 않은 그 중간색, 태초의 블랙홀과 같은 색을 말하는 것일까. 경봉은 갔지만 여전히 지금 살아있다. 이런 것이 죽어도 살아있다는 것인가. 자신이 죽은 지 수천 년 뒤에도 누군가가 흠모하는 이가 있다면 아름다움이 아닌가. 달리 무슨 영생을 구한다는 말인가.

3층은 태극권 도장이다. 태극권의 정수인 '진씨(陳氏) 태극권' 20대 적손(嫡孫) 진병(陳炳)의 입실 제자였던 이우현(李宇鉉) 교련이 아예 이곳에 입주했다. 강 선생은 다년간 진병 사부에게 태극권을 사사 받으며 태극권 동작을 행다에 접목시킬 방법을 연구하였다고 한다. 동래(東萊)학 춤을 십 수년 전수받은 경험도 있어 전통 민속무(民俗舞)의 춤사위에서도 많은 부분을 행다법에 차용하였다고 한다. 유연하면서도 활달하고 힘이 넘치는 숙우회 행다법은 지금 여타 다회의 그것과 확연히 구별된다.

숙우회의 차 공간들은 선방의 현대적 변용이다. 또 동선(動線)은 언제나 미로(迷路)와 같고 하나의 미궁도(迷宮圖)를 이루고 있다. 층마다 동굴형의 작은 '암자'가 있으며 선차의 미학이 좁은 공간에 빈 틈 없이 들어 차 있다.

모든 다법이 예술을 지향할 필요는 없다. 소박한 생활차도 필요하다. 그러나 문화는 결국 예술에서 그 꽃을 피운다는 점에서 숙우회의 표연은 차 문화를 한층 예술의 경지로 올릴 것임에 틀림없다.

숙우회 행사는 항상 제자들이 나선다. 제자들 중 상당수가 이미 독립하여 차모임을 이끌고 있으며 나름대로 거점이 될 수 있는 독립된 개성 있는 차실을 가질 것을 권고받고 있다. 이것이 문화이기 때문이다.

지난해 12월 18일 부산 문화회관에서 벌린 차표연 행사 '수류(隨流)'는 제자들이

주선한 것이다. 장엄법계를 이룬 당시의 행사는 전국의 차인들이 자리를 가득 메웠다. 해선(海漩), 은하(銀河), 선풍(旋風), 비복(悲服), 전륜(轉輪), 사방찬(四方讚), 산향(散香)등 주옥같은 다법이 펼쳐졌다. 시연자들의 내공이 기감(氣感)으로 번져왔다.

'만다라'와 '염화'는 차의 세계가 주최하고 있는 '세계선차문화교류대회'에서 공연돼, 동아시아 차계의 중심 인물들로 부터 시선을 집중 받았다. 숙우회는 세계 어디에 내놓아도 든든한 단체이다.

숙우회의 선차 행법의 특색은 정해진 팽주(烹主, 茶主)가 없다는 것이다. 마치무주공산(無主空山) 같지만 주인이 정해져 있는 찻자리보다 오히려 절도가 있으면서 변화무쌍하다. '공주(空主)의 시연' 숙우회의 모습은 참으로 불교의 제법무아(諸法無我)와 차도무문(茶道無門)을 몸소 실천하고 있는 듯하다.

내 것이 아니면 모두 잘못되고, 틀리고, 전통이 아니고, 정통이 아니라고 하는 자세보다는 자기와 다른 차도와 차례와 차법에 대해 관대한 자세가 바람직하다. 그러면서도 자기만의 개성을 살리는 것이 차표연 예술의 정수일 것이다.

반야공선(般若空船)

박 정진 시인

1

해운대 밝은 달 오늘도 여전하여

숙우회(熟盂會) 반야공선 홀연히 떠나가네.

바다는 수평으로 아득하기만 한데

햇빛은 시시각각 해인(海印)을 찍네.

길은 미궁(迷宮), 층층이 동굴암자(庵子)

등탑암(燈塔庵) 암주는 이기정(二旗亭) 깃발 세우고

신기루(蜃氣樓)를 보라고 독려하는데

찌릿찌릿 전생실(電生室)에 오를 제자 몇이나 될꼬.

사관(死關)에서 잠 못 드는 마음

제자들 돌보느라 떠날 줄 모르네.

이미 모든 것을 버렸거늘

살아서 죽은 사람 한 사람도 없더라.

2

경봉(鏡峰)의 빛이 오늘에 살았구나.

"니 차 몇 잔 먹었노."

도광(道光)의 빛이 그릇에 닿았으니

그 빛 다시 튀어 올라 속진(俗塵)을 비추리라.

먼지가 곧 빛이니 정금(正今) 차간(此間)
사발관(沙鉢館) 지나면 그곳이 극락암(極樂庵)
바다는 넘치고 달빛도 넘치고
저절로 넘치니 마음도 넘치네.

대마도는 가물가물, 오륙도는 애매한데
고운(孤雲)의 빛이 경봉을 거쳐
도광에 이르니 그 다음은 누구인고.
홀연히 반야용선(般若龍船) 탈 선묘낭자는?

3.
5층 이기정은 오온(五蘊)에 짝하고
6층 신기루는 육(六)바라밀에 맡기니
7층 전생실에서 장차 칠불(七佛) 탄생하려나.
윤회를 벗어나는 순간의 영원이여!

사발에 깨달음 있듯
발끝에서 터지는 해탈 소리
차 다루는 손길 따라 영육(靈肉) 합일하니
이 자리에 돌이 되어도 여한 없으리.

태초에 바다 물 흐르는 소리
촛불에 어둠이 물들여가니
생사의 반(半) 쯤에서
다반향초(茶半香初) 벗 삼네.

2. 현묘(玄妙)를 추구하는 차선(茶禪)의 향연

—숙우회 차표연 '수류'(隨流: 2009년 12월 18일 부산문화회관 중극장) 를 보고

부산의 대표적인 차회인 숙우회(熟盂會)가 지난해 12월 18일 부산 문화회관 중극장에서 벌인 차표연 '수류'(隨流)는 한마디로 드물게 보는 장엄법계였다. 차의 표연을 크게 일상성과 예술성으로 나눈다면 숙우회는 예술성에 더 가깝다고 볼 수 있다. 그러나 예술성을 추구한다고 하더라도 일상성 혹은 일상적인 태도를 기초로 하지 않는 것은 아니다. 단지 그 표현의 기법에서 종교적 혹은 예술적 상상계를 동원하는 것이 전문가다운 것일 따름이다.

한중일의 미학일반으로 보면 크게 한국은 단순소박하면서도 실천적이고, 일본은 화려하고 감각적이면서도 형식미에 충실하고, 중국 은일과장하면서도 실용적이다. 차의 표연도 크게는 이를 벗어나지 않는다. 물론 서로의 장점을 소위 배우고 벤치마킹하는 것이 있다고 하더라도 그 내용의 실상에 들어가면 역시 자신들의 장기이며 특징인 표연이 드러나기 마련이다. 이러한 관점에서 보면 숙우회의 이번 표연은 단순 소박하지만은 않다.

지난해 숙우회 사범반 구성을 기념하기 위해 열린 이번 발표회에는 사범반 15명을 비롯해 차회 회원 등 50여 명이 12개의 차표연을 선보였다. 이들 표연들이 장엄

한 것은 역시 불교적 세계관이 축을 이룬 탓으로 보인다.

이번 공연의 제목인 '수류'는 그야말로 '흐름을 따르다'라는 설명에서 보듯이 매우 불교적 주제를 다룬 것이고, 이것은 동시에 현대의 세계적 미학의 흐름이나 철학의 경향에 매우 성공적으로 적응하고 있다. 유전(流轉)하는 것이 만물이고 문명이고 보면 '흐른다'는 개념은 포괄하지 않는 것이 없다. 흐르는 강물 위에 찻잔을 배처럼 띄워놓고 그것을 일엽편주처럼 쳐다보는 맛이란 바로 선의(禪意)에 직하(直下)하는 것이다.

숙우회의 전반적인 의상의 색깔은 흰빛이라기보다는 검은 빛이었다. 검은 빛의 기조에 흰 빛과 붉은 빛, 그리고 자주·갈색·노랑 계통의 빛깔들이 마치 어둠 속에서 깨달음의 세계로 들어가는 듯한 환상을 불러 일으켰다. 그것은 바로 진공묘유였다. 이날 공연의 첫 문을 연 것은 성각 스님의 '번기'(幡旗)였다. 번기는 깃발을 뜻하며 사방에 존재를 과시하고 출발을 알린다는 점에서 처음에 배치된 듯하다. 부산의 능인선원 선다회의 성각 스님이 맡았다.

보당(寶幢), 천개와 함께 불보살의 위덕을 나타내는 장엄구인 번기는 마(魔)의 군사와 암흑에 대한 승리를 나타내는 것으로 깨달음을 추구하는 불자들의 용맹정진과 불퇴전의 각오를 나타내는 것이기도 하다. 부처님께 차를 올리고 홀로 차를 마시면서 명상에 들어감을 신고하는 다법이었다. 이날 가장 눈에 띈 것은 '해선'(海漩)으로 출연자가 고작 셋이면서도 원을 그리면서 법륜을 돌아가면서 펼치는 절제미와 내공이 두드러졌다. 바다의 소용돌이를 의미하는 해선은 세 사람이 주인과 손님을 번갈아가면서 맡아 행하는 다법인데 특히 팽주(숙우회에서는 선차를 할 때는 茶頭라고 한다)를 고정된 한 사람이 취하지 않는다는 점이 특이하였다. 이를 '공주선차(空主禪茶)'라고 하는 이도 있지만 공주는 아니다.

주객이 바뀔 때의 동선이 나선형인 것은 우주만물의 변전이 궁극적으로 소용돌이이며 그것은 바로 힘, 생명, 창조, 해방이 끊임없이 움직이면서도 하나의 고정된 중심과 주변으로 전개되는 것이 아니라 중심조차도 변하면서 다원다층적으로 회귀하여 눈길을 끌었다. 무엇보다도 노장과 중년이 함께 펼치는 팽팽한 긴장감은 숨을 멈추게 하기에 충분했다. 치마의 흰색은 저고리의 붉은 빛 및 녹색계통과 어우러지면서 결국 속세의 추구함이 결국 흰빛의 깨달음이라는 것을 상징했다.

이름은 다르지만 같은 의미를 가진 것이 '은하'였다. 은하는 밤하늘 천체의 소용돌이를 표현한 것인데 해선이 바다의 것이었다면 은하는 하늘의 것으로 대비를 이루었다. 두 명의 시연자는 나선형의 움직임으로 무한하게 퍼져가는 우주에너지를 표현하였다. 하얀 치마저고리를 입은 두 시연자가 치마를 펼치고 엇도는 행위는 영산재의 쌍나비춤에서 아이디어를 얻었다고는 하지만, 우주의 역설과 모순, 대립을 표현하면서도 궁극에는 흰빛을 추구하는 함의를 가지고 있다. 해선과 은하의 시연자의 치마의 흰빛은 전반적인 무대의 무거움을 가볍게 해주면서 도리어 돋보였다.

해선과 은하에 이어 같은 주제의 표연으로 '선풍'(旋風)을 들 수 있다. 선풍은 바람 자체를 주제로 한 것으로 네 명의 시연자가 두 명씩 번갈아 가며 서로 차를 대접하는 행위로 주객이 바뀌고 회전하는 우주적 원용을 효과적으로 상징했다. 결국 바다, 하늘, 바람의 순으로 불교적 법륜을 형상화한 표연 예술이다.

이번 공연에서 치마는 여성적 특성을 유감없이 발휘하였는데 이는 여성성이 깨달음의 매개임을 각인시켰다. 치마 자체를 승화한 '비복'(悲服)은 치마를 최대한 펼침으로서 중생을 감싸주고 키워주는 여성성을 크로즈업 하였는데 여기서 사용한 수인법(手印法)은 '바라다 무드라'라고 하는 것으로 경주 석굴암의 십일면관세음보살상도 같은 모습이다. 불교는 기독교에 비해 여성의 신성을 잘 보존하고 있다. 비복을 그러한 주제를 집중적으로 보여준 작품이다.

'전륜'(轉輪)은 매우 단순하면서도 창의적인 작품으로 시연자의 집중과 긴장이 고도로 요구되는 작품이다. 전륜은 아시다시피 전륜성왕의 일곱 개의 보배 가운데 하나인 윤보(輪寶)로서 불교의 법륜을 가장 직접적으로 보여주는 표연이다. 차깔개를 펴고 접는 동작에서 내가무술(內家武術)의 하나인 태극권의 동작을 원용한 것은 그 도입의 근거가 탄탄하다. 태극권의 팔회전 동작과 살품이 춤의 춤사위의 조합은 무(武)와 무(舞)의 환상적 배합으로 두 분야가 고대에 하나였다는 것을 상기케 했다. 시연자의 노란빛의 치마저고리는 중화와 중토의 색깔로 완성을 뜻하는 의미가 있다.

동서남북 사방에 물을 뿌려서 정화하는 의식을 도입한 '사방찬'(四方讚)은 물 대신 꽃으로 대신했는데 꽃이야말로 물이 승화한 것이기 때문에 무대의 특성으로 보아 아이디어가 좋았다. 동쪽에 물을 뿌려서 장소를 정화하고, 남쪽에서 물을 뿌려서 마음의 청량함을 얻고, 서쪽에 물을 뿌려서 서방정토를 이루고, 북쪽에서는 물의 출발점으로 돌아가 영원한 안식과 평화를 얻는다는 이 주제는 꽃으로 인해 더욱 간절함을 얻었다. 열반은 역시 꽃으로 은유되면 금상첨화이다.

'산향'(散香)은 어떤 표연보다도 꽃이 주제가 된 작품이다. 산향은 가루향과 꽃을 뿌려 정화를 한 다음 명상에 드는 것을 표현한 다법인데 가루향은 천상에서, 꽃은 지상에서 원을 그림으로써 불교적 원융을 상징한다. 선대(禪帶)를 한 15명의 많은 시연자들은 꽃의 주위를 돌면서 걷기명상으로 다시 원을 그린다. 이번 공연에서 확실한 선차는 사방찬, 산향, 그리고 염화였다. 나머지는 선차와 접빈다례가 섞여 있었다.

필자는 그동안 숙우회의 '만다라'(曼陀羅)와 '염화'(拈花)를 해외의 좁은 무대에서 보아 아쉬웠는데 이번에 제대로 된 넓은 무대에서 보니 참으로 장엄 그 자체였다. 기획자의 창의성과 수련자들의 노고가 느껴졌다.

만다라는 신성한 제단을 뜻한다. 만다라는 또한 부처님의 세계 그 자체를 상징한다. 만다라의 팔엽연화를 상징하는 여덟 명의 시연자는 도향(塗香)으로 자신의 몸을 정화한 다음, 손과 손을 잡고 마음을 하나로 모은다. 소위 육법공양인 촛불(燈

明), 어가수(關伽水), 바르는 향, 태우는 향(燒香), 다식(茶食), 차(茶)의 여섯 공양구를 시방 세계에 올리고 차를 들며 선정에 들어간다. 선정에서 깨어나면 모두 만자(卍字) 모양으로 돌면서 걷기명상에 들어간다. 특히 걷기 명상에서 시연자들의 내공이 기감(氣感)으로 번져 나오는 것은 백미였다.

가장 많은 16명이 출연할 '염화'는 지난 11월 14~17일 중국 복건성에서 열린 제4차 세계선차문화교류대회에서 한국대표로 참가해 공개한 다법으로 백미였다. 이것은 물론 염화시중의 미소로 알려진 부처님과 가섭의 이심전심을 표현하는 것이다. 그러나 여기서는 의미를 약간 변형시켜서 선방의 스님들이 잠을 쫓을 때에 내리치는 죽비를 꽃으로 대신하여 선방의 풍경을 여성스러움으로 전환했다. 양 옆으로 도열하고 좌선하는 시연자와 꽃가지를 그들의 어깨에 내리치는 시연자의 엄숙한 걸음동작과 다정다감함이 전반적으로 여성적으로 해석된 느낌이었다.

'자하'(紫霞)의 육법공양도 장엄하기는 마찬가지였다. 자하는 본래 보랏빛 노을로, 불굴사의 일주문인 자하문에서도 알 수 있듯이 해와 달, 낮과 밤의 경계인 노을을 통해 불교적 불이(不二)의 세계를 나타낸다. 불이가 곧 영원이기도 하다. 천수관음의 마흔 두개의 손이 법기를 잡는 것을 참고하였다고 한다.

불교적 상징과 이야기를 차와 연결시킨 이번 숙우회의 작품들은 세계무대에 내놓아도 될 만큼 성숙미를 보였다. 숙우회 강수길 선생과 제자들의 일심동체의 모습은 전국의 다인들에게 귀감이 되는 무대였다. 천여석의 객석을 가득 매울 정도로 전국 차인들의 호응이 대단했고, 찬조 출연을 한 중요무형문화재 제 50호 영산재 기능보유자 김구혜 스님을 비롯한 전수생인 지수, 도경 스님의 참여가 더욱 빛났다.

도광(道光) 강수길(姜洙吉) 회장은 경봉 스님에게 오래 동안 불교와 차를 배웠으며, 법호도 당시에 받았다. 이름 없이 차모임을 가진 것은 85년경이었으며, 그동안 거의 제자들만 내보내고 은둔하다시피 했다. 숙우회의 전신인 '우리차 연구모

임'은 97년 가을, 부산 서구 대신동에 사무실을 마련했을 때에 부산민족미학연구소와 건물을 같이 쓰면서 연대할 때 붙인 이름이다. 숙우회라는 이름은 대외적인 활동이 많아지면서 다른 차 단체와 변별이 필요하여 2002년 가을 새롭게 붙인 것이다.

강수길 회장은 언젠가 말하였다. "차는 풍류가 아니다. 혁명이다." "차를 마시다 보면 의식주 전체에 걸쳐 변화가 일어난다. 의식주가 변하면 생각이 변하게 된다. 그러니 혁명이다." 그는 이번에 선보인 표연 이외에도 백여 가지의 표연을 가지고 있다고 하니 차표연 예술의 보배 같은 존재이다. 모든 차표연이 예술을 지향할 필요는 없다. 그러나 문화는 결국 예술에서 그 꽃을 피운다는 점에서 숙우회의 표연은 차 문화를 한층 예술의 경지로 올릴 것임에 틀림없다.

더욱이 한국의 여러 차 단체들이 팽주의 자리를 한 사람이 독차지 하는 것에 비해 팽주가 없는, 다시 말하면 주인이 없는, 공주(空主)의 시연을 하고 있는 숙우회의 모습은 참으로 불교의 제법무아(諸法無我)와 차도무문(茶道無門)을 몸소 실천하고 있다고 보인다. 내 것이 아니면 모두 잘못되고, 틀리고, 전통이 아니고, 정통이 아니라고 하는 자세보다는 자기와 다른 차도와 차례와 차예와 차법에 대해 관대한 자세가 바람직하다.

숙우회 전 회원들은 현재 중국 태극권의 기초 몸동작을 배우면서 행다 과정에서 매우 중요한, 몸의 중심을 바로잡는 법과 태극적인 몸의 회전 등의 습득을 통해 차 퍼포먼스의 완성도를 높이고 있다. 한국은 현재 국기로서의 태극기를 가지고 있고, 중국은 무술로서의 태극권을 가지고 있다. 두 나라가 모두 동아시아 태극음양문화권의 나라임을 드러내고 있다. 숙우회의 태극권 동작의 도입은 일종의 문화융합이라고 할 수 있다.

태극권의 역동적인 움직임, 정중동(靜中動)과 동중정(動中靜)의 움직임은 한국인의 무의식에 박혀 있는 태극문양의 디자인을 동작에서 실천하는 것이 된다. 말하자면 몸의 하체가 태극적인 동작으로 받쳐주는 가운데 상체에서 행하는 손의 움직임은 더욱 안정과 깊이를 더하면서 역동적이 되는 이중적 효과를 가지게 된다.

이제 인류문화는 서로 다른 것을 존중하는 하이브리드(hybrid) 시대에 접어들고 있다. 서로 다른 것이 같은 것보다 더 귀중한 시대에 있고, 서로 섞이고 잡하는 것이 더 훌륭한 것이고, 잡종강세하는 시대에 있다는 것을 명심할 필요가 있다. 문화는 잡종강세한다. 차 문화도 마찬가지이다. 그렇다고 자신의 정체성을 가지지 말라는 것은 아니다. 국제화되고 세계화될수록 정체성이 필요하다. 그러나 정체성이 절대가 되고, 고집이 되고, 안하무인이 되어서는 안 된다는 경고이다.

성속이 하나가 되고 '차의 세계' 주최의 국제선차문화교류대회의 명성이 한류의 새로운 브랜드로 자리잡아가고 있는 이때에 그동안 내공을 쌓아온 숙우회가 차표연의 전면에 적극적으로 나선다는 것은 시의적절한 일이다. 한중일 차 문화의 발전과 선의 경쟁을 위해서도 반가운 일이다.

3. 초암차의 현대적 공간 변용, 숙우회

　초암차는 흔히 일본의 다도라고 생각하는 차인이 많다. 일본의 차인들은 초암차-와비차를 함께 쓰기를 즐긴다. 그러나 초암차는 한국의 오랜 차 전통의 연장선상에 있으며, 특히 매월당 김시습에 의해 완성미를 갖춘 한국의 차 전통이다. 초암차의 전통이 사림(士林)이나 남인(南人)으로 이어져 바로 다산(茶山)의 다산초당(茶山艸堂)이나 초의(草衣)의 일지암(一枝庵)으로 남아있다.

　초암차는 일본의 와비차와는 다르다. 한국의 초암차는 첫째 공간이 외부로 열려 있다. 둘째 초암차의 공간은 자연 속에 안겨 있다. 이를 차경(借景)이라고 한다. 셋째 무엇보다도 초암차의 찻자리는 격식보다는 정감(情感)이 통하는 소박한 자리이다. 마음이 열려있는 자리가 아니면 한국인들에겐 아무리 좋은 차와 좋은 다기를 구비한 자리라도 불편한 자리이다.

　한국의 찻자리는 어디엔가 열려 있다. 바람은 선선하게 들어오고, 새소리와 꽃향기가 찻자리를 에워싼다. 초암차는 풍류차의 전통을 잇고 있다. 벽은 항상 문으로 열릴 준비를 하고 있다. 햇빛이 들어오는 밝고 조용한 서재, 대청마루, 누각. 굳이 차실이라고 정하지 않아도 된다. 쪽문과 같은 니지리구치(躪口)를 들어가는 일본의 차실과 꽃꽂이와 값비싼 다완으로 장식된 일본의 차 공간과는 다르다.

초암차라고 해서 반드시 초가(草家)나 고가(古家)의 공간이라야 하는 것은 아니다. 현대식 건물에서도 얼마든지 초암차의 공간을 연출할 수 있다. 햇빛이 들어오는 깨끗하고 소박한, 스님들의 선방(禪房)처럼 단순한 공간. 다구를 비롯한 여러 차용품을 사방의 붙박이 벽장에 넣어 편리함과 단순함을 연출한 '숙우회'의 공간처리 방식은 대표적이라고 할 만하다.

선(禪)을 일깨우는 묵적(墨跡)과 불상, 그리고 한복을 정갈하게 차려입은 차인과 텅 빈 공간을 꽉 채우는 듯한 백색의 다완......반투명의 한지를 통해 들어오는 햇빛은 눈부시지 않으면서 아늑하다. 야외탁자이면 어떤가. 차실이라고 이름붙이는 자체가 어색하다. 안방이면 어떻고 사랑방이면 어떤가. 심지어 부엌이면 어떤가. 어떤 공간이라도 차 공간을 만들어가는 소박함과 자연스런 태도가 초암차의 정신이다.

차의 맛을 상징하는 '감로(甘露)'.
경봉선사는 생전에 차인들에게 '감로'를 써주는 것을 즐겼다.

8. 차의 인문학
   시대를 열다

1. 선차지법(禪茶之法)의 정신을 낳은 우리나라

차(茶)란 우리에게 무엇인가. 차 문화란 우리 차인들에게 무엇이 되어야 할까. 흔히 차를 마시는 것을 두고 마음을 먹는 것이라고 한다. 이를 좀 부연설명하면 마음을 먹는 것은 정(情)을 먹는 것이고, 정을 먹는 것은 정을 나누는 것이다. 이것은 도리어 무심(無心)의 차가 되어야 달성되는 것인지 모른다. 세상에 물질 혹은 음료 가운데 처음부터 나누는 것을 목표로 탄생한 운명은 차밖에 없다. 그래서 우리는 차를 불교의 최고경지인 선(禪)과 결합하여 선차(禪茶)라고 한다.

일찍이 신라 성덕왕의 3째 아들 무상선사(無相禪師)는 '선차지법(禪茶之法)'이라는 이름으로 중국대륙을 풍미하였다. 무상선사는 차의 이러한 경지를 세상에서 가장 먼저 설파한 선사이다. 그의 제자 마조도일(馬祖道一)은 무상스님이 당나라 사천(泗川)지방에서 일으킨 정중종(淨衆宗)을 강호(江湖, 강서성과 호남성)에 전파하여 독자적인 선풍을 드날렸다. 동아시아의 선종(禪宗)은 신라와 당나라가 연합하여 일으킨 것이라고 해도 과언이 아니다.

왜 차에는 선이 함께 따라다닐까. 커피가 '검은 욕망(慾望)의 음료'라면 차는 '푸른 청허(淸虛)의 음료'이다. 욕망의 시대에 커피가 세계음료시장을 거의 장악하고 있지만, 이제 커피를 조금씩 물리고 다시 자연과 더불어 사는 '차(茶)의 시대'를 준비하면 어떨까. 욕망에 쫓기는 '빠름의 미학'시대는 커피가 안성맞춤이었을지 모르지만 이제 인류는 한숨을 돌리고 하늘을 쳐다보아야 한다. 맑고 푸른 하늘의 기운을 다시 마시며 '느림의 미학'시대로 들어가야 한다.

　욕망의 시대는 인간을 너무 몰아세우고 피곤하게 하였다. 앞으로 4차 산업혁명의 시대는 더욱더 기계가 인간을 노골적으로 기계화하려 들 것이다. 기계는 필요하지만 기계가 인간을 지배하게 해서는 미래가 없다. 원자처럼 분해되고 부품화된 개인주의의 현대-미래인은 스스로 생명의 전체성을 회복하지 않으면 안 된다. 피로에 지친 심신을 차로 달래고 심신의 균형을 다잡지 않으면 안 된다. 자동차의 차

장락산 기슭에서 바라본 한원집 원경

(車)는 마시는 차(茶)로 견제되어야 한다.

차의 인문학은 이런 미래를 앞두고 마음의 준비를 할 것을 종용하는 인문학이다. 인간은 생각하는 동물이고, 정을 나누는 사회적 동물이다. 이를 위해서는 차보다 훌륭한 벗은 없다. 함께 차를 나눌 이웃들을 맞이하는 마음을 품으면서 차를 준비하고 차 도구를 챙기는 일은 인간으로서 가장 인간다운 일이 아닐까. 이기심에 찌든 현대인에게 잠시라도 이타적인 마음을 회복하고, 정담을 나누는 일을 준비하는 마음은 어딘가 꿈이 있고, 설레는 마음이다.

남에게 무엇을 과시하는 것보다 서로가 함께 살아가는 이웃, 공동존재라는 마음을 되새기는 기회, 일기일회(一期一會)의 기회가 바로 찻 자리이다. 평상심으로 차를 마시며 다담을 나누는 일은 평범한 일상 속에 일어난 소풍(逍風)과 같은 것이 아닐까. 차를 마시는 일은 음료를 마시면서 동시에 세계를 소요(逍遙)하는 것과 같다. 이것은 장자(莊子)의 소요유(逍遙遊)에 닿는 심정일 것이다.

우리의 근대차가 시작된 지 언 반백년이 넘었다. 그동안 다산(茶山) 정약용(丁若鏞), 초의(草衣) 의순(意恂), 추사(秋史) 김정희(金正喜)를 떠올리고, 옛 문헌을 읽고 선배차인을 현창하며 차 문화를 복원하느라 바빴다. 차를 만드는 기술도 발전하였고, 차를 마시기까지 수반되는 여러 동작과 마음가짐을 몸에 익히는 일에 심혈을 기울였다. 우리의 차 문화는 기술적·외형적으로, 그리고 행다(行茶)·행법(行法) 면에서는 많이 성장하였다. 그런데 정작 아직도 마음을 닦는 일에는 미치지 못하고 있다.

차를 마시는 마음은 어떠하여야 할까. 우선 차를 행하기 때문에 남의 앞에서 으스대는 일은 없어야 할 것 같다. 차의 주인인 팽주(烹主), 차주(茶主)는 찻 자리에 참가하는 손님을 맞이하는 온화한 마음으로 스스로를 채워야 할 것이다. 이것은 단박에 교감된다. 저절로 정이 묻어나는 온화한 마음은 하루아침에 형성되지 않는다. 차를 오래 마셨다고 체득되는 것도 아니다. 인생을 사유하는 힘과 반성하는 힘, 삶의 의미를 나름대로 터득하는 태도에서 비롯된다. 차향(茶香)은 삶의 향기에서 저절로 우러나오는 인품이다. 우러나온다는 점에서 차와 인격은 같은 것이다.

차운(茶韻)이라는 참으로 아름다운 말이 있다. 운(韻)이라는 말은 예부터 시(詩)와 더불어 시작된 말로 리듬을 따라 운율(韻律)을 맞춤으로써 사람으로 하여금 흥(興)을 돋우고, 한 마음이 되게 하는 시의 신비(神祕)를 말한다. 말하자면 음악을 들을 때의 공명이나 전율처럼 차향이 몸 전체로 퍼지면서 주위공간을 젖어들게 하는 것을 말한다. 쉽게 말하면 시(詩)나 음악(音樂) 대신 차(茶)를 통해 그러한 경지에 도달하는 것을 의미한다.

차운은 차의 향기와 함께 인간의 향기가 한데 어우러져서 모두가 하나가 되는 경지를 표현하는 말이다. 이때의 하나는 이기(利己)―소아(小我)가 아니라 더 큰 하나인 이타(利他)―대아(大我)로 나아감을 뜻한다. 차인들은 조용한 가운데 여장부―대장부가 되어야 한다. 차의 인문학은 우리가 여기로 나아가는 데에 필요한 교양과 마음의 양식을 쌓는 학문을 말한다.

차의 인문학은 물론 차의 철학을 필요로 한다. 이때의 철학은 철학자들의 것이라기보다는 생활인으로서 저마다 생활 속에서 터득한 철학을 말한다. 차는 인품(人品)이고, 인향(人香)이고, 전인적인 인격(人格)이다. 초의스님을 비롯해서 선배차인들은 일찍이 차 생활에서 중용(中庸) 혹은 중도(中道) 혹은 중정(中正)의 마음가짐이 필요함을 역설하였다. 이것은 선(禪)에서 꽃을 피웠다.

차는 우선 일상적이어야 하고, 평범하여야 한다. 사람이 길을 가듯이 평범하여야 한다. 선가에서 말하는 평상심시도(平常心是道)가 바로 그것이다. 그래서 선과 차는 안성맞춤의 궁합인가 보다. 차인들은 저마다 자신의 평상심을 터득하지 않으면 안 된다. 차가 단순히 코카콜라와 같은 음료나 각성을 위한 커피가 아니라 사람들로 하여금 청정심(淸淨心), 청정심(淸靜心)에 들게 하는 것은 차의 물질적 특성이 그러하기 때문이다. 이능화(李能和)의 말대로 차는 식물의 영매(靈媒)이기 때문이다. 차가 불교나 도교와 특별한 관계를 맺고 있는 것은 그런 점에서 당연하다.

현대인은, 재가자·세속인들은 선(禪)을 위해 차(茶)를 하는 것이 아니라 차를 통해 선을 하고 있는 지도 모를 일이다. 차를 일상의 지근거리에 둠으로써 자신도 모르게 저절로 선과 잠시 동안이라도 만나는 행운을 마련하는 지도 모른다.

느림의 미학은 빠름의 미학보다 어려운 일이다. 춤도 춤사위의 속도가 느린 춤이 더 어렵다고 한다. 생활도 그럴지 모른다. 차와 더불어 사는 삶은 그런 점에서 느림의 미학에 참여하는 길이다. 인생에서 느림의 미학의 완성은 어디쯤에 있을까. 차는 인생에서 여백을 즐기게 한다. 여유를 갖게 함으로써 세상의 각박함으로부터 벗어나게 한다. 그런 점에서 차인들은 축복받은 사람들이다. 이것이 연장되면 죽음에서도 안심입명(安心立命)하지 말라는 법이 없다. 혹자는 인생의 완성을 어린아이로 돌아가는 것이라고 말한다. 차는 우리에게 그러한 길을 열어줄 지도 모른다.

차의 인문학시대는 한국 차 문화의 정체성(주체성) 확립을 위해서도 반드시 거쳐야할 필수적인 통과의례이다. 우리의 차 문화를 초의-다산-추사를 중심으로 하는 조선후기 혹은 구한말, 일제강점기의 언저리에서 머물게 해서는 안 될 것이다. 매월당(梅月堂) 김시습(金時習)은 '초암차(草庵茶)'의 원조이다. 이는 유불선(儒佛仙)을 한 몸에 지닌 그의 통합회통의 정신에서 비롯되었을 것이다. 매월당을 현창하는 일은 우리 근대 차의 전통을 3백50여년이나 끌어올리는 일이다. 매월당은 특히 최치원-매월당-율곡을 잇는, 중국과 다른 한국풍류사상의 정통을 잇은 인물이라는 점에서 의미가 크다.

우리의 차 문화는 고려조에도 풍성했다. 송나라와의 빈번한 교류와 교역을 통해 송나라의 고급차들이 물밀 듯이 들어왔다. 선비들은 이들 차를 즐기면서 풍류문화를 한층 고조시켰다. 우리의 인삼과 송나라의 차가 교역품 중에 으뜸을 차지했음을 송나라 사신 서긍(徐兢)이 지은《고려도경(高麗圖經)》에서 확인할 수 있다.

2. 한강변은 우리나라 차 문화의 은하수(銀河水)

이뿐인가! 차와 관련한 아름다운 이름들도 많다. 조선조에서는 한강 물줄기를 따라 곳곳에 차를 즐기던 경화사족(京華士族)들이 즐비했다. 다산의 고향인 능내리, 두물머리, 수종사… 등 차의 옛 명소들은 오늘날도 차인들이 즐겨 찾는 곳이다. 초의스님은 한양에 오면 이곳에서 다산의 아들 정학연(丁學淵) 등과 어울려 수종사(水鍾寺)에 들러 찻 자리를 즐겼다. 동굴암벽의 물방울이 떨어져 종소리를 냈다는 전설을 품은 수종사라는 이름은 너무 아름답지 않은가.

승설차(勝雪茶)는 참으로 아름다운 이름이다. 특히 당대 최고의 서예가·금석문학자로서 미학에 뛰어났던 추사의 차에 대한 높은 안목은 옹방강(翁方綱)과 완원(阮元)과의 교유를 통해 얻었다. 그가 북경에 갔을 때 완원의 서재인 쌍비관에서 승설차를 맛본 후 차에 매료되어 자신의 호를 승설도인(勝雪道人)이라 하고, 그 후 완당(阮堂)이라는 호를 즐겨 쓴 것은 잘 알려진 사실이다.

초의스님에게 전다박사(煎茶博士)라는 칭호를 내린 조선조 중기의 거유(巨儒)인 신흠(申欽)도 경기도 퇴촌(退村)이 고향으로 만년에 이곳에서 거주하면서 아름다운 차 생활의 흔적을 후세에 남겼다. 북한강에서 남한강, 그리고 두물이 합쳐진 한강

한원집 옆에서 청평호반을 바라본 전경

에 이르기까지 차인들이 점점이 박혀 조선의 융성한 차 문화를 형성하는 '차의 물줄기'를 이루었다.

남양주에 있는 석실서원(石室書院)도 경화사족의 근거지였다. 병자호란 때 척화신이었던 김상용과 김상헌을 기리기 위해 세워진 석실서원은 노론과 서인들의 근거지였다. 겸재(謙齋) 정선(鄭敾)은 강상에서 본 부감법(俯瞰法)으로 석실서원을 그렸다.

한국 근대차사는 초의스님에게 우리 차의 역사를 써줄 것을 부탁함으로써 《동다송(東茶頌)》이 탄생하는 계기를 마련해준 혜거도인(海居道人) 홍현주(洪顯周)가 없으면 성립되지 않는다. 정조의 둘째딸 숙선옹주(淑善翁主)와 혼인한 그는 당대 최고문장가로서 차 마니아였다. 우리 차를 고급문화로 발돋움하게 한 장본인이다. 바다(海)에 거(居)한다는 뜻의 해거도인의 세거지(世居地)도 남양주 가오리에 자리하고 있다.

초의스님은 동다송과 《다신전(茶神傳)》을 썼지만, 다신전은 《만보전서(萬寶全書)》를 옮긴 점에서 내용보다는 이름에서 빛을 발하고 있다. 다신(茶神), 차인들이 도달하여야 하는 목표와 같은 것을 시사하고 있다. 어떤 인문학의 경지이든, 기술이든 신의 경지에 도달하여야 최고봉이라고 할 수 있지 않은가! 차인들에게 저마다 '다신'이 되자고 하면 과욕일까.

차의 인문학시대를 열려면 차인들이 차만 마시는 데에 그칠 것이 아니라 폭넓은 교양을 갖추고, 차 문화의 국제화시대를 맞아 한국의 얼굴이 되어야 한다. 특히 한국의 젊은이들이 차 문화에 관심을 가지게 하여야 한다. 커피에 쏟는 정성과 열정의 반에 반만이라도 차에 관심을 갖는다면 차 문화의 미래를 밝아질 것이다.

차인은 차를 마시는 기술자가 아니라 문물(文物)을 고루 갖춘 교양인이 되어 문화의 고급화에 일조해야 한다. 말하자면 과거의 차 문화만을 거론하는 게 아니라 지금 살아있는 차 문화, 젊은이의 차 문화를 이루어야 한다. 차인이라는 칭호를 받은 것보다는 실제로 차를 일상적으로 마시면서 전파해야 하는 게 차인의 미션(mission)이다.

오늘의 차인들은 차 문화의 미래를 열어가는 자세를 가져야 차의 인문학시대에 걸 맞는 차인이 될 것이다. 차의 인문학시대를 구가하게 된다면 차인들의 품격도 한 단계 업그레이드 될 것이다. 그렇게 되면 우리 차 문화의 정체성도 한층 단단해질 것이다. 현대에 걸 맞는 차 정신은 이미 정해진 것이 아니라 오늘의 우리가 전통을 계승하면서 동시에 새롭게 찾아야 하는 과제이다.

3. 북한강 동방 제 1경에 들어선 찻집, 한원집

    북한강 제일절경에 전통한옥으로 지어진 '한원집' 찻집이 들어서서 차인이면 누구나 한 번쯤 이곳에 들러 차를 마시면서 고즈넉한 평화의 시간, 안빈낙도(安貧樂道)의 시간을 보내기를 희망한다.

    경기도 가평군 설악은 북한강과 남한강이 만나 한강을 이루기 전에 북한강이 마지막 절경을 뽐내는 한국 최고의 절경이며 비경이다. 청평 호반을 끼고 산이 병풍처럼 둘러진 이곳은 예로부터 신선들이 사는 명당으로 여겨졌다. 오죽하면 십승지(十勝地)가 되었을까.

    동천(洞天), 복지(福地)라고도 불리는 십승지는 지리산 운봉, 봉화군 춘양, 공주 유구마곡, 예천 금당실, 충북 영춘면 의풍리, 상주 우복동, 풍기 금계동, 무주군 무풍면, 변산 호암(壺岩), 단양군 단성면 적성면 그리고 한반도에서 가장 북쪽에 위치한 것으로 가평 설악면 등이다. 가평 설악은 대한불교조계종의 종조인 태고보우국사가 수도하던 암자 소설암(가평군 설곡리 691번지)이 있는 곳이기도 하다.

    태고보우(太古普愚, 1301~1382)스님은 13살에 경기도 양주 회암사에서 출가하여 19살에 화두참선으로 깨우침을 얻고 다시 중국 원나라에 유학하여 석옥청공 청평 호반에 들어선 전통 찻집 한원집. 차 명소로 알려지고 있다.

(石屋淸珙)과 법 거량을 한 뒤 임제종의 법맥을 이은 고려 말의 큰 스님이다.

동아시아 선종 법계를 보면 중국선종사의 불세출의 스님인 마조도일(馬祖道一)의 뒤를 이은 백장회해(9조, 百丈懷海, 749-814)-황벽희운(10조, 黃檗希運 ～850)-임제의현(11조, 臨濟義玄, ～867)⋯ 석옥청공(18조, 1272～ 1352)-태고보우(19조, 1301~1382)로 이어진다.

설악면은 예로부터 큰 인물이 나는 길지이면서 음택지(陰宅地)로서도 유명하다. 풍수지리적으로는 '금계포란형(金鷄抱卵形)'의 명당이라고 한다. 또한 장락산과 청평호반이 이루어내는 운무(雲霧)로 인해 마치 금방이라도 용이 여의주를 물고 승천할 것 같은 분위기에 휩싸이는 곳이다. 설악면 일대에는 현재 세계평화통일가정연합의 천정궁을 비롯하며 성지가 들어선 곳이다.

이곳 청평호반을 끼고 가장 비경자리에 한옥으로 찻집이 들어선 것은 차의 인문학시대를 여는 경사가 아닐 수 없다. 가정연합 관계자에 따르면 찻집의 이름이 순우리말인 '한원집'으로 지어진 것은 여러 상징적인 의미가 있다고 한다. 우선 '한'자는 한국(韓國)과 한국문화를 상징하는 의미가 있다. 나아가서 세계가 '하나(One)'라는 의미, '크다'는 의미도 내포되어 있다. '원'자는 무엇보다도 원(圓)과 원융(圓融), 으뜸(元)과 기원(基元, 紀元, Origin)의 의미가 있다. '집'자는 가정을 의미하기도 하지만 세계가 하나로 모인다는 집(集)자의 의미가 있다.

결국 '하나 됨'을 통해 세계가 하나의 가정처럼 평화로운 시대가 될 것을 기원하는 의미와 함께 후천개벽 지천(地天)시대, 남녀가 동등해지는 시대에 한국이 그 중심자리에 설 것을 기대하는 염원이 서려있는 곳이다.

최근 운길산 수종사가 있는 양수리 일대는 다산유적지 뿐만 아니라 '물의 정원'이 잘 조성되어 있어서 휴식공원으로 자리잡아가고 있다. 앞서 조성된 가평군 상면 '아침고요수목원'과 함께 양수리-북한강-청평-가평을 잇는 이 일대가 종합적인 명소로 세인들의 관심을 모으고 있는 가운데 한원집도 차인들의 명소로 각광을 받고 있다.

한원집 인근에는 가평한옥마을(경기도 가평군 조종면 비득재길 207)이 코리아
휴먼아카데미 운영을 통해 차박물관, 평생교육원, 판미동문화센터 등으로 인문교
양을 넓히는 복합문화공간으로 자리잡고 있다. 현재 전국적으로 알려진 한옥마을
은 전주한옥마을, 낙원읍성한옥마을, 그리고 이곳 가평 판미동 한옥마을이 전국적
으로 손꼽힌다.

한원집에서 찻집을 운영하고 있는 하구(河龜)씨는 차의 고장, 차 시배지로 이름
난 경남 하동에서 요산당(樂山堂) 찻집을 운명해온 차의 장인(匠人)이다. 요산당
입구에는 '신뢰일성(新雷一聲)'이라는 현판이 걸려 있다. 가훈으로 뇌성(雷聲)처럼
종사하는 분야에 최고 일인자가 된다는 뜻이다. 한원집에 오면 그가 만든 요산당
황차, 홍자, 녹차 등 한국의 최고명품차를 맛볼 수 있다.

한원집에서 청평호반을 내려다보면서 한 잔의 차를 마시는 기분이란 마치 천상
에 온 기분이다. 그 옛날《동문선(東文選)》의 편자 서거정(徐居正)이 수종사에서
내려다보는 두물머리를 '동방제일경'이라 칭송했지만 오늘날 한원집에서 청평호반
을 바라보면서 차를 마시는 기분만 못하리라.

한원집 청평호반에서 한국의 차인은 물론이고, 세계의 차인을 모신 가운데 해마
다 '(세계) 평화의 다례'축제를 연다면 이보다 좋은 일은 없을 것이다.

참고문헌 및
한국 차 문화사 연표

참고문헌

가마다 시게오 · 기노 가즈요시, 양기봉 옮김, 1998(1992), ≪현대인과 禪≫, 서울: 대원정사.

金吉洛, 1955, ≪상산학과 양명학≫, 서울: 예문서관, 30~31쪽.

김대성, 2005, ≪차문화 유적답사기≫(上中下), 서울: 차의 세계.

김명배 편역, 1983, ≪韓國의 茶書≫, 서울: 탐구당.

----, 1988, ≪한국의 차시 감상≫, 서울: 대광문화사.

----, 1999, ≪다도학논고≫, 서울: 대광문화사.

김상현, 1987, ≪한국의 차시≫, 서울: 태평양박물관.

김용옥, 1990, ≪讀氣學說≫, 서울: 통나무, 47쪽.

김운학, 2004, ≪한국의 차 문화≫, 서울: 이른아침.

金章煥, 2012, ≪寒齋 李穆의 茶道精神 研究≫(원광대학교 대학원 한국문화학과 박사학위논문)

김희자, 2009, ≪백과사전류로 본 조선시대 茶문화≫, 서울: 국학자료원.

공종원, 2006 〈초암차실을 말한다 2: 자연과 소통하고 융화하는 우리 차실의 뿌리〉 ≪차의 세계≫(4월호) 49쪽~50쪽.

----, 2013, 〈원표 체징을 통해 본 장흥보림사〉 ≪원표 대사 국제학술대회 논문집≫(대한불교조계종 가지산 보림사 주최) 56쪽, 국제선차문화연구회.

----, 2013, 〈1940, 50, 60년대에도 차인의 맥은 이어지고 있었다〉 ≪茶의 세계≫(3월호), 81쪽.

----, 2018, ≪禪茶, 차를 마시며 나를 찾는다≫, 서울: 차의 세계.

니카미 마리 지음, 김순희 옮김, 2005, ≪야나기 무네요시 평전: 미학적 아나키스트≫, 서울: 효형출판.

다솔사 차 축제위원회(편), 2013, ≪다솔사 茶정신≫, 진주: 도서출판 기림사.

류건집, 2007, ≪韓國茶文化史≫(上下), 서울: 이른아침.

마다 시게오 · 기노 가즈요시, 양기봉 옮김, 1998(1992), ≪현대인과 禪≫, 서울: 대원정사.

민경현, 1998, ≪숲과 돌과 물의 문화≫, 서울: 예경.

박동춘, 2010, ≪초의선사의 차 문화 연구≫, 서울: 일지사.

박민정, 2007, 〈이사람: 박민정 대 오사다 사치코, 한국 여성의 '와비차'와 일본 여성의 '백운옥판차'〉 ≪차의 세계≫(5월호), 98~99쪽.

박영희, 1985, ≪동다정통고≫, 서울: 호영.

박정진, 1992, ≪잃어버린 仙脈을 찾아서≫, 서울: 일빛출판사.

----, 2012, ≪철학의 선물, 선물의 철학≫, 서울: 소나무.

----, 2001, ≪도올 金容沃≫, 서울: 불교춘추사.

----, 2007, ≪종교인류학≫, 서울: 불교춘추사.

----, ≪박정진의 차맥≫(2012년 11월 17일~2013년 8월 27일, 66회, 세계일보), 세계일보사.

박판현, 박재원 監修, 2011, ≪千年秘史≫, 서울: 홍문관.

불교전기문화연구소 엮음, 박희선 편저, 1994, ≪(고승평전 2)흰 학의 울음소리-학명 큰스님 평전≫, 22쪽, 佛敎映像회보사.

석용운, 1996, ≪韓國茶藝≫, 서울: 초의.

세종대왕기념사업회, 1977, ≪매월당집≫(제 1권), 서울: 광명인쇄공사.

시라카와 시즈카, 심경호 옮김, 2011(2005), ≪漢字, 백 가지 이야기≫. 서울: 황소자리.

----, 장원철 번역, 1991, ≪사람의 마음을 움직여 세상을 바꾸리라≫, 서울: 한길사.

송재소·유홍준·정해렴 외 옮김, 2009, ≪한국의 차문화 천년≫(1·2·권), 서울: 돌베개.

송재소·유홍준·정해렴·조창록·이규필 옮김, 2011, ≪한국의 차문화 천년≫(3권), 서울: 돌베개.

송재소·조창록·이규필 옮김, 2012, ≪한국의 차문화 천년≫(4권), 서울: 돌베개.

아사가와 노리타카(淺川伯敎), 최차호 옮김, 2012, 『부산요와 대주요([釜山窯と對州窯])』, 서울: 어드북스.

안드레 에카르트, 2003, ≪조선미술사≫, 서울: 열화당.

여연, 2006, ≪우리가 정말 알아야 할 우리 차≫, 서울: 현암사.

여열(余悅), 〈세계선차문화교류대회의 회고와 전망〉 ≪차의 세계≫(2010년, 6월호) 24~29쪽.

운암, 2007, 〈해방 이후에도 한국에서 꺼지지 않는 일본 다도 열풍〉 ≪차의 세계≫(4월호), 48~53쪽.

원화(元和) 蔡貞福 편자, 2013, ≪효당 최범술 문집≫(1·2·3권), 서울: 민족사.

육우, 쨩유화 역, 2000, ≪茶經≫ 상주: 납탑산방.

----, 정영선 편역, 2011, ≪육우의 다경(茶經)≫, 서울: 너럭바위

이광주, 2009(2002), ≪동과 서의 茶 이야기≫, 서울: 한길사.

이기동, 2005, ≪이색≫, 서울: 성균관대학교 출판부, 80쪽.

이원홍, 2007, 〈차(茶)와 불도(佛道)의 합체(合體)형성〉 ≪차의 세계≫(3월호), 106~107쪽.

----, 2004, 〈차나무의 기원과 생장의 비밀 2〉 ≪차의 세계≫(3월호), 39쪽.

----, 2007, 〈무라다슈코 초암차와 김시습〉 ≪차의 세계≫(4월호), 110쪽.

----, 2007, 〈오다노부나가(織田信長)의 정치다도(政治茶道)〉 ≪차의 세계≫

(7월호), 103쪽.

    ----, 2007, 〈초암차의 의문〉 ≪차의 세계≫(5월호), 112쪽.

    ----, 2009, 〈차실(茶室) 천장은 한국기법〉 ≪차의 세계≫(3월호), 114쪽.

이현숙, 2005, 〈神農 神話의 形成過程을 통해 본 茶의 起源에 대한 小考〉 ≪문화산업연구≫(창간호, 12월) 147~148쪽, 성신여자대학교 문화산업연구소.

장지연, 아정(약선 차 연구가)역, 2010, 〈본지 독점 공개: 새로 발굴된 위암(韋庵) 장지연(張志淵)의 차학 ①—100년 전에 언론인 장지연이 쓴 우리 차에 관한 기록 발견〉 ≪차의 세계≫(3월호), 28~35쪽.

존 카터 코벨, 김유경 편역, 1999, ≪한국문화의 뿌리를 찾아서—무속에서 통일신라 불교가 꽃피기까지≫, 서울: 학고재.

    ----, 김유경 편역, 2008, ≪일본에 남은 한국미술≫, 서울: 글을읽다.

전광진 편저, 2009(2007), ≪우리말 한자어 속뜻 사전≫, 서울: LBH교육출판사.

정경희, 2011, 〈桓檀古記 등장의 역사적 배경—여말 학계와 선도〉 ≪환단고기 100주년 학술대회—환단고기는 어떤 책인가?≫, 42쪽, 사단법인 한배달 학술원.

정민, 2011, ≪새로 쓰는 조선의 차 문화≫, 서울: 김영사 12쪽.

정영선, 1990, ≪한국茶文化≫, 서울: 너럭바위.

    ----, 2011(1996), ≪다도철학≫, 서울: 너럭바위.

천관우외, 1984, ≪한국인 사상가들— 실학의 선구자들≫, 서울: 코리아헤럴드.

천관우 선생 추모집(편찬위원장 이혜복), 2011, ≪우리시대 언관 사관, 거인 천관우≫, 서울: 일조각.

초의 의순, 정영선 편역, 1998, ≪동다송≫, 서울: 너럭바위.

최석환, 2010, 〈일본다도는 차노유에서 마음의 평화로 가는 별세계〉 ≪차의 세계≫(11월), 12~18쪽.

————, 2008, ≪世界의 茶人≫(2008), 149~150쪽.

————, 2007, 〈차인과의 대화: 박석무 다산연구소 이사장〉≪차의 세계≫(12월호), 26~27쪽.

————, 2012, 〈黃蘗茶脈의 원류 1-전다도의 산실 만푸쿠지: 일본 만푸쿠지(萬福寺)에 살아있는 은원다법(隱元茶法)과 전다도(煎茶道)의 세계〉≪차의 세계≫(7월호), 35~36쪽.

————, 2007, 〈매월당의 초암차 정신이 되살아난다〉≪차의 세계≫(3월호), 23~28쪽.

————, 2007, 〈초암다법의 원류, 한국인가 일본인가〉≪차의 세계≫(2007년 4월호), 25쪽.

————, 2008, ≪世界의 茶人≫, 서울: 차의 세계.

————, 2012, ≪新 世界의 茶人≫, 서울: 차의 세계.

————, 2012, 〈日本茶道의 비조 잇큐 선사는 고려인의 후예〉≪차의 세계≫(4월호), 13~14쪽.

————, 2010, ≪정중무상평전≫, 서울: 차의 세계.

————, 2012, 〈日本茶道의 비조 잇큐 선사는 고려인의 후예〉≪차의 세계≫(4월호), 15~16쪽.

————, 2004, 〈일본차의 연원은 한국〉≪차의 세계≫(2월호), 12~15쪽.

————, 2012, 〈日本茶道의 비조 잇큐 선사는 고려인의 후예〉≪차의 세계≫(4월호), 17쪽.

————, 2012, 〈아름다운 차실 순례 22-교토 즈이호안〉≪차의 세계≫(7월호), 31쪽.

————, 2011, 〈차의 성도 항저우 하늘 아래 울려 퍼진 제 6차 세계선차문화교류대회〉≪차의 세계≫(12월호, 통권 120호), 59쪽.

————, 2013, 〈원표 대사를 통해 본 선차문화의 동전〉≪원표 대사 국제학술대회 논문집≫(대한불교조계종 가지산 보림사 주최), 30쪽, 국제선차문화연구회.

————, 2012, 〈푸젠 닝더 화엄사에서 한국 덖음 원형 찾아내다〉≪차의 세계≫(5월호), 15쪽.

————, 2013, 〈60년대 한국 차문화를 개척한 언론인 천관우〉≪茶의 세계≫(3월호), 25쪽.

————, 2009, 〈서원차, 와비차로 이어진 일본의 차를 말한다〉(직격인터뷰, 쿠라사와 유키히로)≪차의 세계≫(10월호), 17쪽.

————, 2012, ≪新 世界의 茶人≫, 서울: 차의 세계.

최정간, 2012, ≪韓茶문명의 東傳≫, 서울: 차의 세계, 232~233쪽.

————, 2008, 〈매월당이 만난 준장로는 누구인가〉≪차의 세계≫(12월호).

차주환, 1984, ≪한국의 도교사상≫, 서울: 동화출판공사, 143쪽.

쿠라사와 유키히로, 2010, 〈득도로부터 차를 향해 가자〉≪차의 세계≫(4월호), 30쪽.

————, 2010, 〈슈코(珠光)의 원오묵적(圓悟墨蹟)〉≪차의 세계≫(10월호) 25~29쪽.

한재 이목, 정영선 편역, 2011, ≪다부(茶賦)≫, 서울: 너럭바위.

허흥식, 2013, 〈고려 차생산의 중심지 변동과 보림사의 위상〉≪원표 대사 국제학술대회 논문집≫(대한불교조계종 가지산 보림사 주최) 66쪽, 국제선차문화연구회.

현봉, 2013, 〈보림사의 창건설화와 원표대사〉≪원표 대사 국제학술대회 논문집≫ (대한불교조계종 가지산 보림사 주최) 6쪽, 국제선차문화연구회.

히사마츠 신이치, 후지요시 지카이 엮음, 김수인 옮김, 2011, ≪다도(茶道)의 철학(哲學)≫, 서울: 동국대학교출판부.

효당, 1966, ≪한국차생활사≫(24쪽 유인물, 1966년 11월 23일).

○차 잡지

≪차의 세계≫(창간호~222호), 차의 세계사.

○일본 서적

成川武夫, 1988, ≪千利休 茶の美學≫, 동경: 玉川大學出版部

諸岡 存·家入一雄 共著, 金明培 譯, 1991, ≪朝鮮의 茶와 禪≫, 서울: 도서출판 보림사.

熊倉功夫 外, 1994, ≪資料による茶の湯の歷史≫(上), 동경: 主婦友社.

○한문 서적

≪寒齋文集≫, 1981, 한재종중관리위원회.

이유원(李裕元), 1871(영인본 1961), ≪임하필기(林下筆記)≫.

≪圃隱集≫, 1677(초간본 1439), 卷 2 〈浩然卷子〉

B. C. 48: 인도 아유타국의 후손 허황옥(許黃玉)이 가야(伽耶)의 김수로왕과 국
제결혼을 위해 김해에 옮. 중국 사천 보주(普州)지방의 차(茶)가 혼례
품으로 전래되었을 가능성이 높음.

A. D.

527: 이차돈의 순교

532: 가야의 멸망(가야의 차 전통이 신라로 전수됨)

539: 일본에 불교 전래(백제)

544: 화엄사 창건(신라, 연기조사)

546: 수철화상의 능가보월탑비, '향명(香茗)' 기록.

581: 선운사 창건(백제)

635: 원효방, '다천(茶泉)' 기록.

684: 무상선사(無相禪師)가 신라 성덕왕의 셋째 왕자로 태어남.

690: 설총, 화왕계(花王戒)

696: 지장(地藏) 김교각(金喬覺) 스님, 경덕왕의 근친으로 태어남.

697: 만세통천 원년 측천무후가 검남(劍南) 지선선사(知詵禪師)에게 가사를 하사.

729: 지장 김교각(金喬覺) 스님이 신라에서 가져간 차씨를 중국 안휘성 구화산
화성사(化城寺) 주변에 심음.

736: 성덕왕 27년 무상선사가 신라 군남사(群南寺)에서 득도한 뒤 당나라로 들어
감. 장안에서 당(唐) 현종(玄宗)과 첫 대면한 후 선정사(禪定寺)에 머무름.

737: 무상선사, 처적(處寂)선사로부터 가사를 받고 법맥을 이음. 천곡산에서 좌선.

745: 충담(忠談)선사, '다통(茶筒)' 기록.

760: 월명사 '도솔가' '제망매가', '다습(茶襲)' 기록.

761: 다성(茶聖) 육우(陸羽) ≪다경(茶經)≫ 초고 집필..

762: 무상선사 입적(5월 19일)

766: 안압지에서 정언영다완(貞言榮茶碗) 발굴.

774: 진감국사(眞鑑國師) 대공탑비, '한명(漢茗)' 기록.

778: 묘련사(妙蓮寺), '석지조(石池竈)' 기록.

798: 철감도윤(澈鑒道允) 출생.

804: 육우 사망.

814: 적인혜철(寂忍慧澈) 입당.

821: 도의국사(道義國師) 귀국.

826: 홍척(洪陟)대사 귀국, 실상산문(實相山門) 개창.

828: 신라 흥덕왕 3년, 사신 대렴(大廉)이 당(唐)에서 차 종자를 가지고 와서 지
　　　리산 일대에 심음.

830: 혜소(慧昭) 귀국.

840: 보조체징(普照體澄)대사 귀국(가지산 보림사 창건)

844: 보조체징창성탑비에 '다약(茶藥)' 기록.

845: 무염선사(無染禪師) 귀국. 성주산문(聖住山門) 개창.

850: 왕이 성주사에 차와 향을 보냄.

857: 최치원이 당에서 차를 보냄, ≪계원필경(桂園筆耕)≫기록.

860: 왕이 보림사에 다약(茶藥)을 내림.

874: 최치원이 당(唐)에서 등과(登科).

888: 무염국사 입적.

898: 도선(道詵)국사 입적.

1112: 예종이 용봉차를 대신들에게 하사.

1115: 이자현((李資玄)에게 다약을 하사.

1116: 청연각(淸讌閣)에서 다례행사.

1158: 보조지눌(普照知訥) 출생. 수선사(修禪寺) 제 1세 법주.

1159: 다정(茶亭) 설치(玄化寺)

1168: 백운거사(白雲居士) 이규보(李奎報) 출생.

1178: 진각국사(眞覺國師) 혜심(慧諶) 출생. 수선사(修禪寺) 제 2세 법주.

1186: 무관이 내시관과 다방 겸직.

1188: 최자(崔滋) 출생.

1206: 일연(一然) 스님 출생.

1254: ≪선원청규(禪源淸規)≫ 간행

1260: 일연 스님, ≪중편조동오위(重編曹洞五位)≫ 찬술.

1277: 일연 스님, 인각사에 주석하면서 ≪삼국유사(三國遺事)≫ 집필에 착수.

1278: ≪삼국유사≫ 집필을 위한 역대연표 완성.

1283: 일연 스님, 국존으로 모심.

1297: 익재(益齋) 이제현(李齊賢) 출생.

1289: 일연 스님 입적.

1290: 왕의 행차에 다방군이 종군, 기록.

1297: 행촌(杏村) 이암(李嵒) 출생.

1298: 가정(稼亭) 이곡(李穀) 출생. ≪東遊記≫의 저자.

1299: 백운경한(白雲景閑)대사 출생.

1301: 태고보우(太古普愚) 스님 출생.

1320: 나옹혜근(懶翁慧勤)화상의 출생.

1328: 목은(牧隱) 이색(李穡) 출생

1330: 운곡(雲谷) 원천석(元天錫) 출생.

1333: 한수(韓脩) 출생. ≪유항집(柳巷集)≫ 저자.

1337: 포은(圃隱) 정몽주(鄭夢周) 출생.

1349: 도은(陶隱) 이숭인(李崇仁)의 출생.

1352: 양촌(陽村) 권근(權近) 출생.

1353: 야은(冶隱) 길재(吉再) 출생.

1368: 용헌(容軒) 이원(李原) 출생.

1369: 춘정(春亭) 변계량(卞季良) 출생

1376: 함허대사(涵虛大師) 출생.

1388: 태재(泰齋) 유방선(柳方善) 출생.

1392: 조선(朝鮮)의 건국

1401: 명나라 사신에게 다례(茶禮)를 행함, 기록.

1402: 명나라 사신에게 작설차를 내림.

1405: 사헌부에서 다시(茶時)를 행함.

1406: 혜민국의 다모(茶母), 기록.

1407: 제사에 술을 쓰지 말고 절약방안으로 차를 쓰도록 함.

1417: 명나라 사신이 찻종(茶鐘)을 가지고 옴.

1419: 사사(寺社)에 딸린 노비 폐지.

1420: 사가정(四佳亭) 서거정(徐居正) 출생

1421: 묘제(墓祭)에서 차를 사용하게 함(禮曹에서)

1424: 사사(寺社)를 선교 양종 36사로 통합.

1426: 일본 사신 자완 천개를 올림.

1429: 삼국시조묘(三國始祖廟)에 다례를 올림.

1431: 점필재(佔畢齋) 김종직(金宗直) 출생.

1435: 다성(茶聖) 매월당(梅月堂) 김시습(金時習) 출생.

1438: 전라, 경상에 공법(貢法) 시행.

1439: 성현(成俔) 출생.

1445: 대마도주에 차와 삼을 줌.

1447: 다방(茶房)을 사존원(司尊院)으로 개칭.

1461: 공물 대납 금지.

1467: 사옹방(司饔房)을 사옹원(司饔院)으로 개칭.

1471: 한재(寒齋) 이목(李穆) 출생.

1473: 봉선전 다례(대왕대비와 인수대비)

1477: 사찰 창건 금지.

1478: 서거정 ≪동문선(東文選)≫완성. 용재(容齋) 이행(李荇) 출생.

1481: ≪동국여지승람(東國輿地勝覽)≫완성.

1486: 양곡(陽谷) 소세양(蘇世讓) 출생

1489: 화담(花潭) 서경덕(徐敬德) 출생.

1492: 김종직, 남효온(南孝溫) 죽음.

1493: 김시습≪중편조동오위요해(重編曹洞五位要解)≫찬술. 같은 해에 죽음.

1495: 이목 ≪다부(茶賦)≫완성.

1498: 점필재 제자 중 많은 차인들이 희생됨.

1501: 퇴계(退溪) 이황(李滉) 출생.

1503: 승려의 도성 출입금지.

1504: 사사전(寺社田) 폐지

1509: 허응당(虛應堂) 보우(普雨)대사 출생

1520: 휴정(休靜) 서산(西山)대사 출생

1536: 율곡(栗谷) 이이(李珥) 출생

1538: 사찰혁파(차 생산량 감소)

1542: 서애(西厓) 유성룡(柳成龍) 출생

1544: 유정(惟政) 사명당(四溟堂) 출생

1546: 허준(許浚) 출생

1548: 사계(沙溪) 김장생(金長生) 출생

1556: 백사(白沙) 이항복(李恒福) 출생

1560: 도산서원(陶山書院) 건립

1561: 선원(仙源) 김상용(金尚容), 한음(漢陰) 이덕형(李德馨) 출생

1563: 지봉(芝峯) 이수광(李晬光), 허난설헌(許蘭雪軒) 출생

1564: 월사(月沙) 이정구(李廷龜) 출생

1566: 상촌(象村) 신흠(申欽) 출생

1569: 교산(蛟山) 허균(許筠) 출생

1570: 청음(淸陰) 김상헌(金尚憲) 출생

1584: 율곡 이이 죽음

1587: 고산(孤山) 윤선도(尹善道) 출생

1592: 임진왜란(壬辰倭亂) 발발.

1622: 반계(磻溪) 유형원(柳馨遠) 출생

1626: 김수홍(金壽弘) 출생

1629: 김수항(金壽恒) 출생

1680: 성호(星湖) 이익(李瀷) 출생

1736: 이긍익(李肯翊) 출생

1737: 연암(燕巖) 박지원(朴趾源)

1740: ≪성호사설(星湖僿說)≫ 출간

1750: 초정(楚亭) 박제가(朴齊家) 출생

1762: 다산(茶山) 정약용(丁若鏞) 출생

1769: 자하(紫霞) 신위(申緯) 출생

1772: 아암(兒庵) 혜장(惠藏) 출생

1785: 이덕리(李德履) ≪기다(記茶)≫씀

1786: 초의(草衣) 의순(意恂) 스님, 추사(秋史) 김정희(金正喜) 출생

1788: 이규경(李圭景), 김명희(金明喜) 출생

1793: 해거도인(海居道人) 홍현주(洪顯周), 숙선옹주(淑善翁主) 출생

1804: 이상적(李尙迪) 출생

1809: 허유(許維) 출생

1814: 귤산(橘山) 이유원(李裕元) 출생

1815: 초의, 추사를 만남.

1818: 다산(茶山) 해배(解配)

1820: 범해각안(梵海覺岸) 출생

1830: 초의, ≪다신전(茶神傳)≫집필

1831: 초의, 일지암(一枝庵) 조성

1836: 다산 타계

1837: 초의 ≪동다송(東茶頌)≫완성

1840: 추사 제주도 유배.

1861: 다송자(茶松子) 금명보정(錦溟寶鼎)선사 출생.

1864: 위암(韋庵) 장지연(張志淵) 출생.

1866: 초의 입적.

1869: 상현(尙玄) 이능화(李能和) 출생, ≪조선불교통사≫(1918)저자.

1879: 만해(萬海) 한용운(韓龍雲) 출생

1888: 호암(湖巖) 문일평(文一平) 출생, ≪다고사(茶故事)≫(1939)저자.

1890: 육당(六堂) 최남선(崔南善) 출생, ≪朝鮮常識 問答≫(1946) 저자.

1892: 응송(應松) 박영희(朴暎熙) 출생, ≪동다정통고(東茶正統考)≫저자.

1897: 김범부(金凡父) 출생, ≪화랑외사(花郎外史)≫ 저자.

1903: 노산(鷺山) 이은상(李殷相) 출생. ≪노산시조선집≫ 저자.

1904: 효당(曉堂) 최범술(崔凡述) 출생, ≪한국의 다도≫ 저자.

1908: 돈황(돈황)에서 출토된 자료 중 무상선사와 관련된 자료인 Stein6077호 사본으로 알려진 ≪무상오경전(無相五更轉)≫과 Pelliot 116에 실린 ≪무상어록(無相語錄)≫과 김화상 어록 일부가 티베트어로 번역된 티베트 고사서 ≪바세≫전이 돈황본 자료 속에서 속속 발견됨.

1910: 한일강제병합

1911: 무등산 다원 조성

1912: 서옹(西翁) 스님(백양사 문중) 출생

1913: 정읍 차(天原茶) 재배

1916: 나주 불회사 경내 차밭 조성

1919: 장흥 보림사 주변 차밭 조성

1920: 명원(茗園) 김미희(金美熙) 출생, 명원다회 설립자.

1925: 후석(後石) 천관우(千寬宇) 출생, ≪동아일보≫〈호남기행〉집필.

1936: 다산의 문집≪여유당전서(與猶堂全書)≫간행

1940: ≪朝鮮의 茶와 禪≫(諸岡 存·家入一雄 공저)

1944: ≪조선의 차≫(淺川伯敎 저)

1977: 효당(曉堂) 최범술 스님을 중심으로 '한국차도회'(8월) 설립.

1979: '한국차도회'가 '한국차인회'(1월 20일)로 확대 개편. '궁중다례복원과 최초의 차 학술대회개최'

1980: '한국차인회'의 이름으로 해남 대흥사 일지암(一枝庵) 복원(4월 6일).

1981: '차(茶)의 날' 5월 25일 제정. 대렴공(大廉公) 차시배지 추원비(追遠碑) 건립(경남 하동 쌍계사).

1983: '효당본가반야로차도문화원(원장 元和 채정복)' 개원(7월 2일, 인사동).

1984: 60년대 차인 천승복(千承福, ?~1983)의 영문유고집 ≪한국인 사상가들-실학의 선구자들(KOREAN THINKERS-Pioneers of Silhak(Practical Learning)≫발간.

1985: '(사)한국차인회'(한국차인연합회로 개칭) 1월 20일 창립.

1991: '(사)한국차문화협회'(4월 12일) 창립.

1995: '명원문화재단' 설립.

2005: 제 1회 세계선차문화교류대회 개최. 중국 하북성(河北省) 불교협회(佛敎協會)와 한국의 ≪차의 세계≫가 공동주최한 '천하조주선차문화교류대회(天下趙州禪茶文化交流大會)'가 10월 18일부터 21일까지 하북성(河北省) 조현(옛조주)의 백림선사(栢林禪寺)에서 열렸다.

2010: ≪정중무상평전≫(차의 세계) 발간.

한국 차 문화 주요저서

효당 최범술 저

≪韓國茶生活史≫ 1966년(24쪽 유인물).

≪韓國의 茶道≫ 1973년.

≪茶, 茶論≫ 1974년(독서신문에 16회 연재).

김명배 편역, 1983, ≪韓國의 茶書≫ 탐구당.

박영희 저, 1985, ≪동다정통고≫ 호영.

김상현 저, 1987, ≪한국의 차시≫ 태평양박물관.

김명배 저, 1988, ≪한국의 차시 감상≫ 대광문화사

석용운 저, 1996, ≪韓國茶藝≫ 초의.

정영선 지음, 1996, ≪다도철학≫ 너럭바위.

김명배 저, 1999, ≪다도학논고≫ 대광문화사.

김운학 저, 2004, ≪한국의 차 문화≫ 이른아침.

김대성 저, 2005, ≪차문화 유적답사기≫(上中下) 차의 세계.

여연 지음, 2006, ≪우리가 정말 알아야 할 우리 차≫ 현암사.

류건집 지음, 2007, ≪韓國茶文化史≫(上下) 이른아침.

최석환 지음, 2008, ≪世界의 茶人≫ 茶의 세계.

송재소·유홍준·정해렴 외 옮김, 2009, ≪한국의 차 문화 천년≫(1, 2권) 돌베개.

김희자 지음, 2009, ≪백과사전류로 본 조선시대 茶문화≫ 국학자료원.

박동춘 저, 2010, ≪초의선사의 차 문화 연구≫ 일지사.

정영선 편역, 2011, ≪다부(茶賦)≫ 너럭바위.

송재소·유홍준·정해렴·조창록·이규필옮김, 2011, ≪한국의차문화천년≫(3권) 돌베개.

송재소·조창록·이규필 옮김, 2012, ≪한국의 차 문화 천년≫(4권) 돌베개.

최석환 지음, 2012, ≪新世界의 茶人≫ 茶의 세계.

元和 蔡貞福 편자, 2013, ≪효당 최범술 문집≫(1, 2, 3권), 민족사.

박정진 지음, 2021, ≪초암차와 한국차의 원류를 밝힌 – 차의 인문학 1≫, 茶의 세계.

심중(心中) 박정진(朴正鎭)선생 주요저서 · 시집목록

○**인문학서적(54권)**
〈한국문화 심정문화〉(90, 미래문화사)
〈무당시대의 문화무당〉(90, 지식산업사)
〈사람이 되고자 하는 신들〉(90, 문학아카데미)
〈한국문화와 예술인류학〉(92, 미래문화사)
〈잃어버린 仙脈을 찾아서〉(92, 일빛출판사)
〈선도와 증산교〉(92, 일빛출판사)
〈천지인 사상으로 본--서울올림픽〉(92, 아카데미서적)
〈아직도 사대주의에〉(94, 전통문화연구회)
〈발가벗고 춤추는 기자〉(98, 도서출판 화담)
〈어릿광대의 나라 한국〉(98, 도서출판 화담)
〈단군은 이렇게 말했다〉(98, 도서출a)등을 펴냈다.
〈생각을 벗어야 살맛이 난다〉(99, 책섬)
〈인류학자 박정진의 밀레니엄 문화읽기--여자의 아이를 키우는 남자〉(2000, 불교춘추사)
〈도올 김용옥〉(전 2권)(2001, 불교춘추사)
〈정범태(열화당 사진문고)〉(2003, 열화당)
〈붉은 악마와 한국문화〉(2004, 세진사)
〈미친 시인의 사회, 죽은 귀신의 사회〉(2004, 신세림)
〈대한민국 지랄하고 놀고 자빠겼네〉(2005, 서울언론인클럽)
〈여자〉(2006, 신세림)
〈불교인류학〉(2007, 불교춘추사)
〈종교인류학〉(2007 불교춘추사)
〈玄妙經-女子〉(2007, 신세림)
〈성(性)인류학〉(2010년, 이담북스)
〈예술인류학, 예술의 인류학〉(2010, 이담북스)
〈예술인류학으로 본 풍류도〉(2010, 이담북스)
〈단군신화에 대한 신연구〉(2010, 한국학술정보)
〈굿으로 본 백남준 비디오아트 읽기〉(2010, 한국학술정보)
〈박정희의 실상, 이영희의 허상〉(2011, 이담북스)
〈철학의 선물, 선물의 철학〉(2012, 소나무)
〈소리의 철학, 포노로지〉(2012, 소나무)
〈빛의 철학, 소리철학〉(2013, 소나무)
〈니체야 놀자-초인이 도인을 만났을 때〉(2013년, 소나무)
〈일반성의 철학, 포노로지〉(2014, 소나무)
〈지구 어머니, 마고〉(2014, 마고북스)
〈한류의 원조-메시아는 더 이상 오지 않는다〉(2014, 미래문화사)
〈니체, 동양에서 완성되다〉(2015, 소나무)
〈예수, 부처, 문선명-메시아는 더 이상 오지 않는다〉(개정증보판)(2015년, 행복출판사)
〈평화는 동방으로부터〉(2016, 행복한에너지)

〈평화의 여정으로 본 한국문화〉(2016, 행복한에너지)
〈여성과 평화〉(2017, 행복에너지)
〈위대한 어머니는 이렇게 말했다〉(2017, 살림)
〈심정평화, 효정평화〉(2018, 행복에너지)
〈네오샤머니즘(NEO-SHAMANISM)〉(2018, 살림)
〈니체를 넘어서-예수부처, 부처예수〉(2019, 신세림)
〈한국의 무예 마스터들〉(2020, 살림)
〈무예 자체 신체 자체를 위한 신체적 존재론〉(2020, 살림)
〈초암차와 한국차의 원류를 밝힌 차의 인문학1〉(2021, 차의 세계사)

전자책(e-북) 저서:
〈세습당골-명인, 명창, 명무〉(2000년, 바로북 닷컴)
〈문화의 주체화와 세계화〉(2000년, 바로북 닷컴)
〈문화의 세기, 문화전쟁〉(2000년, 바로북 닷컴)
〈오래 사는 법, 죽지 않는 법〉(2000년, 바로북 닷컴)
〈마키아벨리스트 박정희〉(2000년, 바로북 닷컴)
〈붓을 칼처럼 쓰며〉(2000년, 바로북 닷컴)

○시집(11권, 1000여 편)
〈해원상생, 해원상생〉(90, 지식산업사)
〈시를 파는 가게〉(94, 고려원)
〈대모산〉(2004, 신세림)
〈먼지, 아니 빛깔, 아니 허공〉(2004, 신세림)
〈청계천〉(2004, 신세림)
〈독도〉(2007, 신세림)
〈한강교향시〉(2008, 신세림)
〈거문도〉(2017, 신세림)
전자책(e-북) 시집:
한강은 바다다(2000년, 바로북닷컴)
바람난 꽃(2000년, 바로북닷컴)
앵무새 왕국(2000년, 바로북닷컴)

○소설(7권)
〈왕과 건달〉(전 3권)(97년, 도서출판 화담)
〈창을 가진 여자〉(전 2권)(97년, 도서출판 화담)
전자책(e-북) 소설:
〈파리에서의 프리섹스〉(전 2권)(2001년, 바로북닷컴)

○전자책(e-북) 아포리즘(36권)
〈생각하는 나무: 여성과 남성에 대한 명상〉등 명상집
(전 36권)(2000, 바로북닷컴)

초암차와 한국차의 원류를 밝힌

차茶의 인문학 1

지은이 | 박정진
펴낸곳 | 월간 〈차의 세계〉
펴낸이 | 최석환
디자인 | 장효진

2021년 3월 19일 초판 인쇄
2021년 3월 25일 초판 발행

등록 · 1993년 10월 23일 제 01-a1594호
주소 · 서울시 종로구 율곡로 6길 11번지 미래빌딩 4층
전화 · 02) 747-8076~7
팩스 · 02) 747-8079
ISBN 978-89-88417-81-2   03300

값 30,000원